Hansjörg Ransmayr

WILD SWIMMING DEUTSCHLAND

ENTDECKE DIE SCHÖNSTEN STRÄNDE, FLÜSSE, SEEN UND WASSERFÄLLE DEUTSCHLANDS

HAFFMANS TOLKEMITT

Inhalt

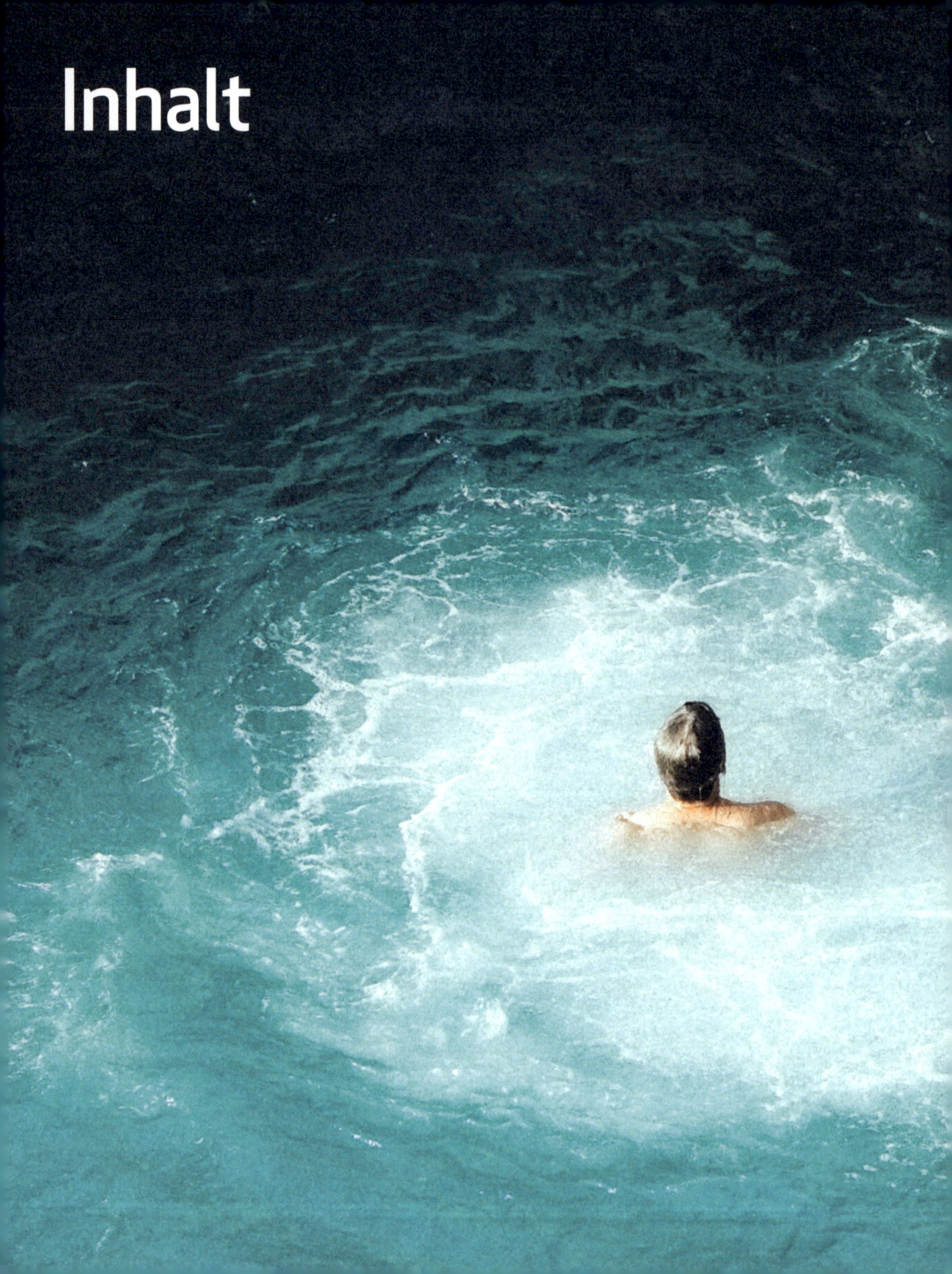

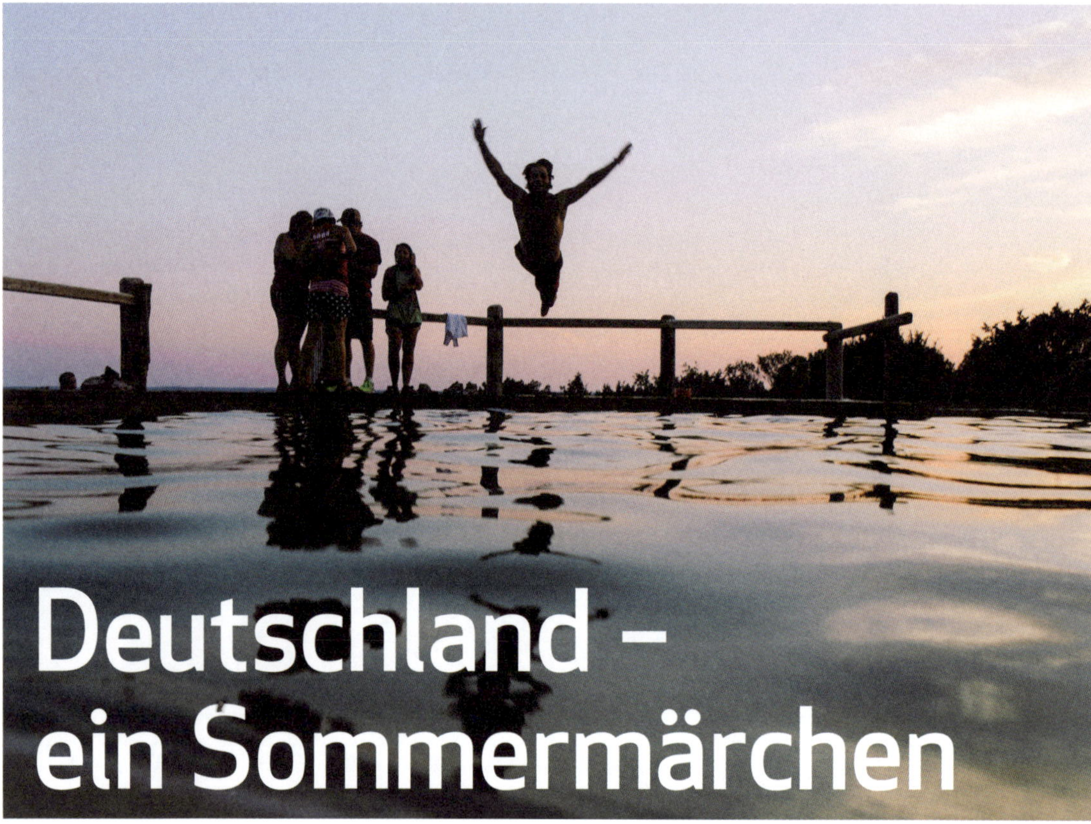

Deutschland – ein Sommermärchen

Einen Sommer lang Deutschland bereisen, um die schönsten Wildswimming-Spots des Landes auszukundschaften und zu beschwimmen. Über 100 empfehlenswerte Spots sollten es schon sein, so lautete das hochgesteckte Ziel. Als dieses Vorhaben immer konkreter wurde, wuchs meine Skepsis. Deutschland ein Wildswimming-Land? Würde das Land das hergeben? Würde ich meine Qualitätskriterien nach unten korrigieren müssen? Um es kurz zu machen: Ja, Deutschland ist für mich ein Wildswimming-Land! Und was für eins!

Der grüne Strand an der Hamburger Hallig ist an sich sehr schön zum Wildschwimmen. Aber nur wenn man zum richtigen Zeitpunkt dort ist. Sonst kann man dort Wattwürmer auflesen und sich Gedanken über das Schweigen der Lämmer machen. Beides habe ich getan. Und aufs Wasser gewartet. Tja, die Nordsee hat halt so ihre eigenen Gesetze. Das von Ebbe und Flut bzw. Hoch- und Niedrigwasserstand sollte man als Wildswimmer im Auge behalten – diese Lektion habe ich relativ rasch gelernt. Auch die, dass die vermeintlich so harmlose Ostsee bei entsprechendem Wind einem als Schwimmer ordentlich zu schaffen machen kann und man froh ist, wenn man bei solchen Verhältnissen ins zahmere Achterwasser wechseln kann. Wie ich überhaupt die Windsbraut in Norddeutschland von einer mir bis dato unbekannt stürmischen Seite kennengelernt habe. Was aber für uns Wildswimmer durchaus auch Vorteile mit sich bringt: Nach dem Schwimmen trocknet einen der Wind so schnell, dass man kaum einmal ein Handtuch braucht. Windzerzaust und -gebeugt erlebte ich auch die mächtigen Baumriesen des Darßer Urwalds, dessen vorgelagerter Strand völlig zu Recht als einer der schönsten Strände Europas gilt.

Und dann waren da noch diese Flüsse und Bäche, die ich auch im Norden so gerne beschwommen habe. Elbe und Weser zum Beispiel. Große Namen. Große Ströme. Große Erlebnisse. Aber auch die kleineren Flüsse mit ihren wunderbar ausgestatteten Wasserwanderrastplätzen, die man so gut als Wildswimming-Einstiege nutzen kann, haben es mir besonders angetan.

Für mich ist immer wieder erstaunlich, wenn ich in Deutschland unterwegs bin, wie waldreich dieses Land außerhalb des Speckgürtels großer Städte noch ist. Wenn sich in diesen unberührten naturbelassenen Wäldern dann auch noch kleine Weiher und Seen mit frischem, glasklarem Wasser verstecken, treibt das den Puls jedes Freiwasserschwimmers schon vor dem eigentlichen Schwimmen in die Höhe. Meine Pulswerte waren denn auch recht oft entsprechend hoch. Mitteldeutschland hat mich aber nicht nur mit Wald- und Wiesenseen, großartigen Seenplatten und Dorfweihern verzaubert, sondern auch mit den vulkanischen Maaren oder den innerstädtischen Schwimmstellen mit teils faszinierendem Altstadtblick. Ein ganz besonderes Abenteuer war für mich auch das Schwimmen in den abgesoffenen Granitsteinbrüchen der ehemaligen DDR. Hier habe ich nicht nur wunderbare Wildswimming-Spots kennengelernt, sondern auch ebensolche Menschen, die hier bereits seit Jahrzenten tagein, tagaus schwimmen.

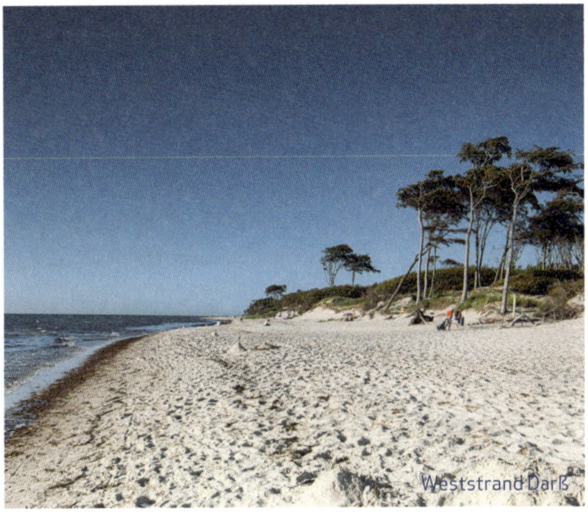

Weststrand Darß

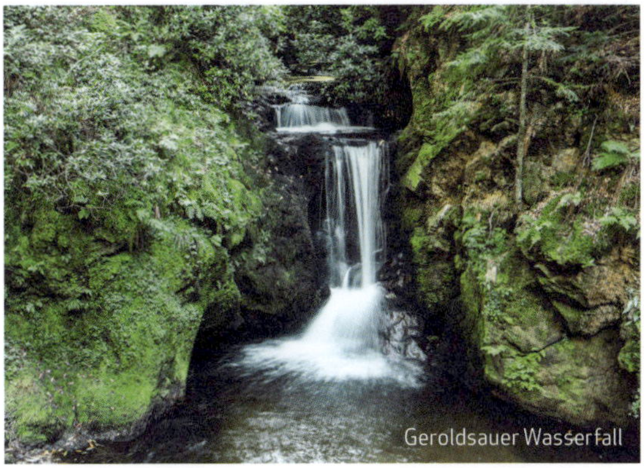

Geroldsauer Wasserfall

Vor allem mit idyllischen Bergseen und spektakulären Wasserfällen hat Süddeutschland mein Wildswimming-Herz erobert. Da nimmt man gerne schweißtreibende Aufstiege in Kauf, zumal die das Naturerlebnis noch zusätzlich befeuern.

Manche Märchen werden tatsächlich wahr. Ein »deutsches Wildswimming-Sommermärchen« ist es jedenfalls für mich geworden, und ich würde Sie gerne daran teilhaben lassen, mitnehmen auf diese Reise und Sie auf die Ihrige schicken. Denn dieses Buch ist für all jene gedacht, die daran glauben, dass Märchen auch heute noch leb- und erlebbar sind. Erleben auch Sie märchenhaft schöne Stunden am und im Wasser. Schwimmen Sie sich frei vom Alltag. Lassen Sie sich verzaubern. Go wild!

Hansjörg Ransmayr

www. alpine-swimming.com
Facebook-Gruppe: bergseen-schwimmen
Instagram: @alpine_swimming

wildundcool
#wildundcool
www.wildund.cool

Wild aufs nasse Element

BEVOR SCHWIMMEN CHLORIFIZIERT WURDE ...

... lernten unsere Altvorderen in Dorfweihern und Seen, an stillen Flussabschnitten und seichten Meeresbuchten, sich mehr oder weniger elegant über Wasser zu halten. Oftmals wurden diese Bade- oder Schwimmausflüge mit geselligen Picknicks oder Bootsfahrten verbunden. Viele der einst so beliebten Badestellen gerieten im Convenience-Zeitalter in Vergessenheit bzw. wurden im Industriezeitalter so stark verschmutzt, dass sie nicht mehr genutzt werden konnten.

Eine wachsende Sehnsucht nach authentischen Naturerlebnissen, gepaart mit der Bereitschaft, die Komfortzone zumindest zeitweise zu verlassen, und die Verbesserung der Wasserqualität haben in den letzten Jahren zu einer Renaissance des »wilden« Badens und Schwimmens beigetragen.

WILDSWIMMING & CO.

Ganz allgemein wird mit Wildswimming das Schwimmen in der freien Natur bezeichnet. Wobei der harte Kern der Wildswimming-Community dabei institutionalisiertes Schwimmen in betreuten und kostenpflichtigen Badeanstalten ausschließt und dann eher von Outdoor-Swimming spricht. Eine weitere feine Unterscheidung bringt der Begriff des »Wild-Dippings« mit sich. Damit werden Badestellen oder -aktivitäten beschrieben, bei denen nur ein kurzes Ein- und Untertauchen/Baden (Dippen), aber kein längeres Streckenschwimmen möglich oder gewollt ist. Beispiele dafür sind etwa kleine Gumpen und Kolke unterhalb von Wasserfällen oder an Wildbächen.

IMMER ÖFTER GEHT'S AUCH IN STÄDTEN WILD ZU

Wenn Wildswimming in Städten möglich ist, spricht man auch von Urban Swimming. Weil in den letzten Jahren von vielen Kommunen und Industriebetrieben massiv in die Abwassereinigung investiert wurde und der Landwirtschaft Auflagen bezüglich des gewässernahen Düngens gemacht wurden, ist städtisches Freiwasserschwimmen in vielen deutschen Städten wieder populär geworden. Stellvertretend für viele andere urbane Spots seien hier nur angeführt: die Elbe in Hamburg oder Dresden, die Saale in Halle, der Neckar in Heidelberg, die Isar in München und die Donau in Neuburg oder Riedlingen. Auch in der Bundeshauptstadt bemüht sich die Initiative »Flussbad Berlin« seit Jahren darum, sicheres, zentrumnahes Baden und Schwimmen möglich zu machen.

WILDSWIMMING IST STARK IM KOMMEN

Die verbesserte Wasserqualität der Freiwasserflächen, der Trend zu vermehrten kompensatorischen Outdoor-Aktivitäten, die zunehmende Anzahl von Breitensportveranstaltungen wie See-Crossings, Neujahrs- und Vollmondschwimmen, die steigende Beliebtheit von Open-Water-, Triathlon- und Swimrun-Wettbewerben treibt immer mehr Zeitgenossen ins Freiwasser. Selbst viele ehemalige »Kachelzähler« (Poolschwimmer), notorische Couchpotatoes und Warmduscher haben inzwischen ihre Liebe zum Open-Water entdeckt. Andererseits haben viele Sportkameraden und -kameradinnen, die schon bisher »green workouts«, also Outdoor-Sportarten wie Trailrunning, Hiking, Mountainbiking, Ski-Touring, betrieben haben, ihr Portfolio um »blue workouts« ergänzt.

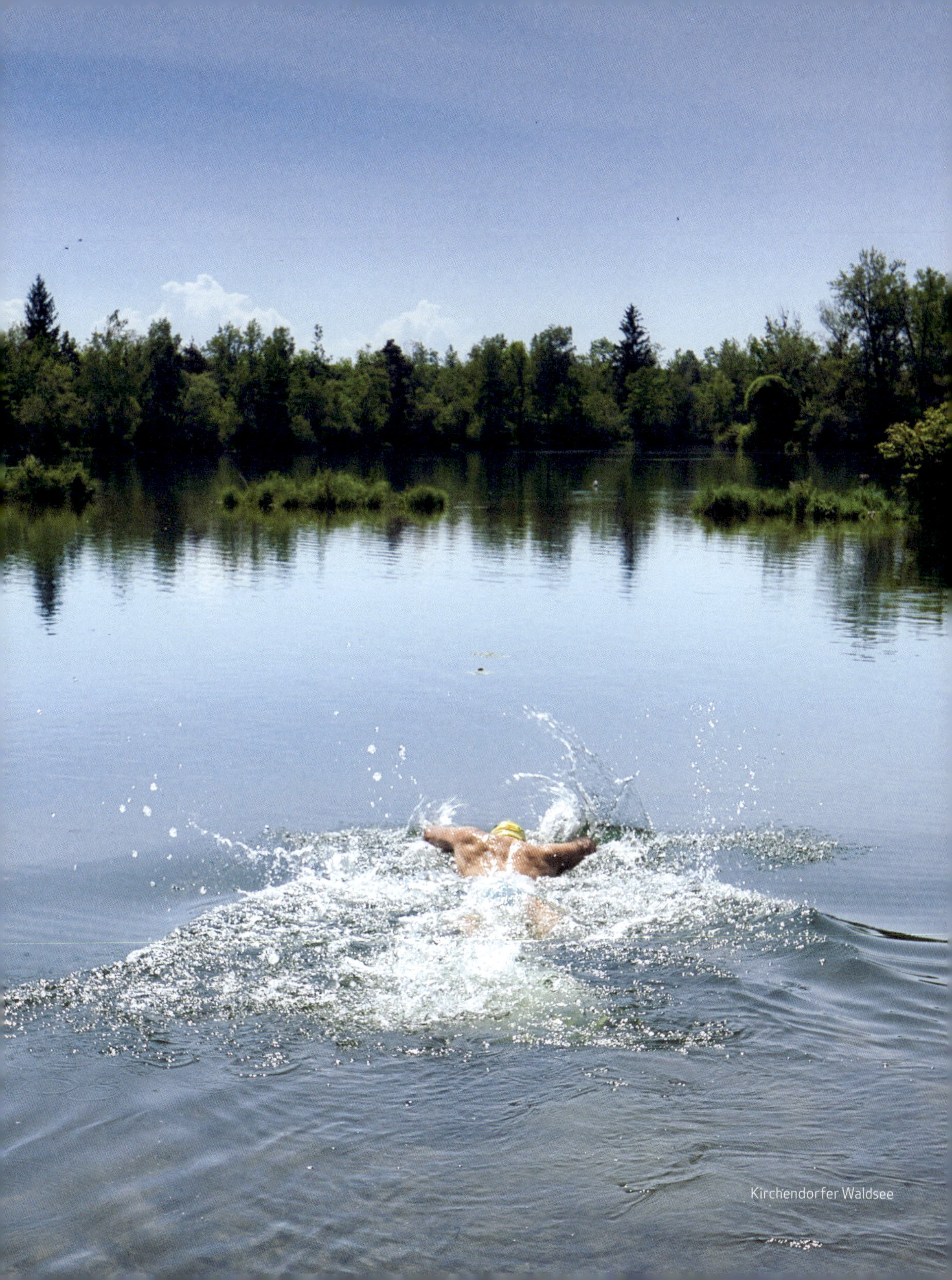

Kirchendorfer Waldsee

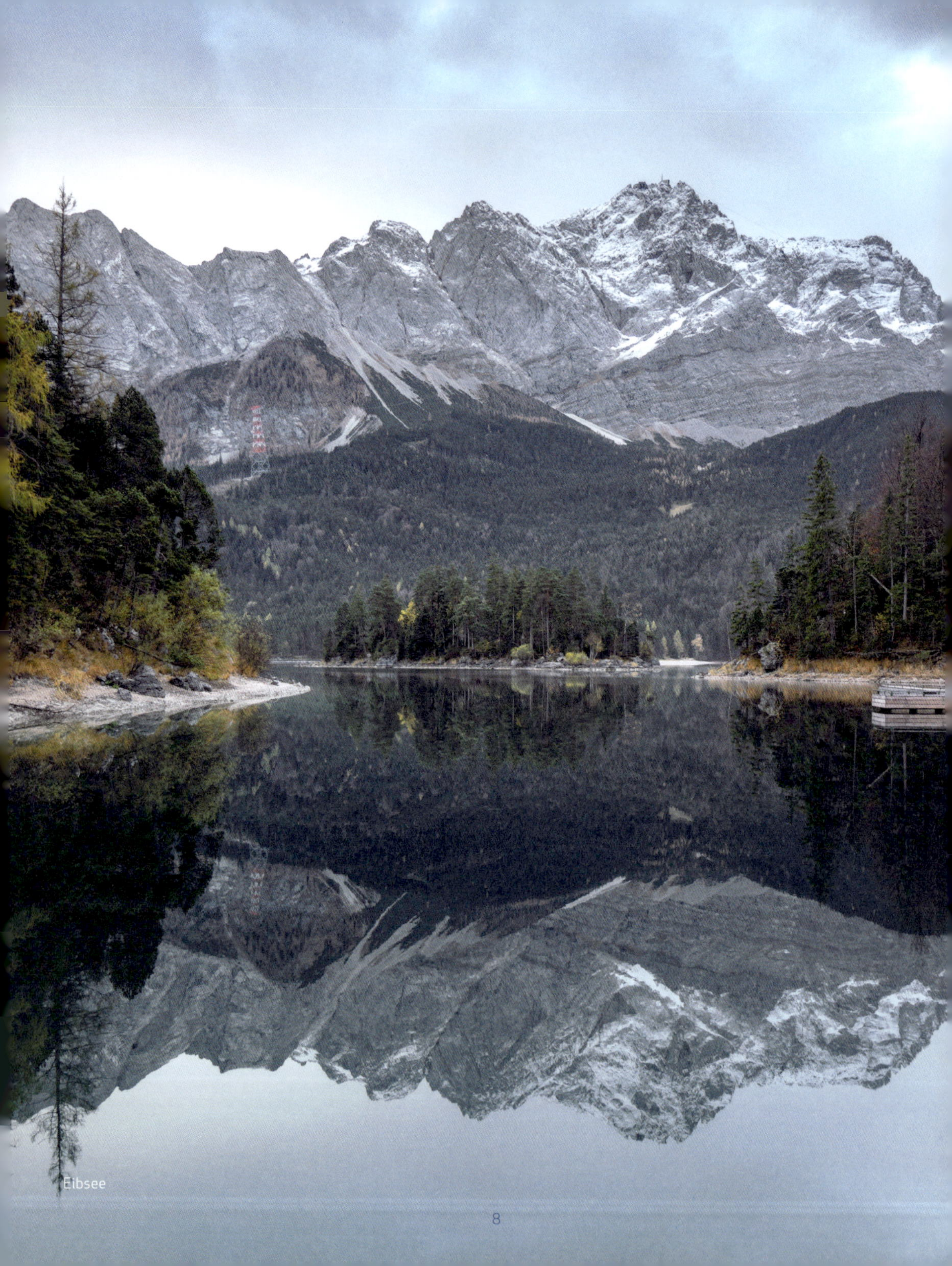

Eibsee

Allerhöchsten Natur- und Sportgenuss verbinden dann schlüssig »blau-grüne« Workouts, also etwa die Koppelung von Bergwandern und Freiwasserschwimmen oder ähnlich reizvolle Kombinationen.

JUST ADD WATER: PURE SWIMMING

Für viele schließt der Begriff »Wildswimming« die Nutzung wärmender Neoprenanzüge aus. Bei den meisten »echten« Open-Water-Veranstaltungen, bei klassischen Crossings und erst recht beim Eis- und Winterschwimmen gelten die Regeln der British-Channel-Swimming-Association, jener Institution, die auch über die korrekte Durchführung der Kanal-Crossings wacht. Zugelassen sind nur herkömmliche Badeanzüge/Badehosen (ohne zusätzliche Wärmefunktion und Überlänge), Schwimmbrillen, Nasenklammern und dünne Badekappen (kein Neopren).

Privat kann dies freilich jeder halten, wie er will. Es macht ja im kalten Wasser auch einen großen Unterschied, ob man mit mehr oder weniger isolierendem Speck an den Hüften in die Fluten steigt. Unumstritten ist aber, dass der Verzicht auf ein Ganzkörper-Kondom (langer, geschlossener Neoprenanzug) das Open-Water-Erlebnis erheblich intensiver macht. Echte Puristen schwimmen deshalb – wo auch immer angebracht und statthaft – ganz nackt und bezeichnen diese Form des Schwimmens entsprechend als »Pure Swimming«.

VOM VIELFÄLTIGEN NUTZEN DER GÄNSEHAUT

Nicht immer sind »wilde« Gewässer wohltemperiert, und für viele sollen sie das auch gar nicht sein. Eine wohldosierte Kaltwasserexposition bringt nämlich auch eine Fülle gesundheitlicher Vorteile mit sich:

- Sorgt für eine Umwandlung des bösen weißen Fett, in gutes braunes Fett, das durch seine erhöhte Mitochondrien-Dichte einen effizienteren Stoffwechsel und damit das Abnehmen und positive Anti-Aging-Effekte fördert.

- Bewirkt eine bessere Durchblutung und Straffung der Haut und beugt Cellulite vor.

- Fördert die Widerstandskraft und stärkt das Herz-Kreislauf-System.

- Baut Stresshormone ab und Glückshormone auf.

- Mindert akute Schmerzen, Depressionen, chronische Entzündungen, Wechseljahresbeschwerden und Stresssymptome.

PROBIEREN GEHT ÜBER SINNIEREN!

Grau ist ja bekanntlich alle Theorie. Bunt, vielfältig und intensiv lassen sich hingegen Wildswimming-Erlebnisse gestalten. Unabhängig von Alter, Geschlecht und Schwimmkönnen. Wenn man die in diesem Buch gegebenen Tipps beherzigt und mit einem gerüttelt Maß an Verantwortungsbewusstsein und Respekt an die Sache herangeht, kann und wird einem das völlig neue Erfahrungen bescheren. Probieren Sie's doch einfach einmal aus!

Do's & Don'ts / Tools

⊕ Do's

- Recherche zum jeweiligen Spot und Abklärung der momentanen Situation vor Ort (Wasserstand, Wasserqualität, Wetter, gesetzliche Einschränkungen)
- Checken, ob Anreise mit öffentlichen Verkehrsmitteln oder Fahrrad möglich ist, Fahr-, Park- und Betretungsverbote beachten
- Rücksichtnahme auf Anrainer, andere Badegäste, Fischer, Jäger, Paddler, Naturbeobachter
- Bei längeren Strecken, sehr niedriger Wassertemperatur oder Schiffsverkehr Verwendung einer Schwimmboje

⊖ Don'ts

- Lärmen, offenes Feuer (außer an ausgewiesenen Grillstellen), wildes Campieren
- Zurücklassen von Müll jeder Art
- Verwendung von Sonnenmilch oder anderen Sonnenschutzmitteln vor dem Baden oder Schwimmen in Naturgewässern
- Übermäßiger Alkoholgenuss in Wassernähe
- Kinder unbeaufsichtigt lassen
- Sprünge in unbekannte/ ungeprüfte Gewässer
- Betreten oder Beschwimmen von Brut- oder Laichgebieten und Naturschutzzonen

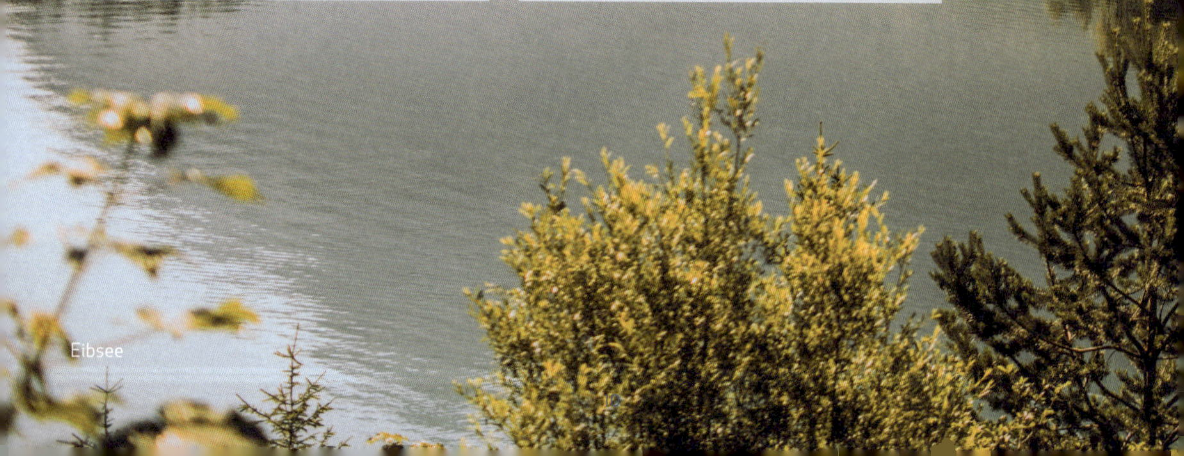

Eibsee

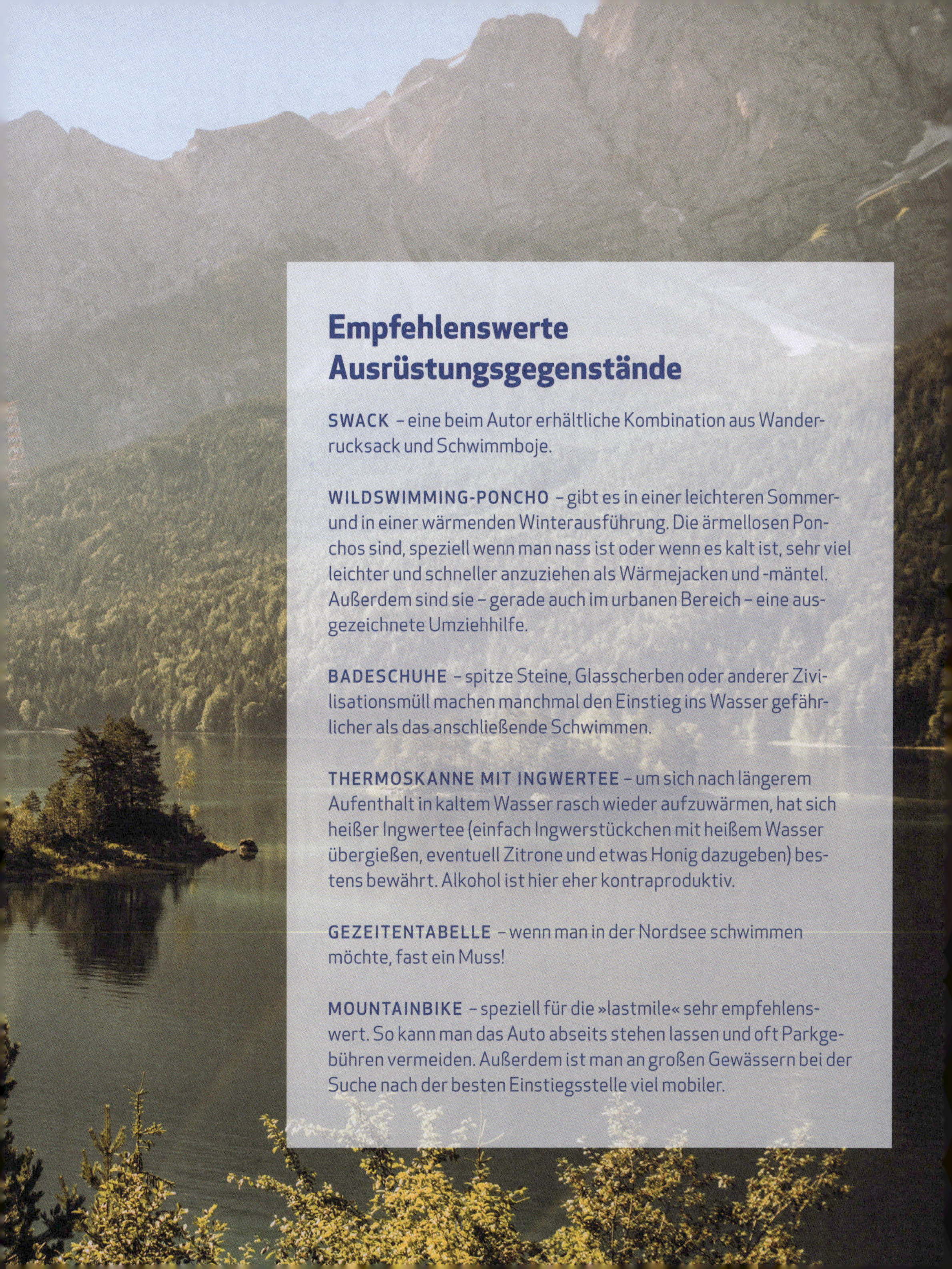

Empfehlenswerte Ausrüstungsgegenstände

SWACK – eine beim Autor erhältliche Kombination aus Wanderrucksack und Schwimmboje.

WILDSWIMMING-PONCHO – gibt es in einer leichteren Sommer- und in einer wärmenden Winterausführung. Die ärmellosen Ponchos sind, speziell wenn man nass ist oder wenn es kalt ist, sehr viel leichter und schneller anzuziehen als Wärmejacken und -mäntel. Außerdem sind sie – gerade auch im urbanen Bereich – eine ausgezeichnete Umziehhilfe.

BADESCHUHE – spitze Steine, Glasscherben oder anderer Zivilisationsmüll machen manchmal den Einstieg ins Wasser gefährlicher als das anschließende Schwimmen.

THERMOSKANNE MIT INGWERTEE – um sich nach längerem Aufenthalt in kaltem Wasser rasch wieder aufzuwärmen, hat sich heißer Ingwertee (einfach Ingwerstückchen mit heißem Wasser übergießen, eventuell Zitrone und etwas Honig dazugeben) bestens bewährt. Alkohol ist hier eher kontraproduktiv.

GEZEITENTABELLE – wenn man in der Nordsee schwimmen möchte, fast ein Muss!

MOUNTAINBIKE – speziell für die »lastmile« sehr empfehlenswert. So kann man das Auto abseits stehen lassen und oft Parkgebühren vermeiden. Außerdem ist man an großen Gewässern bei der Suche nach der besten Einstiegsstelle viel mobiler.

GPS – geh problemlos schwimmen!

WIE DAS GLOBAL POSITIONING SYSTEM FUNKTIONIERT

Hunderte Satelliten umkreisen unsere Erde und senden permanent ihre Position und eine sehr präzise Zeitangabe. Hat er Kontakt mit mindestens vier Satelliten, kann ein GPS-Empfänger aus diesen Daten seine Position berechnen, und zwar umso genauer, je mehr Satelliten er empfangen kann.

(K)EINE FRAGE DES FORMATS

GPS-Koordinaten können in verschiedenen Formaten empfangen, aufgezeichnet und kommuniziert werden.

Auf der Nordhalbkugel wird zuerst immer der Nord- und als zweites der Ostwert angegeben. In diesem Buch wird dazu das Dezimalformat verwendet, das durch verschiedene – auch online verfügbare Tools – jederzeit in andere Formate konvertiert werden kann.

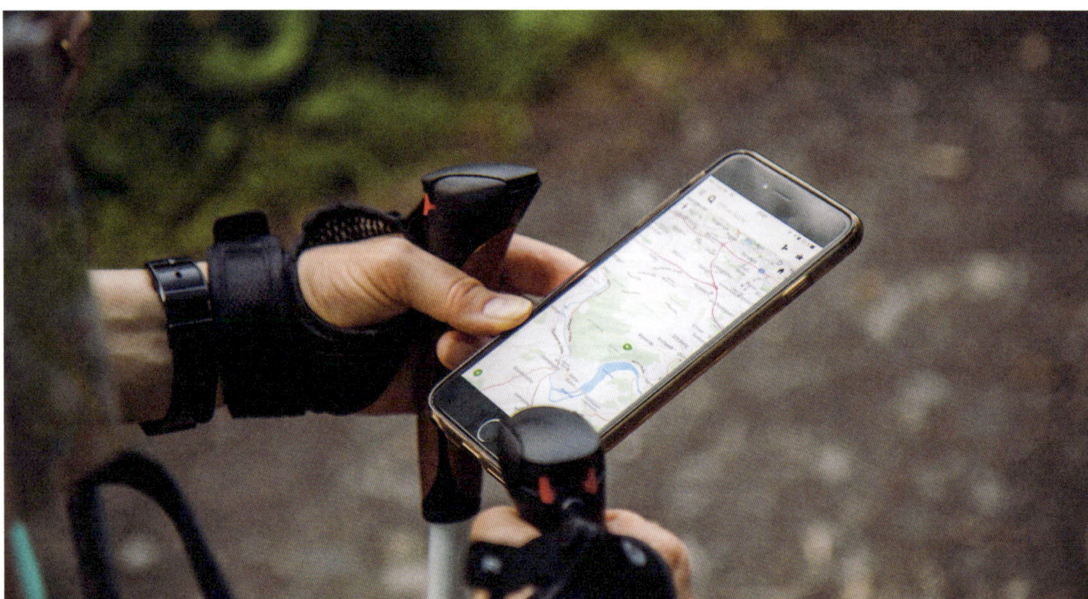

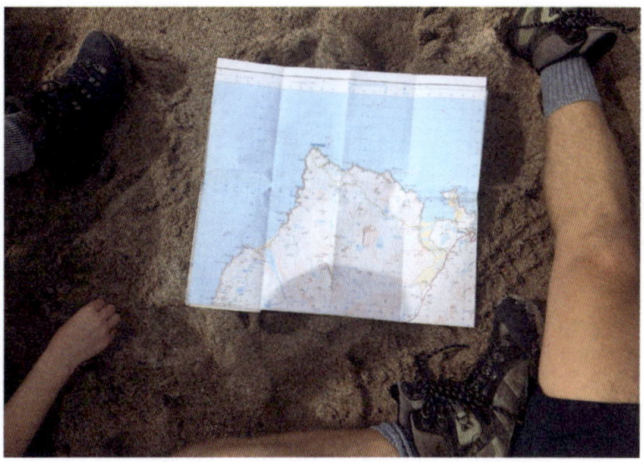

GOOGLE MAPS IST AUCH OFFLINE HILFREICH

Will man auf Nummer sicher gehen, weil man befürchtet, dass am Zielort keine Internetverbindung aufgebaut werden kann, empfiehlt es sich, die benötigten Kartenkacheln schon zu Hause downzuloaden und zu speichern. Dann hat man diese Kartenausschnitte vor Ort offline zur Verfügung und kann sie mit den GPS-Daten abgleichen bzw. mit diesen navigieren.

Gelegentlich ist es aber auch durchaus sinnvoll, die Kartenausschnitte auszudrucken, sie im Idealfall zu folieren und im Rucksack mitzuführen.

WORAUF BEZIEHEN SICH DIE KOORDINATEN?

Nicht metergenau, aber schwerpunktmäßig auf die Einstiegsstelle des Bade- oder Schwimmspots, also zumeist auch auf die Stelle, an der die meisten Schwimmfotos aufgenommen wurden. Über die Routingfunktion kann dann zu diesem Punkt navigiert werden.

GOOGLE MAPS MACHT'S MÖGLICH

Natürlich gibt es auch andere hochspezialisierte Lösungen für die digitale Tourenplanung und das Routing. Im Allgemeinen reicht jedoch das gratis verfügbare Google Maps dafür vollkommen aus. Einfach am Computer oder Smart-Device die GPS-Koordinaten eingeben und sich gegebenenfalls über die Routing-Funktion dorthin führen lassen. Dabei auswählen, ob man sich aktuell mit Auto, Öffentlichem Nahverkehr, Fahrrad oder zu Fuß bewegt.

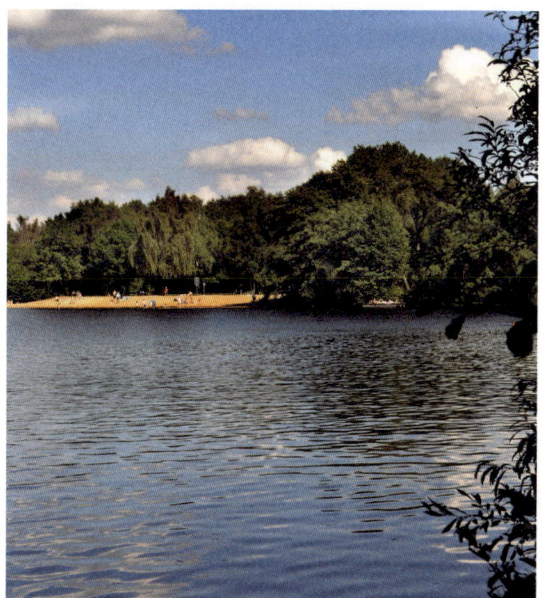

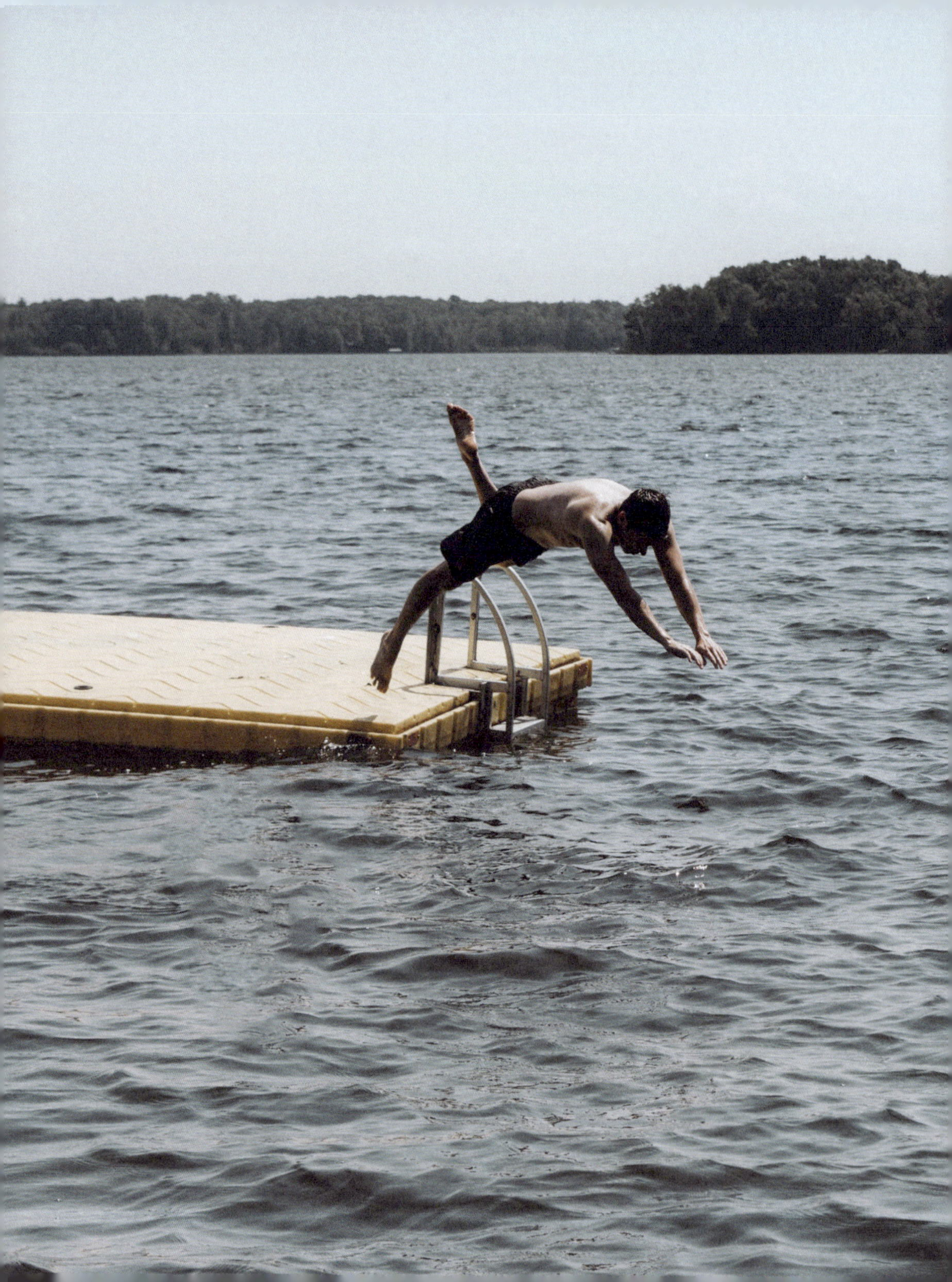

LOS GEHT'S!

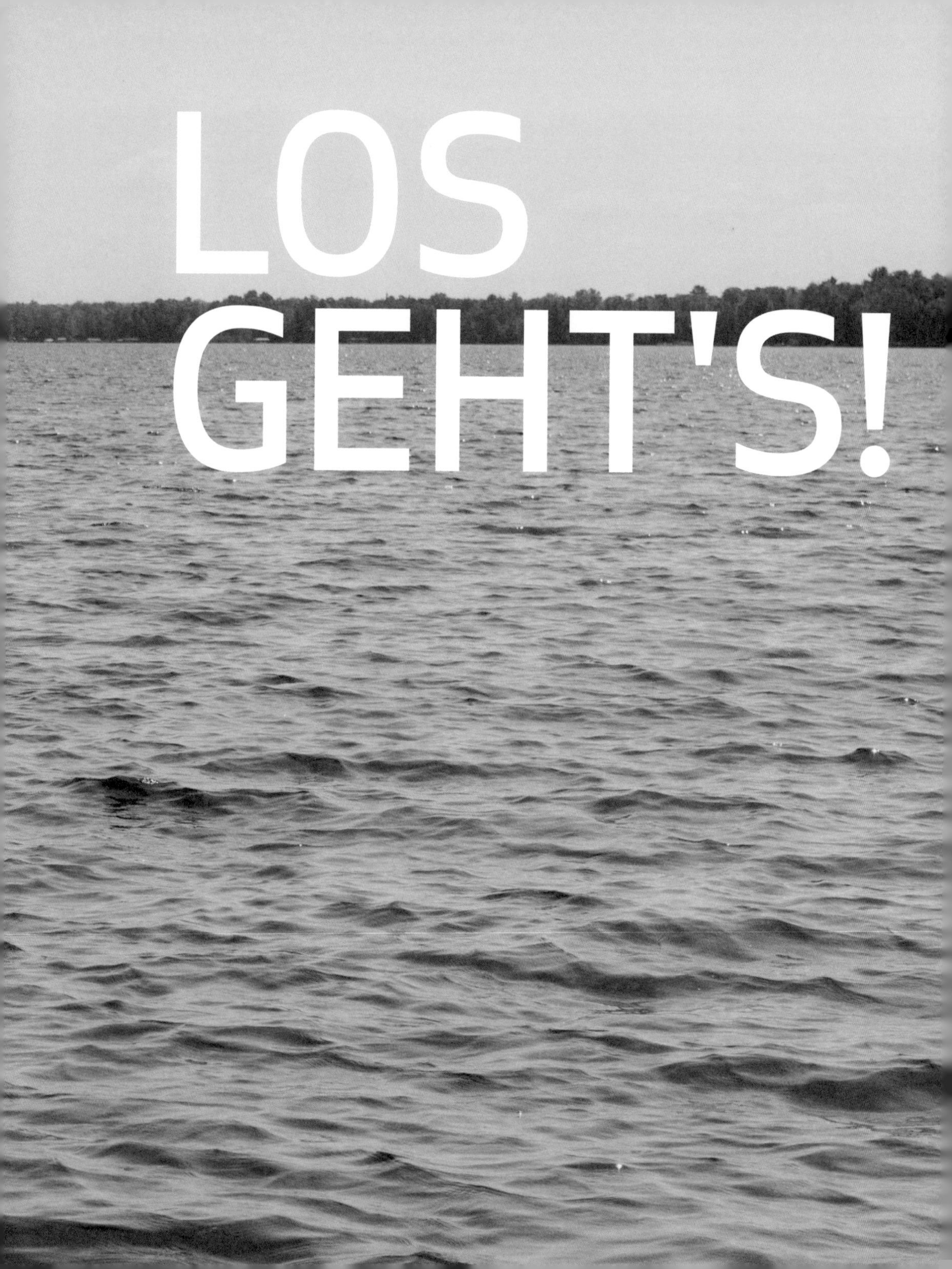

ALLE SPOTS

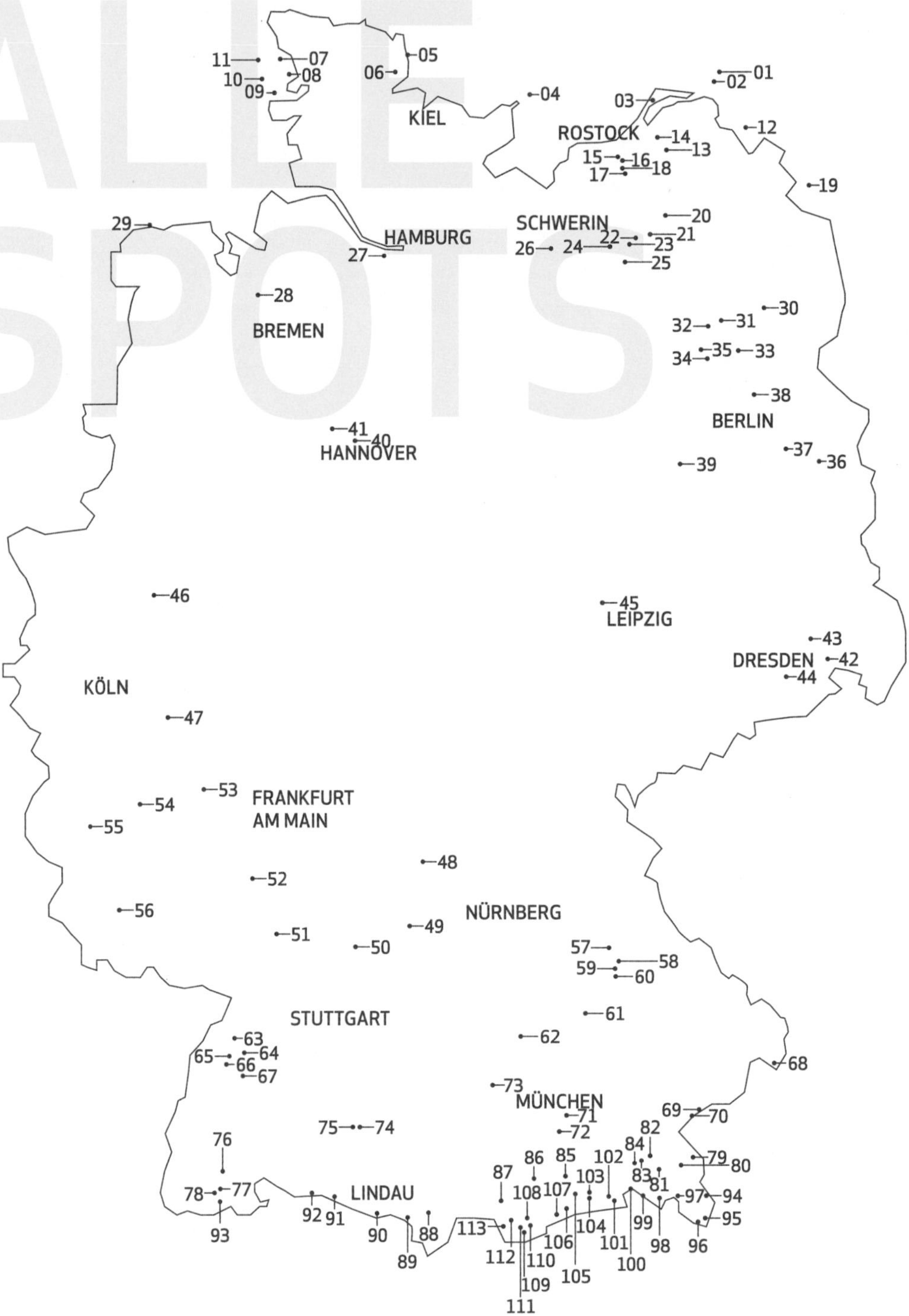
KIEL
ROSTOCK
HAMBURG
SCHWERIN
BREMEN
BERLIN
HANNOVER
LEIPZIG
DRESDEN
KÖLN
FRANKFURT AM MAIN
NÜRNBERG
STUTTGART
MÜNCHEN
LINDAU

01 Hiddensee/Dornbusch Kliff
02 Hiddensee/Sandstrände
03 Halbinsel Darß/Weststrand
04 Presen/Ostsee
05 Maasholm/Ostseestrand Oehe
06 Karschau/Schlei
07 Oland/Nordsee
08 Hamburger Hallig/ Badestelle Hallig-Krog
09 Pellworm/Leuchtturm-Strand
10 Hooge/Nordsee
11 Föhr/Nieblumer Strand
12 Rügen/Strand Rosengarten
13 Marlow/Recknitz
14 Daskow/Recknitz
15 Sildemow/Sildemower See
16 Niex/Warnow
17 Papendorf/Warnow
18 Papendorf/Erdkuhle
19 Usedom/Achterwasser
20 Teterow/Teterower See
21 Langhagen/Langhagener See
22 Krakow/Krakower See
23 Dobbertin/Dobbertiner See
24 Krakow/Langsee
25 Plau/Penzliner See
26 Schwerin/Schweriner See
27 Hamburg/Elbe
28 Brake/Weser
29 Westdorf Baltrum/Nordsee
30 Boitzenburg/Krienkowsee
31 Fürstenberg/Havel
32 Neuglobsow/Stechlin
33 Zehdenick/Tonstische
34 Lindow/Wutzsee
35 Lindow/Gudelacksee
36 Berkenbrück/Spree
37 Grünheide/Werlsee
38 Wandlitz/Liepnitzsee
39 Lehnin/Klostersee
40 Neustadt/Bordenauer See
41 Husum/Heye-Glas-See
42 Bischofswerda/Steinbruch Bolbritz
43 Kamenz/Steinbruch Vogelberg
44 Dresden/ Elbe »Blaues Wunder«
45 Halle/Saale
46 Dortmund/Ems-Kanal
47 Windeck/Sieg
48 Nordheim/Main
49 Craintal/Tauber
50 Schöntal/Jagst
51 Heidelberg Neckar
52 Gernsheim/Rhein
53 Laurenburg/Lahn
54 Pillig/Elzbach-Wasserfall
55 Meerfeld/Merfelder Maar
56 Nohfelden/Bostalsee
57 Naab/Schwandorf
58 Hirschling/Regen
59 Ramspau/Regen
60 Regenstauf/Regen
61 Weltenburg/Donau
62 Neuburg/Donau
63 Geroldsau/Geroldsauer Wasserfall
64 Raumünzach/Murg
65 Mummelsee
66 Ottenhöfen/ Edelfrauengrab-Wasserfälle
67 Baiersbronn/Sankenbachsee
68 Wegscheid/Rannasee
69 Kirchdorf/Waldsee
70 Bergham am See/ Berghamer See
71 Unterföhring/ Poschinger Weiher
72 München/Isar
73 Augsburg/Lech
74 Göffingen, Unlingen/ Göffinger Weiher
75 Riedlingen/Donau
76 Lenzkirch/Windgfällweiher
77 St. Blasien/Klosterweiher
78 Görwihl/Krai-Woog-Gumpen
79 Laufen/Salzach
80 Ringham/Weidsee
81 Grabenstätt/Tüttensee
82 Truchlachting/Alzbad
83 Chiemsee/Krautinsel
84 Bad Endorf/Langbürgnersee
85 Sachsenkam/Kirchsee
86 Iffeldorf/Großer Ostersee
87 Saulgrub/Ammer
88 Immenstadt/ Iller beim Wakeboardpark
89 Oberstaufen/ Buchenegger Wasserfall
90 Lindau/Bodensee
91 Hagnau/Bodensee
92 Reichenau/Bodensee
93 Dachsberg/Alb
94 Marktschellenberg/ Berchtesgadener Ache
95 Schönau/Seeleinsee
96 Schönau/Obersee
97 Schneizlreuth/ Mußbach-Wasserfall
98 Ruhpolding/Mittersee
99 Kössen/Taubensee
100 Aschau/Schoßrinn-Wasserfall
101 Oberaudorf/Bichlersee
102 Oberaudorf/ Tatzelwurm-Wasserfall
103 Josefsthal/Hachelbach
104 Schliersee/Spitzingsee
105 Bad Wiessee/Tegernsee
106 Kreuth/Glashütten-Gumpen
107 Lenggries/Sylvensteinsee
108 Barmsee/Barmsee
109 Mittenwald/Wildensee
110 Mittenwald/Luttensee
111 Mittenwald/Ferchensee
112 Farchant/ Kuhflucht-Wasserfall
113 Eibsee

AM MEER

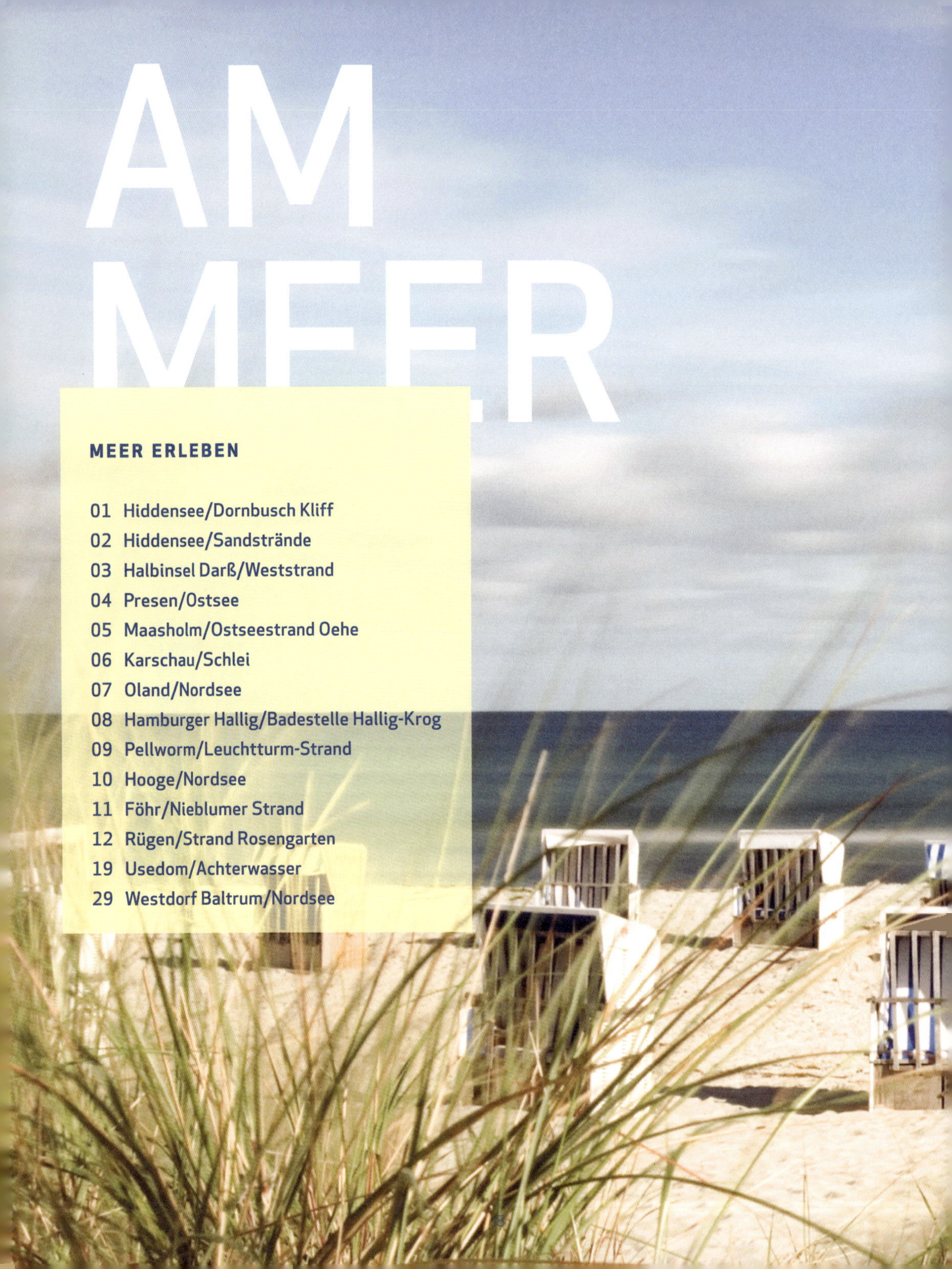

MEER ERLEBEN

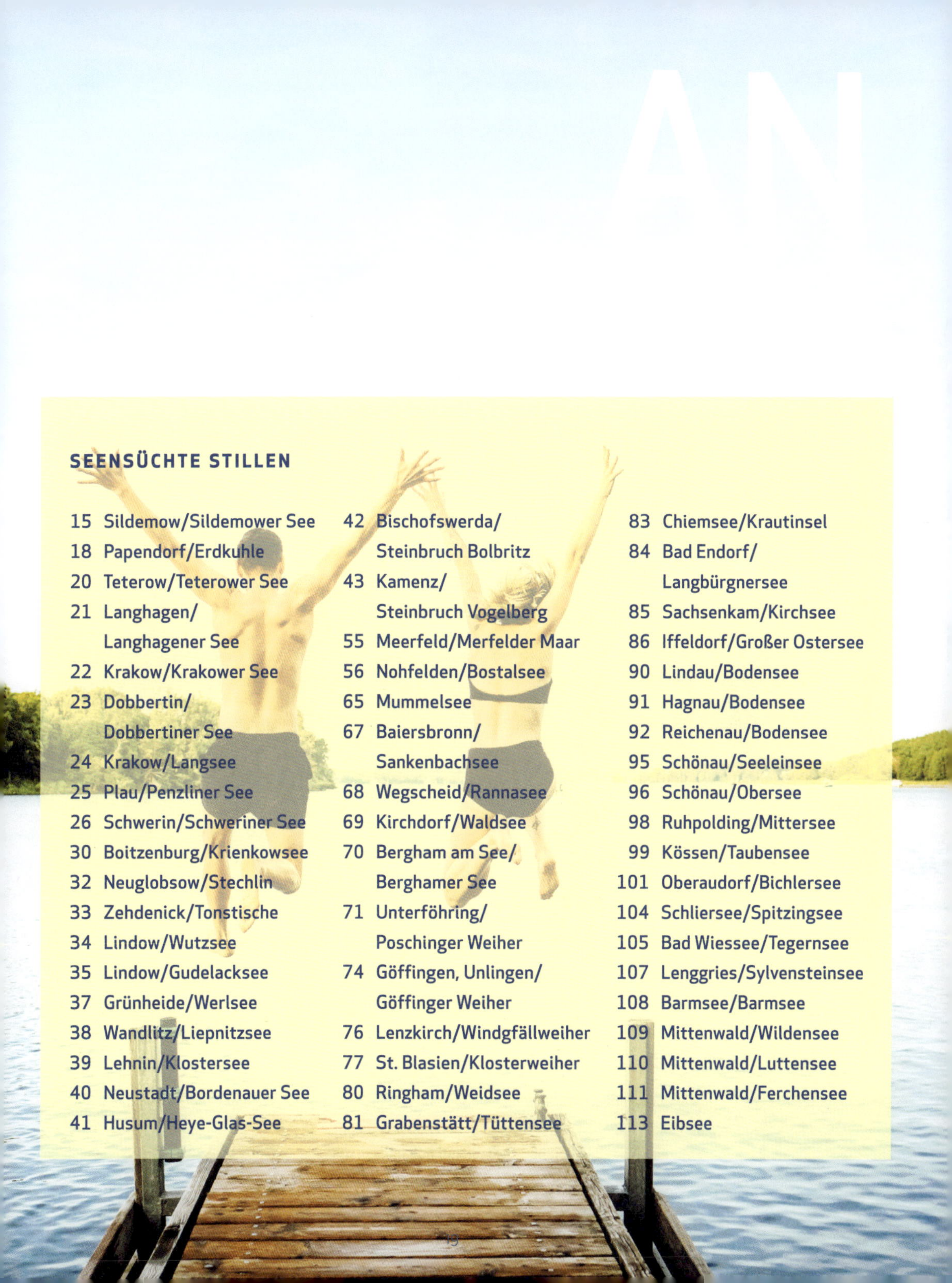

AN

SEENSÜCHTE STILLEN

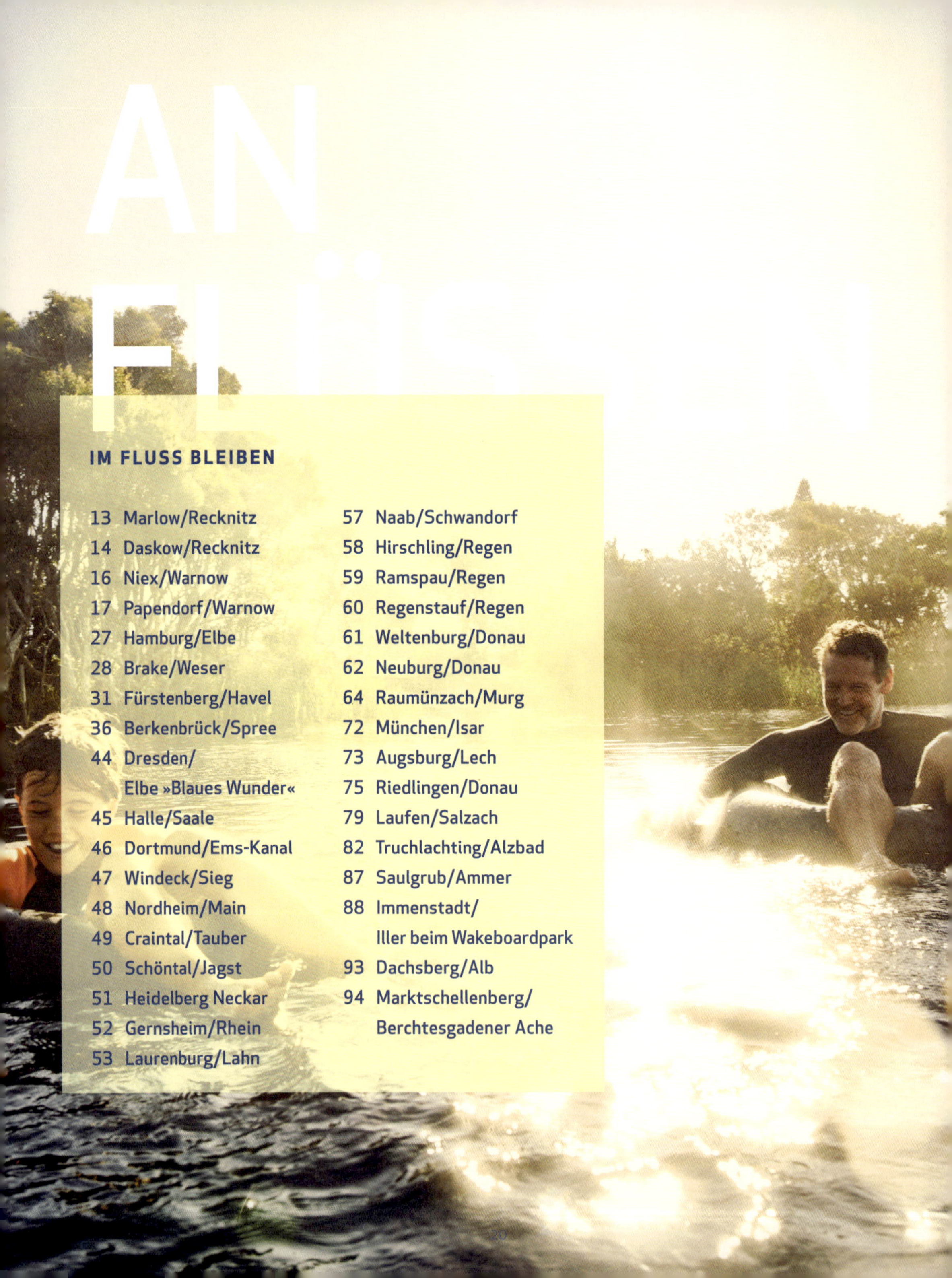

AN FLÜSSEN

IM FLUSS BLEIBEN

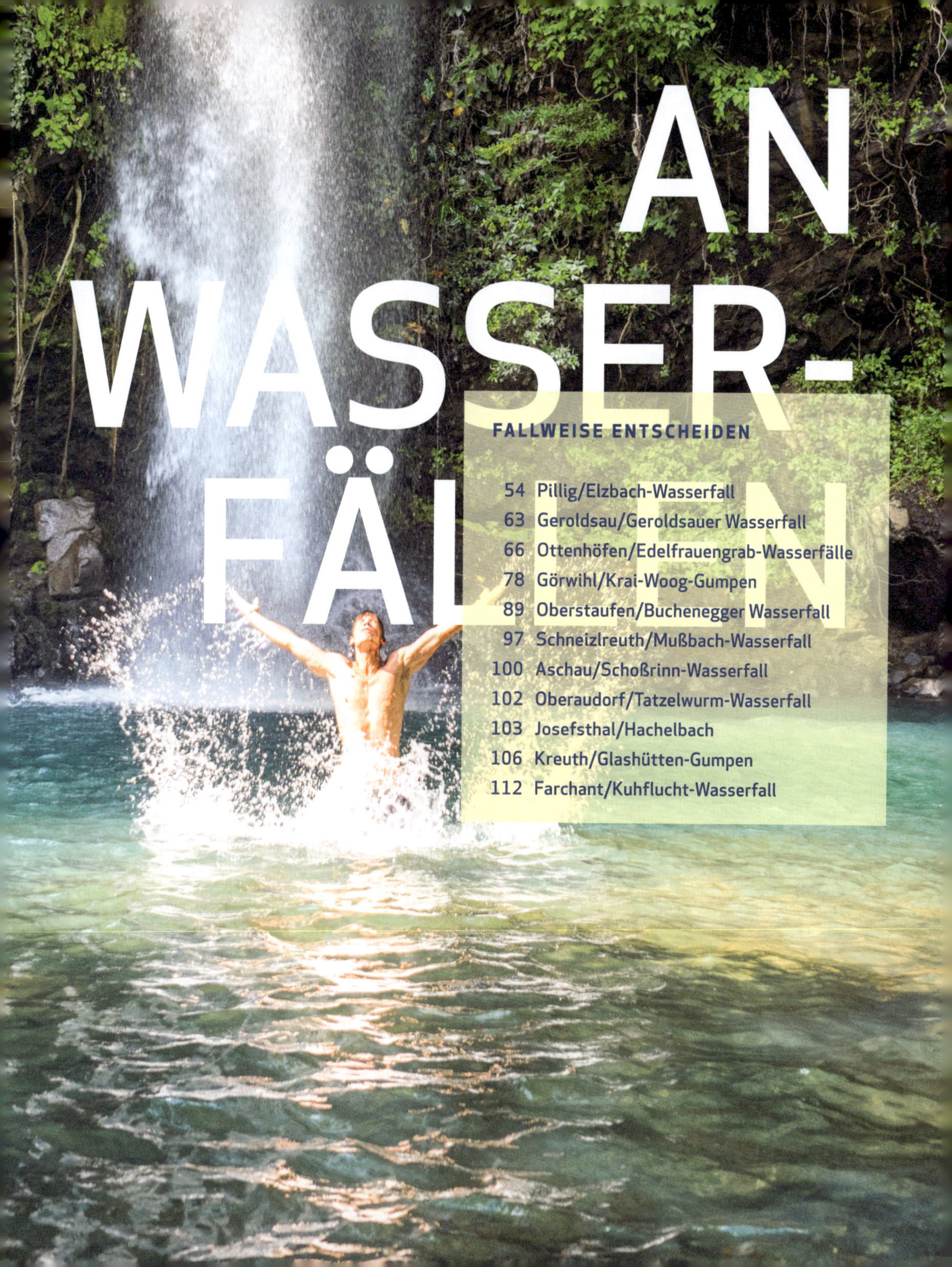

AN WASSER-FÄLLEN

FALLWEISE ENTSCHEIDEN

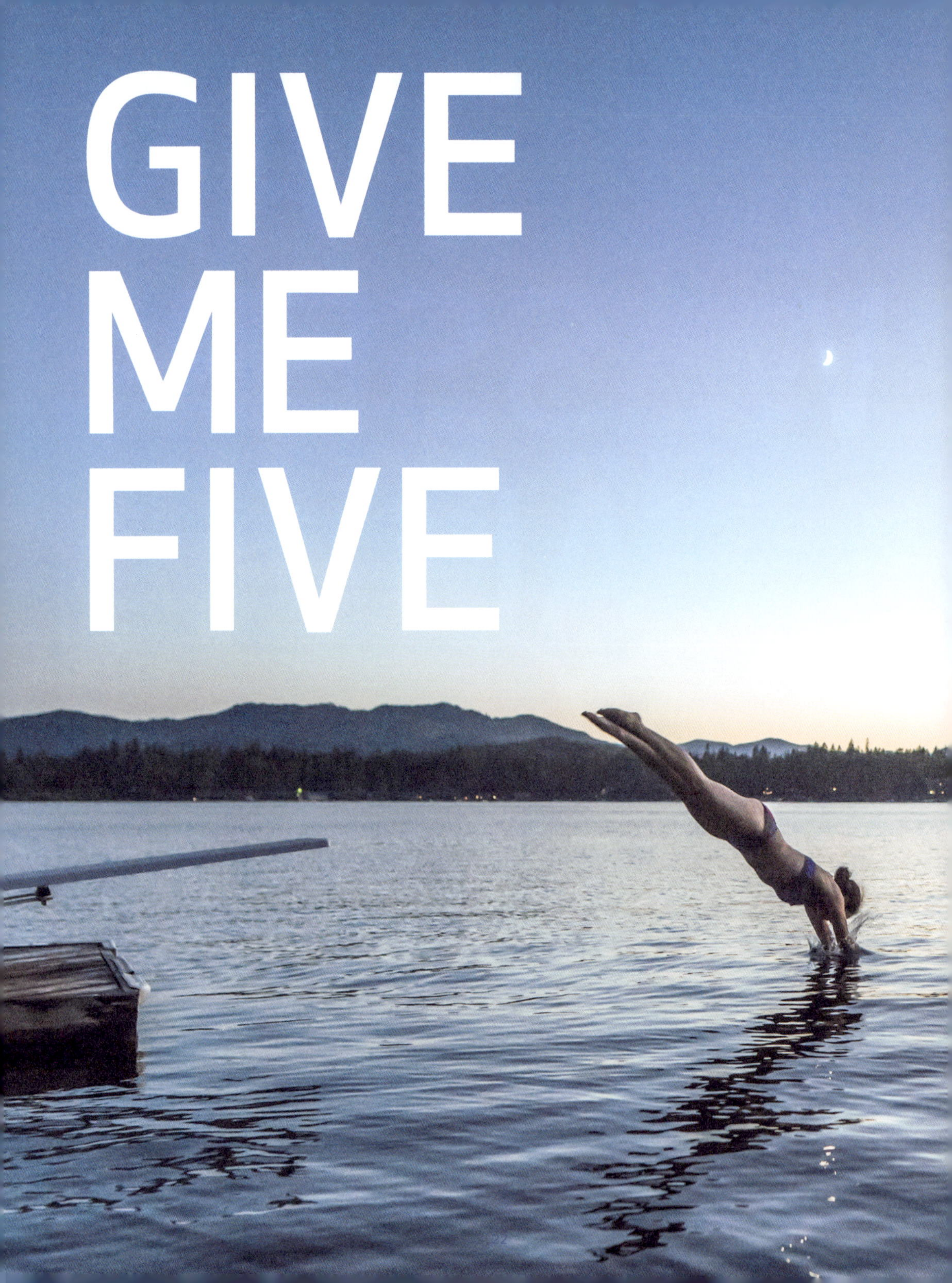
GIVE
ME
FIVE

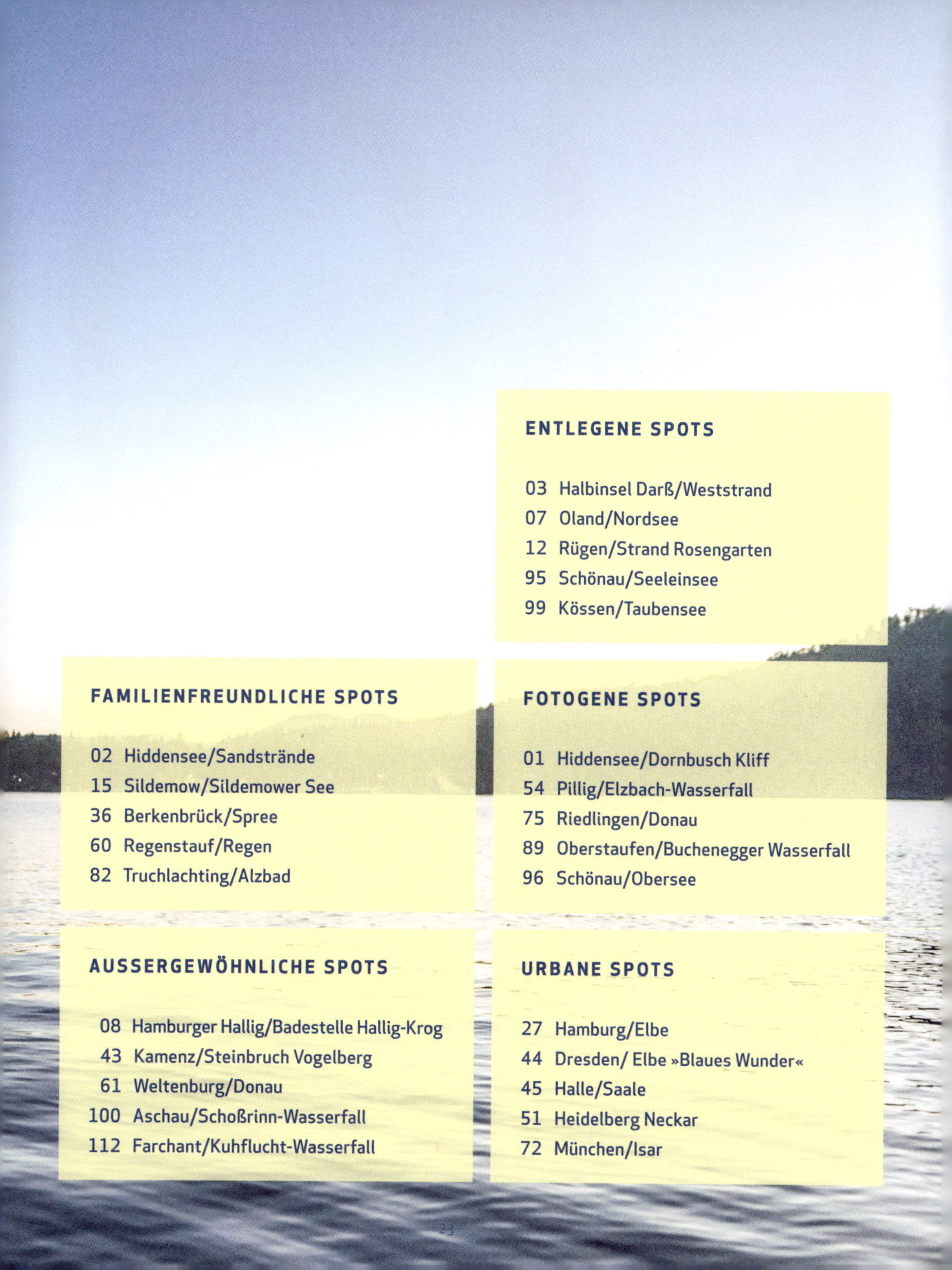

ENTLEGENE SPOTS

03 Halbinsel Darß/Weststrand
07 Oland/Nordsee
12 Rügen/Strand Rosengarten
95 Schönau/Seeleinsee
99 Kössen/Taubensee

FAMILIENFREUNDLICHE SPOTS

02 Hiddensee/Sandstrände
15 Sildemow/Sildemower See
36 Berkenbrück/Spree
60 Regenstauf/Regen
82 Truchlachting/Alzbad

FOTOGENE SPOTS

01 Hiddensee/Dornbusch Kliff
54 Pillig/Elzbach-Wasserfall
75 Riedlingen/Donau
89 Oberstaufen/Buchenegger Wasserfall
96 Schönau/Obersee

AUSSERGEWÖHNLICHE SPOTS

08 Hamburger Hallig/Badestelle Hallig-Krog
43 Kamenz/Steinbruch Vogelberg
61 Weltenburg/Donau
100 Aschau/Schoßrinn-Wasserfall
112 Farchant/Kuhflucht-Wasserfall

URBANE SPOTS

27 Hamburg/Elbe
44 Dresden/ Elbe »Blaues Wunder«
45 Halle/Saale
51 Heidelberg Neckar
72 München/Isar

NO

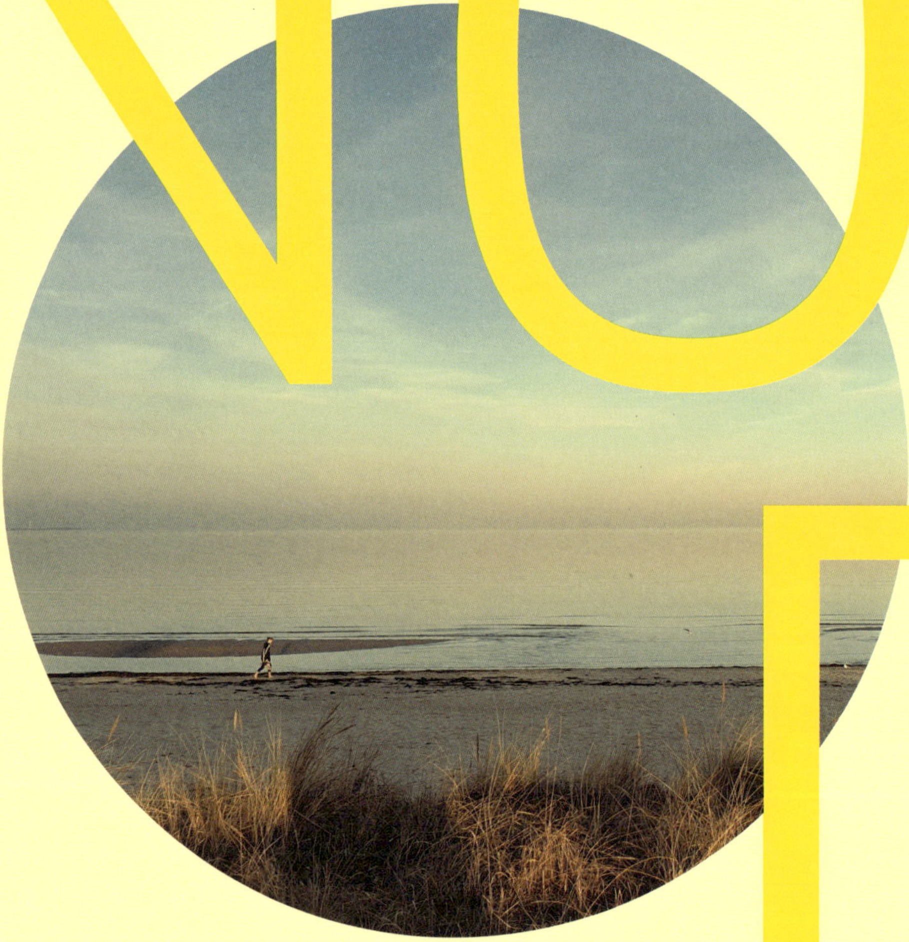

D

Wer bietet mehr Meer – Ostsee oder Nordsee?

Tatsache ist, dass sich darüber trefflich streiten lässt. Tatsache ist aber auch, dass sich aus Wildswimming-Sicht für beide Meere gute Argumente finden lassen. Die Ostsee punktet mit leichter Erreichbarkeit, kinderfreundlichen Stränden und gezeitenunabhängigem Badevergnügen. Die Nordsee hat den raueren, für viele originelleren, authentischeren Charme. Manche meinen, sie sei das richtige deutsche Meer und die Ostsee nur die kleine Schwester. Schöne Spots gibt's an beiden Meeren, zudem laden im Norden sanft dahinströmende Unterläufe von Flüssen und Bächen sowie größere und kleinere Wasserflächen vieler Seenplatten zu wildem Schwimm- und Badevergnügen.

NORDEN

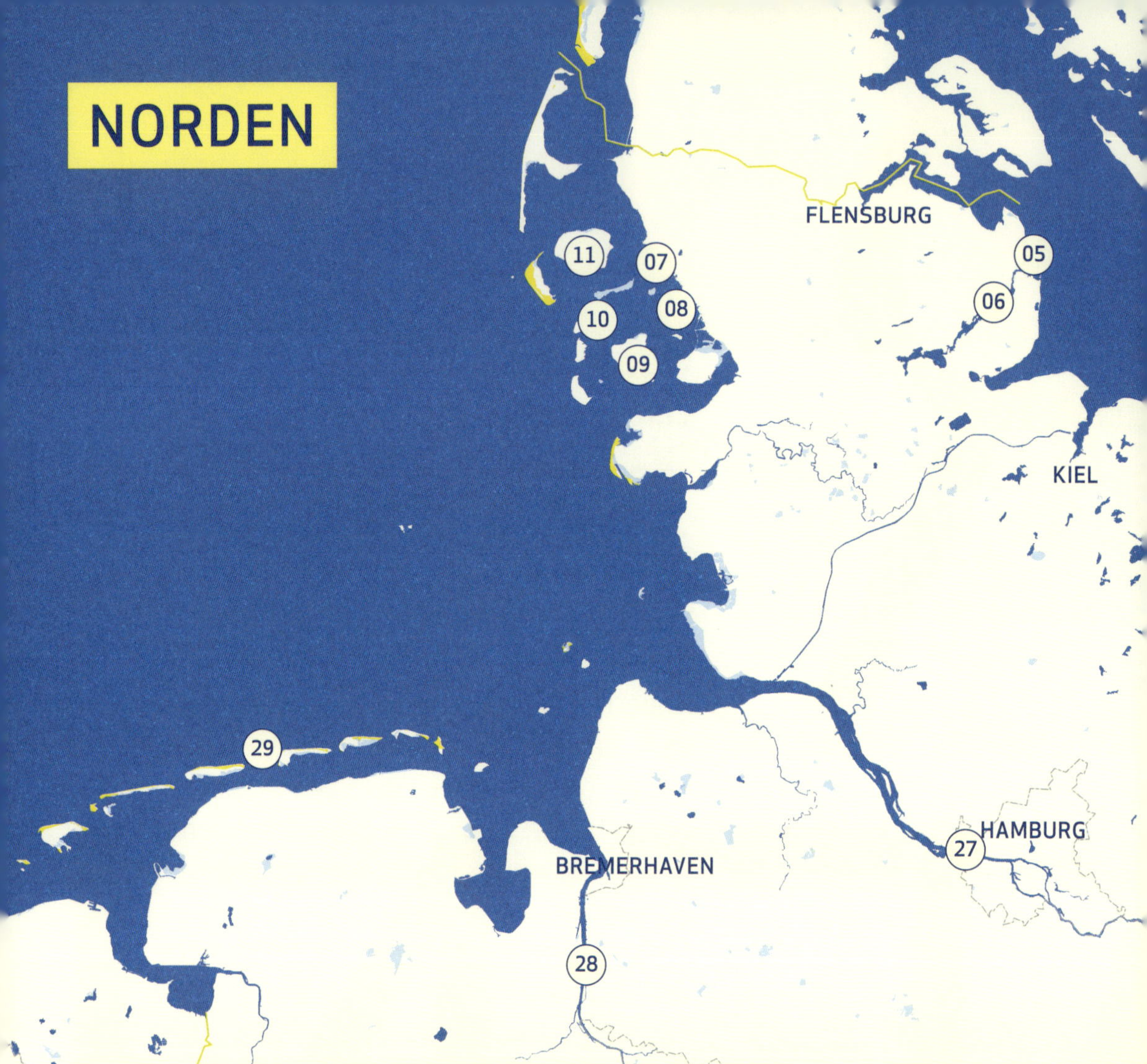

01 Hiddensee/Dornbusch Kliff
02 Hiddensee/Sandstrände
03 Halbinsel Darß/Weststrand
04 Presen/Ostsee
05 Maasholm/Ostseestrand Oehe
06 Karschau/Schlei
07 Oland/Nordsee
08 Hamburger Hallig/
Badestelle Hallig-Krog
09 Pellworm/Leuchtturm-Strand
10 Hooge/Nordsee
11 Föhr/Nieblumer Strand
12 Rügen/Strand Rosengarten
13 Marlow/Recknitz
14 Daskow/Recknitz
15 Sildemow/Sildemower See
16 Niex/Warnow
17 Papendorf/Warnow
18 Papendorf/Erdkuhle
19 Usedom/Achterwasser
20 Teterow/Teterower See
21 Langhagen/Langhagener See
22 Krakow/Krakower See
23 Dobbertin/Dobbertiner See
24 Krakow/Langsee
25 Plau/Penzliner See
26 Schwerin/Schweriner See

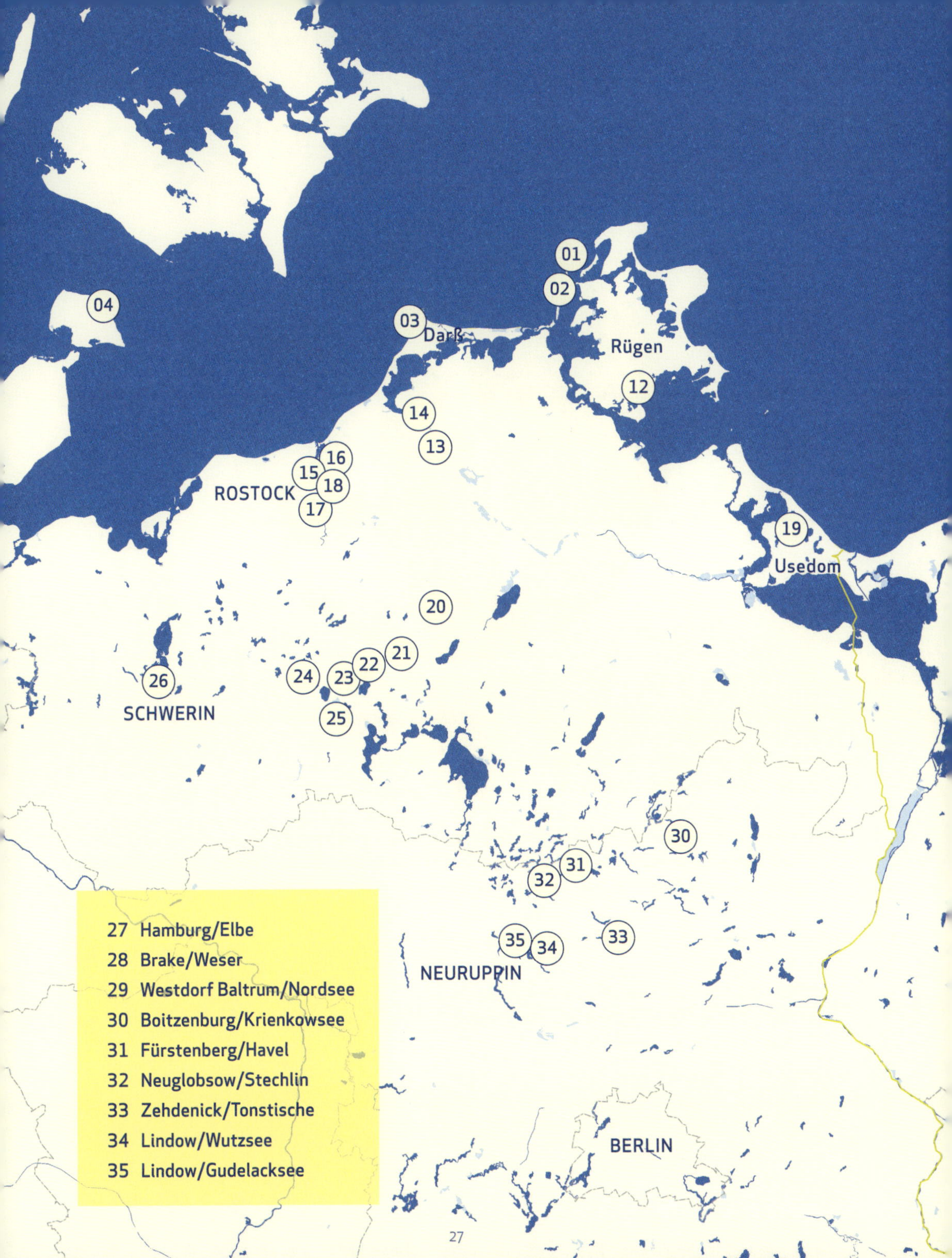
01
02
03
Darß
04
Rügen
12
14
13
16
15
18
ROSTOCK
17
19
Usedom
20
21
22
24
23
26
SCHWERIN
25
30
31
32
35
34
33
NEURUPPIN
BERLIN
27 Hamburg/Elbe
28 Brake/Weser
29 Westdorf Baltrum/Nordsee
30 Boitzenburg/Krienkowsee
31 Fürstenberg/Havel
32 Neuglobsow/Stechlin
33 Zehdenick/Tonstische
34 Lindow/Wutzsee
35 Lindow/Gudelacksee

01

MECKLENBURG-VORPOMMERN

Hiddensee / Dornbusch Kliff

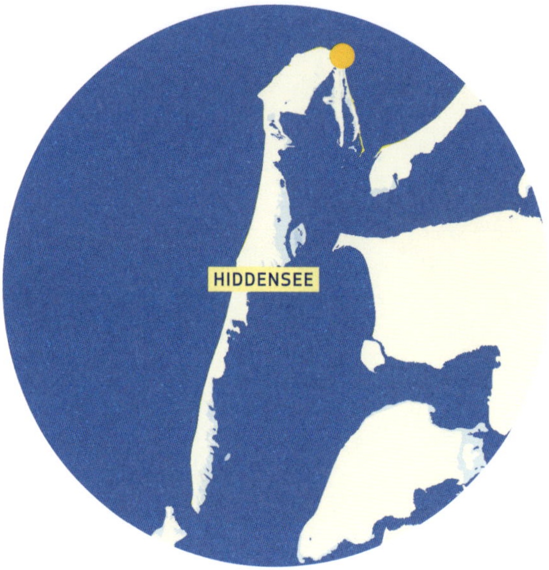

Robinson-Feeling auf einer Touristeninsel? Ja, das geht. Dieser der Felsküste vorgelagerte Strand von Kloster im Norden der Insel ist an nur wenigen Stellen von oben her über steile Wege zugänglich. Es gibt keinerlei Infrastruktur und demnach wenig Betrieb. Der teils steinige, teils sandige Naturstrand ist zwischen 10 und 30 m breit, bietet wenig Schatten, aber ein großartiges Landschafts- und Naturerlebnis. Zur Einstiegsstelle gelangt man, wenn man nördlich von Kloster am Ende der Asphaltstraße erst dem unbefestigten Feldweg und dann dem steilen Trampelpfad zum Strand folgt. Hier ist FKK möglich – Abschalten auch!

Anfahrt

- Über Rügendamm oder Rügenbrücke auf der B 96 bis Samtens auf Rügen und über Gingst nach Schaprode. Dort Auto auf bewachtem Parkplatz abstellen und die Fähre besteigen. Per Rad zum Strand.
- GPS: 54.603829, 13.144144

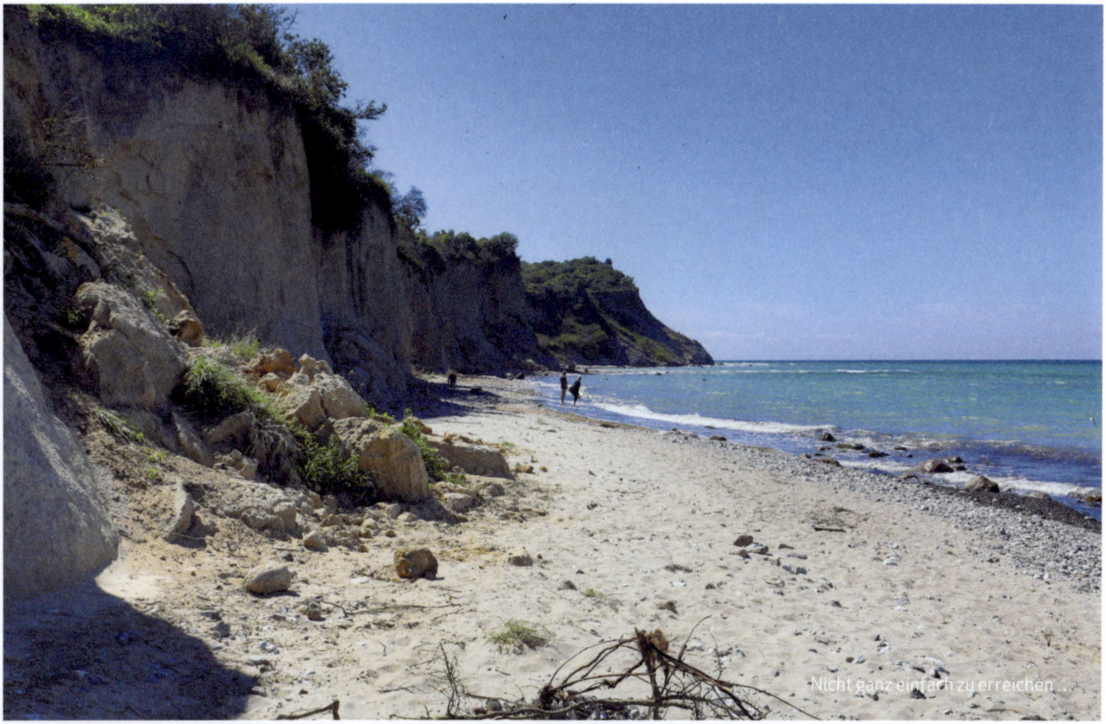

Nicht ganz einfach zu erreichen ...

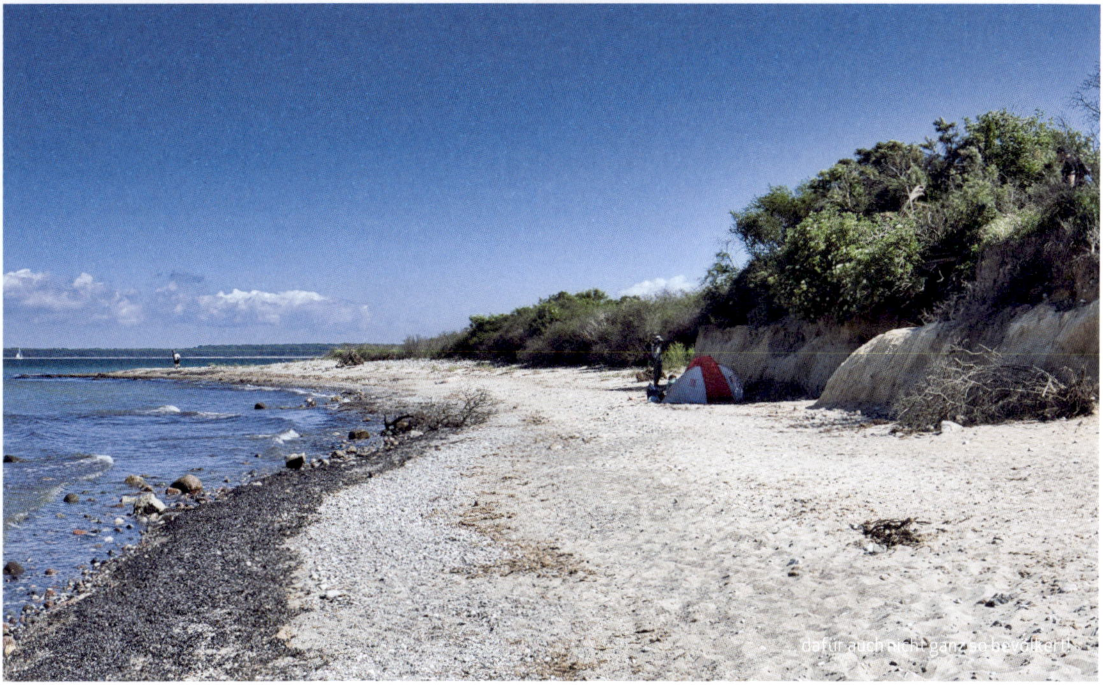

... dafür auch nicht ganz so bevölkert!

02

MECKLENBURG-VORPOMMERN

Hiddensee / Sandstrände

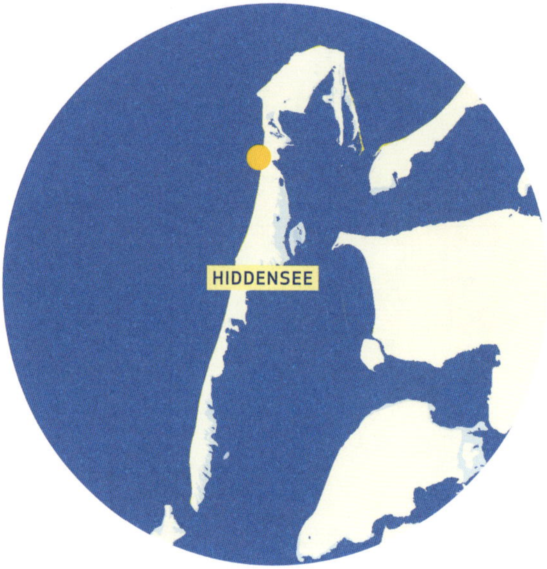

Strand, so weit das Auge reicht, und in jeder Hinsicht das Kontrastprogramm zu Hiddensees Steilküste. Die Strände von Neuendorf und Vitte sind insgesamt an die 15 km lang, 40–50 m breit und flach ins Wasser abfallend. Mit ihrem weichen, weißen Ostseesand, den mühelosen Zugängen und teils durch Buhnen geschützten Wasserflächen sind sie hervorragend für Familien mit Kleinkindern geeignet. In den ausgewiesenen Badebereichen findet eine Überwachung durch die DLRG statt, es gibt Strandkörbe und Kioske. Im Kernbereich ideal für alle, die eher »wild« auf Unterhaltung, coole Drinks und Fischbrötchen sind, an der Peripherie entspannter und wirklich wilder ... Will man den ganzen Strand abgehen, um sich sein Plätzchen an der Sonne zu suchen, empfiehlt sich der Strandzugang, dort wo der westliche Radweg von Vitte nach Kloster ganz nah an die Dammkrone heranführt.

Anfahrt

→ Über Rügendamm oder Rügenbrücke auf der B 96 bis Samtens auf Rügen und über Gingst nach Schaprode. Dort Auto auf bewachtem Parkplatz abstellen und die Fähre besteigen. Per Rad zum Strand.

→ GPS: 54.571861, 13.101259

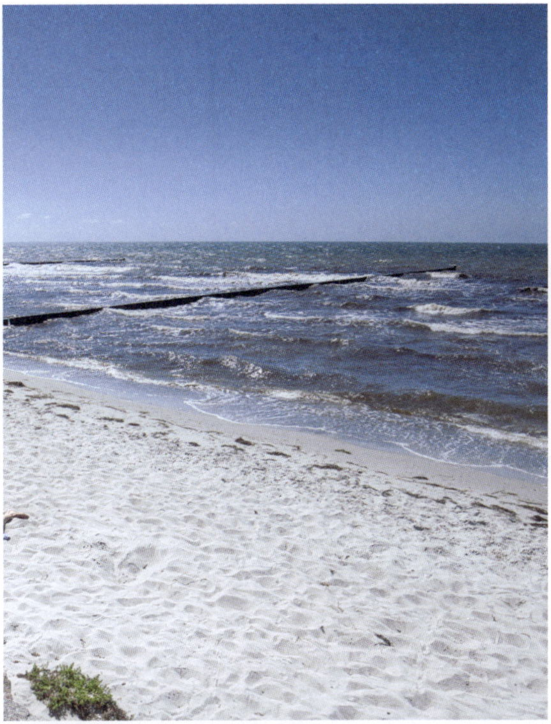

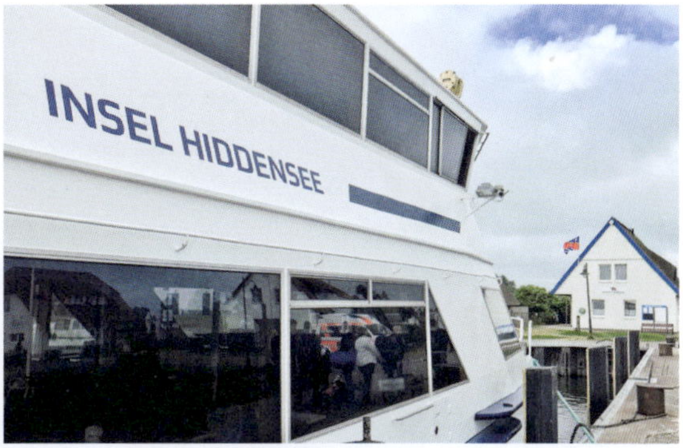

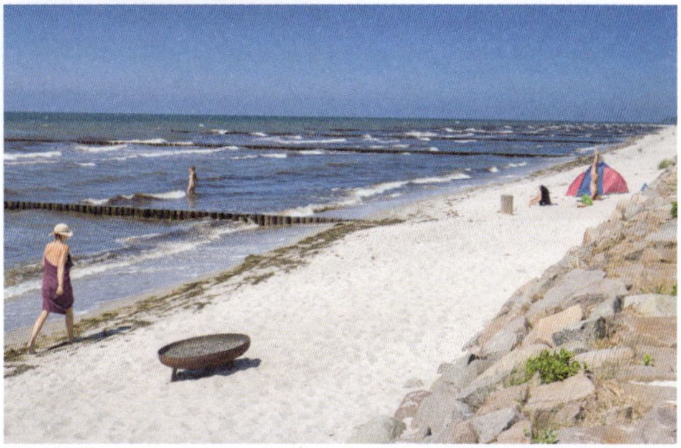

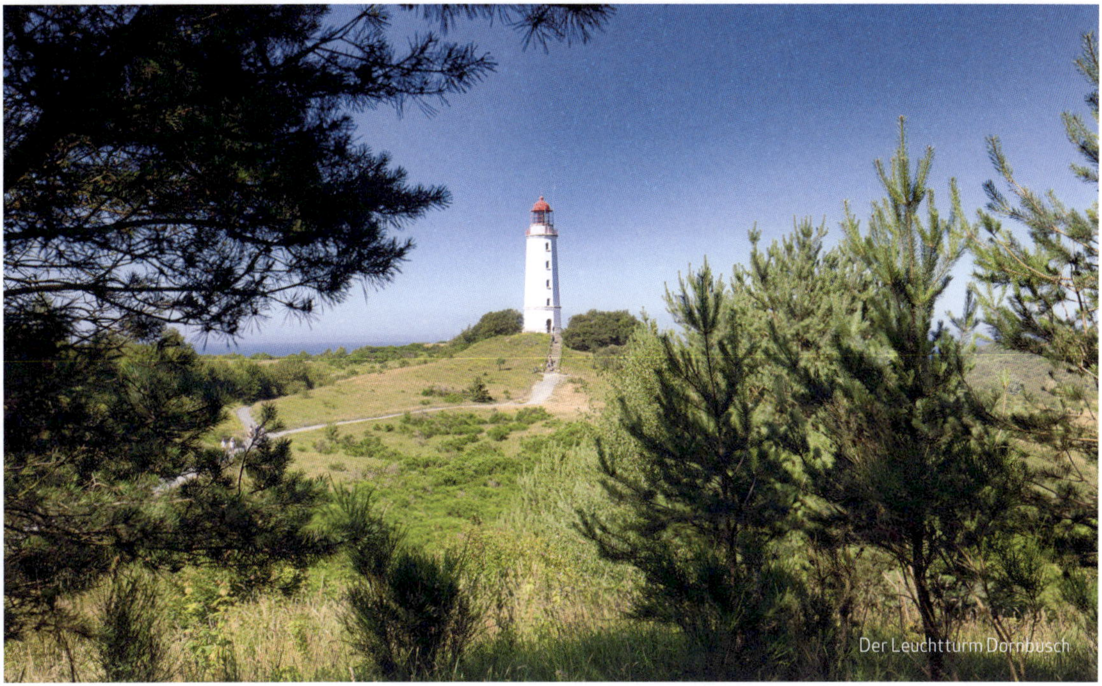

Der Leuchtturm Dornbusch

NORDEN

03

MECKLENBURG-VORPOMMERN

Halbinsel Darß / Weststrand

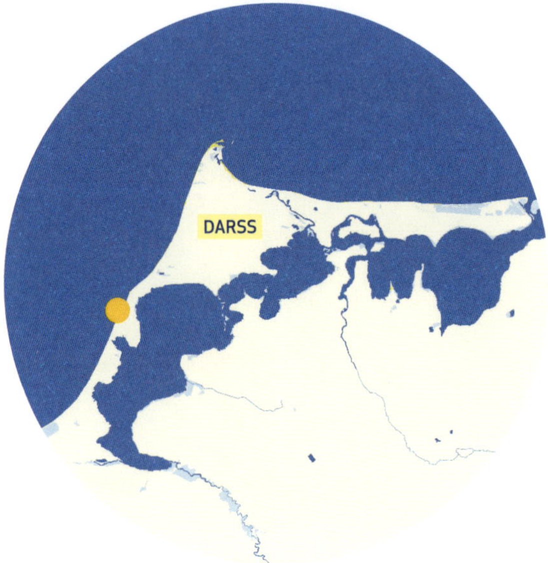

Für viele gilt der Darßer Weststrand als einer der schönsten Strände Europas. Von Arte wurde er sogar als einer der zehn schönsten Strände weltweit nominiert. Der 14 km lange Sandstrand zeigt die sich ständig verändernde Küstenlandschaft der Ostsee in ihrer schönsten und urwüchsigsten Form: zur Meeresseite hin der scheinbar grenzenlose Ozean mit imposanten Wolkengebilden, auf der Landseite die nicht minder imposanten Baumriesen des Darßer Urwalds. Ein Platz zum Staunen und Träumen. Der Darßwald gehört zum Nationalpark Vorpommersche Boddenlandschaft und sollte, so wie die Dünen auch, nur an gekennzeichneten Stellen betreten werden. Wer es eilig hat, geht vom Rad-Abstellplatz die paar Meter durch den tiefen Sand und wassert gleich dort. Wer Muße hat, findet auf dem langen Sandstrand sicher auch ein einsameres Plätzchen.

Anfahrt

- Über die L 21 nach Wieck oder Prerow, von dort ca. 6 km per Rad oder per Pedes durch den Darßwald zum Weststrand.
- GPS: 54.449747, 12.483509

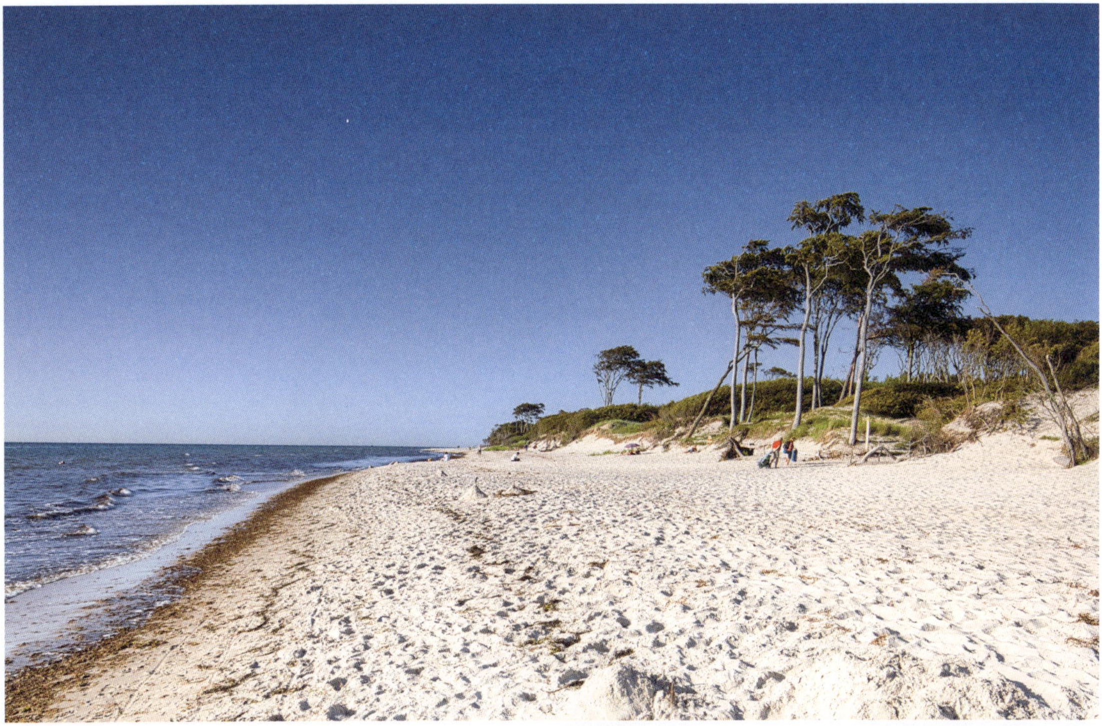

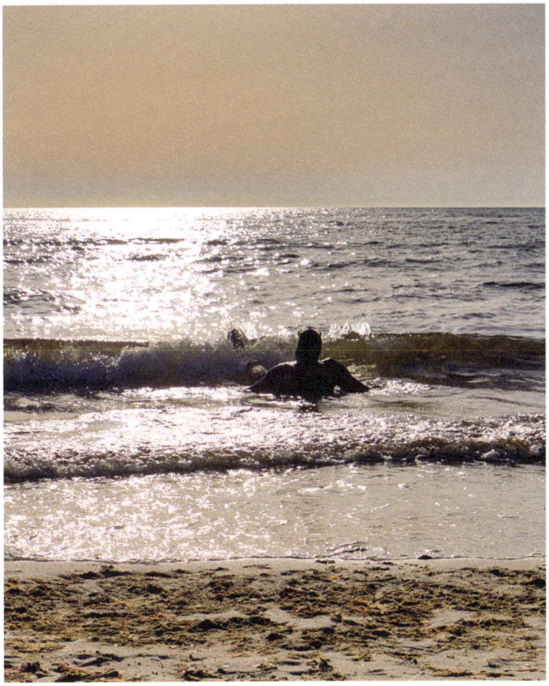

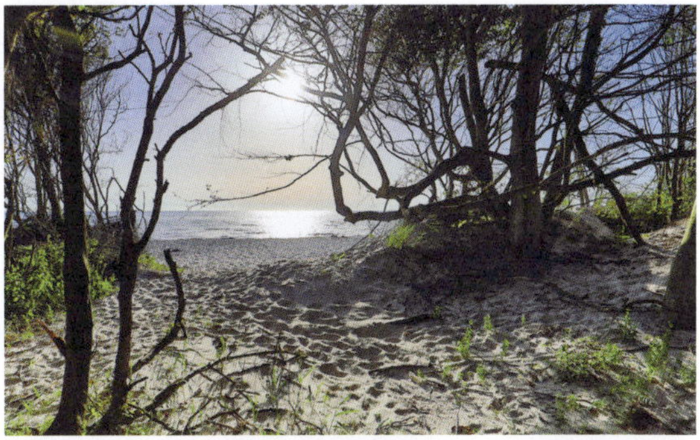

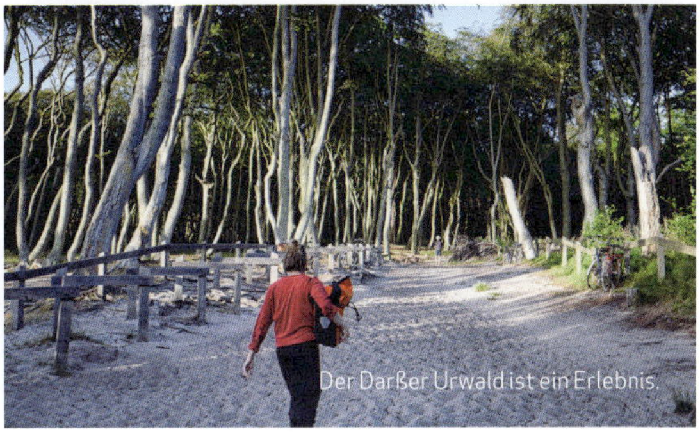

Der Darßer Urwald ist ein Erlebnis.

04

SCHLESWIG-HOLSTEIN

Presen / Ostsee

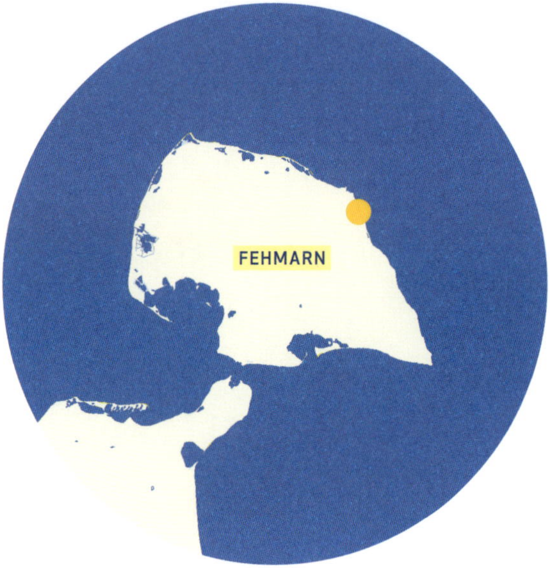

Am Naturstrand des östlichsten Punkts der Insel Fehmarn kann man zumeist sogar im Hochsommer noch ein ruhiges Plätzchen finden. Von hier hat man eine grandiose Aussicht auf die Ostsee mit ihren gigantischen Wolkentürmen und den vorbeiziehenden großen Pötten. An klaren Tagen reicht die Sicht sogar bis Dänemark hinüber. Es gibt einen kostenlosen Parkplatz und ein WC. Das Wasser ist hier sehr klar, der Strand steinig, naturbelassen und rau – Individualisten werden ihn mögen. Einsamer sind die Strandabschnitte im Süden, belebter jene Richtung Marienleuchte. Besonders schön sind hier die Sonnenaufgänge!

Anfahrt

→ Von Presen führt die Dorfstraße zum Strand. Dieser etwa 200 m folgen und dann südlich halten, um ungestört zu sein.

→ GPS: 54.478337, 11.248926

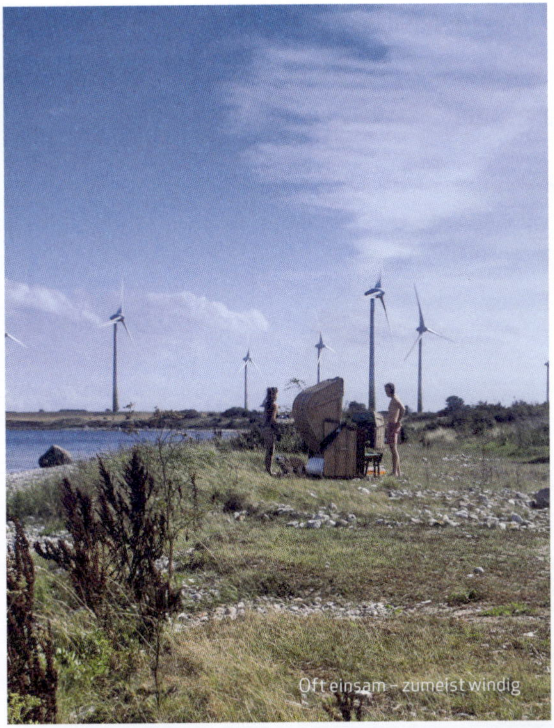
Oft einsam – zumeist windig

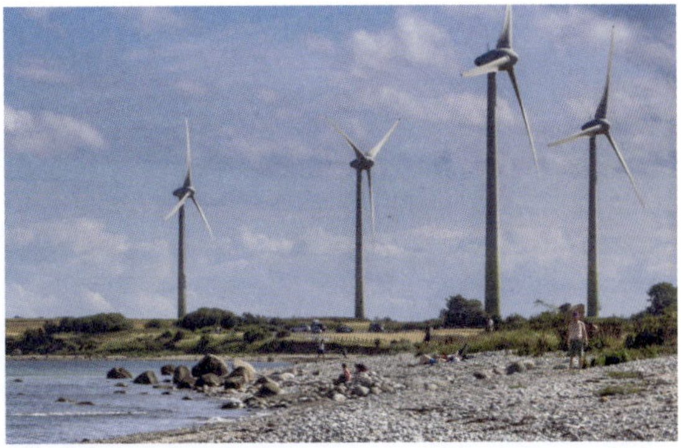

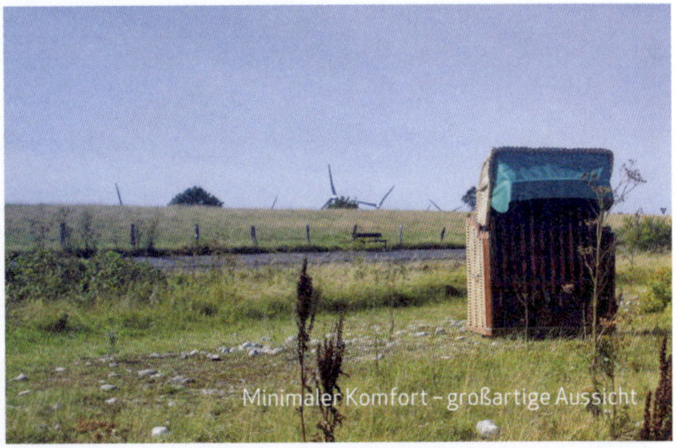
Minimaler Komfort – großartige Aussicht

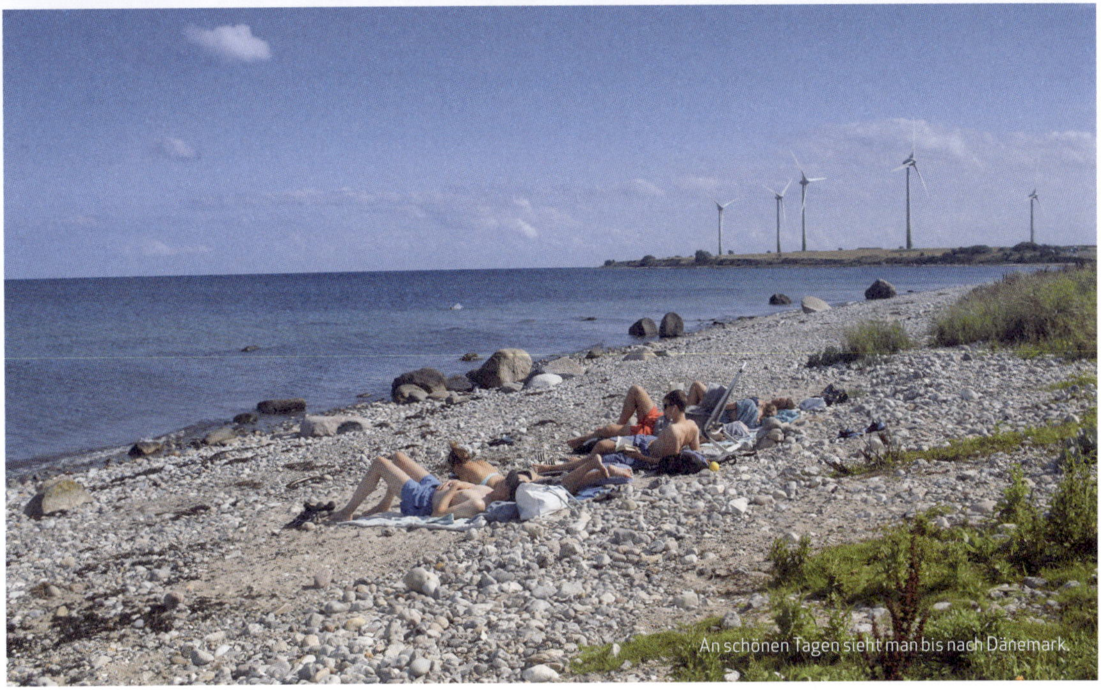
An schönen Tagen sieht man bis nach Dänemark.

SCHLESWIG-HOLSTEIN

05 Maasholm / Ostseestrand Oehe

NORDEN

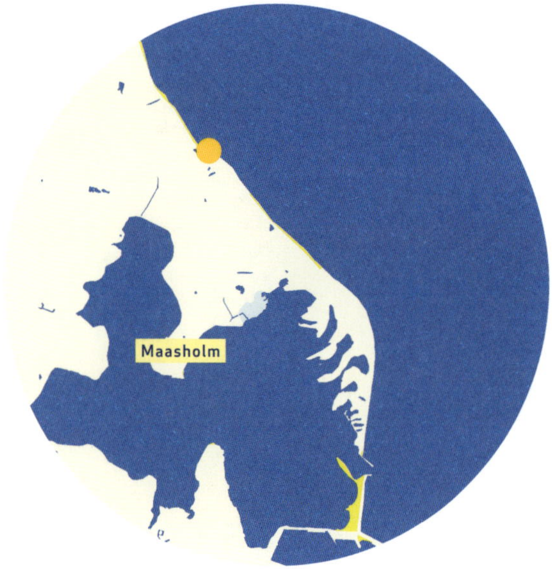

Einen feinen, flachen, wenig frequentierten Sandstrand mit herrlichem Blick auf die offene Ostsee, mächtige Bäume auf der Deichkrone und ein geschmackvolles Bistro in Strandnähe hat diese Naturbadestelle zu bieten. Wenn man auf der Deichkrone Richtung Osten spaziert oder radelt, kommt man zur Seevogelschutzstation Oehe-Schleimünde. Die besten Badespots finden sich unweit der Stelle, wo der beschriebene Gehweg auf den Deich trifft. Mit etwas Glück bekommt man hier nicht nur ganze Schwärme von Wasservögeln, sondern gelegentlich auch Seeadler zu Gesicht.

Anfahrt

→ Von der B 199 Kappeln–Flensburg, Richtung Maasholm abbiegen und knapp vor dem Ortsanfang Maasholm linkerhand dem Hinweisschild »Gut Oehe« folgen, nach den letzten Häusern zweigt noch, bevor man das Gut erreicht, links ein Rad-/Gehweg ab, diesem durch das Wäldchen bis zum Strand folgen.

→ GPS: 54.709548, 10.001789

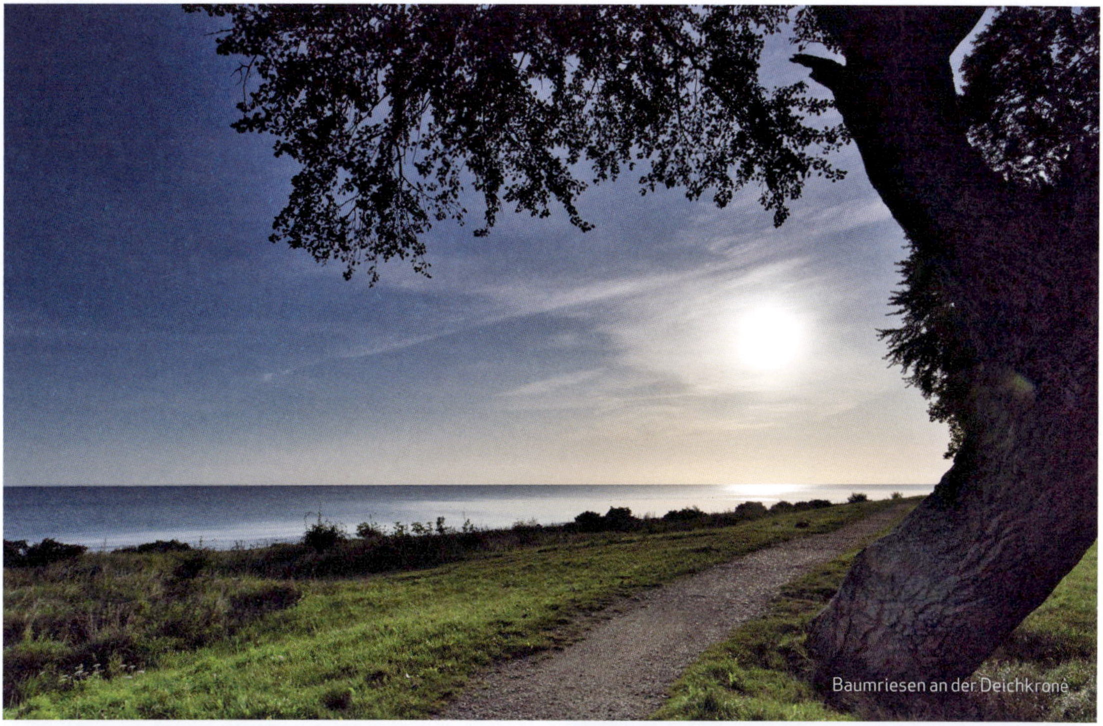

Baumriesen an der Deichkrone

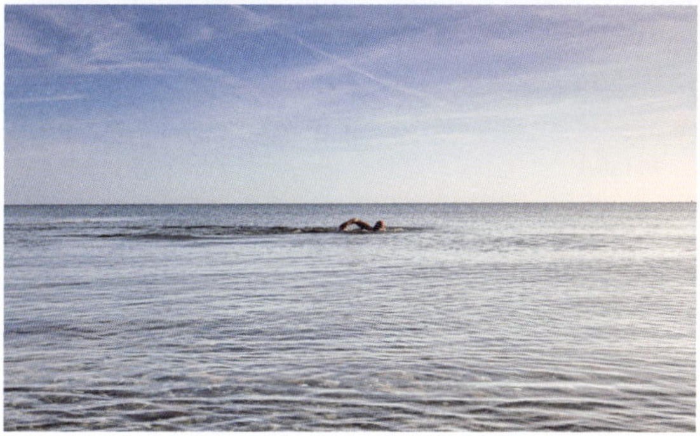

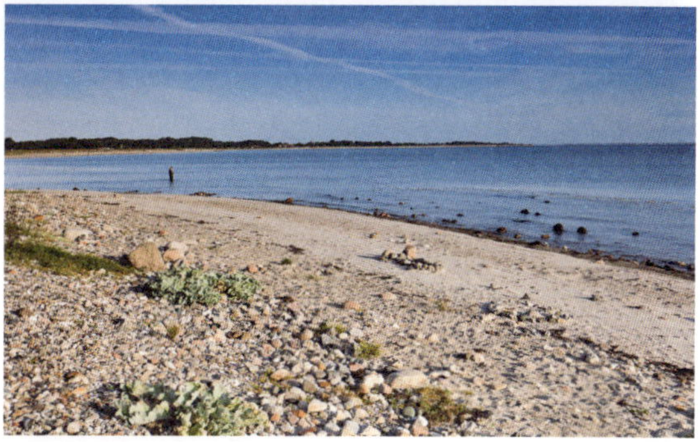

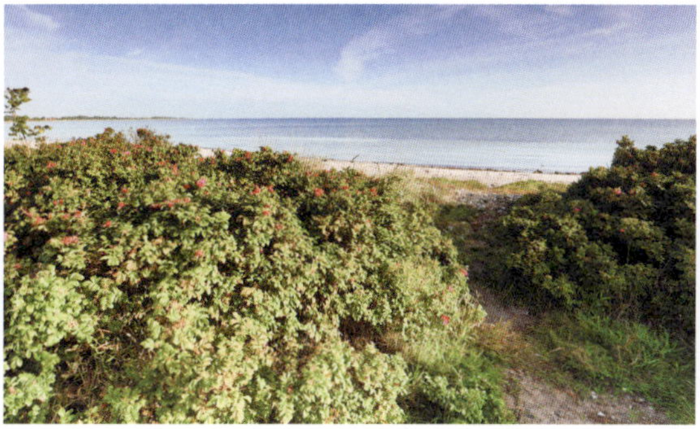

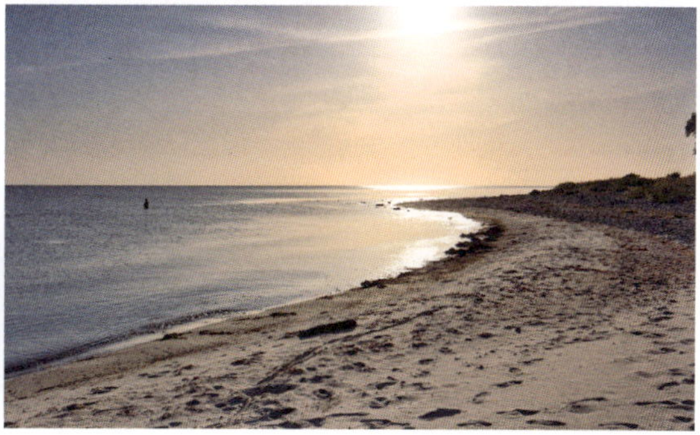

06

SCHLESWIG-HOLSTEIN

Karschau / Schlei

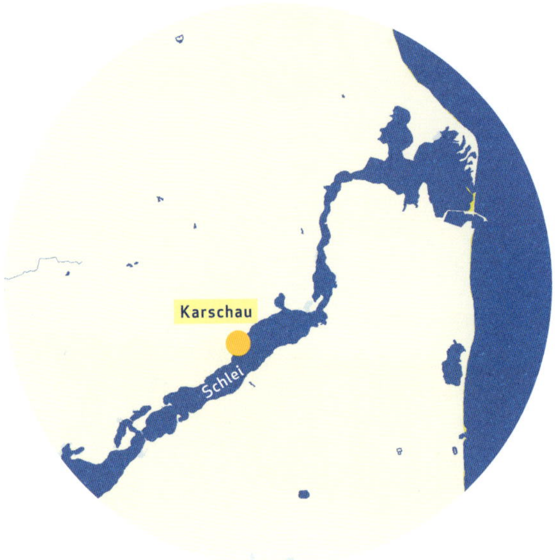

Der einzige Fjord Deutschlands, die Schlei, bietet eine Vielzahl verträumter Buchten an den zumeist bewaldeten Ufern. Durch ihre im Vergleich zur nahen Ostsee geschütztere Lage ist sie nicht nur für Angler und Bootsfahrer, sondern auch für Schwimmer ein sehr attraktives Gewässer. Dieser Spot befindet sich an einer Slipstelle mit kleiner Liegewiese und Sitzbänken. Hier gibt es auch einen kleinen Steg, der aber in erster Linie als Anlegestelle genutzt wird. Der Einstieg an der Slipstelle ist flach, aber rutschig. Auf dem jenseits der Uferstraße gelegenen Campingplatz kann man einkaufen oder einen kleinen Imbiss zu sich nehmen. Weiter unten am Ufer kriegt man von der Straßennähe nicht mehr viel mit, genießt aber einen sehr schönen Blick auf die Schlei.

Anfahrt

→ Von der B 201 in Richtung Arnis abbiegen, der Arnisser Straße bis zur Abzweigung Karschau folgen bis zum Campingpark Schlei-Karschau. Vor dem Campingplatz befindet sich ein kostenloser Parkplatz.

→ GPS: 54.618514, 9.884430

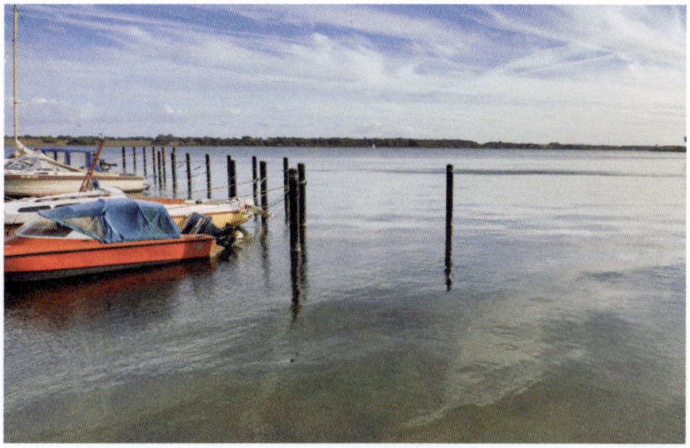

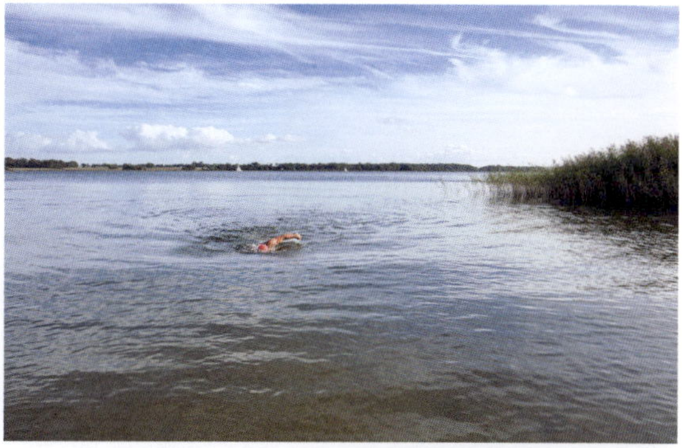

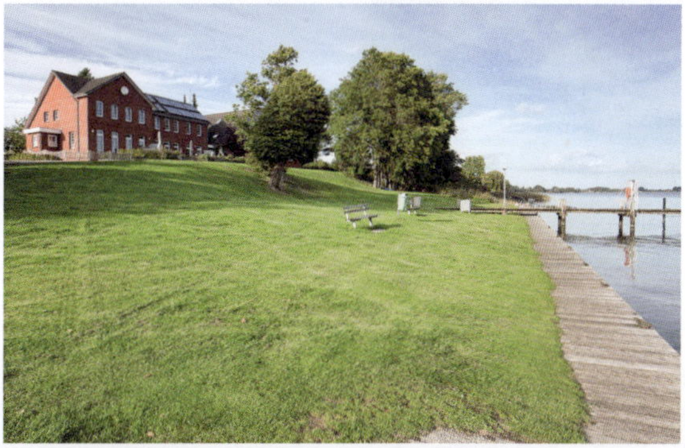

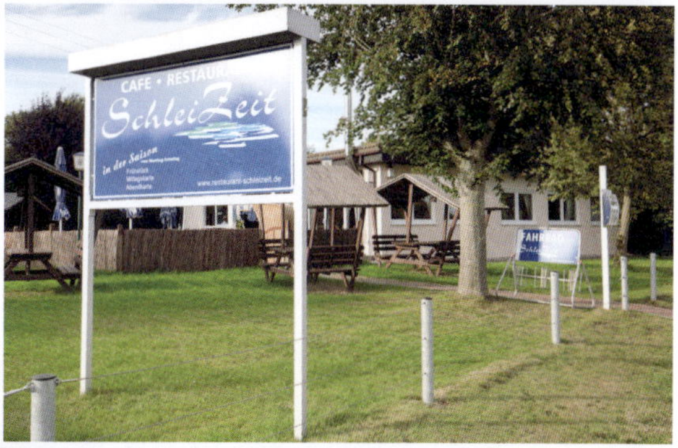

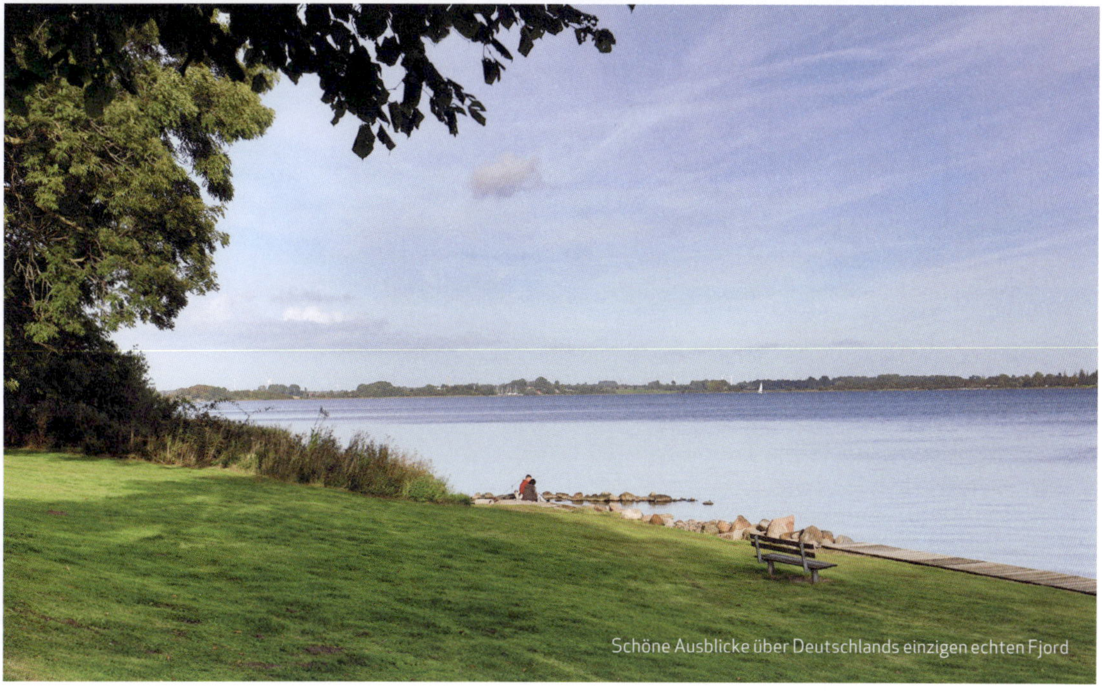
Schöne Ausblicke über Deutschlands einzigen echten Fjord

07

SCHLESWIG-HOLSTEIN

Oland / Nordsee

NORDEN

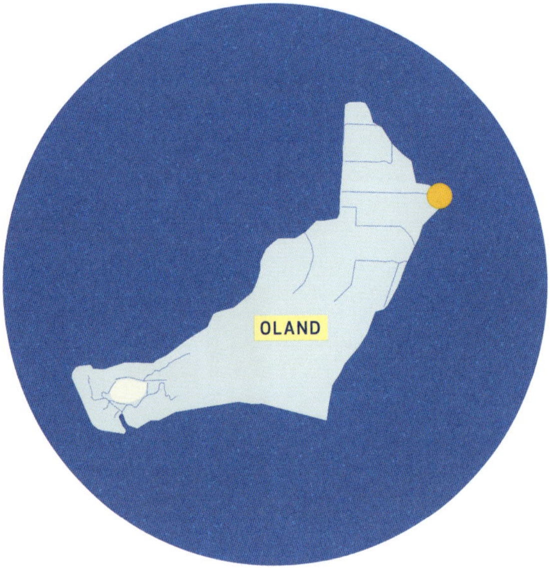

Auf der Hallig wohnen nur ca. 20 Einwohner in 17 Häusern auf einer einzigen Warft, auf der sich auch Deutschlands einziger reetgedeckter Leuchtturm und eine historische Viehtränke befinden. Schon 1860 wurde Oland mit einem Damm ans Festland angebunden, heute verkehrt darauf eine Lorenbahn. Die Badestelle befindet sich ganz in der Nähe des Lorenbahnhofs und hat außer einer kleinen Badeleiter und einer Stranddusche nicht viel zu bieten, von rauen Nordseebadefreuden und einer grandiosen Aussicht einmal abgesehen. Bitte unbedingt Gezeitentabelle beachten! Bei Niedrigwasser fällt der Strand weitestgehend trocken.

Anfahrt

- → Die Hallig Oland ist autofrei! Anreise nach Dagebüll: A 23 bis Heide, B 5 Richtung Bredstedt. Alternative: A 7 bis Schleswig/Schuby, B 201 über Husum Richtung Bredstedt, hinter Bredstedt über Bordelum und Ockholm nach Schlüttsiel.
- → GPS: 54.685960, 8.721670

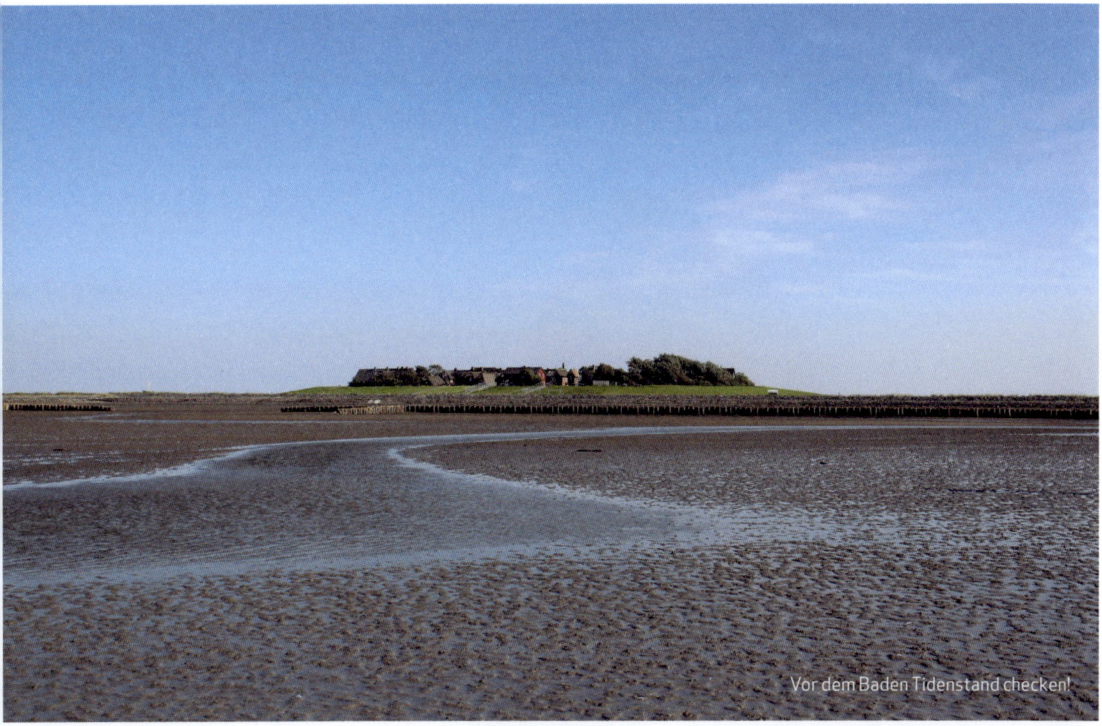
Vor dem Baden Tidenstand checken!

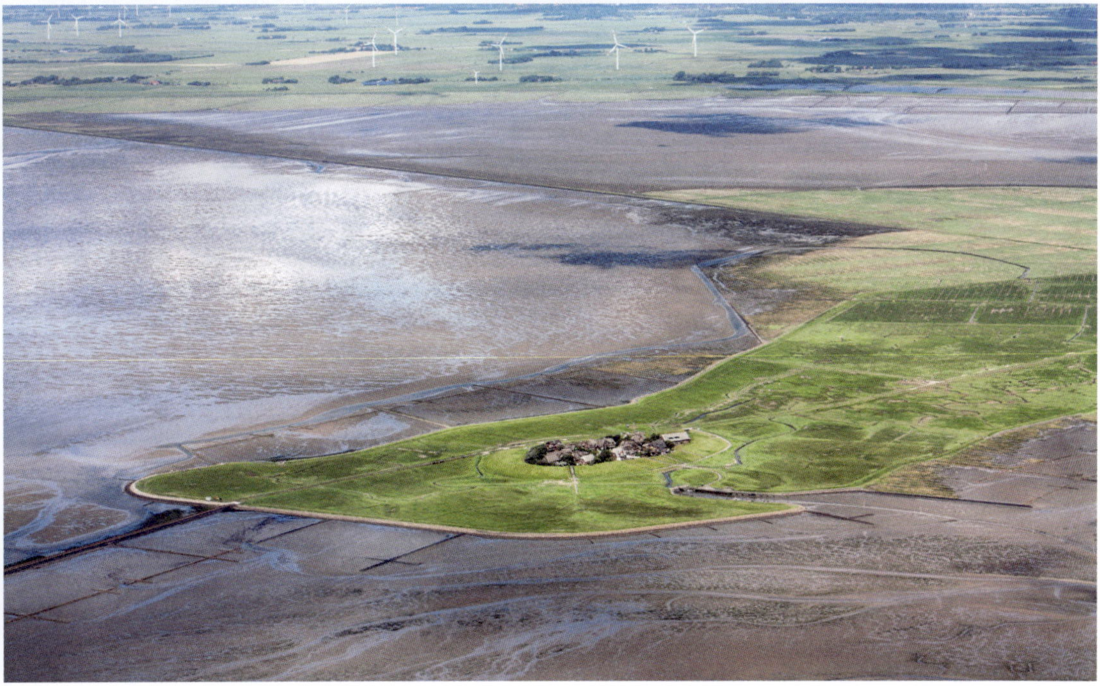

08 Hamburger Hallig / Badestelle Hallig-Krog

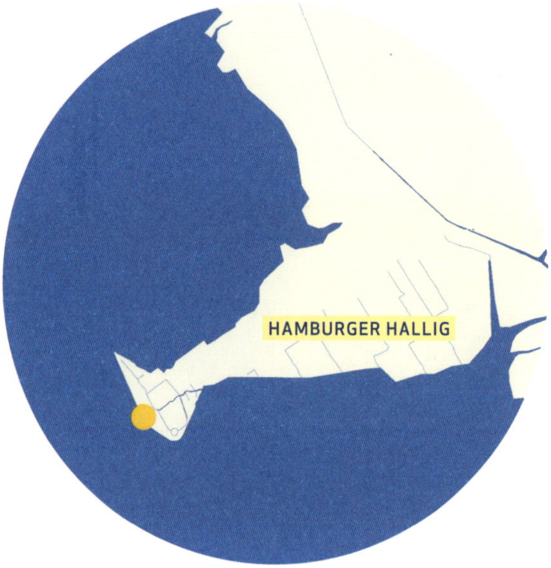

Hier könnte man gut Schäfchen zählen, muss man aber nicht. Wer hier einschlafen möchte, wird von keinem Autolärm gestört, sondern vom Wind in den Schlaf gesungen. Am befestigten Grünstrand gibt es Einstiegsstufen, Stranddusche n, im Hochsommer zeitweise auch eine Überwachung durch die DLRG und mit dem Hallig-Krog ein gutes Restaurant in Strandnähe. Grenzenlos der Blick über die Nordsee und die vorgelagerten Halligen, die Badezeiten sind jedoch auf drei Stunden vor und nach der Tide beschränkt. Nichts trübt die Idylle, außer dass man ab und zu die Liegeplätze vor den Salzwiesen gegen weidende Schafe verteidigen muss.

Anfahrt

→ Über die A 23 bis Heide und weiter über die B 5 in Richtung Bredstedt, ab da der Wegweisung »Hamburger Hallig« folgen. Am besten am Amsinck-Haus parken und per Fahrrad oder zu Fuß über den Damm zur Hallig.

→ GPS: 54.599191, 8.812005

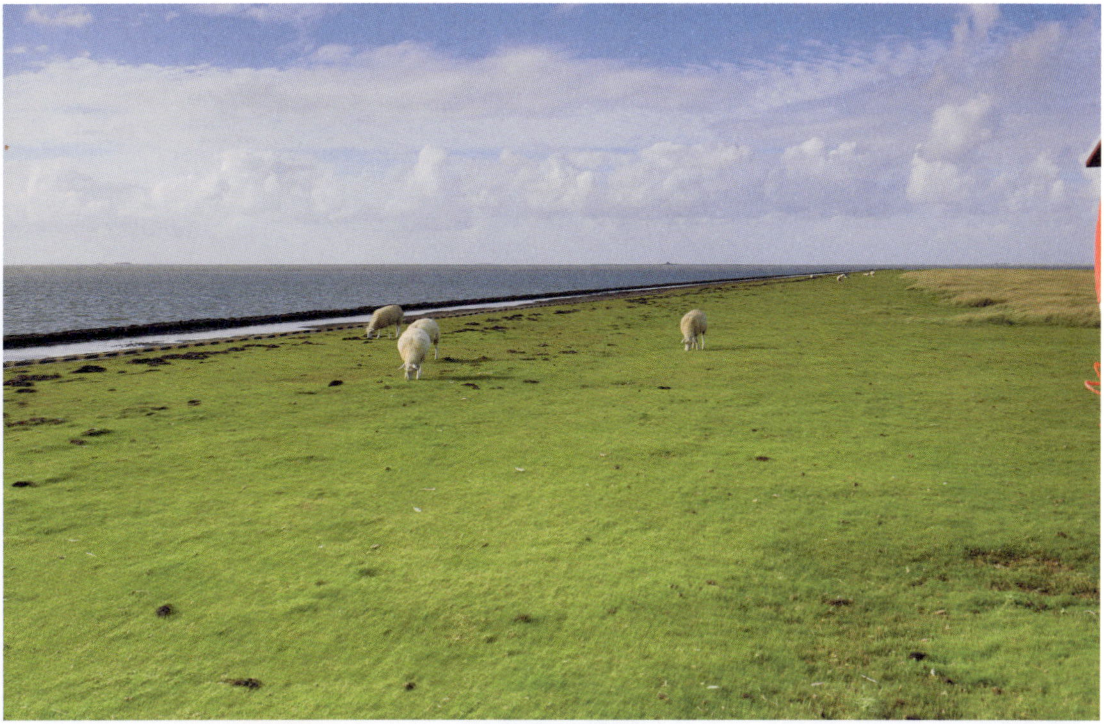

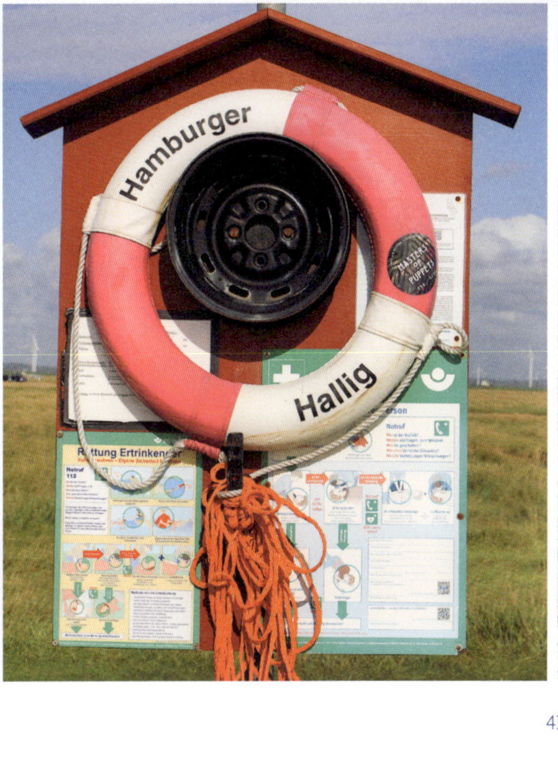
Hamburger
Hallig

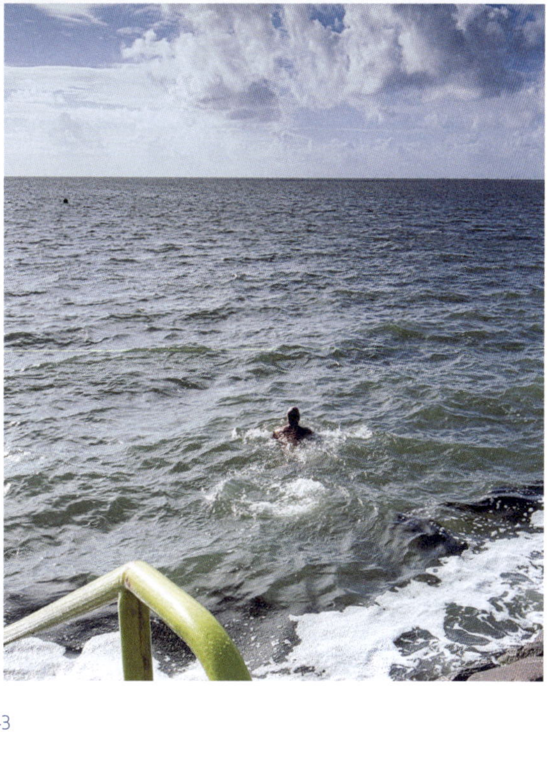

NORDEN

SCHLESWIG-HOLSTEIN

09 Pellworm / Leuchtturm-Strand

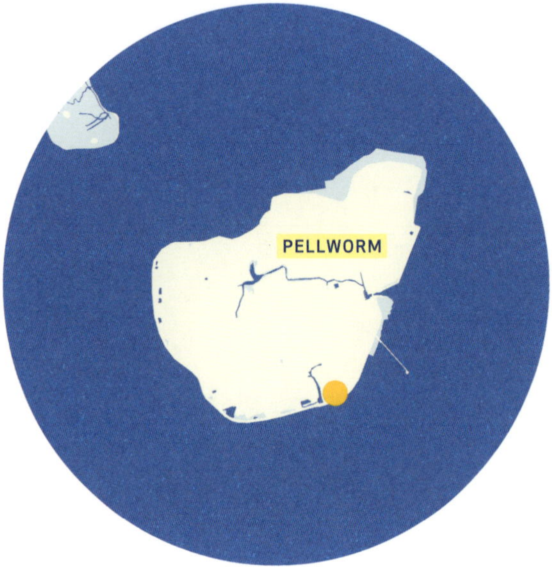

Wer braucht denn noch einen Sandstrand, wenn er einen solchen Grünstrand haben kann?! Vor einem die Nordsee im stetig wechselnden Farben-Wolken-Gezeiten- und Wellenspiel, hinter einem der sattgrüne Deich, fast schon kitschig von einem Bilderbuch-Leuchtturm überragt. Badetreppen führen ins Wasser, Stranduschen, Spielgeräte und ein Volleyballfeld sind vorhanden. Im Sommer wird der Strand von der DLRG bewacht. Hinter dem Deich befindet sich ein Kiosk mit Strandkorbvermietung. Bei Niedrigwasser eignet sich der Strand gut zum Wattlaufen bis an die Prielkante der Hever. Der Leuchtturm ist eine ideale Landmarke für die Orientierung.

Anfahrt

- Bis Hafen Strucklahnungshörn zur Autofähre »MS Pellworm 1« oder Pkw am gebührenpflichtigen Parkplatz hinterm Deich am Fähranleger ab stellen, per Personenfähre zur Insel und mit dem Leihrad zum Strand.
- GPS: 54.494482, 8.668986

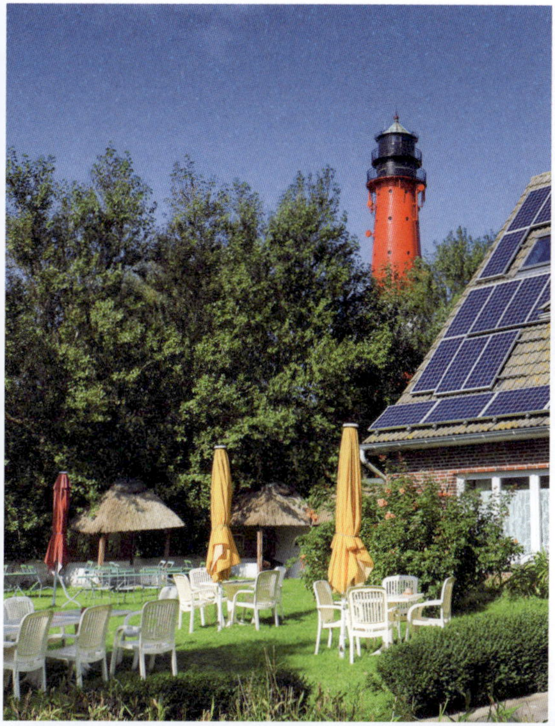
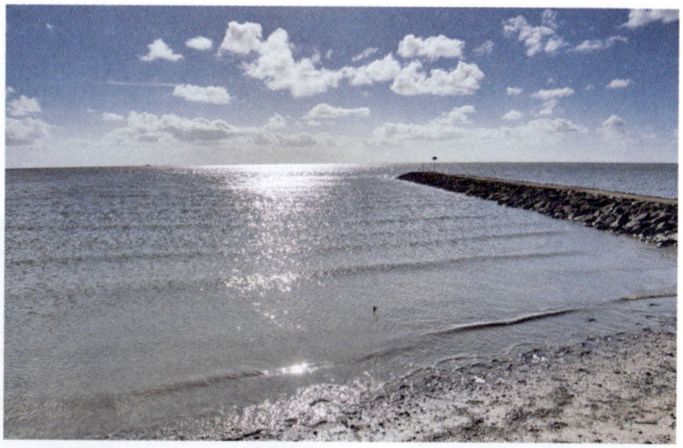
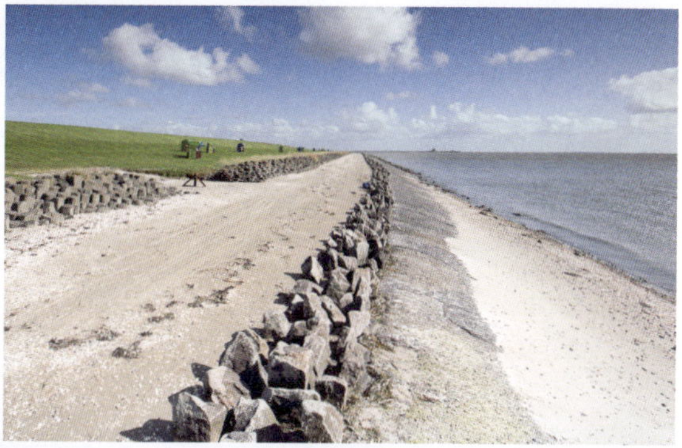
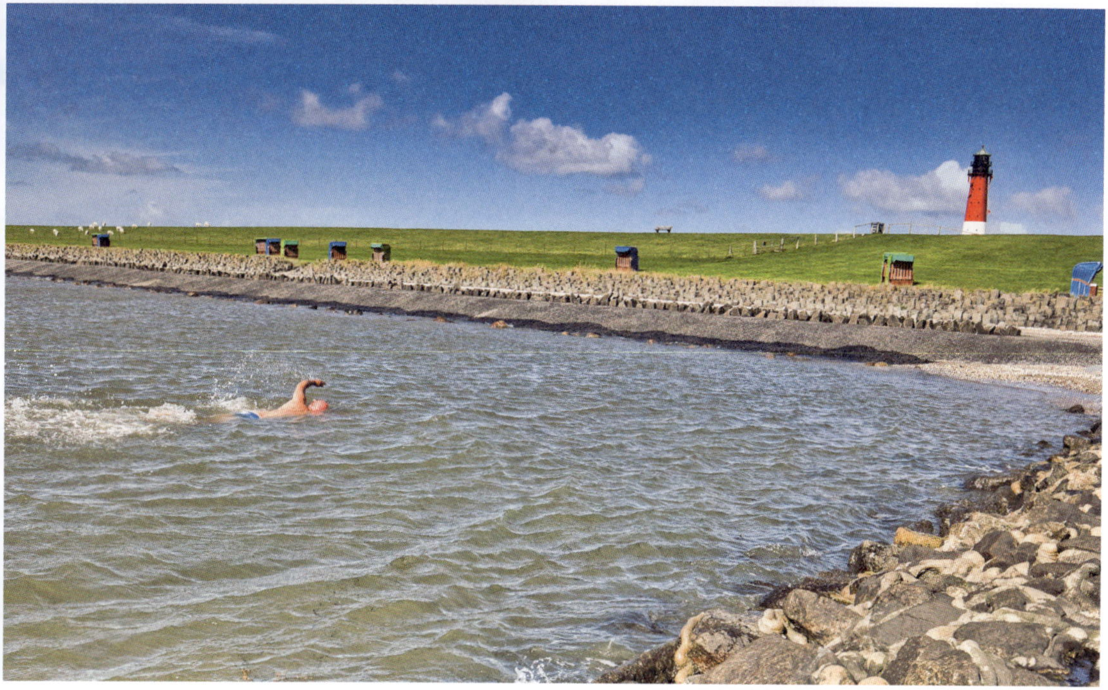

10

SCHLESWIG-HOLSTEIN

Hooge / Nordsee

NORDEN

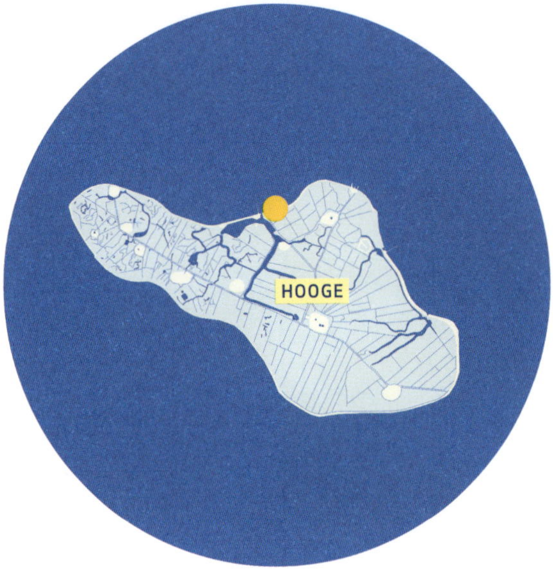

Hooge wird mitunter als Königin der Halligen bezeichnet. Das kleine Eiland hat durch die vielen Wasserflächen im Inneren der Hallig einen ganz besonderen Reiz. Gehöfte liegen fast immer auf Warften (künstlichen Erdhügeln), von denen viele nahe gelegene und auf der Inselkarte verzeichnete Badestellen haben. Die hier gezeigte ist für Tagesgäste eine der am leichtesten erreichbare. Sie wartet mit Steg, Badeleiter sowie fantastischem Nordseeblick auf und befindet sich am befestigten grünen Ufer in der Nähe des kleinen Yachthafens.

Anfahrt

→ Über die A 23 bis Heide, B 5 Richtung Bredstedt, weiter über Bordelum und Ockholm nach Schüttsiel zum Fähranleger. Bei Voranmeldung Automitnahme möglich, aber nicht ratsam.

→ GPS: 54.576372, 8.541678

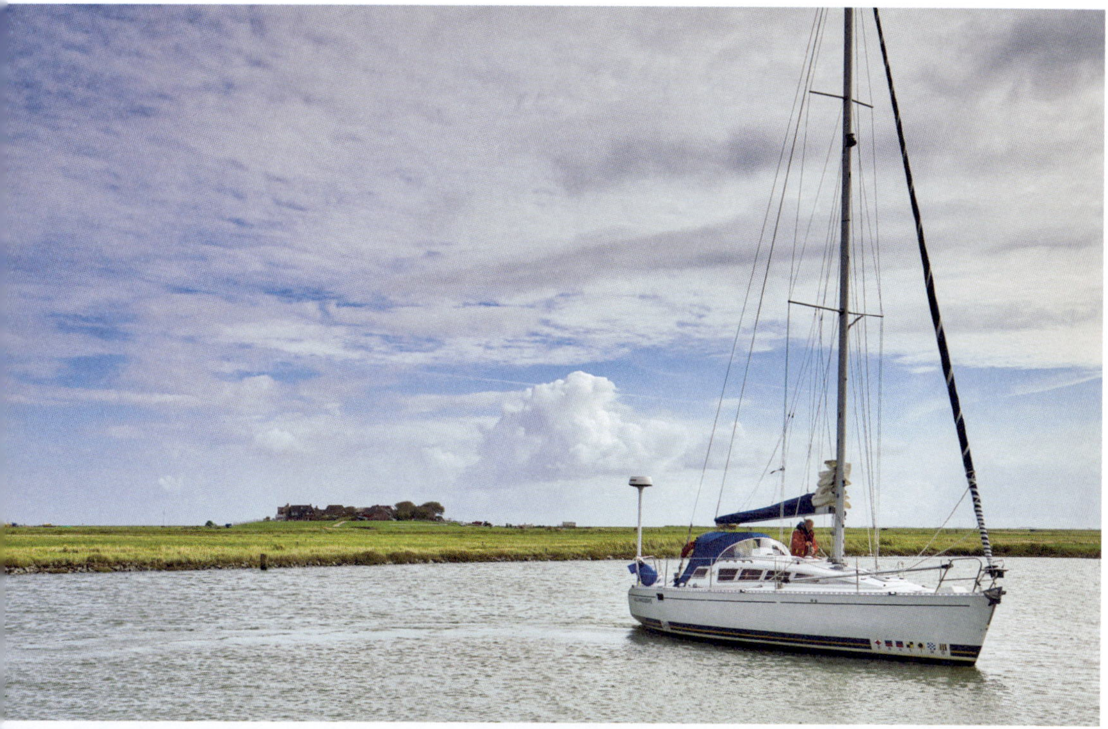

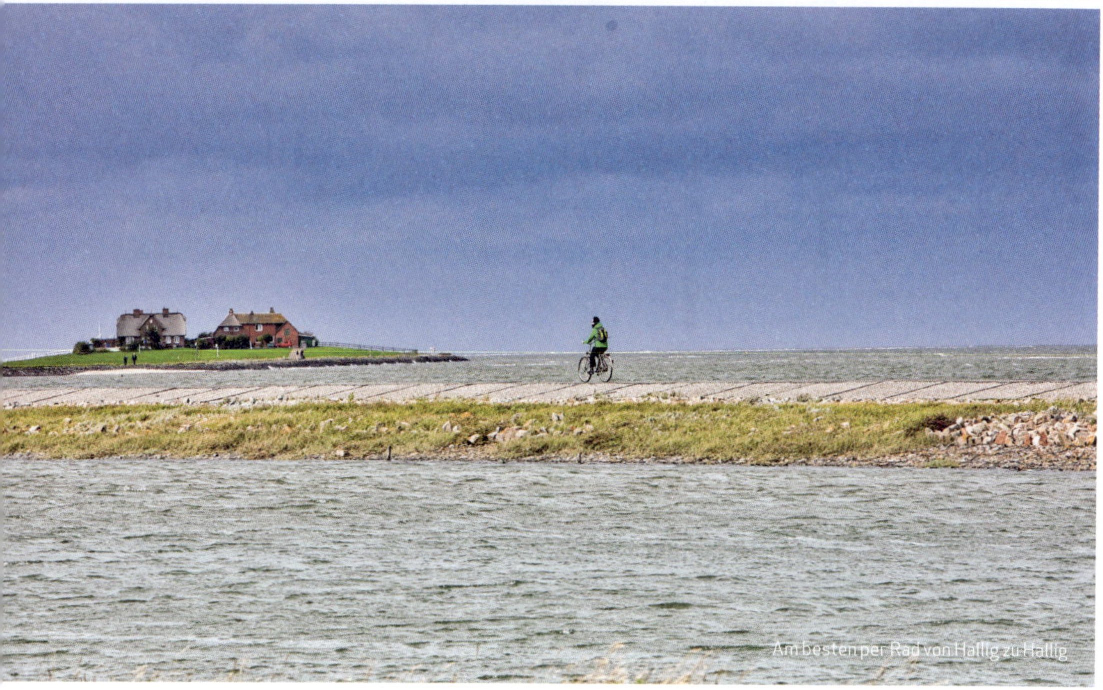

Am besten per Rad von Hallig zu Hallig

11

NORDEN

SCHLESWIG-HOLSTEIN

Föhr / Nieblumer Strand

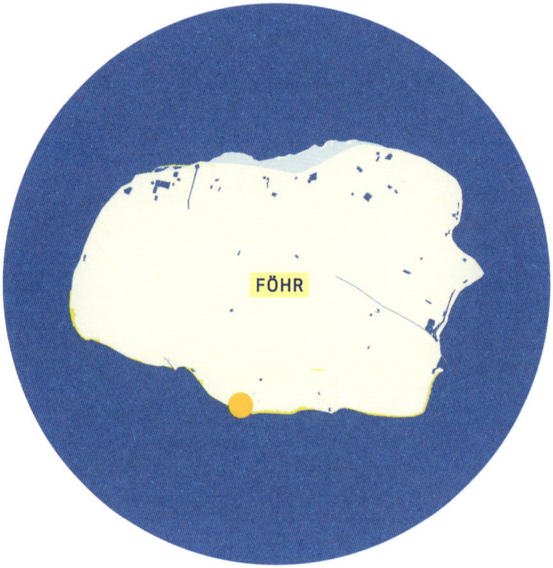

Im Gegensatz zum Hauptstrand bei Wyk ist der 6 km lange, feinsandige, breite und flache Strand zwischen Nieblum und Goting weniger frequentiert und hat, je weiter westlich man kommt, so etwas wie einen Lands-End-Charakter. Vom großen Fahrradparkplatz in Nieblum ausgehend, ist der Strand durch einen schönen Bohlenweg gut erschlossen und somit bedingt kinderwagentauglich. Das richtige Timing (Tide) einmal vorausgesetzt, kann man hier überall schön schwimmen. Wegen des zumeist starken Windes empfiehlt sich ein geschützterer Lagerplatz etwas abseits der Waterkant. Westlich von Goting gelangt man zum markanten, bis zu 9 m hohen Goting Kliff. Ideal, um schöne Steine zu sammeln und traumhafte Sonnenuntergänge zu genießen.

Anfahrt

→ Soll das Auto mit auf die Insel, empfiehlt sich eine frühzeitige Reservierung. Ansonsten stellt man es am Inselparkplatz in Dagebüll ab. Ein kostenloser Shuttlebus bringt einen dann jeweils 10 min vor Abfahrt zum 700 m entfernten Fähranleger.

→ GPS: 54.680908, 8.481766

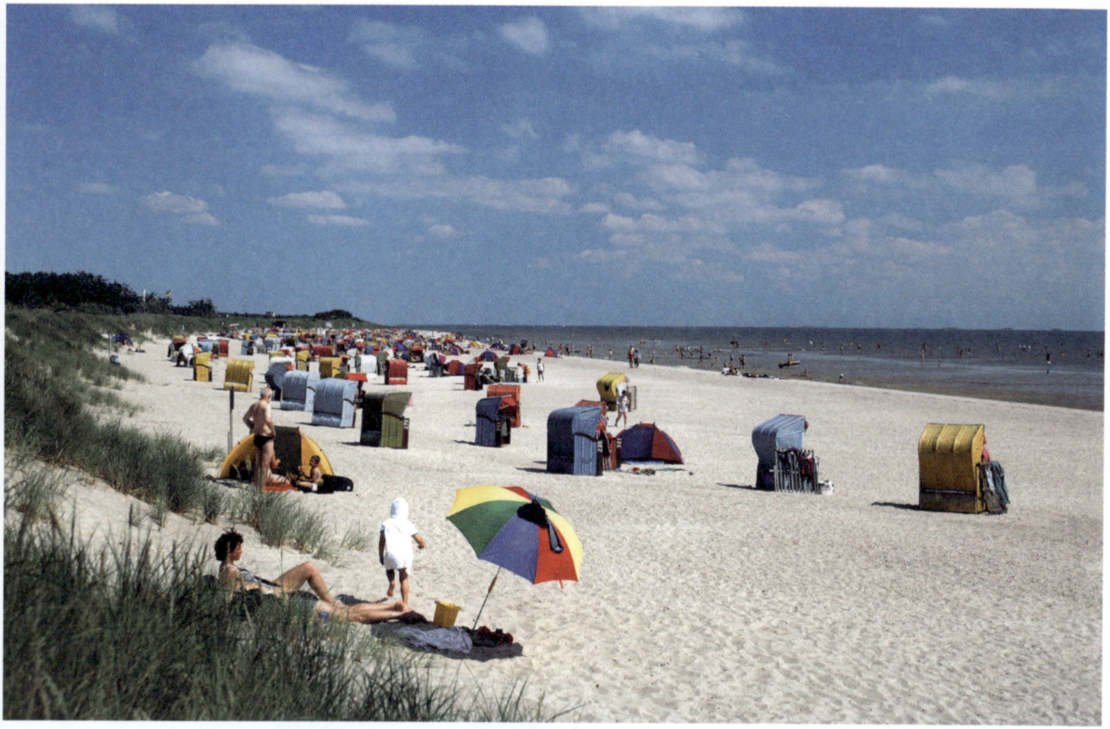

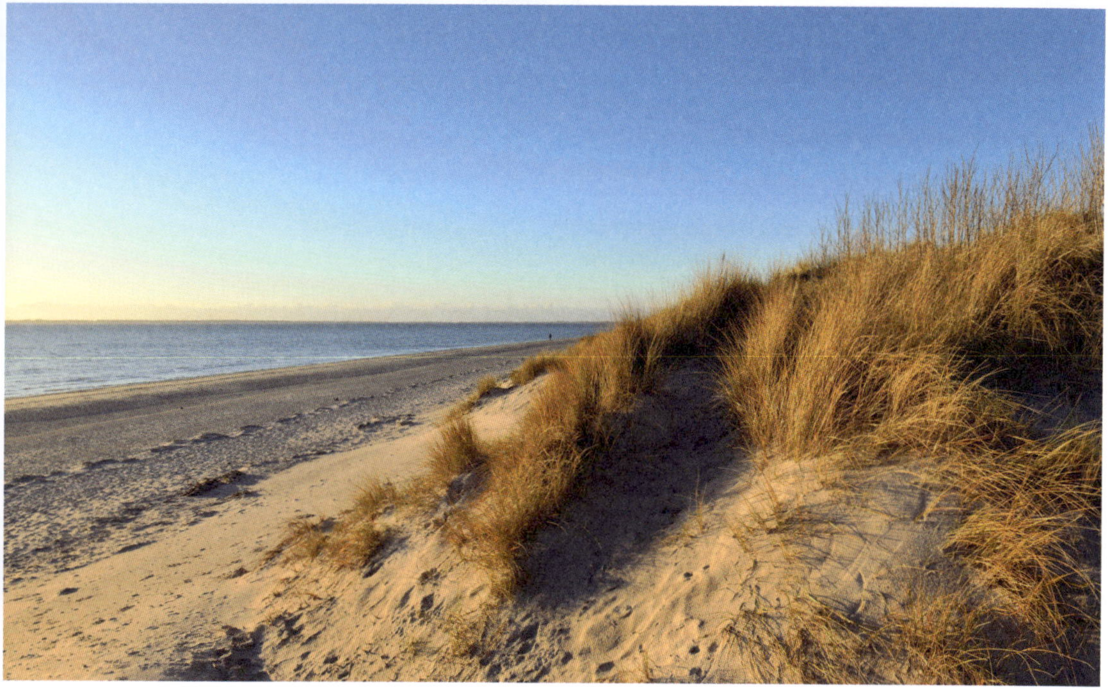

12

MECKLENBURG-VORPOMMERN

Rügen, Strand Rosengarten

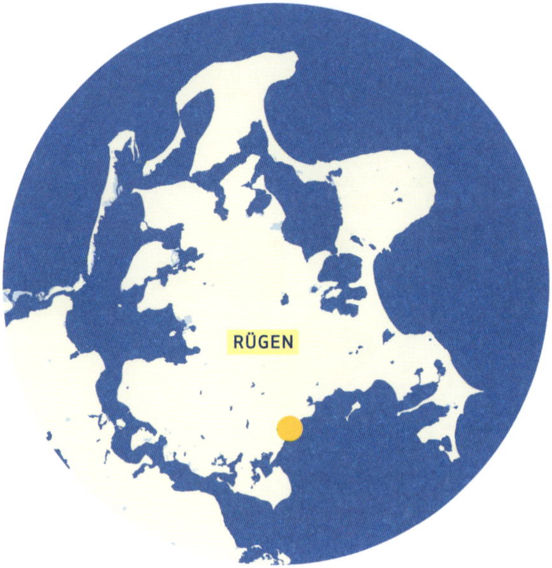

Nicht zuletzt wegen der etwas abenteuerlichen Anfahrt über einen unbefestigten Feldweg verirren sich nur wenige Badegäste an diesen sanft ins Meer abfallenden, nicht allzu breiten Sandstrand. Hier gibt es keinerlei Infrastruktur, dafür bunte Wiesen mit blühenden Heidestreifen dazwischen, einen unendlich weiten Horizont und immer wieder große Seevögel, die über einem kreisen. Ein kleines, schützenswertes Paradies. Deshalb und wegen der unmittelbaren Nähe zum Biosphärenreservat Südost-Rügen sollte man hier nicht campieren und nicht lärmen. Zum Schwimmen muss man hier relativ weit hinauswaten, die etwas südlicher gelegenen Schutzzonen sollten keinesfalls beschwommen oder betreten werden.

Anfahrt

→ Mit der Fähre nach Glewitz, über die L 30 Richtung Inselmitte bis zur Abzweigung »Gut Rosengarten«. Ab dem Gut ca. 1 km schlechter Feldweg, den man am besten zu Fuß bewältigt.

→ GPS: 54.30027, 13.41705

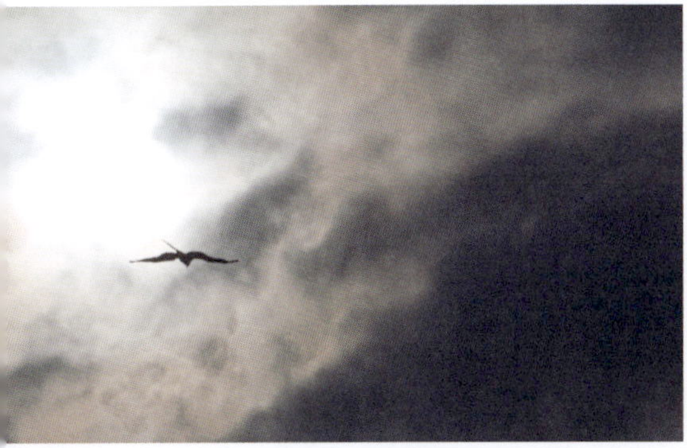

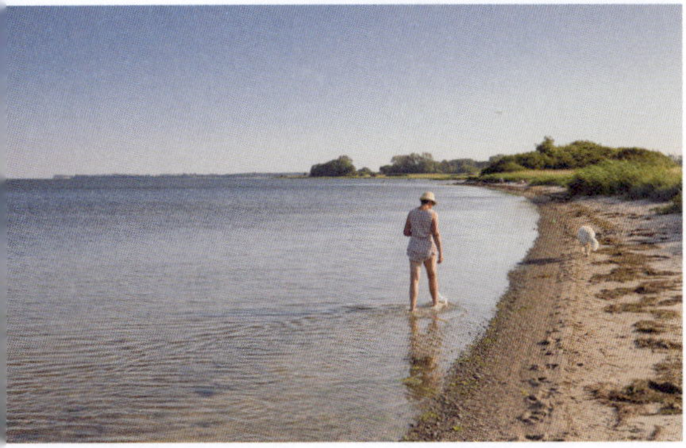

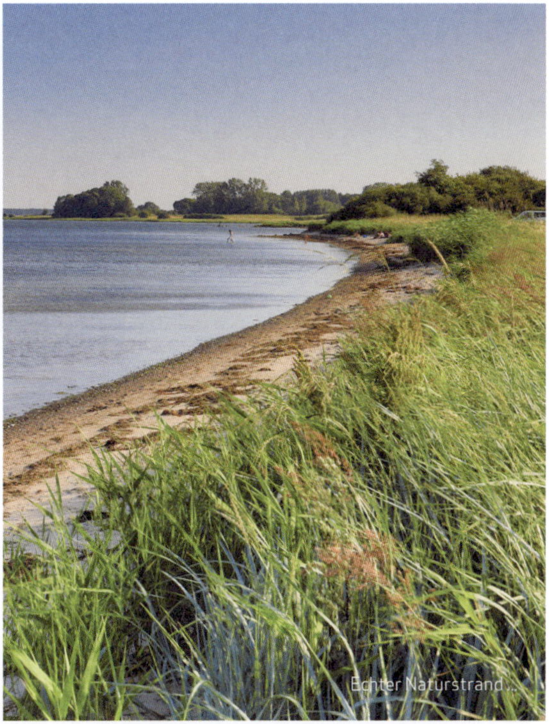

Echter Naturstrand …

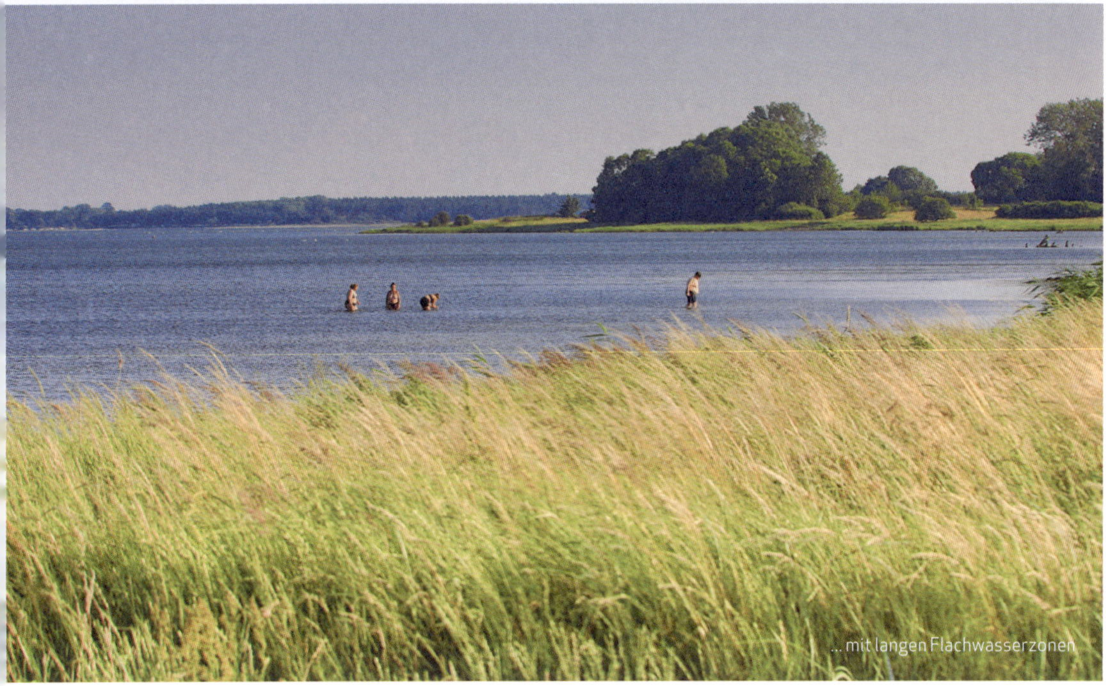

… mit langen Flachwasserzonen

13

MECKLENBURG-VORPOMMERN

Marlow / Recknitz

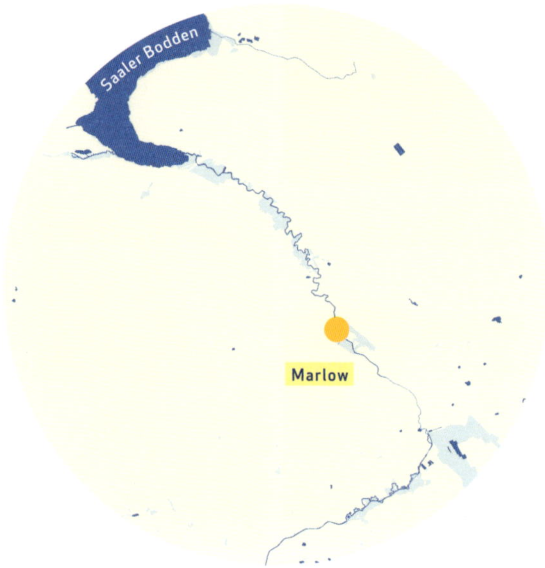

Wie so viele Wasserwanderrastplätze ist auch dieser sehr gut als Wildswimming-Badestelle geeignet. Zumal hier die Betreiber recht freundlich und zuvorkommend sind. Man kann Anlegestellen, Pritschen und Badeleitern nutzen, sich in dem kleinen Kiosk verköstigen oder Boote ausleihen und sich auf der Terrasse mit den Kollegen der paddelnden Zunft austauschen. Man sollte hier eher flussaufwärts schwimmen, da die Recknitz unterhalb der Brücke ziemlich krautig wird. Die Wasserqualität ist im Allgemeinen jedoch gut.

Anfahrt

- Der Wasserwanderrastplatz Marlow liegt direkt an der L 18 zwischen Marlow und Semlow an der Recknitzbrücke.
- GPS: 54.165943, 12.590050

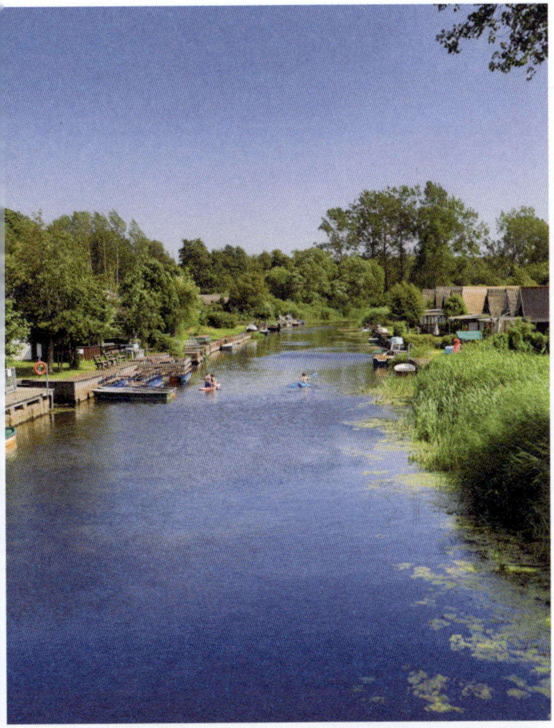
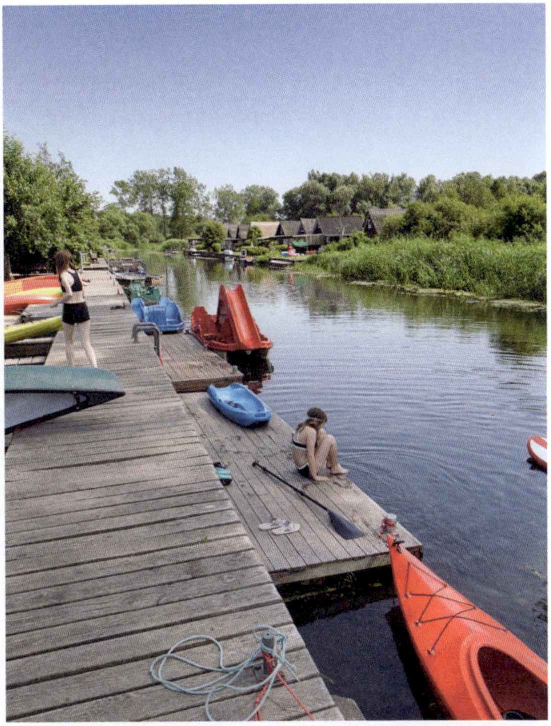
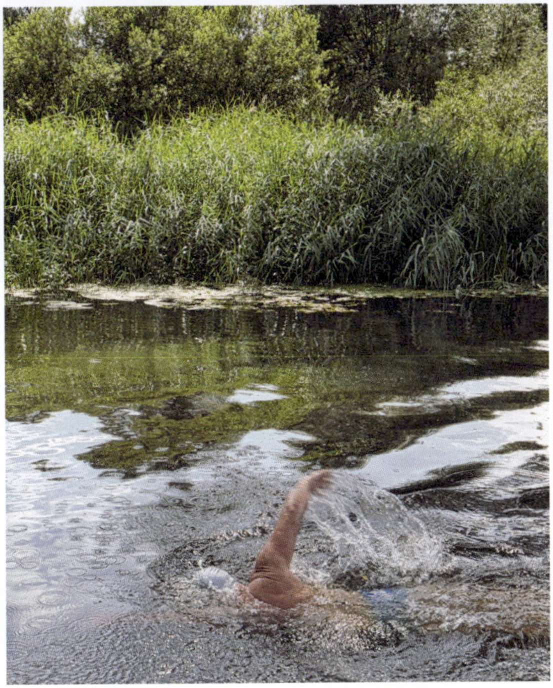
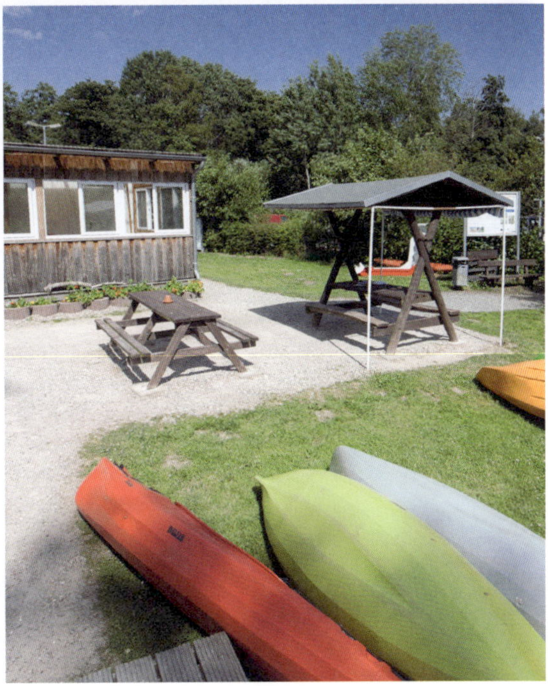

14

MECKLENBURG-VORPOMMERN

Daskow / Recknitz

NORDEN

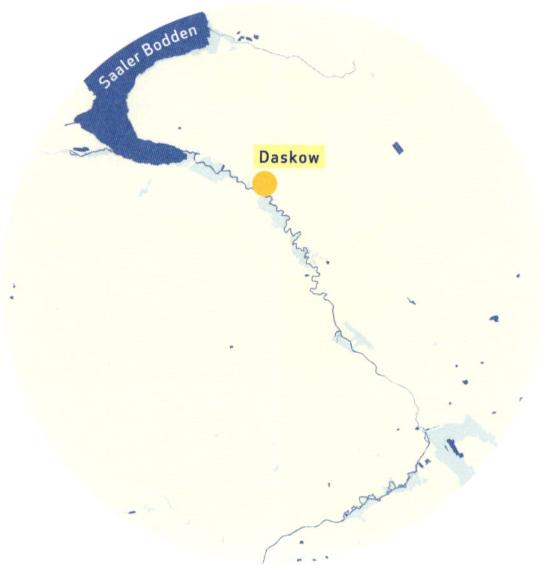

Der gepflegte Wasserwanderrastplatz liegt idyllisch am östlichen Ufer der unteren Recknitz unterhalb eines alten Gutsgebäudes. Eingebettet in die ansonsten schilfbewachsenen Ufer gibt's einen hölzernen Anlege- und Badesteg, eine Treppe ins Wasser, eine Grillstelle und eine Liegewiese, auf der man auch campieren darf. Allerdings findet man sonst keine Infrastruktur und auch keine nahe gelegene Versorgungsmöglichkeit. Naturidylle, Libellen und der eine oder andere Fisch, der aus dem Wasser springt, machen das aber locker wett.

Anfahrt

→ Von der B 105 in Dangarten abbiegen auf die L 22 und dieser Richtung Süd-Ost folgen bis zur Abzweigung Daskow.

→ GPS: 54.233661, 12.525354

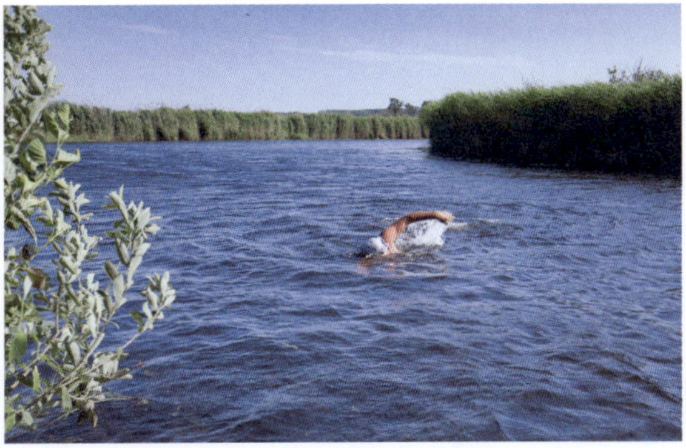
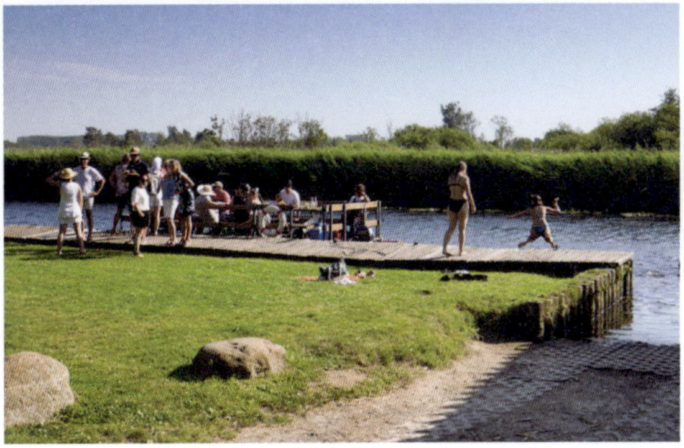
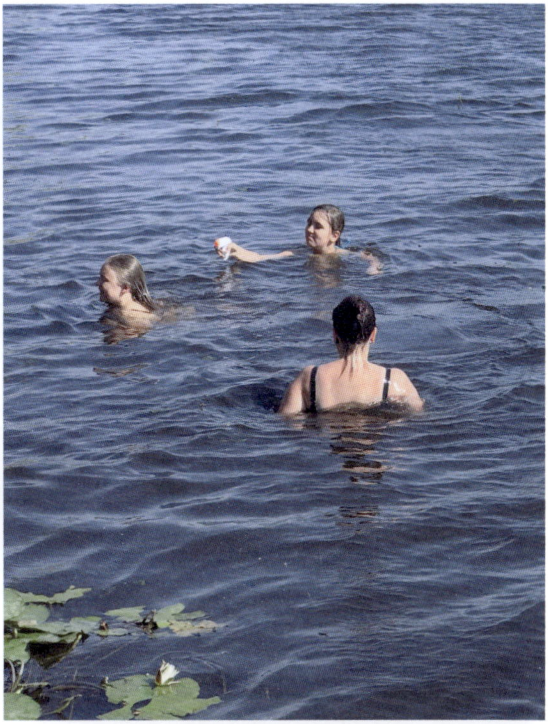
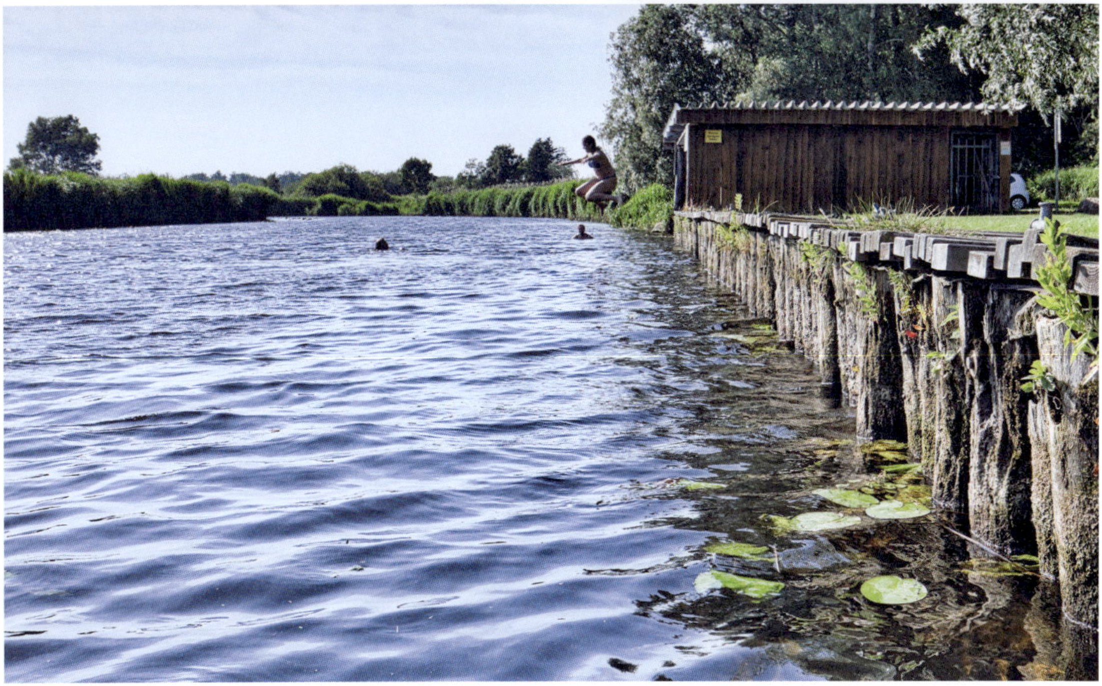

15

MECKLENBURG-VORPOMMERN

Sildemow / Sildemower See

NORDEN

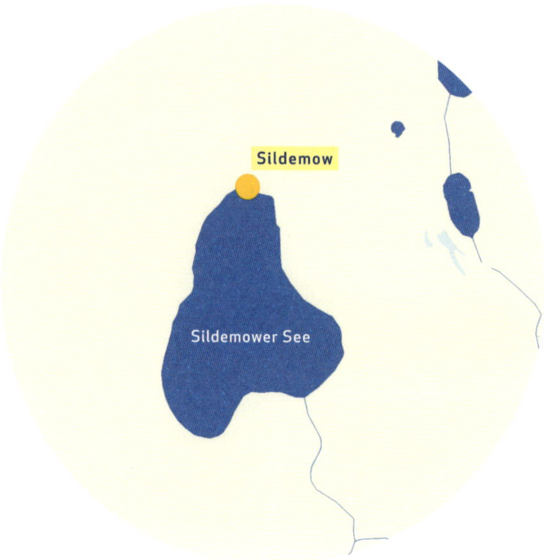

Wäre da nicht die nahe gelegene Straße, wäre das wohl das Paradebeispiel für einen »Dorfweiher«. Der kleine, ca. 430 m lange und 330 m breite See gehört noch zur Gemeinde Papendorf und liegt nahe der südlichen Grenze von Rostock. An seiner Nordseite, direkt an der Zufahrtstraße nach Sildemow, befindet sich ein kleiner Strand mit einer Badestelle. Der Sildemower See erwärmt sich recht rasch und ist aufgrund seiner leichten Erreichbarkeit und des kinderfreundlichen Ufers sehr familientauglich. Wegen seiner geringen Größe ist er jedoch in besonders heißen Sommern oftmals von der Wasserqualität her bedenklich.

Anfahrt

→ Über die A 20 Ausfahrt Rostock Südstadt, weiter auf der L 132 Richtung Südstadt bis zur Abzweigung Sildemow.

→ GPS: 54.050725, 12.136985

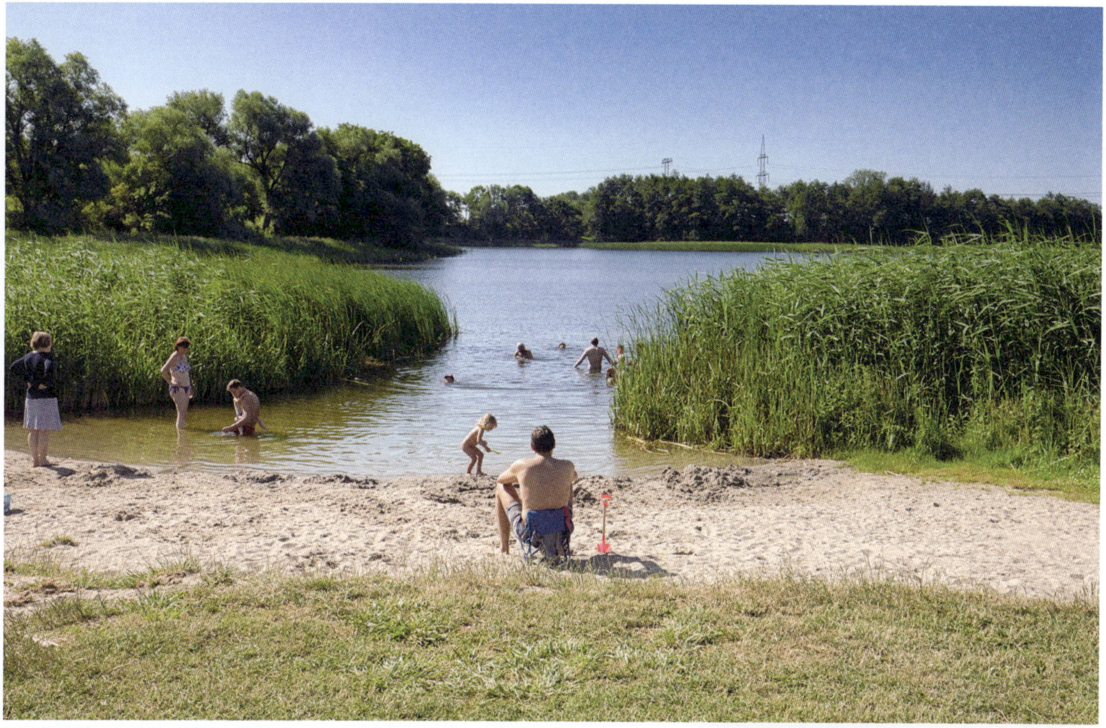

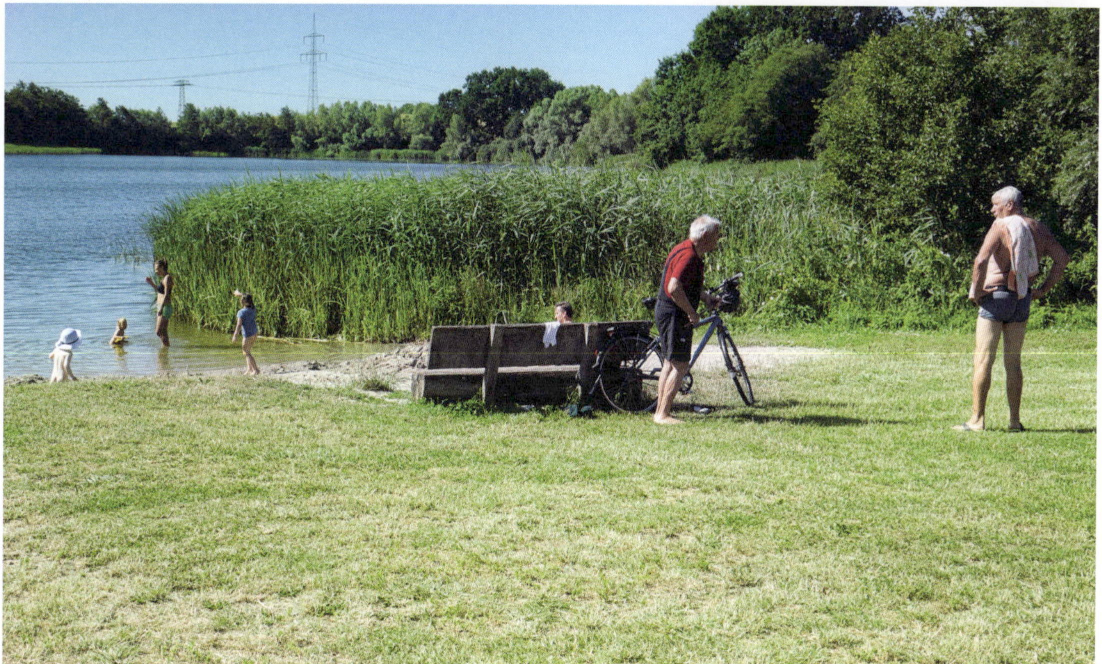

16

MECKLENBURG-VORPOMMERN

Niex / Warnow

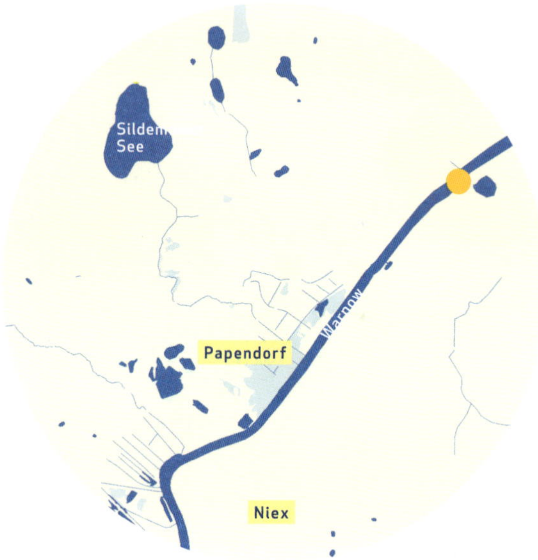

NORDEN

An der Niexer Schnellbahnbrücke befindet sich, im Auwald versteckt, ein schöner Flussstrand mit einer kleinen Badebucht. Ein Holzkreuz erinnert hier an einen tragischen Badeunfall. Ein 19-jähriger Einheimischer ist nach einem Sprung von der Brücke nicht mehr aufgetaucht und konnte nur noch tot geborgen werden. Je nach Wasserstand hat die Warnow hier eine ganz ordentliche Fließgeschwindigkeit, deshalb: nicht zu weit zur Flussmitte schwimmen und auf Boote achten. Die schönste Badestelle befindet sich unmittelbar an der Brücke, dort gibt es auch eine kleine Liegewiese.

Anfahrt

→ Über die A 20 Ausfahrt Rostock Südstadt, weiter auf der L 132 Richtung Südstadt bis zur Abzweigung Sildemow. Durch Sildemow bis zu einem Bahnübergang, bei dem rechts eine Straße abbiegt, die normalerweise mit einer Schranke versperrt ist. Hier zu Fuß oder per Rad weiter. Unbedingt vor der Schranke halten und auch bei geöffneter Schranke nicht mit dem Auto zum Fluss vorfahren, sonst riskiert man, hier eingeschlossen zu werden!

→ GPS: 54.041765, 12.157571

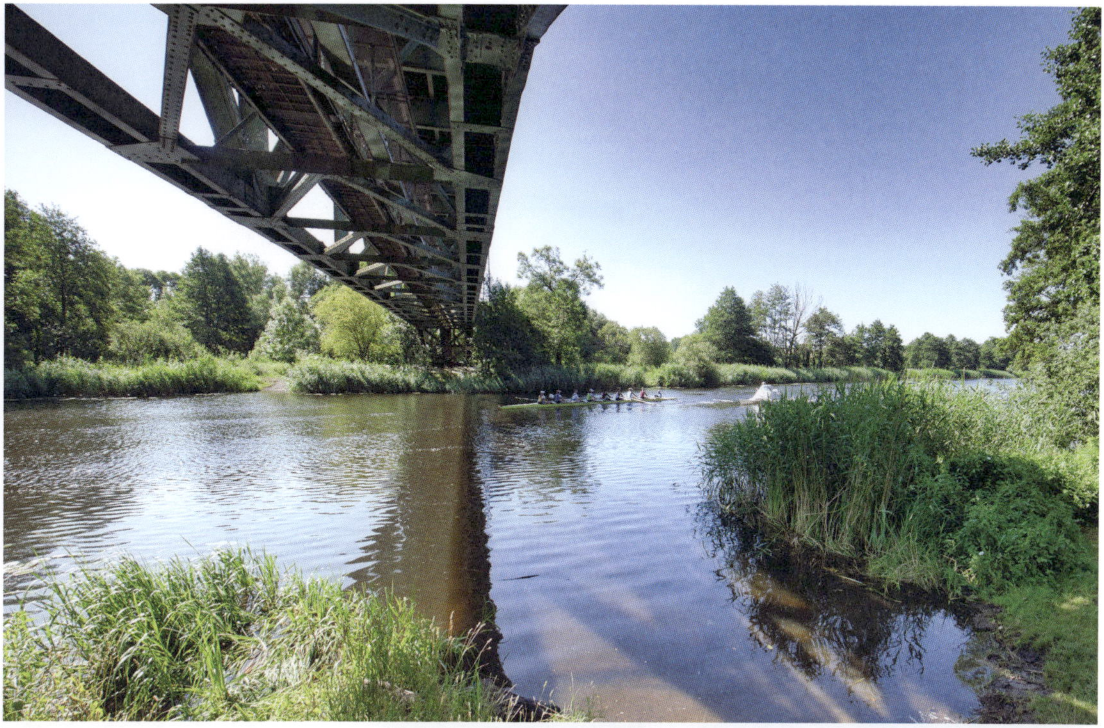

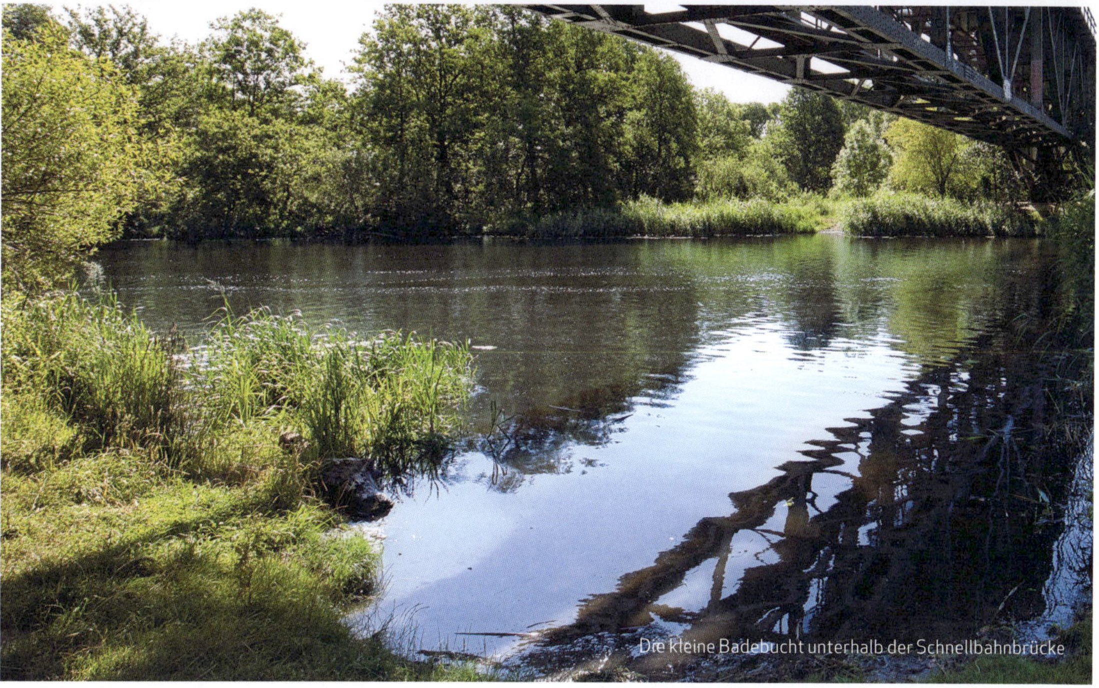

Die kleine Badebucht unterhalb der Schnellbahnbrücke

17

MECKLENBURG-VORPOMMERN

Papendorf / Warnow

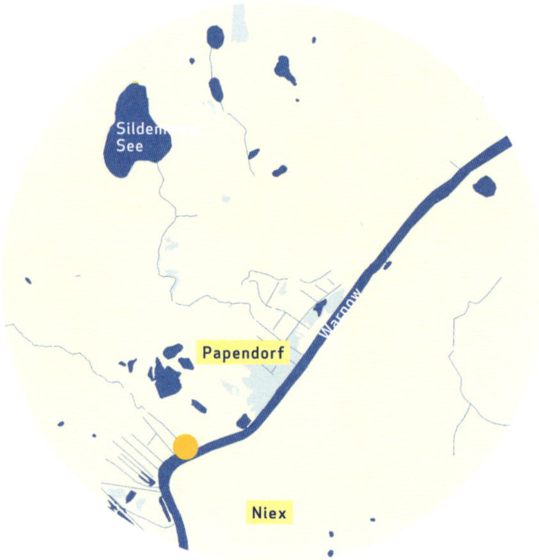

NORDEN

Wenn nicht zur Rushhour gerade unzählige Wasserwanderer den für sie errichteten Ein-, Ausstiegs- und Rastplatz nutzen und ihre Boote hier lagern, dann eignet sich die große, schwimmende Betonplattform ideal als Schwimmsteg. Am Ufer gibt es Sitzgelegenheiten, eine Grillstelle und ein Toilettenhäuschen. Alles in allem ist die kleine Anlage sehr gepflegt. Das Wasser der Warnow ist etwas moorig, aber von guter Qualität.

Anfahrt

→ Über die A 20 Ausfahrt Rostock Südstadt, weiter auf der L 132 Richtung Südstadt bis zur Abzweigung Papendorf. Der Dorfstraße folgen, unter der Bahn durch, am Sportplatz vorbei zum Fluss.

→ GPS: 54.032542, 12.142395

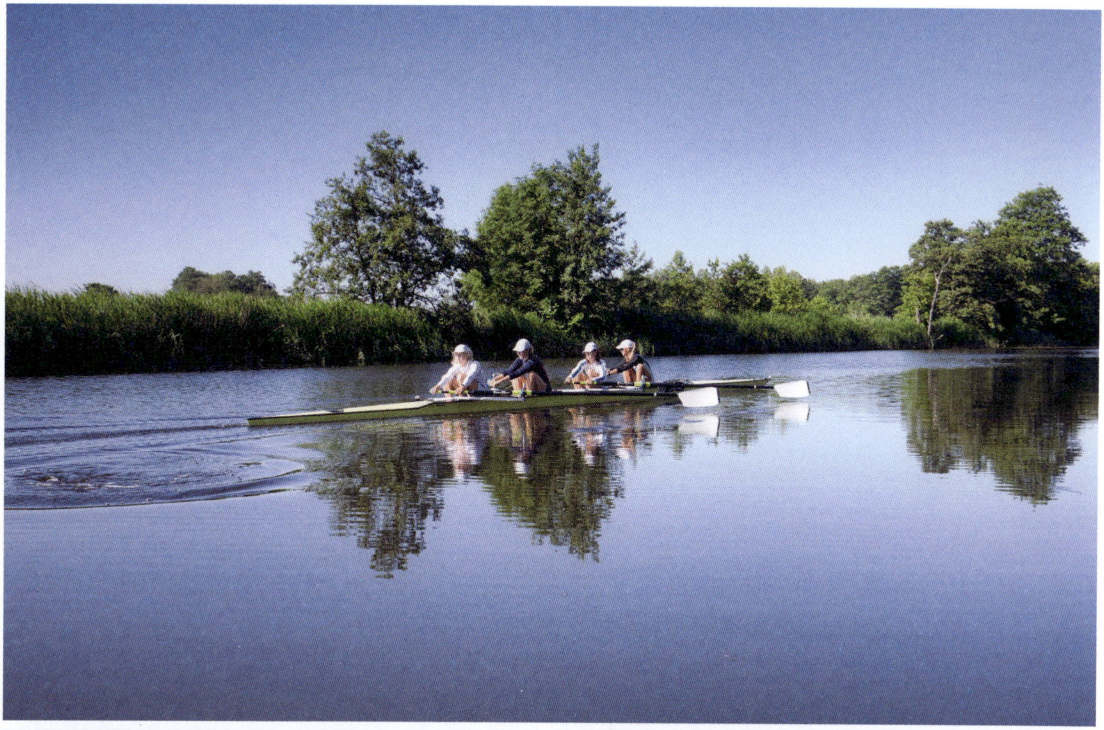

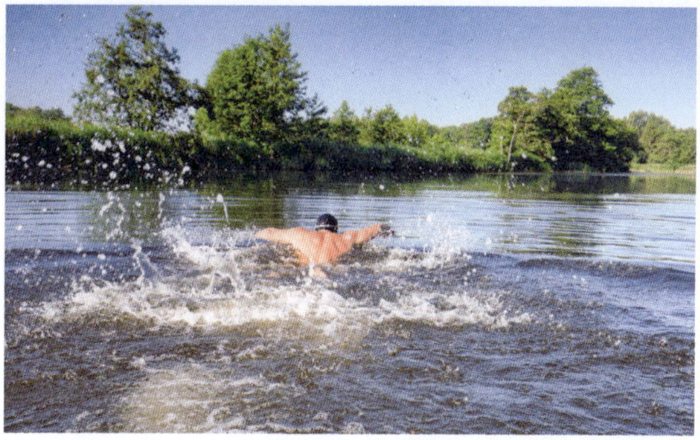

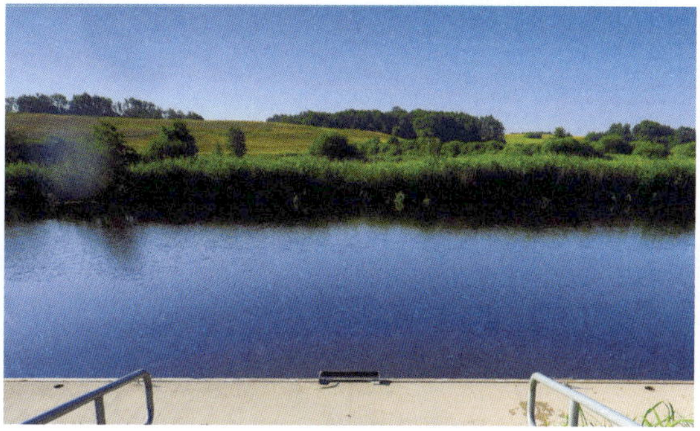

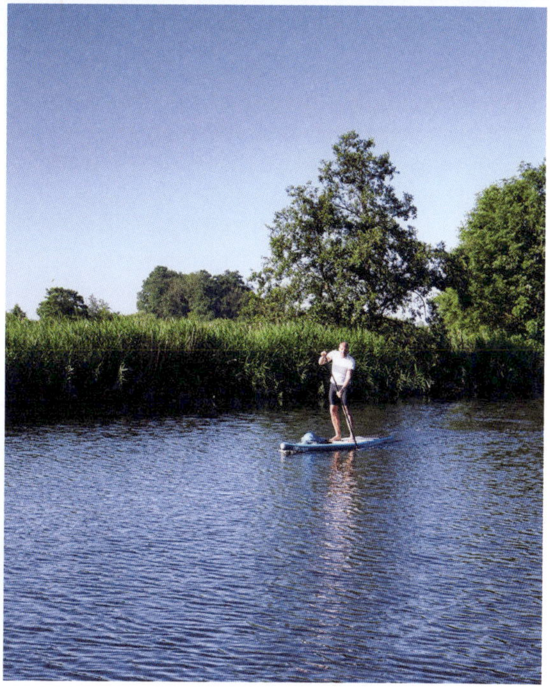

18

MECKLENBURG-VORPOMMERN

Papendorf / Erdkuhle

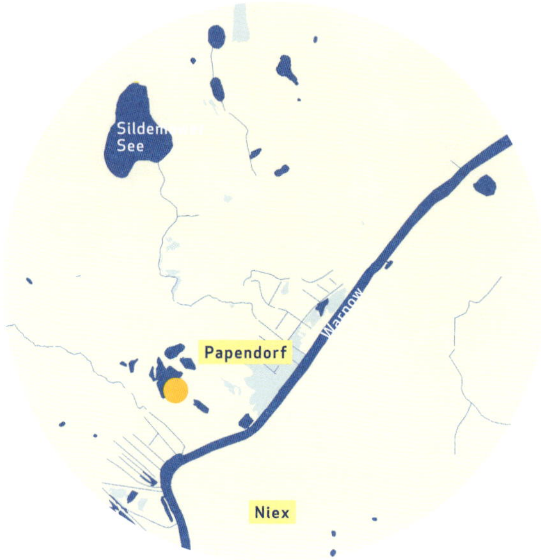

Umgeben von einer historischen Villa mit Park und altem Baumbestand sowie einer Kleingartenanlage befindet sich diese unbewachte Badestelle mit Liegewiese nahe des Sportzentrums unweit des Warnow-Ufers. Entsprechend wird der kleine See gern für Trainingszwecke von Orientierungstauchern und Triathleten genutzt. Jährlich im Juli findet hier auch ein Triathlon-Wettbewerb statt. Meistens trifft man am See eine junge, sportliche und recht kommunikative Community an, die einen auch schon mal zu einem gemeinsamen Trainingsschwimmen einlädt.

Anfahrt

→ Über die A 20 Ausfahrt Rostock Südstadt, weiter auf der L 132 Richtung Südstadt bis zur Abzweigung Papendorf. Der Dorfstraße folgen, unter der Bahn durch, vor dem Sportplatz parken.

→ GPS: 54.0353, 12.13993

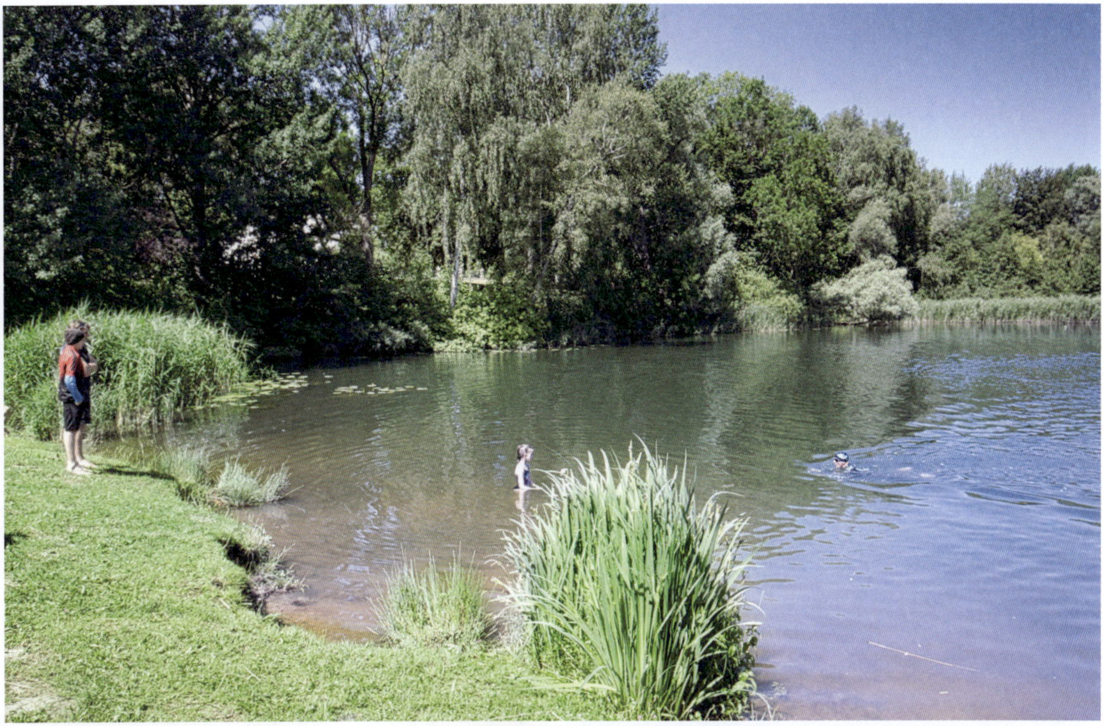

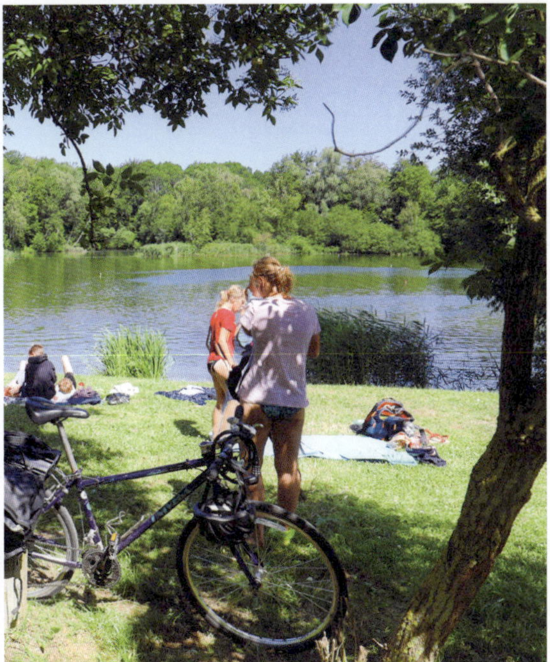

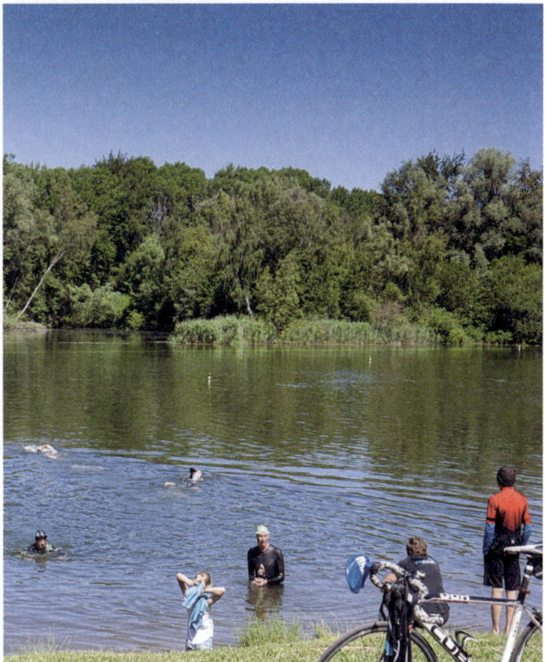

19

MECKLENBURG-VORPOMMERN

Usedom / Achterwasser

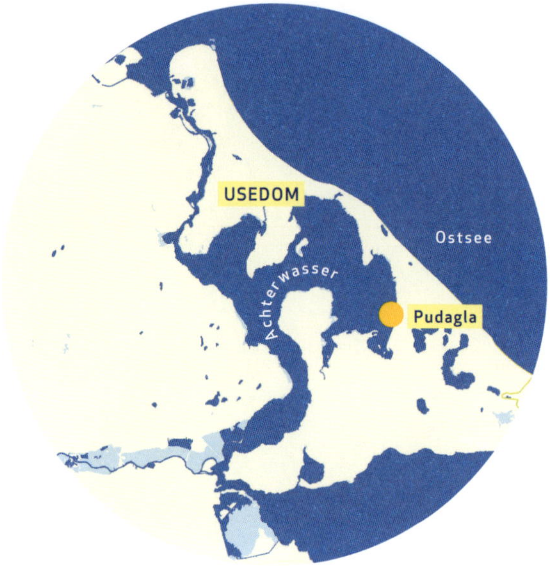

Das Achterwasser ist so etwas wie eine geschützte Lagune. Deshalb kann man hier noch gut schwimmen, wenn es etwa an der offenen Ostseeküste schon zu stürmisch ist. Zu den Vorteilen der ruhigeren Wasserfläche kommen auch noch die der ruhigeren Strände dazu. Entlang der bewaldeten Ufer gibt es viele kleine Buchten mit schönen, kindergerechten Sandstränden, von denen aus man in traumhafte Sonnenuntergänge hineinschwimmen kann.

Anfahrt

→ Über die B 111 nach Pudagla, von dort etwa 1 km über Lindenstraße zum Achterwasser. Südlich vom kleinen Parkplatz/Grillplatz sind die schönsten Badestellen.

→ GPS: 53.969921, 14.044892

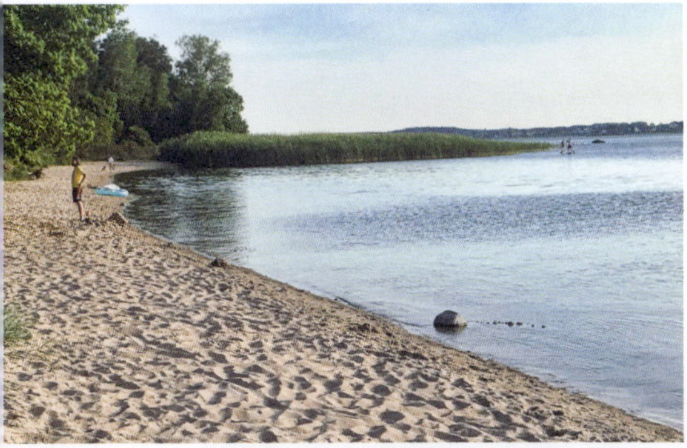
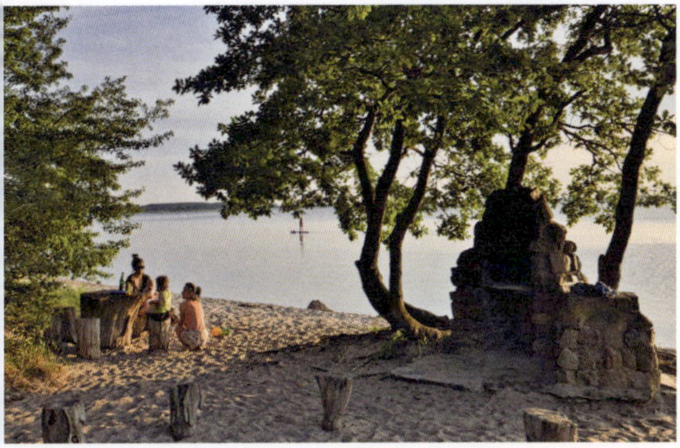
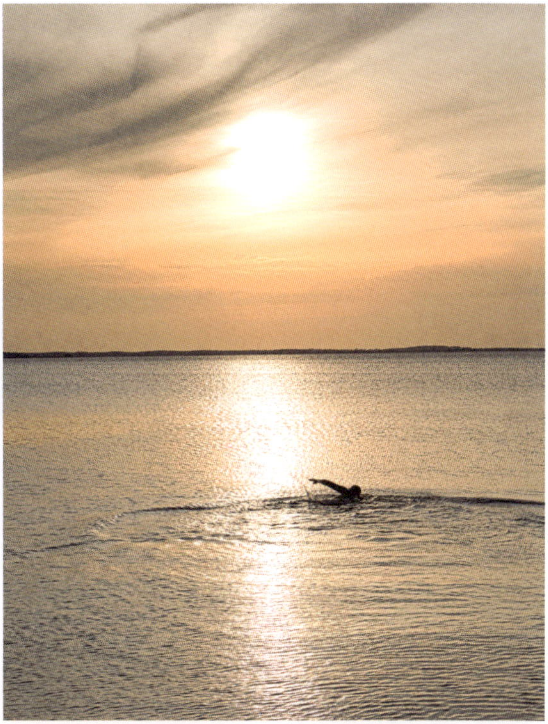
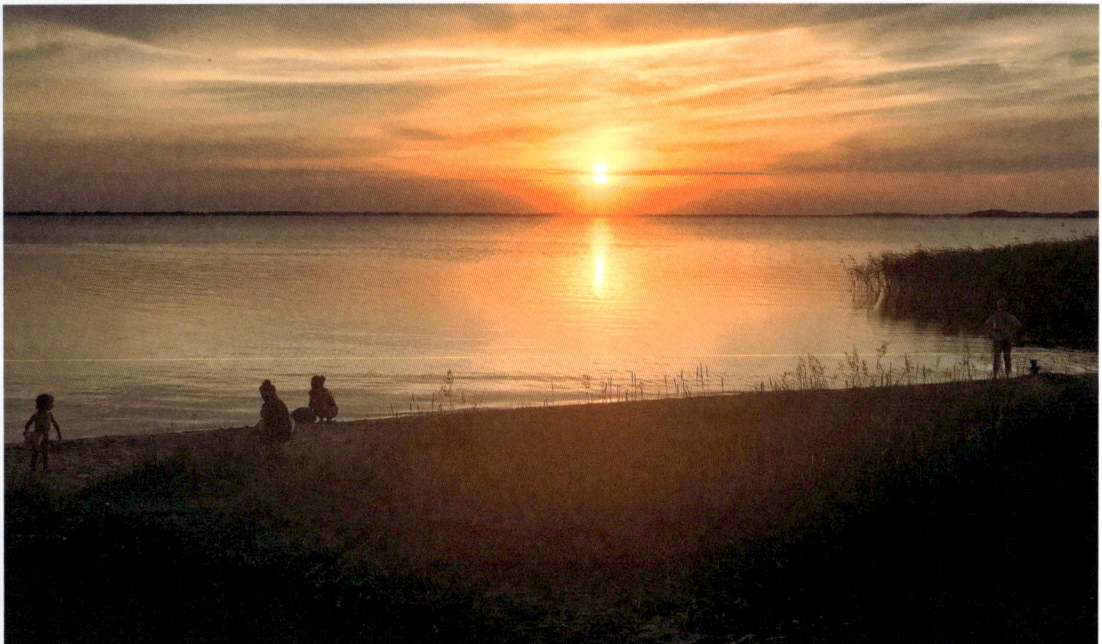

20

MECKLENBURG-VORPOMMERN

Teterow / Teterower See

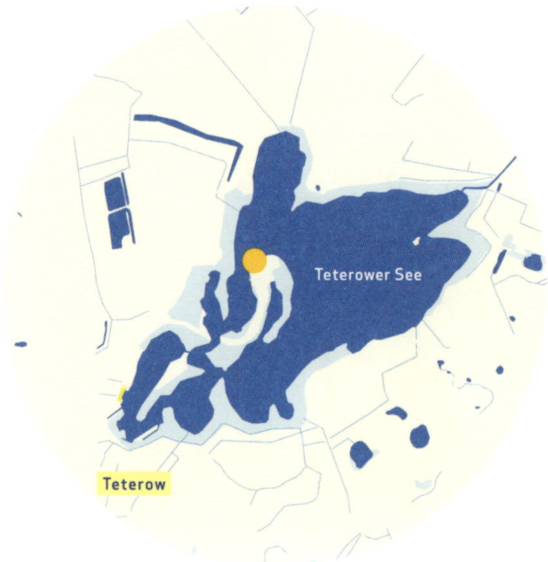

Wer nicht die historische Seilfähre nehmen will, kann sich die nahe zum Westufer des Teterower Sees gelegene Burgwallinsel auch mühelos erschwimmen: am besten nahe des Fähranlegers am Naturschutzgebiet Bensenbrink. Wenn man in der Schwimmboje trockene Sachen mitführt, lässt sich auf der ehemaligen Burginsel so leicht ein schöner Badetag verbringen. Am besten gelingt dies an der unbewachten Naturbadestelle im Norden der Insel, unweit des Inselhotels mit seinem schönen Gastgarten. Da gibt es auch eine große, sonnige Liegewiese, Umkleiden, Duschen, einen Spielplatz und einen Bootsverleih.

Anfahrt

→ Über die A 19 Abfahrt B 104 nach Teterow zum Parkplatz »Burgwallinsel«, von dort in wenigen Gehminuten zum Anleger der Seilfähre. Oder zum Parkplatz »An der Badeanstalt« zur Überfahrt mit der Barkasse »Regulus«.

→ GPS: 53.794024, 12.597567

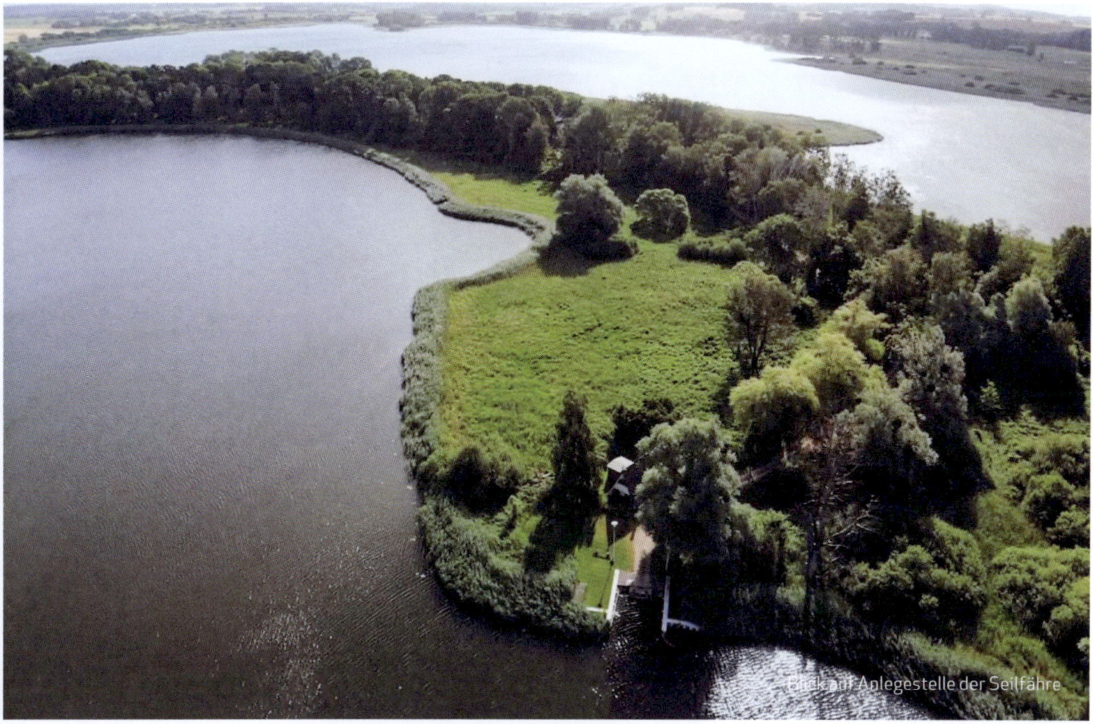

Blick auf Anlegestelle der Seilfähre

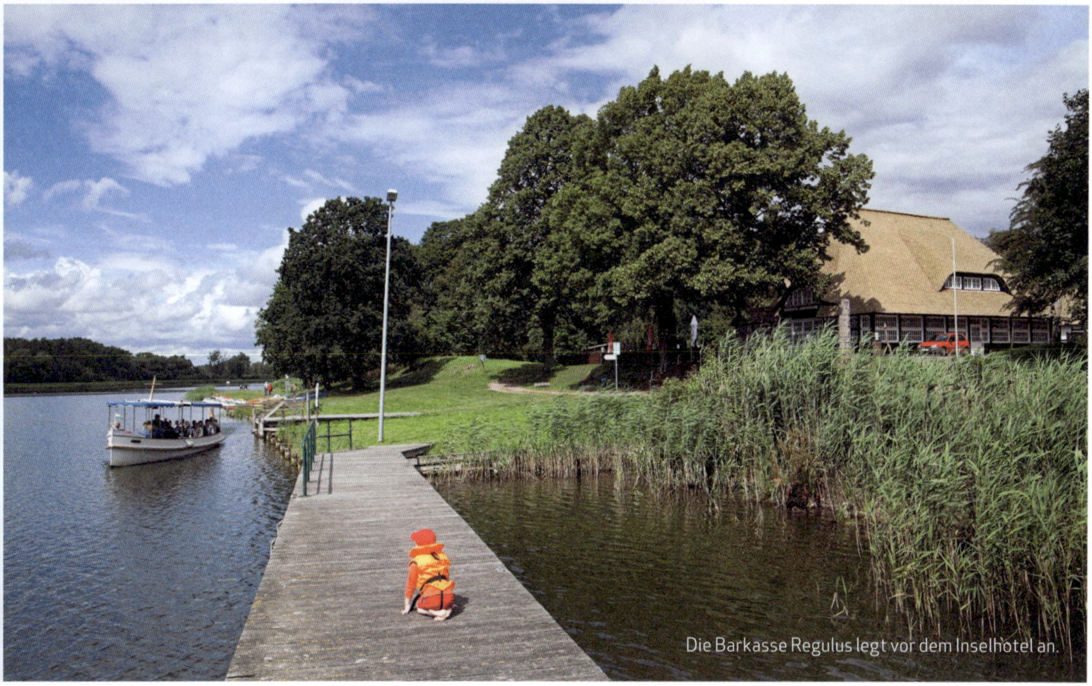

Die Barkasse Regulus legt vor dem Inselhotel an.

21

MECKLENBURG-VORPOMMERN

Langhagen / Langhagener See

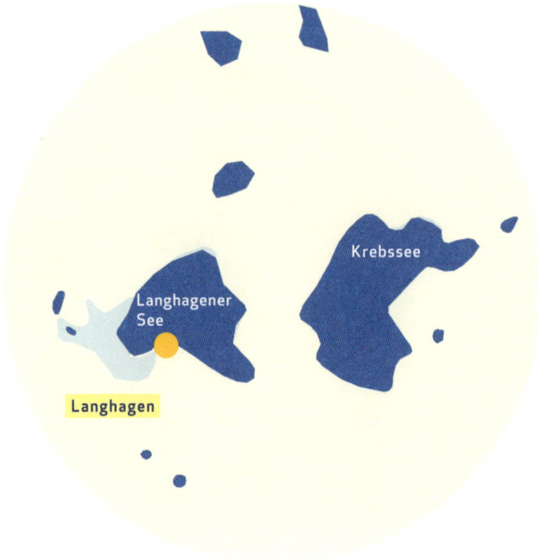

NORDEN

Der abflusslose und stark von Verlandung bedrohte Waldsee liegt im Müritz-Nationalpark im Landkreis Mecklenburgische Seenplatte. Auf seiner Ostseite führt ein Rundwanderweg am Ufer entlang zu einigen eher schattigen Bademöglichkeiten. Sonniger, unkomplizierter, umweltschonender und mit einem Beitrag von einem Euro pro Badetag durchaus leistbar ist der Zugang über den unter mächtigen Kiefern gelegenen Campingplatz. Speziell für Familien mit kleinen Kindern bietet sich diese Lösung an, da sie hier in zwangloser Atmosphäre alle Annehmlichkeiten einer guten Infrastruktur nutzen können.

Anfahrt

- A 19 Abfahrt Krakow am See, über die L 11 nach Langhagen.
- GPS: 53.688404, 12.442708

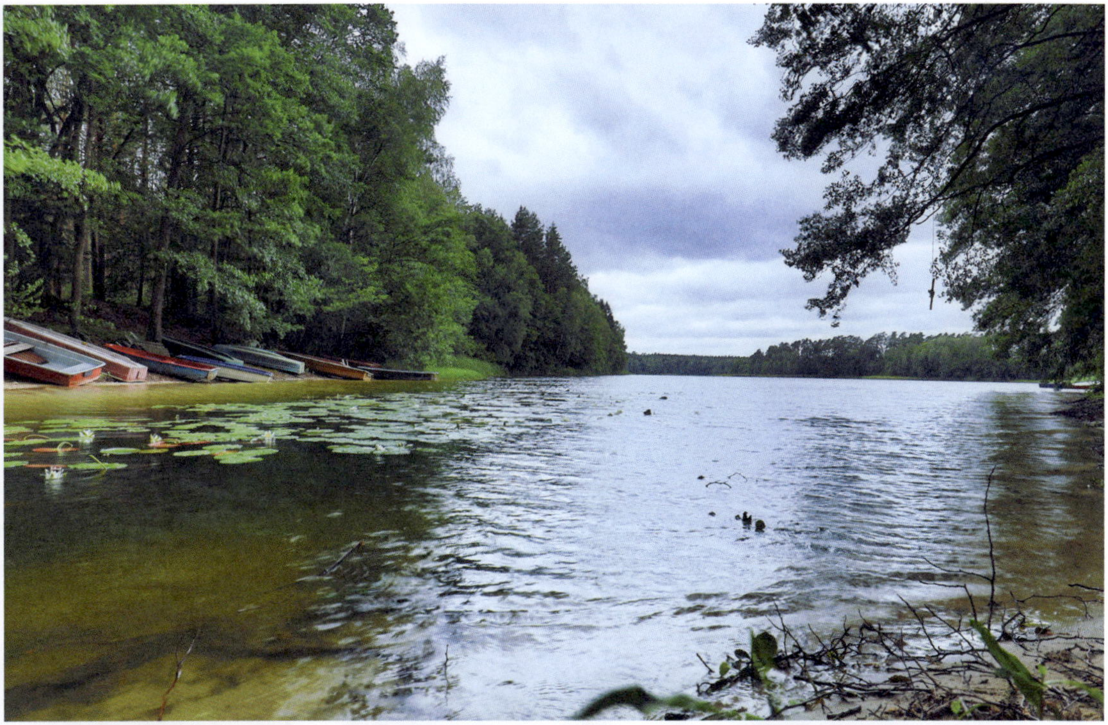

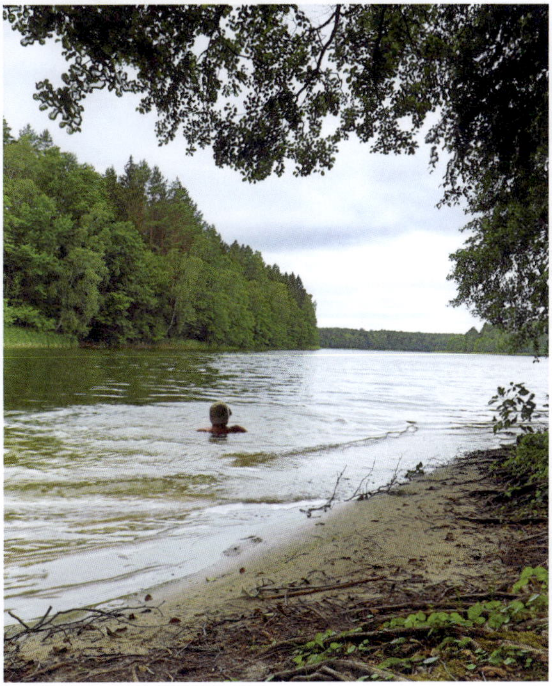

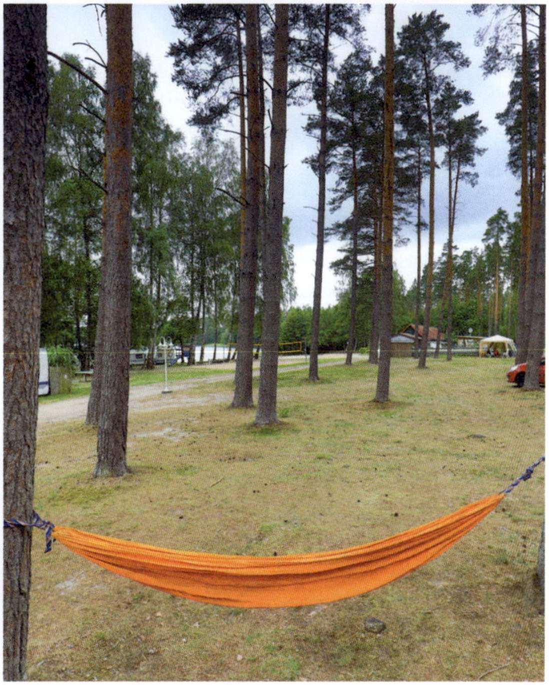

22

MECKLENBURG-VORPOMMERN

Krakow / Krakower See

NORDEN

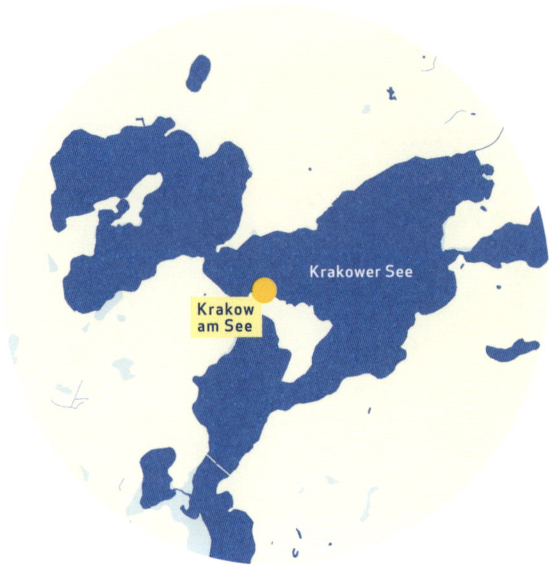

Krakow gehört zum Landkreis Rostock in Mecklenburg-Vorpommern und liegt im Norden der Mecklenburgischen Seenplatte. Östlich des Luftkurorts, im sogenannten Obersee, über eine kleine Brücke von der Seepromenade aus erreichbar, befindet sich die kleine Insel Schwerin. Zu der lauschigen Naturbadestelle auf der Insel führen recht schöne Rad-, Lauf- und Spazierwege. Im Vergleich zu den anderen nahe gelegenen Naturbadestellen (Leipziger Badestelle und Franzosen-Badestelle) herrscht hier recht wenig Betrieb, und man hat einen grandiosen Ausblick auf den See. Die stille Insel ist ein wichtiger Ruheort für Flora und Fauna. Vorsicht: Hier gibt es sogar fleischfressende Pflanzen!

Anfahrt

- Über die A 19 Berlin–Rostock, Abfahrt Krakow am See und die L 37 in den Luftkurort. Für den Weg zur Insel benutzt man am besten das Fahrrad.
- GPS: 53.654764, 12.302063

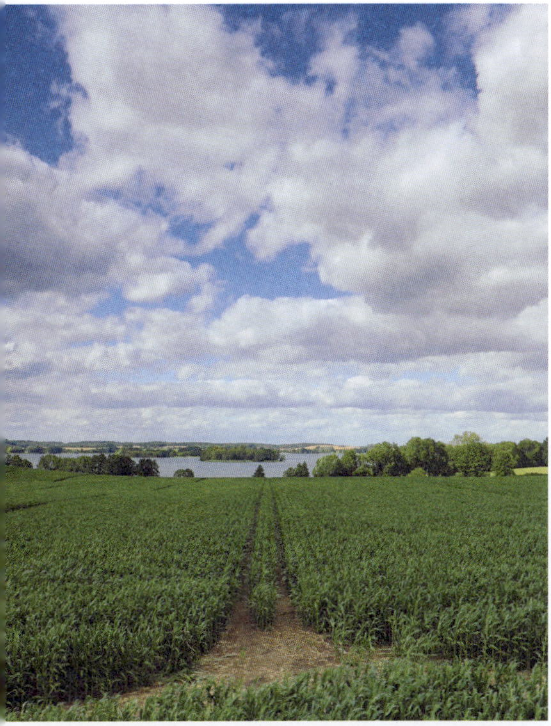
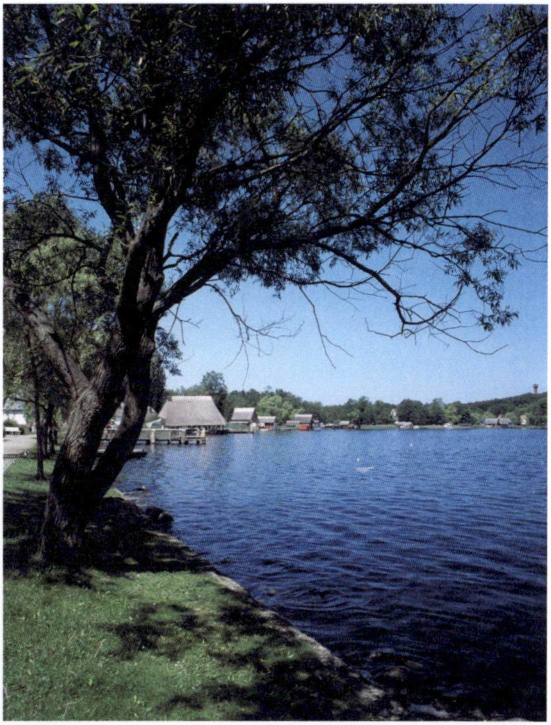
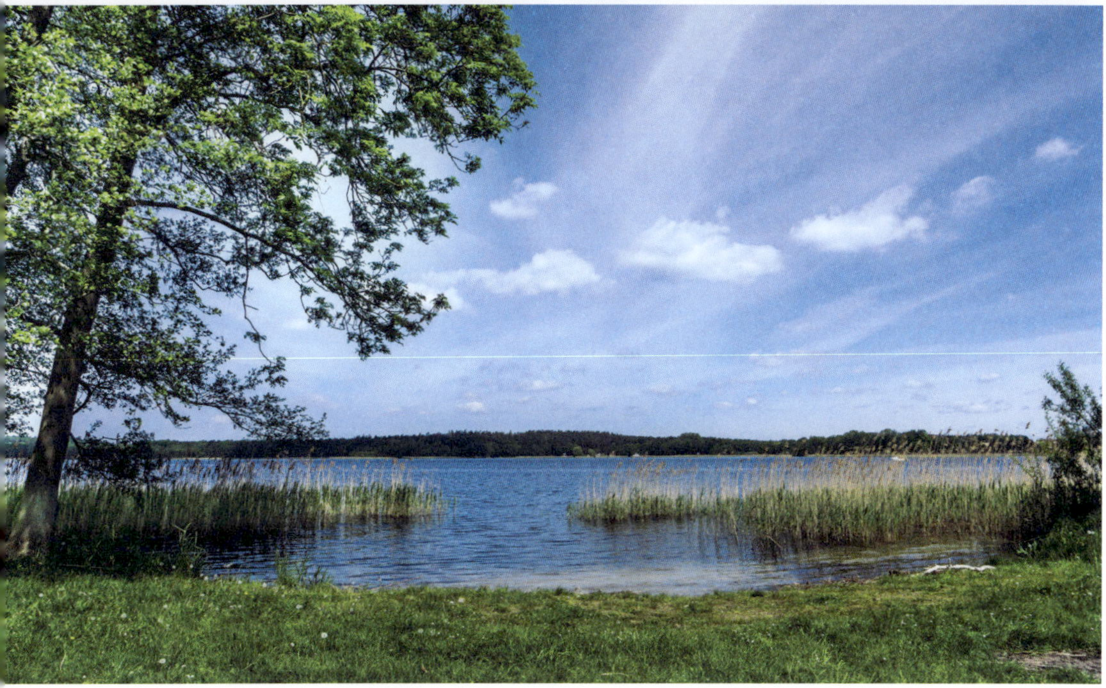

23

MECKLENBURG-VORPOMMERN

Krakow / Langsee

NORDEN

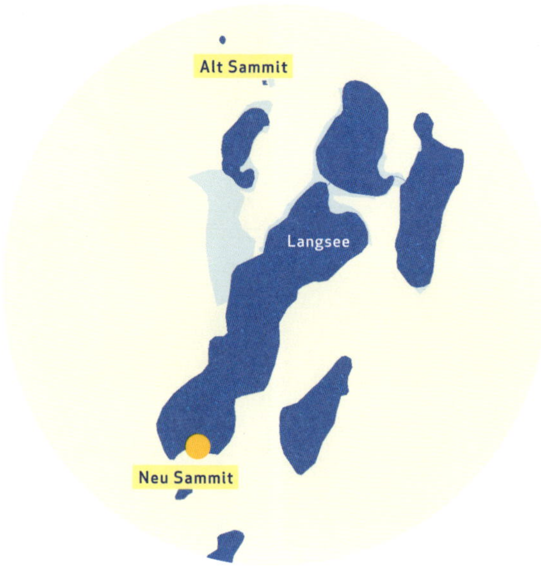

Die Badestelle befindet sich am Südufer des von dichten Wäldern umgebenen Langsees zwischen dem ehemaligen Wirtschaftshof und dem Herrenhaus des Jagdschlosses Neu-Sammit. Heute werden die Anlagen von der Kinder- und Jugendbegegnungsstätte Neu-Sammit genutzt. Ein Holzsteg, an dem auch geangelt werden kann, führt ins Wasser. Am Ufer gibt es einen Parkplatz, eine Info-Tafel, eine Liegewiese und ein paar Sitzbänke.

Anfahrt

- Die A 19 Berlin–Rostock ist über den Anschluss Linstow in 13 km zu erreichen.
- GPS: 53.624390, 12.228972

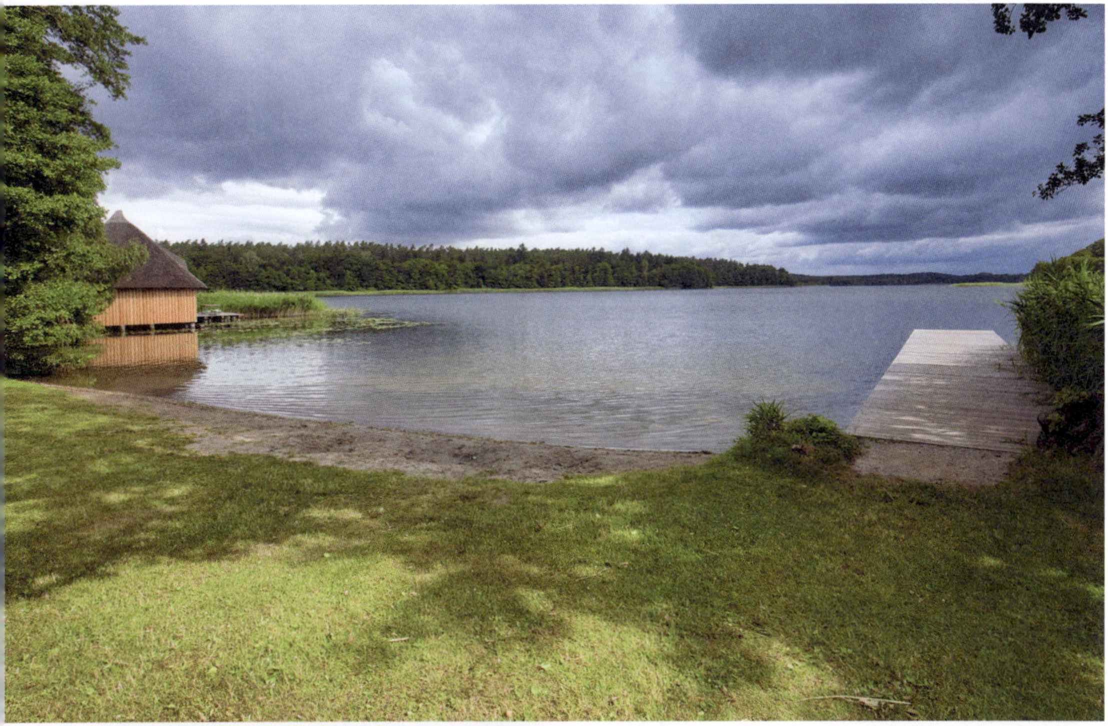

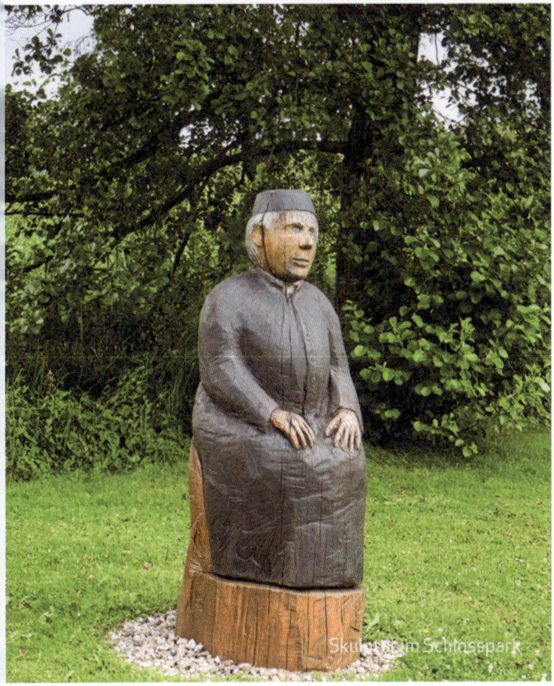

Skulptur im Schlosspark

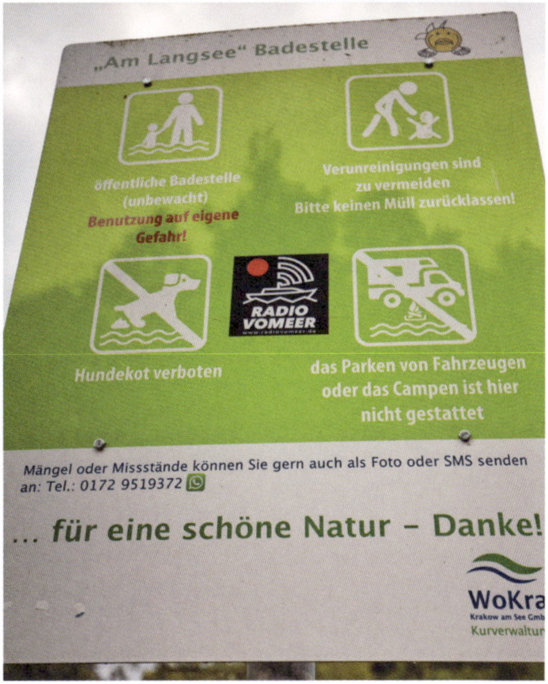

24

MECKLENBURG-VORPOMMERN

Dobbertin / Dobbertiner See

NORDEN

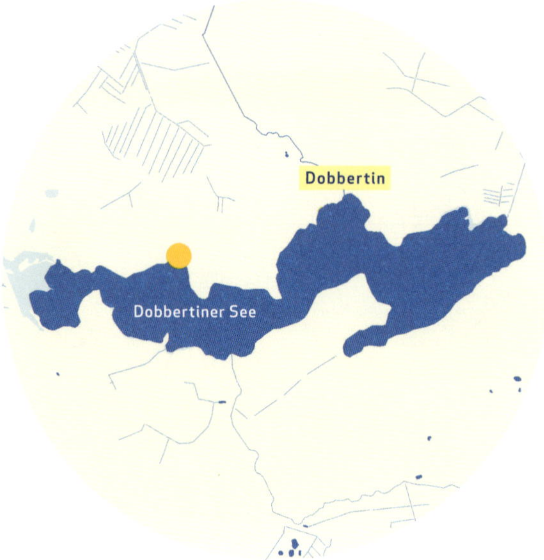

Von Süden nach Norden durchfließt die Mildenitz diesen am Rand des Naturparks Nossentiner/Schwinzer Heide gelegenen See und sichert ihm seine gute Wasserqualität. Der Dobbiner Strand liegt am nordwestlichen Ende des Sees in unmittelbarer Nähe zu einem aus nur acht Häusern bestehendem familiären Feriendorf. Es gibt einen kleinen Sandstrand, einen Steg, eine Liegewiese und einen Bootsverleih. Nicht auf dem Privatgelände parken (am besten per Fahrrad zum Strand), Rücksicht auf die Übernachtungsgäste nehmen und deren Privatsphäre achten!

Anfahrt

→ Von der Ortsdurchfahrt B 192 in Dobbertin abbiegen in Richtung Techentin/Below, der Schulstraße ortsauswärts folgen bis zum Schild Helmsrade, links dem Waldweg folgen bis zur Abzweigung, dann rechts zum Feriendorf.

→ GPS: 53.612633, 12.042951

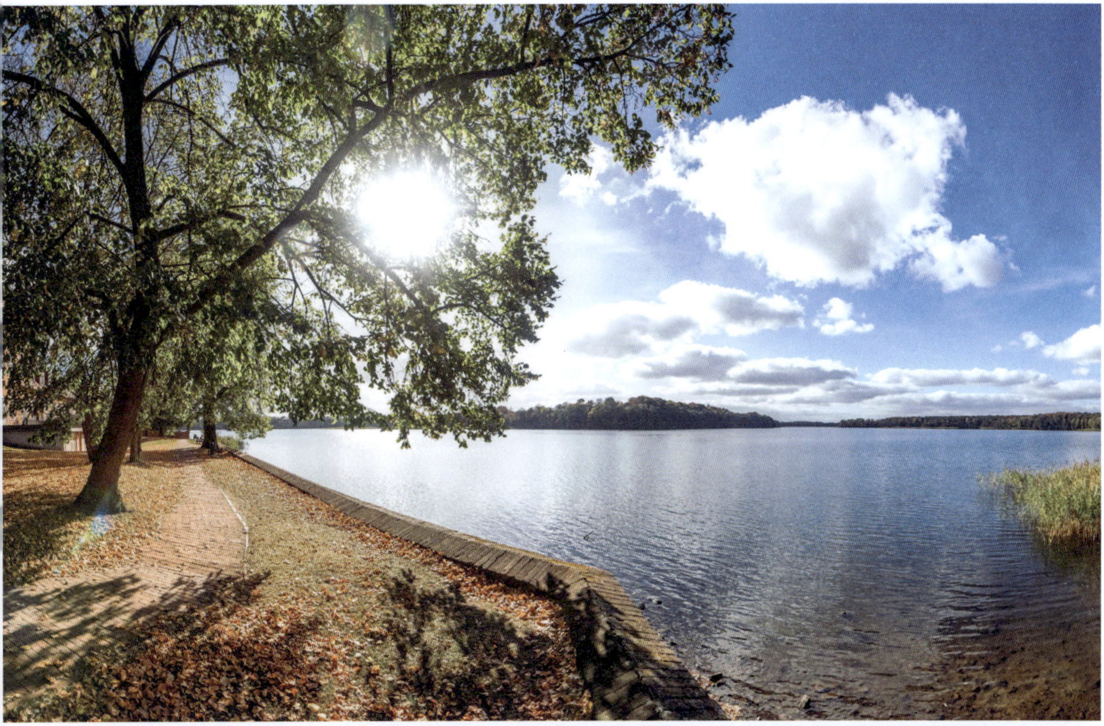

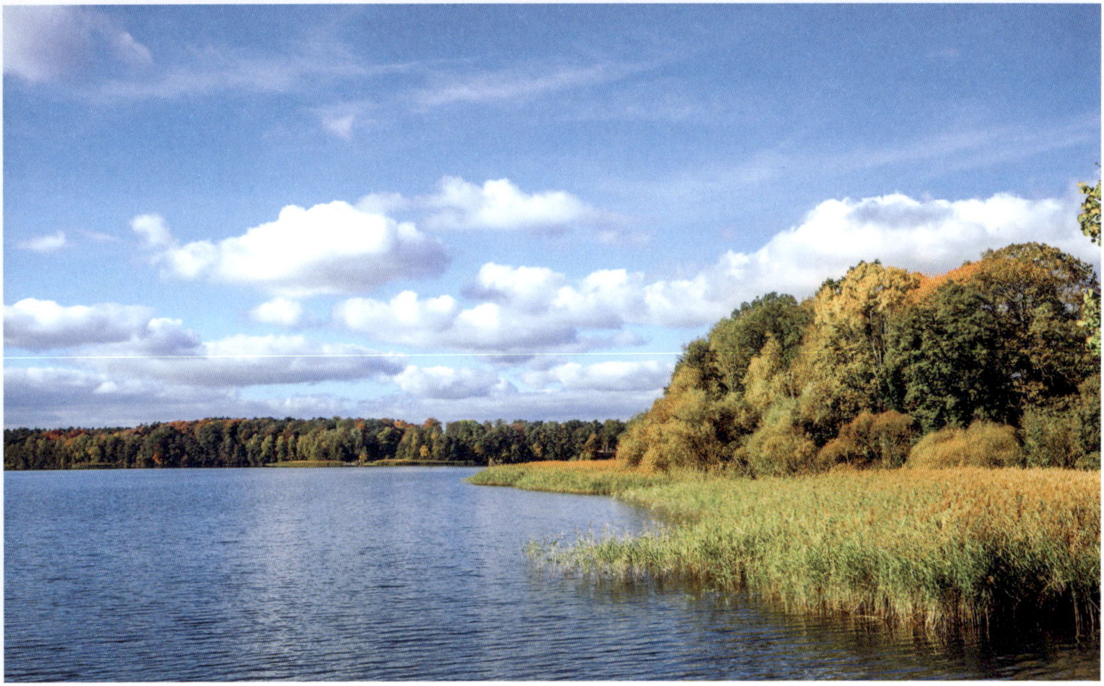

25

MECKLENBURG-VORPOMMERN

Plau / Penzliner See

NORDEN

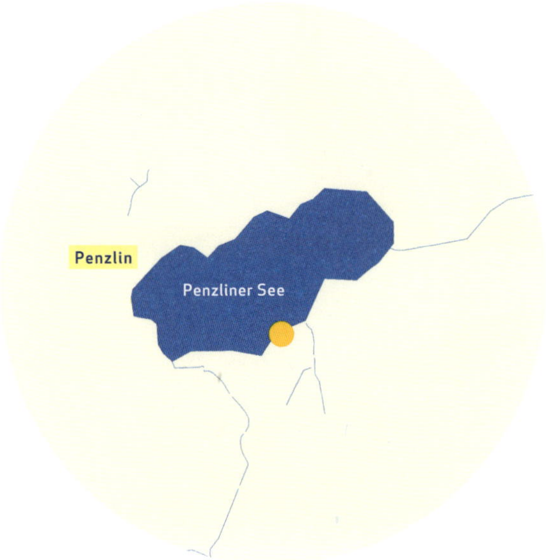

Wer abseits vom Trubel naturnah und auch im Hochsommer halbwegs erfrischend baden bzw. schwimmen möchte, der ist hier richtig. Anders als viele recht flache Seen der Region ist der Penzliner See bis zu 10 m tief und bewahrt sich dadurch zumeist in recht heißen Sommern eine gute Wasserqualität ohne Badewannentemperaturen. Der See ist weitestgehend unverbaut und mit 1000 x 500 m nicht allzu groß. Die schönste Badestelle mit Liegewiese und Badefloß liegt am Südufer in Straßennähe.

Anfahrt

→ Der See befindet sich nordwestlich von Plau am See. Von dort auf der Quetziner Straße durch Barkhagen fahren und dann der Lindenstraße folgen.

→ GPS: 53.52051, 12.17619

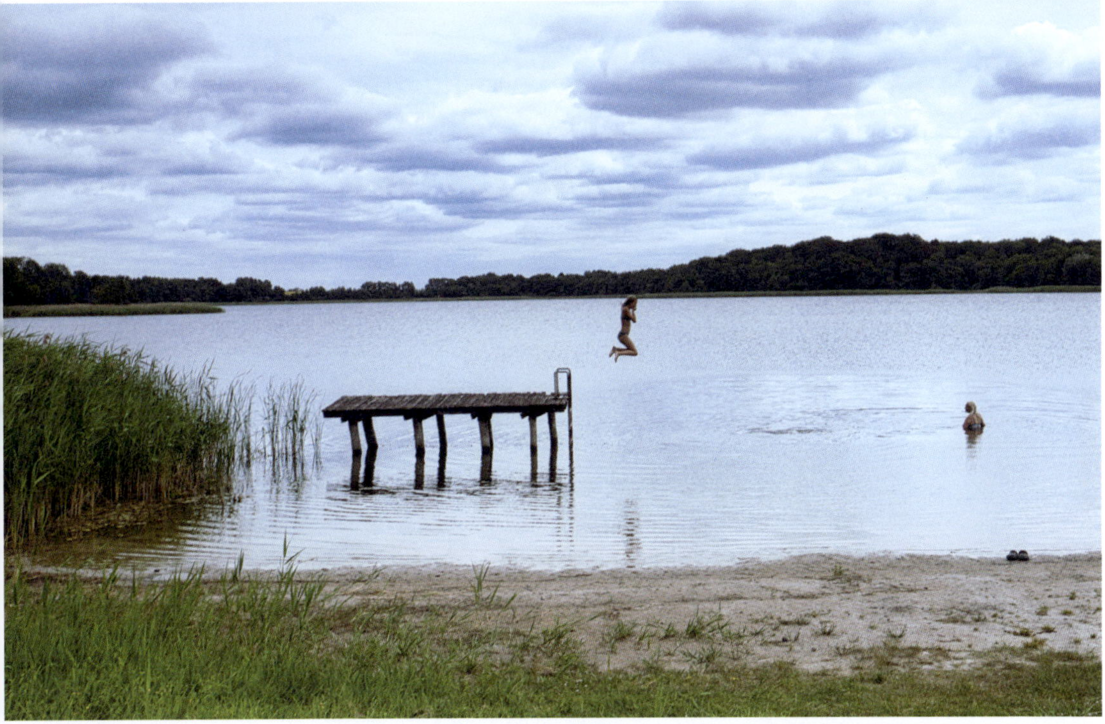

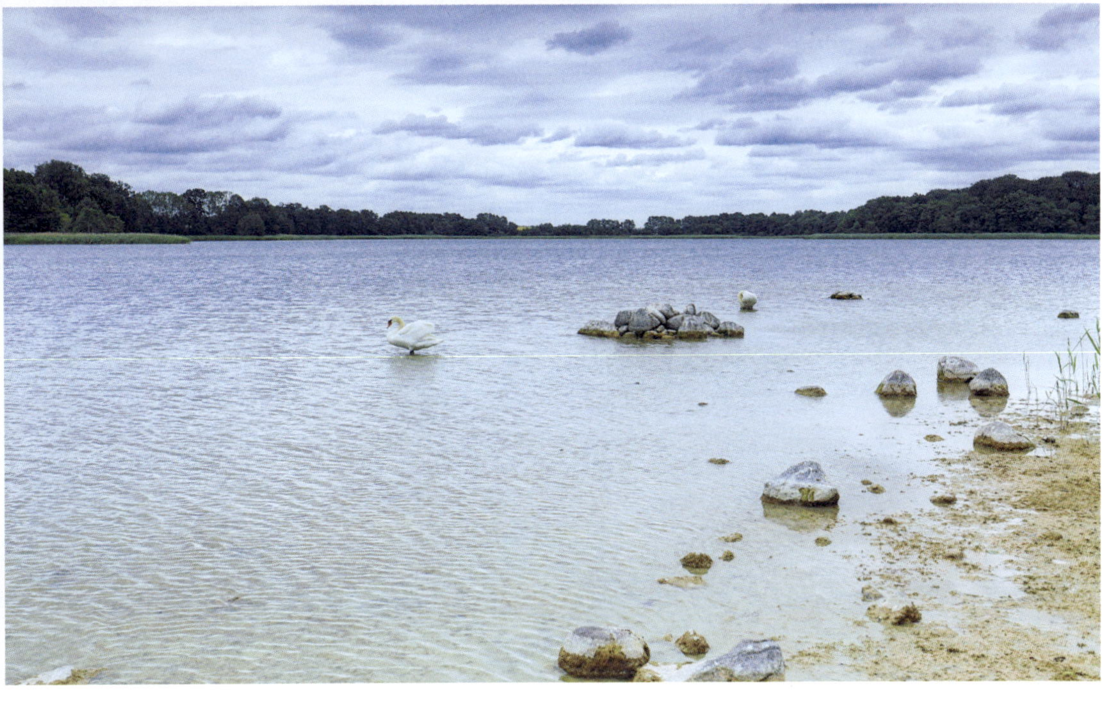

26

MECKLENBURG-VORPOMMERN

Schwerin / Schweriner See

NORDEN

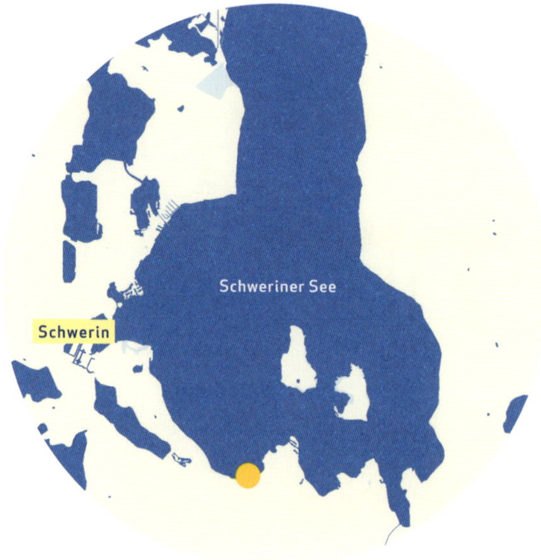

Am 20 m breiten Zippendorfer Strand kommt fast so etwas wie Meeresfeeling auf. Im Hochsommer ist der lang gestreckte Sandstrand am Südufer des Schweriner Innensees, der jedwede Infrastruktur und DLRG-Überwachung bietet, definitiv nichts für Einsamkeitsfanatiker. Wer aber gerne zwischendurch mal Volleyball spielt, eine Strandbar aufsucht oder flanieren geht und sich nicht am Discosound stört, wird sich hier wohlfühlen. Auch für Familien mit Kleinkindern ist der Strand ideal.

Anfahrt

→ A 14 Abfahrt Schwerin Ost, über die B 321 Richtung Schwerin bis zur Abzweigung Zippendorfer Strand.

→ GPS: 53.603227, 11.454910

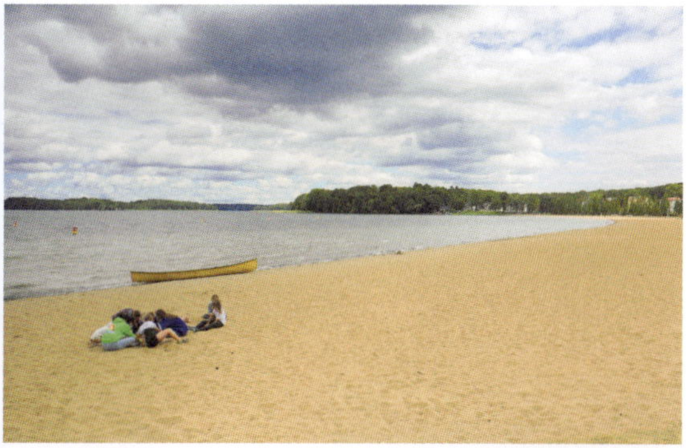
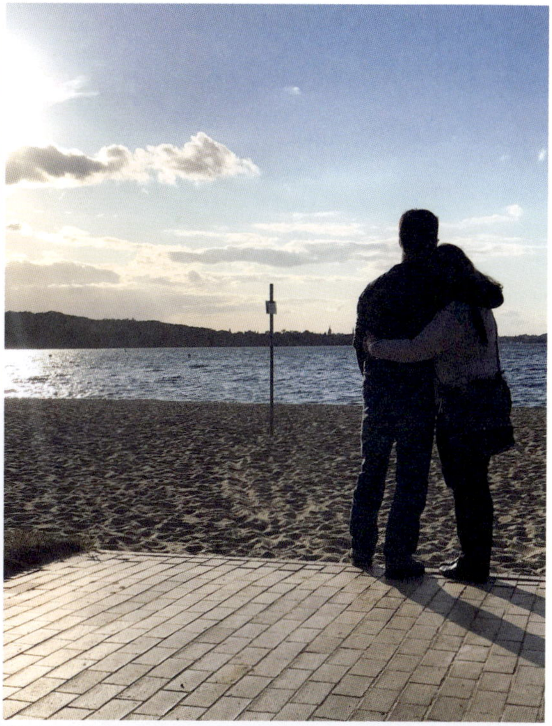
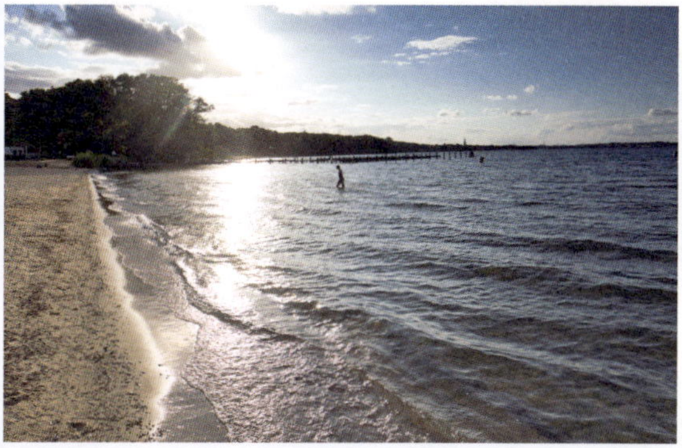
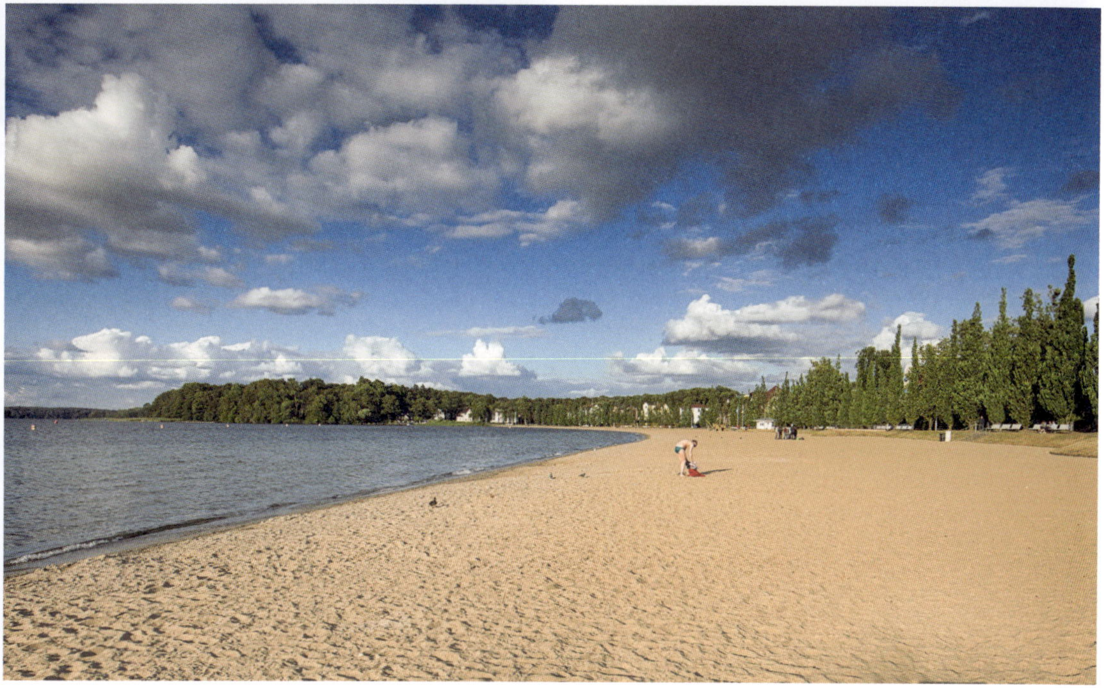

27

HAMBURG

Hamburg / Elbe

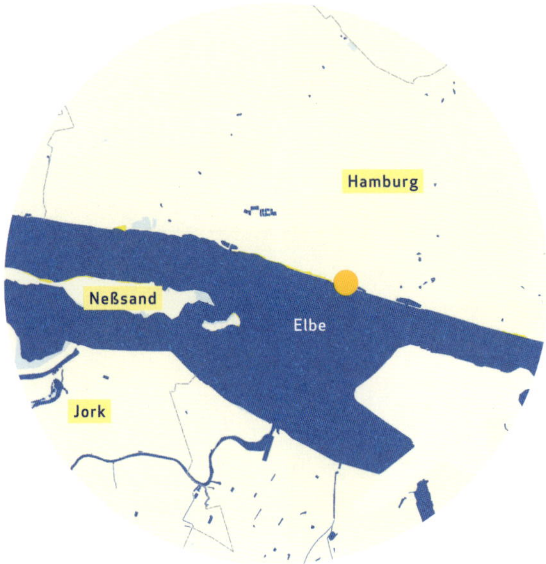

Fühlt sich nach Meer an und ist doch Fluss: Am Falkensteiner Ufer im noblen Hamburger Stadtteil Blankenese wähnt man sich nicht nur wegen des Sandstrands, sondern auch wegen der dicken Brummer, die hier das Wasser durchpflügen, wie am Ozean. Dass man hier nicht allzu weit über die in den Strom ragenden Buhnen hinausschwimmen sollte, dürfte sich eigentlich von selbst verstehen. Ansonsten sind die kleinen, geschützten Buchten am Strand, zum Teil von uralten Bäumen beschattet, auch für kleine Kinder ideal. Nach dem (Sonnen-)Baden gehört ein Besuch in einer der Uferkneipen inklusive Elbblick schon fast zwingend dazu.

Anfahrt

→ Vom Stadtzentrum kommend von der Blankeneser Landstraße links in die Kösterbergstraße einbiegen, an der Buskehre Kreuzung Falkenstein / In de Bargen parken und zu Fuß bergab zum Elbufer spazieren.

→ GPS: 53.562500, 9.774809

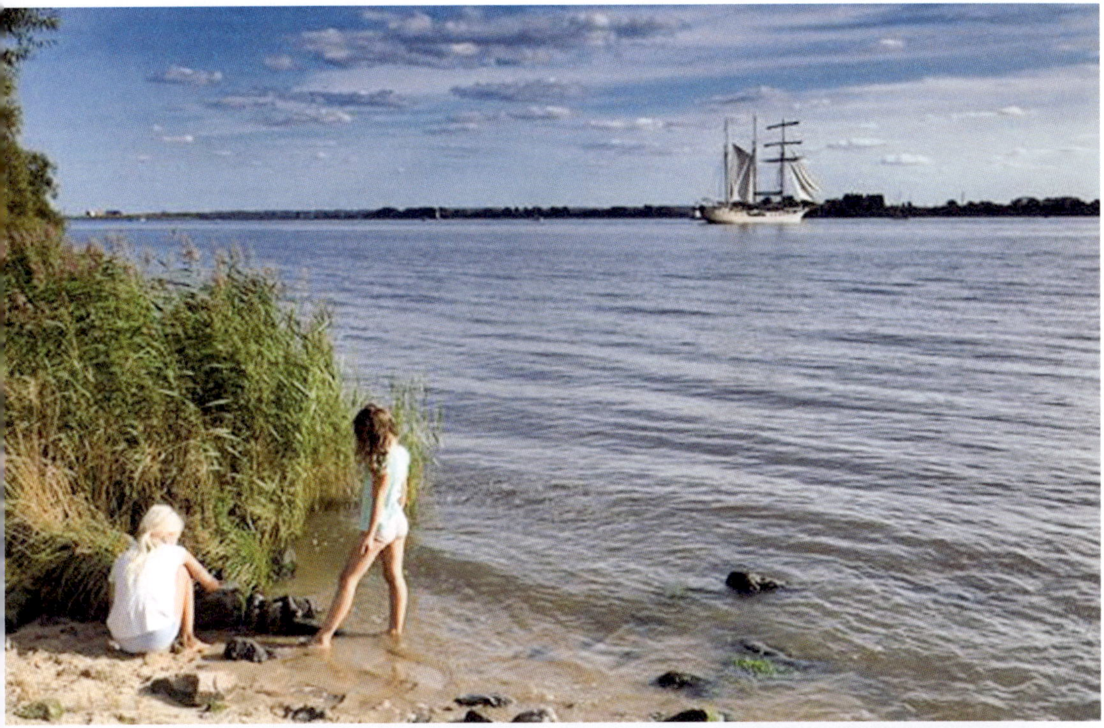

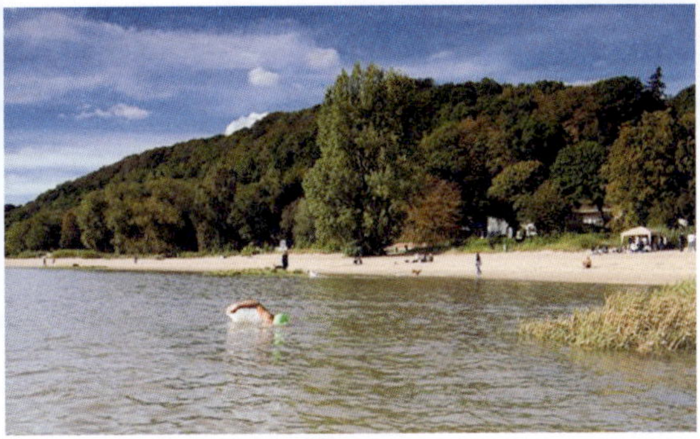

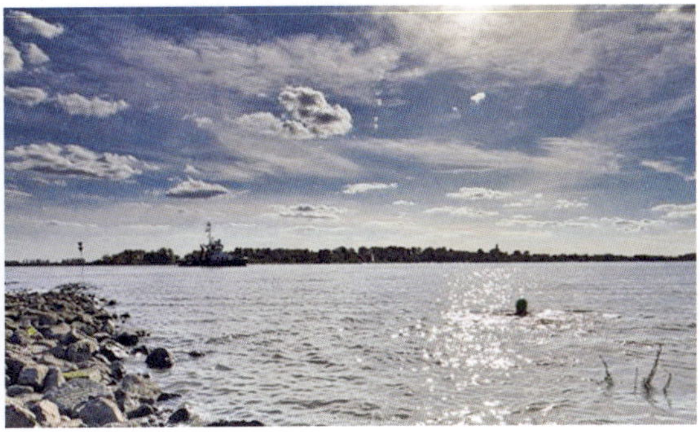

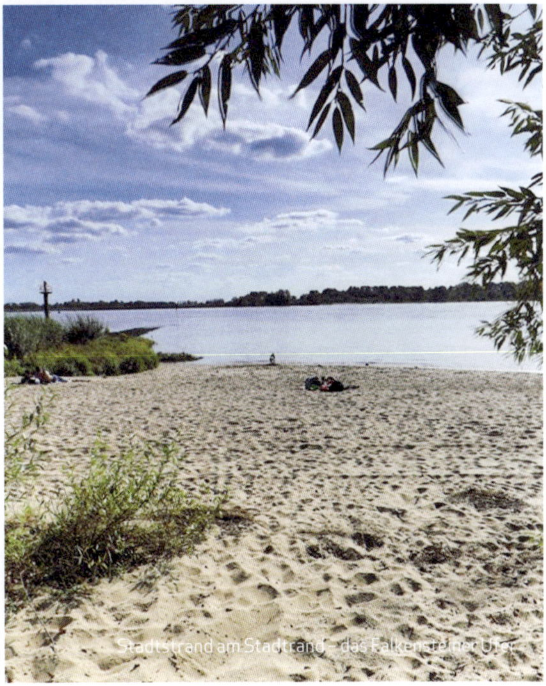

Stadtstrand am Stadtrand – das Falkensteiner Ufer

28

NIEDERSACHSEN

Brake / Weser

NORDEN

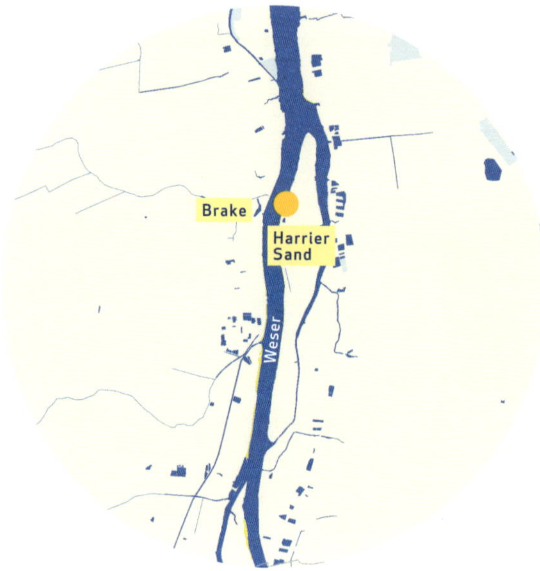

So weit im Unterlauf ist auch die Weser ein Tidengewässer. Darüber sollte man sich, auch wenn es sich beim Strand auf der Weserinsel Harriersand eigentlich um eine Flussbadestelle handelt, schon klar sein. Tidenabhängig ist auch der Weg vom feinen Sandstrand ins Weserwasser, mal sandig-kürzer oder schlickig-länger. Auf seine Art faszinierend ist der Blick über die Weser auf die geschäftigen Hafenanlagen von Brake, der nur gelegentlich durch vorbeifahrende Großschiffe gestört wird. Vorsicht beim Schwimmen: Strömung, Sog und Wellen können hier stark sein. Direkt am Strand gibt es Duschen und mit der Strandhalle auch ein Restaurant mit aussichtsreichem Gastgarten.

Anfahrt

- Man erreicht die Badestelle über die Gemeinde Schwanewede, Ortsteile Neuenkirchen und Rade, von dort über die Brücke zur Insel Harriersand. Alternativ gelangt man direkt von der Stadt Brake im Landkreis Wesermarsch mit der Personenfähre »Guntsiet« zur Badestelle. Mitnahme von Fahrrädern ist möglich.
- GPS: 53.331316, 8.496830

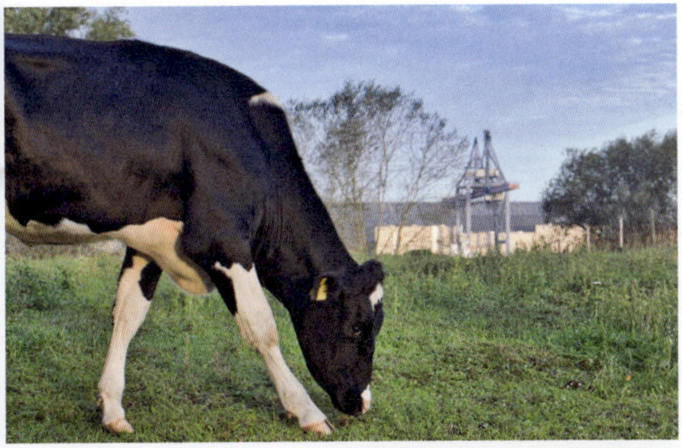

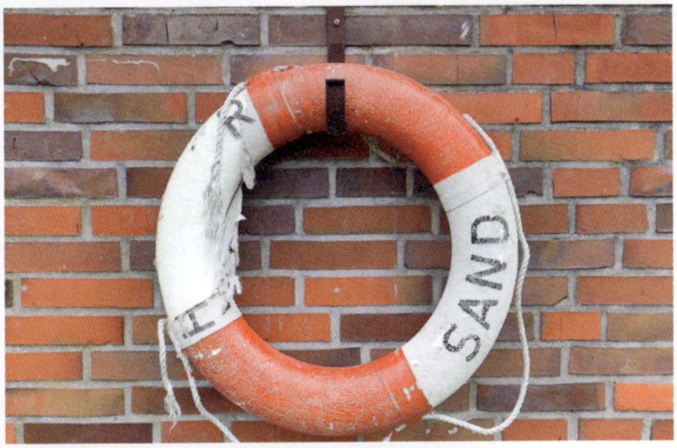

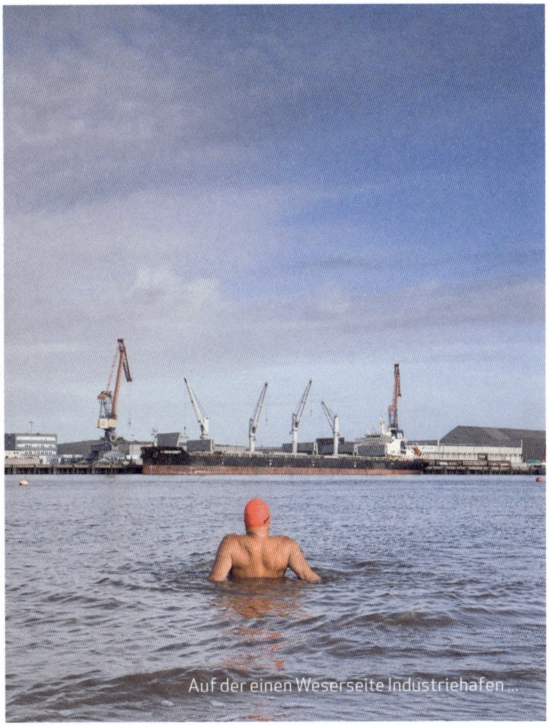

Auf der einen Weserseite Industriehafen …

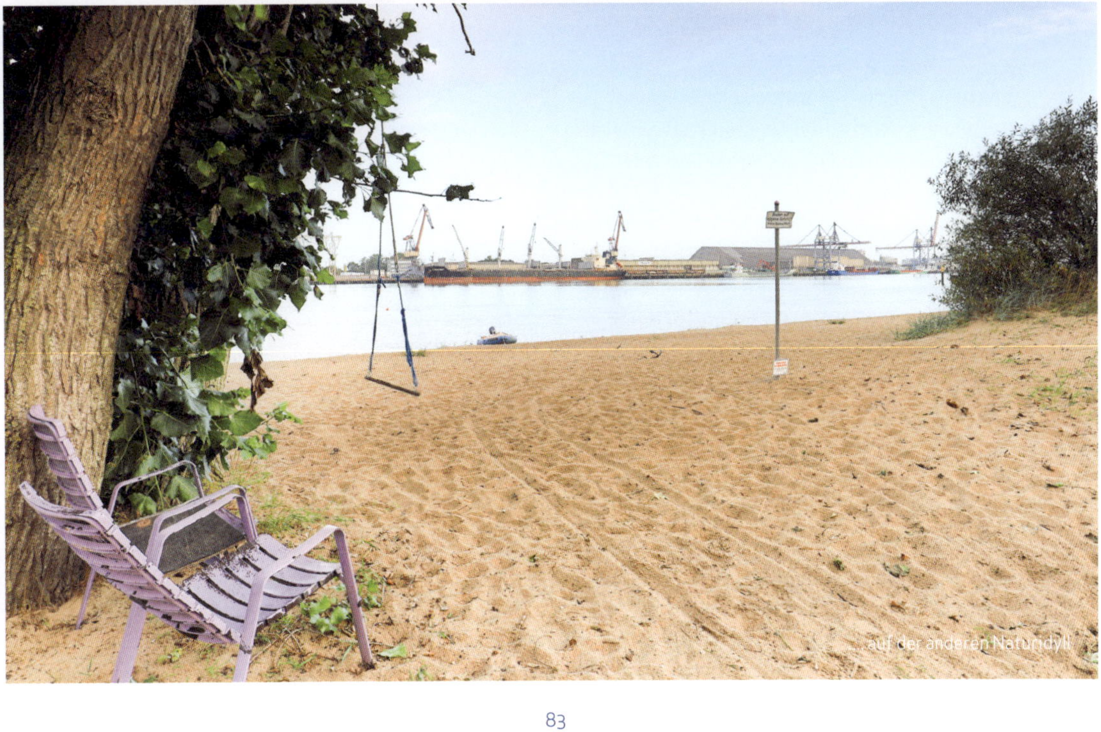

… auf der anderen Naturidyll

29

NIEDERSACHSEN

Westdorf Baltrum / Nordsee

NORDEN

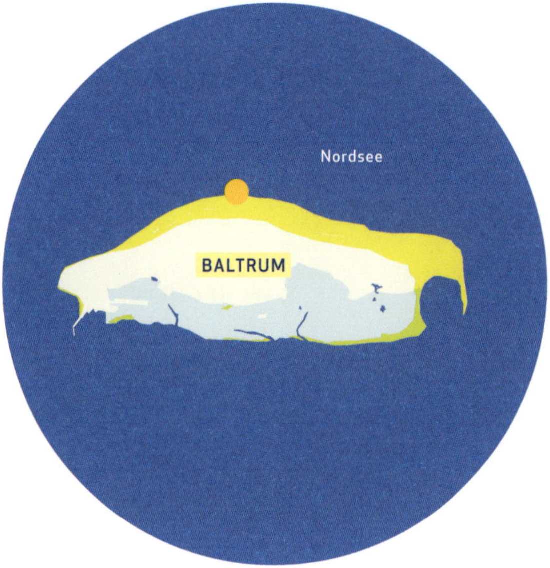

Baltrums Hauptstrand ist ca. 7 km lang und besteht aus hellem, feinem Sand. Nur der westliche Teil des Strandes, der direkt ans Westdorf angrenzt, ist touristisch erschlossen und im Badebereich überwacht. Weite Strandabschnitte (nördlich des Hundestrandes) sind aber sehr einsam und vor allem für Spaziergänge und als Lebensraum für Tiere und Pflanzen gedacht. Wer hier schwimmt, tut dies, wo es überhaupt gestattet ist, auf eigene Gefahr und sollte nie die Nordsee unterschätzen. Aus Deichschutzgründen dürfen die Dünen nur an ausgewiesenen, zumeist befestigten Stellen betreten und überquert werden. Ein Spot, zu dem schon der Anmarsch recht reizvoll ist und an dem das Schwimmen herausfordernd sein kann. Unbedingt Wetterbericht und Gezeitentabelle beachten!

Anfahrt

- → In Neßmersiel nahe des Fähranlegers parken. Auf Baltrum entweder über das alte Ost- oder das belebtere Westdorf zum Nordstrand wandern.
- → GPS: 53.736433, 7.396876

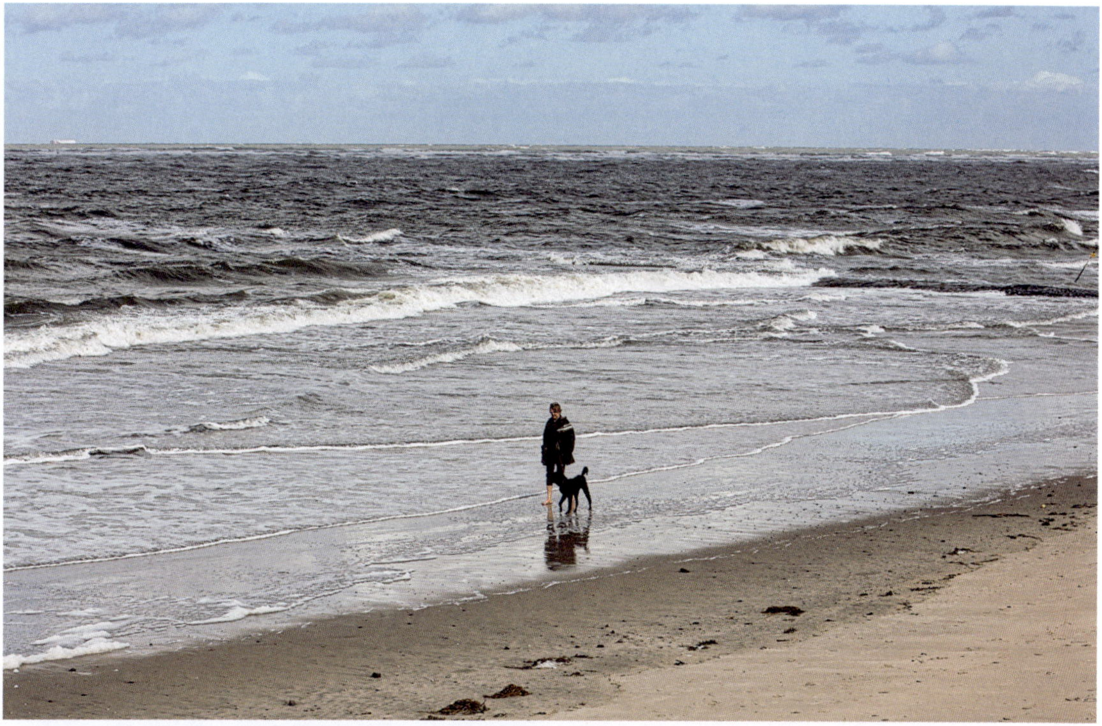

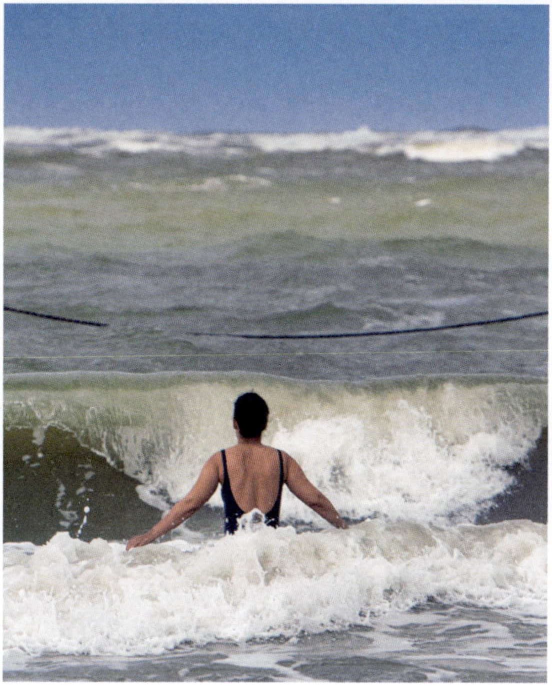

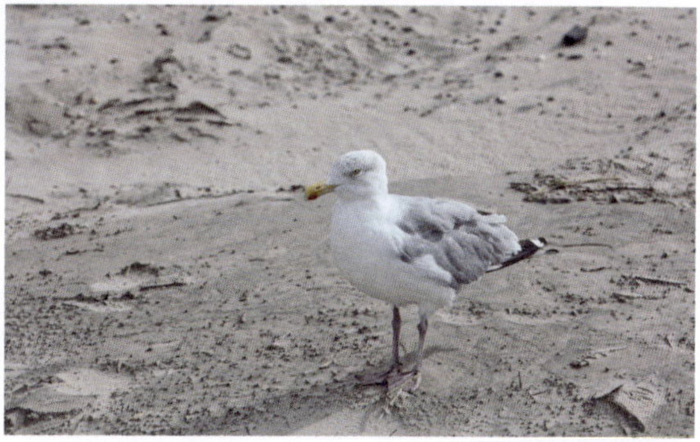

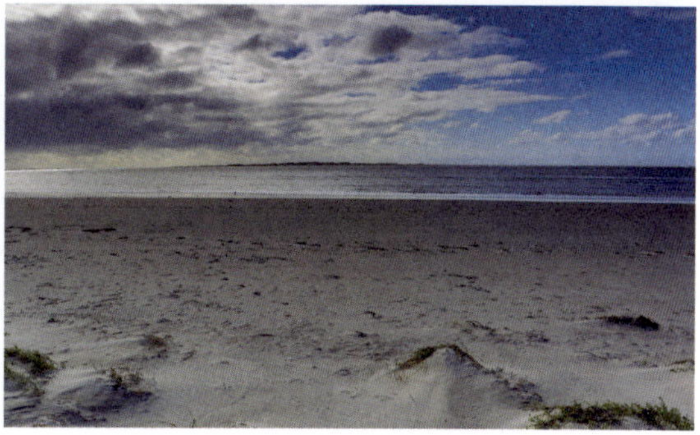

30

BRANDENBURG

Boitzenburg / Krienkowsee

NORDEN

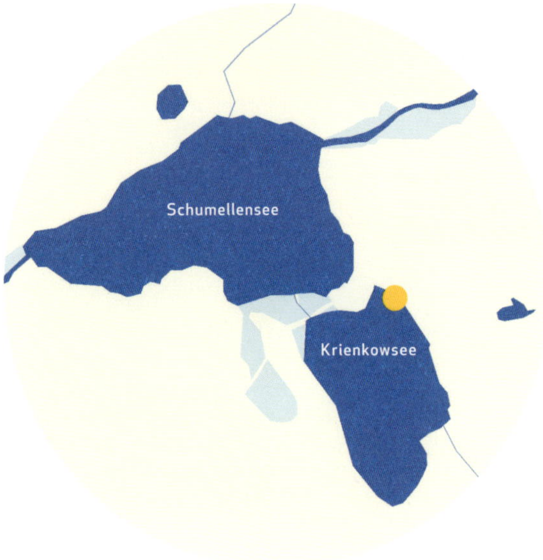

Ringsum von dichten Laubwäldern umschlossen, haben die Seen dieser Gegend nicht nur eine ausgezeichnete Wasserqualität, sondern eine Unberührtheit, dass man meint, irgendwo im tiefsten Alaska zu sein. Kein Straßenlärm, keine Bebauung, kein Motorboot stören die Idylle. Da lacht nicht nur das Wildswimmer-Herz, sondern auch das Herz jedes Wanderers, Petrijüngers oder überhaupt jedes Naturfreunds. Vom Rastplatz aus führt ein Trampelpfad zum See hinab. Fährt man die Straße noch ca. 500 m weiter, kommt man zur leichter zugänglichen, aber auch nicht so einsamen, Badestelle Boitzenburg am Schumellensee.

Anfahrt

→ Vom Rastplatz Dietlofs Lust aus führt ein Trampelpfad zum Krienkowsee hinab. Fährt man die Straße noch ca. 500 m weiter, kommt man zur leichter zugänglichen, aber auch nicht so einsamen, Badestelle Boitzenburg am Schumellensee.

→ GPS: 53.253979, 13.581997

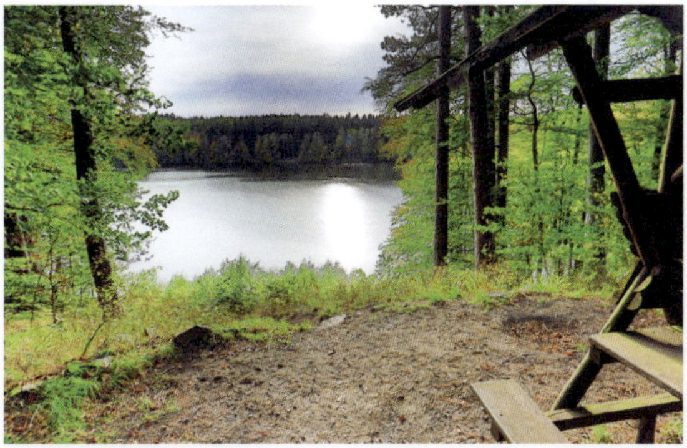

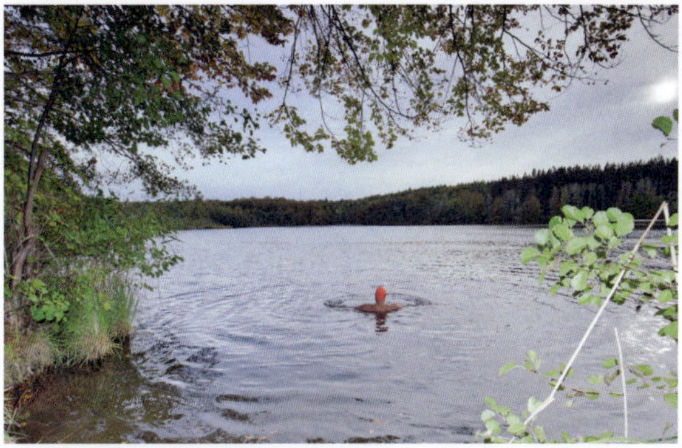

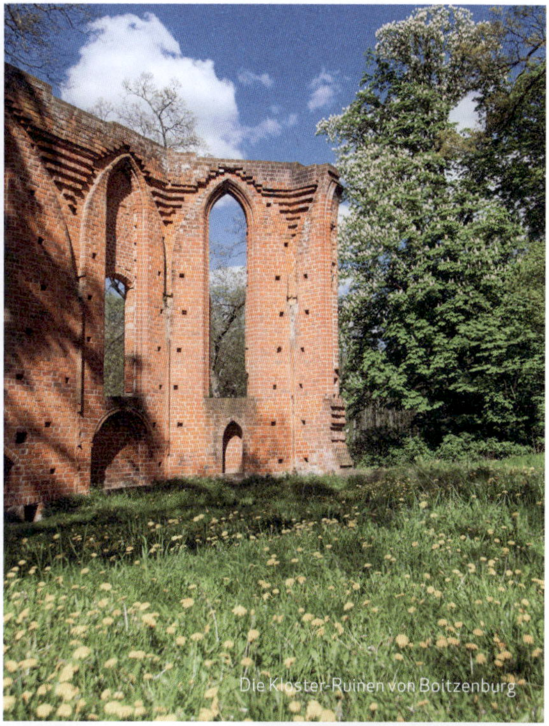

Die Kloster-Ruinen von Boitzenburg

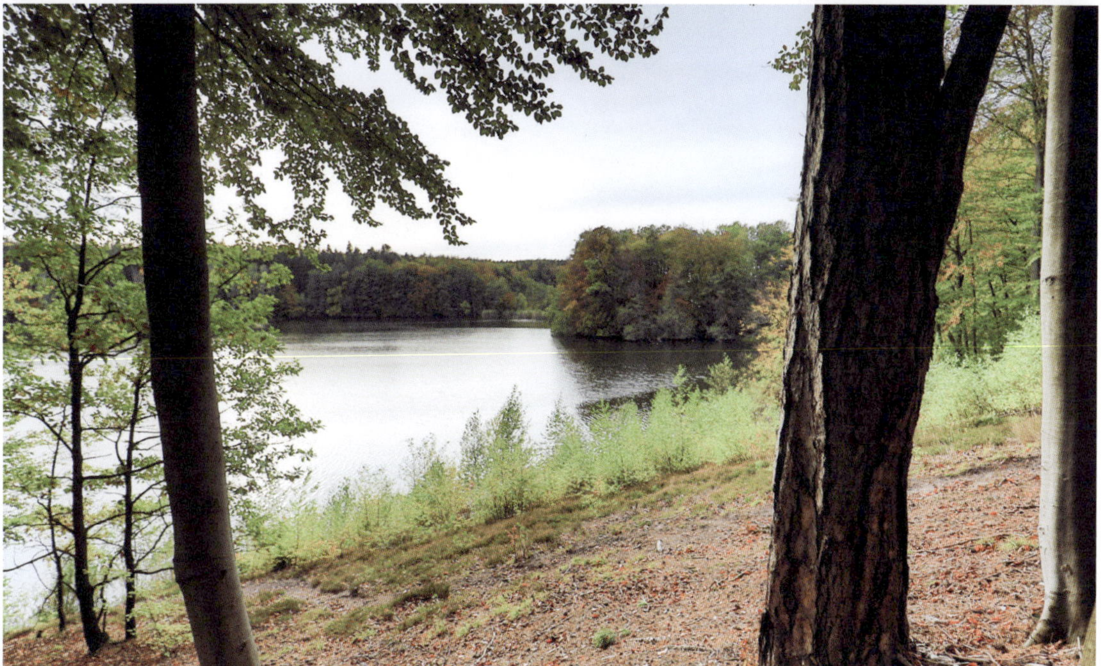

31

BRANDENBURG

Fürstenberg / Havel

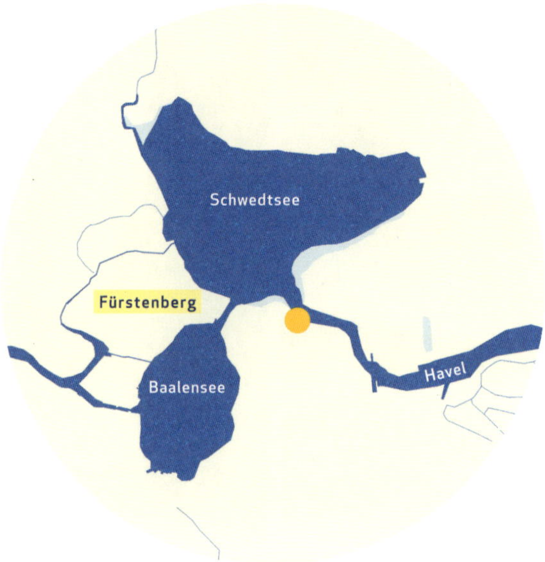

Der Havelpark der »Wasserstadt« Fürstenberg hat etwas von einem Märchenwald, zumal es hier auch viele romantische Naturbadestellen gibt. Die hier träge dahinfließenden Havelarme weisen kleine, natürliche Buchten auf, die man sich allerdings manchmal mit Anglern teilen muss. In den Lichtungen des alten Laubwaldes findet man Grünflächen, Holzbänke, Fitnessgeräte und Liegewiesen. Der Havelpark eignet sich außerdem recht gut zum Radfahren und Laufen. Da könnte man ja sogar über einen persönlichen kleinen Triathlon nachdenken.

Anfahrt

→ Die Stadt liegt direkt an der B 96 und ist von Berlin in etwa einer Stunde erreichbar. Am besten zentral am Dom parken und an schönen, alten Häusern vorbei in den Havelpark spazieren.

→ GPS: 53.18454, 13.15687

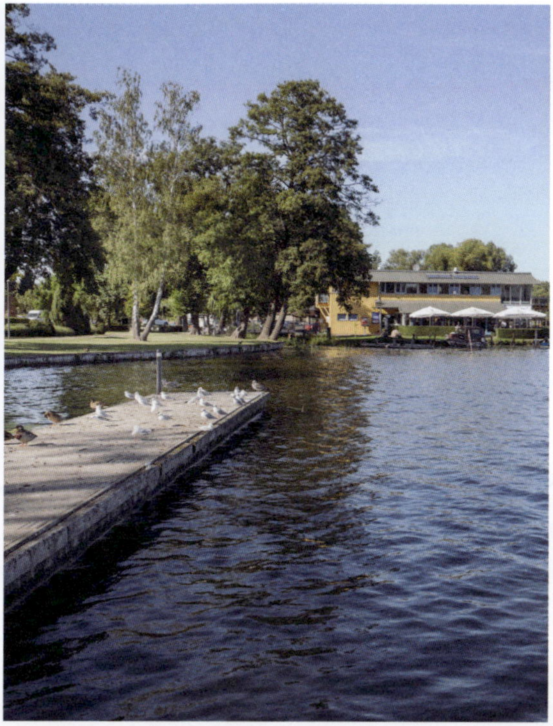

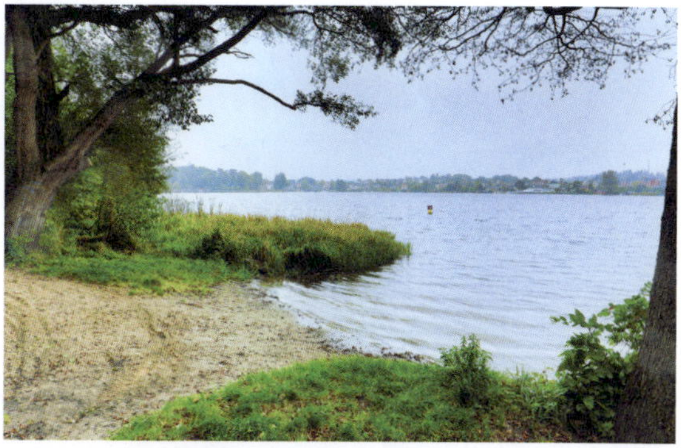

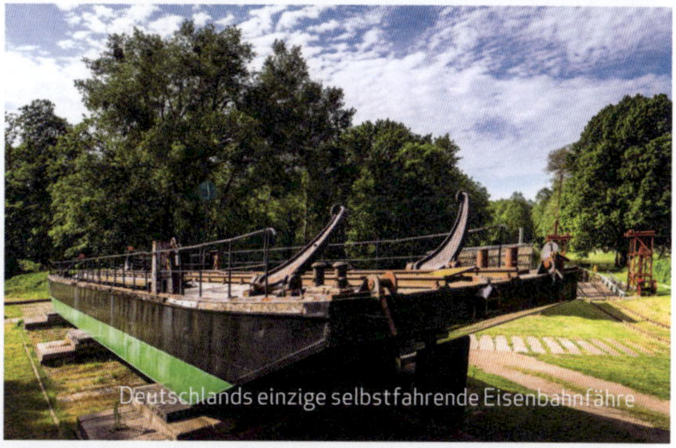

Deutschlands einzige selbstfahrende Eisenbahnfähre

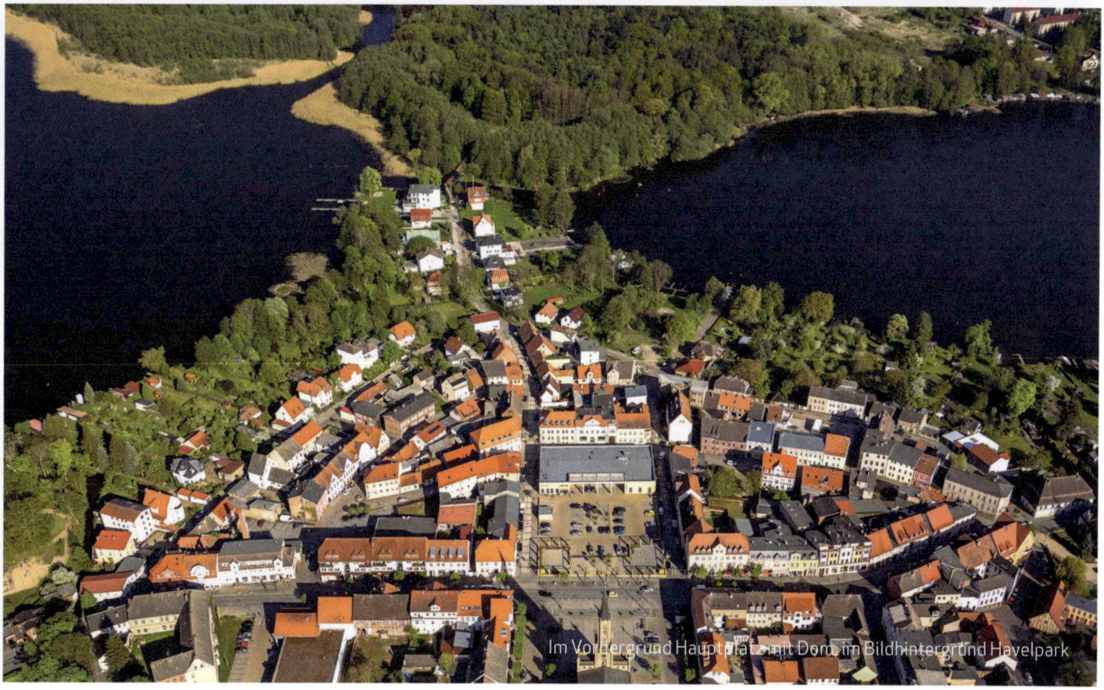

Im Vordergrund Hauptplatz mit Dom, im Bildhintergrund Havelpark

32

BRANDENBURG

Neuglobsow / Stechlin

NORDEN

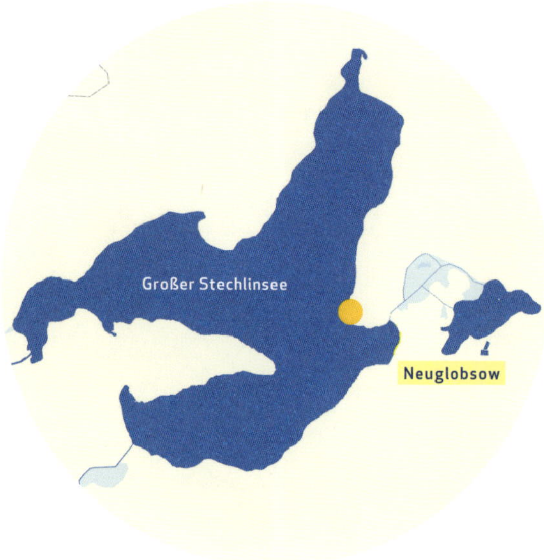

Bei den Slawen hieß er Steklow – Glas. Und glasklar ist er auch dieser See, der bei einer Tiefe von 70 m Sichtweiten bis zu 12 m erlaubt. Sagenumwoben ist er auch, und seit Theodor Fontane ihm in Form seines Romans »Der Stechlin« ein literarisches Denkmal gesetzt hat, ist er Sehnsuchtsort vieler Tausender Touristen, die jährlich an seine Ufer pilgern: an Ufer, die, von mächtigen Baumriesen beschützt, Zugänge zu einigen Naturbadeplätzen und Tauchgründen freigeben, die zu den schönsten Deutschlands gehören. Dieser besondere See genießt zu Recht besonderen Schutz, also unbedingt nur Badeplätze der freigegebenen Uferregionen (siehe Info-Tafeln) nutzen!

Anfahrt

- Der legendäre See ist über die A 24 Abfahrt Neuruppin erreichbar.
- GPS: 53.151154, 13.036276

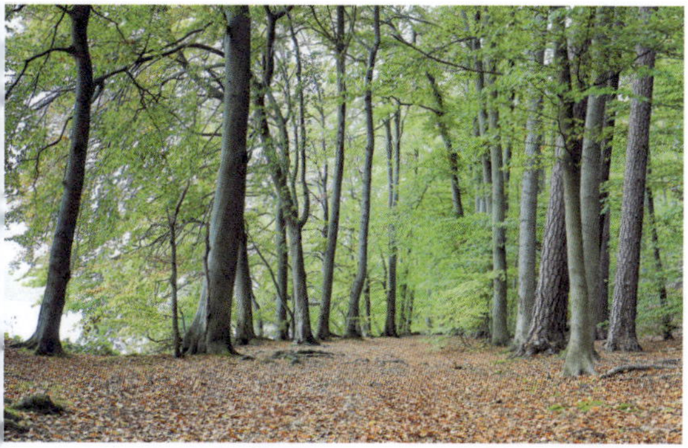

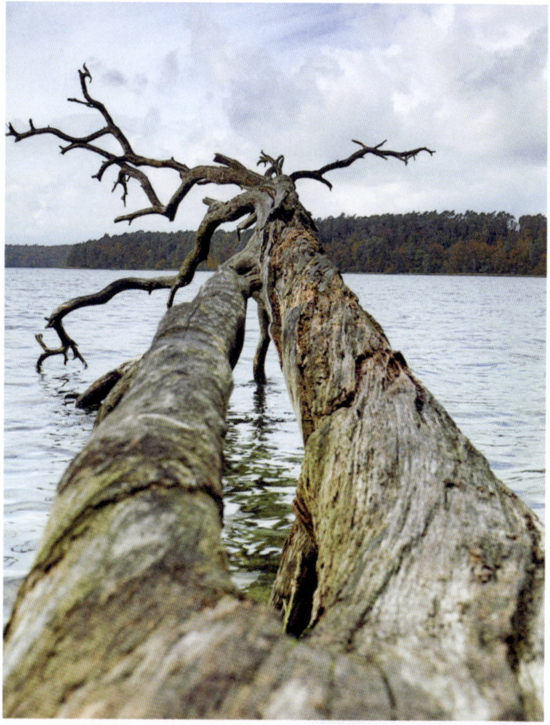

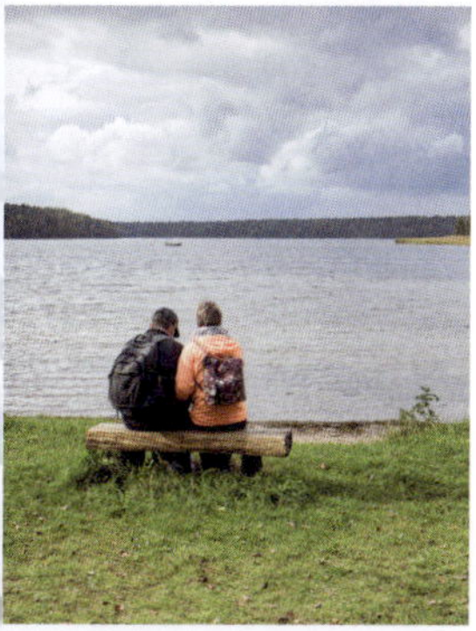

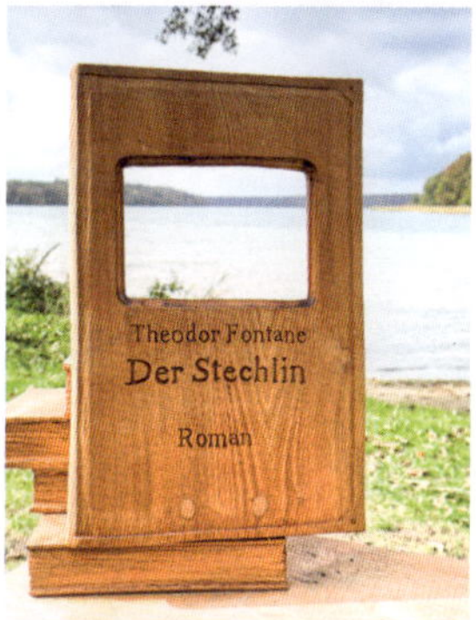
Theodor Fontane
Der Stechlin
Roman

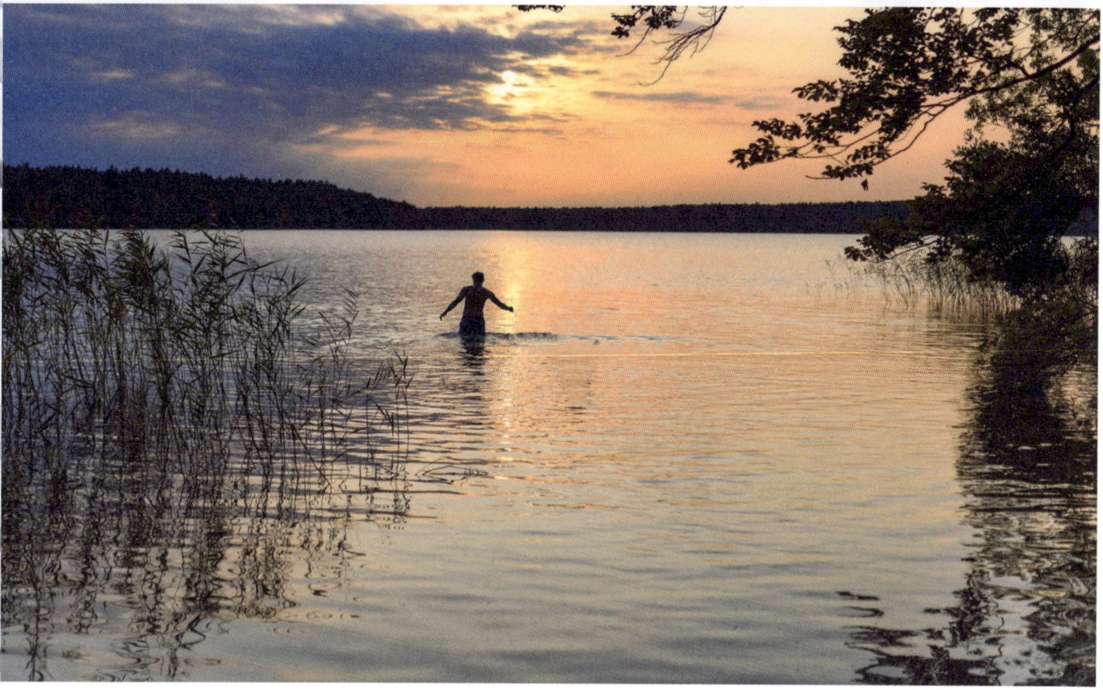

33

BRANDENBURG

Zehdenick / Tonstiche

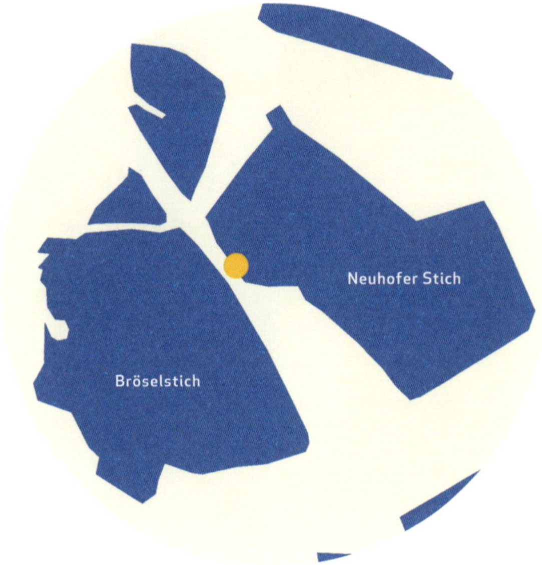

NORDEN

Rund um Zehdenick gab es früher eine Fülle von Ziegelbrennereien. Das Rohmaterial für die Ziegel, der Ton, wurde in mächtigen Gruben beiderseits der Havel gestochen. Durch diesen industriellen Abbau wurden eine einzigartige Landschaft, die Tonstichlandschaft, geschaffen. Nach Stilllegung der Stiche drang Grundwasser in die Senken ein, und so entstanden an die 60 kleine, klare Seen, an denen sich mittlerweile nicht nur Menschen, sondern auch Biber, Eisvögel und Seeadler richtig wohlfühlen. Für unternehmungslustige, mobile Zeitgenossen das ideale Gelände zu einem entdeckerischen Lake-Hopping!

Anfahrt

- → Auf der B 109 durch Zehdenick Richtung Norden, an der Stadtausfahrt links in die Burgwaller Landstraße abbiegen und dieser folgen.
- → GPS: 53.004752, 13.332517

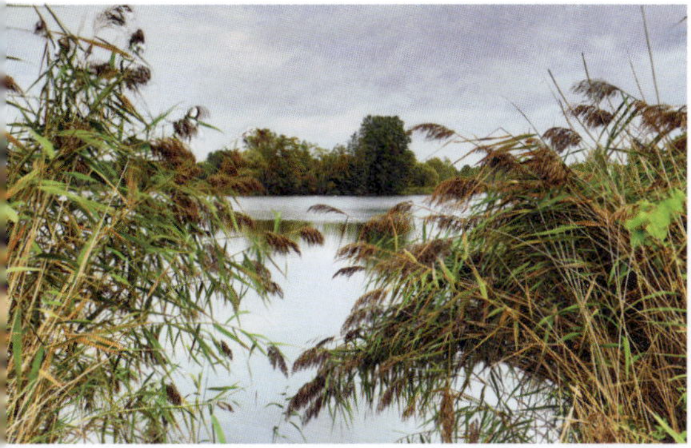

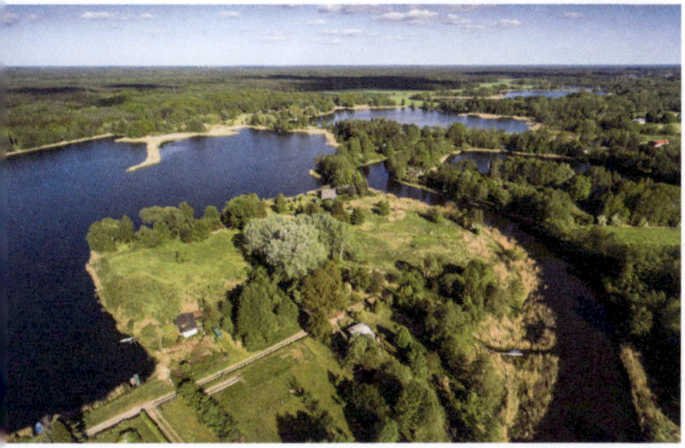

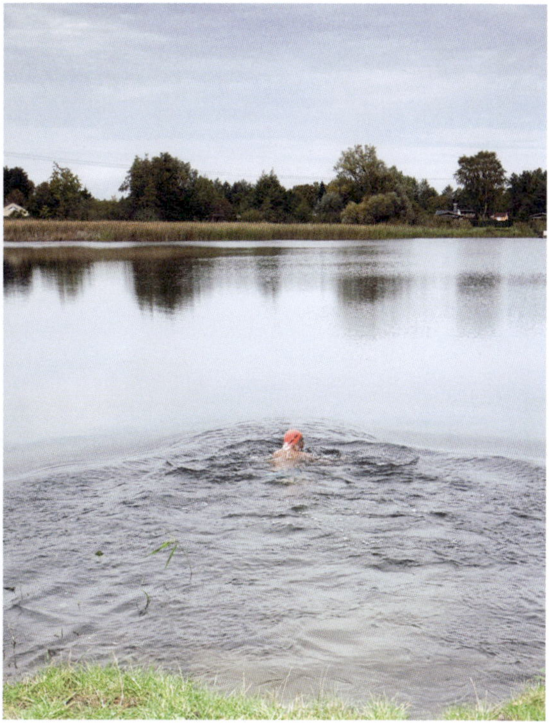

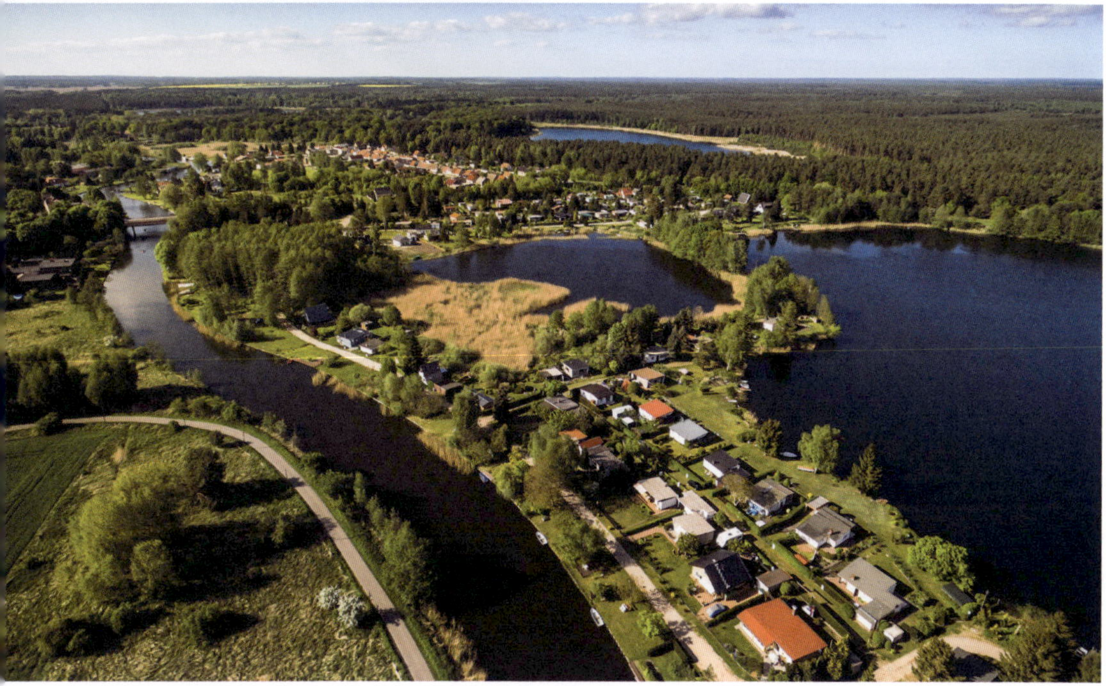

34

BRANDENBURG

Lindow / Wutzsee

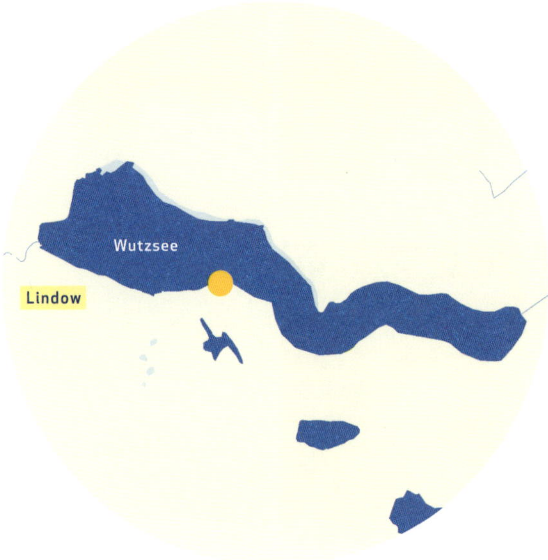

Ein Sandstrand mitten im Wald ist das Highlight dieser Badestelle am Wutzsee am Stadtrand von Lindow. Es ist bei Weitem nicht die einzig schöne Badestelle am See, aber eine der über den Seerundweg am leichtesten erreichbare. Neben der abschüssigen Liegewiese gibt's hier noch eine Toilettenanlage, Abfallcontainer und eine recht lockere, familiäre Atmosphäre.

Anfahrt

- A 24 Berlin–Hamburg Ausfahrt Neuruppin, auf B167 durch Neuruppin, abzweigen nach Lindow. Am besten am Kloster parken und zu Fuß in südlicher Richtung (etwa 20 Min.) weiter. Mit Fahrrad entsprechend schneller.
- GPS: 52.969739, 13.006568

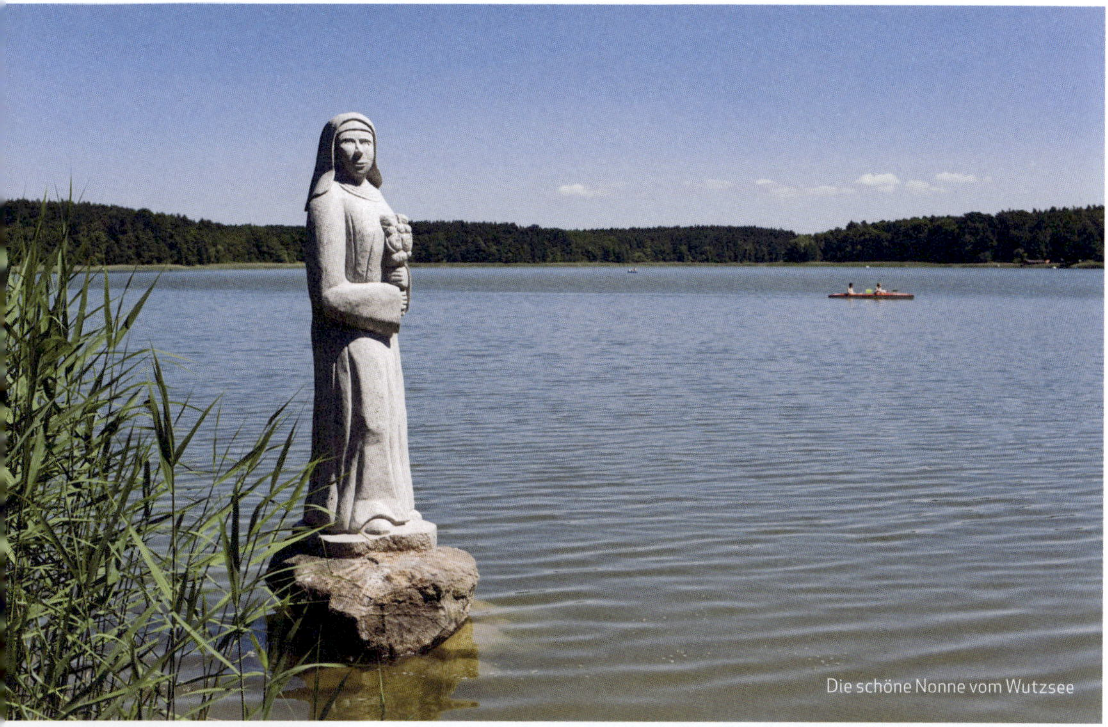

Die schöne Nonne vom Wutzsee

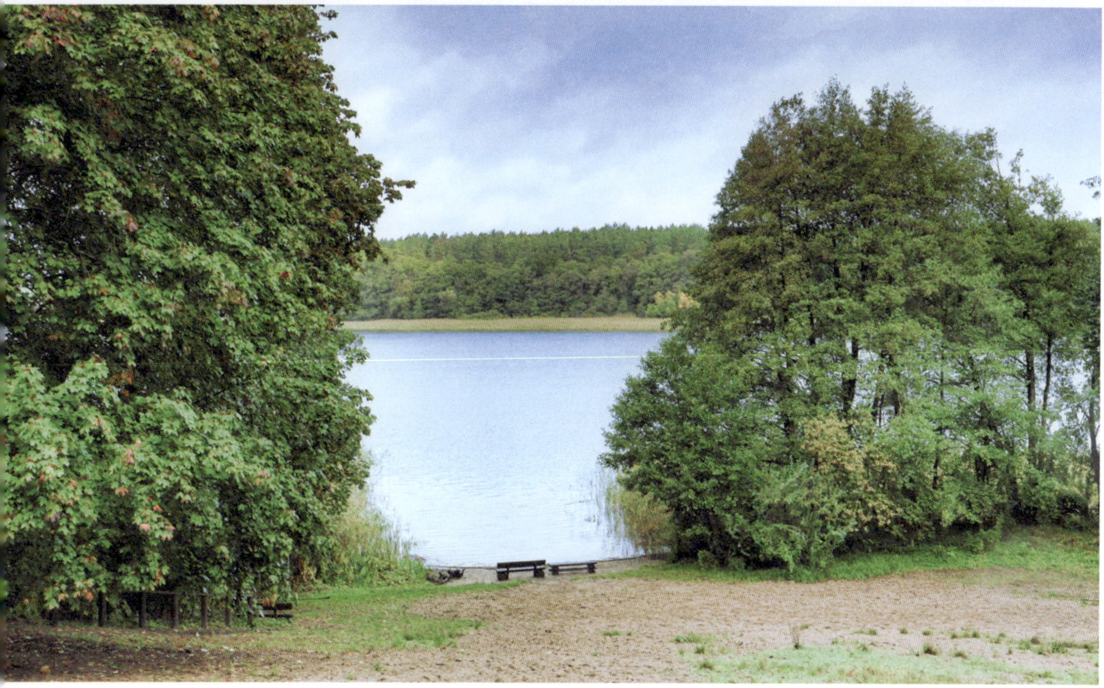

35

BRANDENBURG

Lindow / Gudelacksee

NORDEN

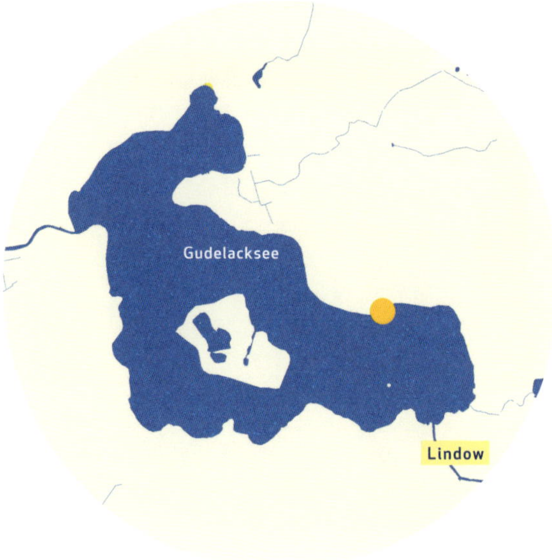

Die schönsten Badestellen abseits des Trubels befinden sich am Nord- und Ostufer des Gudelacksees oder aber auf der Insel mitten im See. Diese Bade- und Picknickstelle liegt gegenüber der Insel Werder und weist am Ufer schattenspendenden, alten Baumbestand auf. Dahinter schließt sich eine Liegewiese mit ein paar Bänken an. Das Ufer ist mit einer Steinmauer befestigt. Wenn man auf den See hinausschaut, befinden sich die besten Einstiegstellen links davon. Die etwas weiter rechts liegenden Bootsstege sind privat und sollten nicht betreten werden. Von der Badestelle aus genießt man einen schönen Blick auf die Stadt Lindow und auf die Insel, auf der sich eine kleine Ferienanlage befindet.

Anfahrt

→ Ab der Stadtmitte der Wegweisung zum See folgen, am Yachthafen und Campingplatz vorbei, ca. 2 km die Uferstraße entlang zu kleinem Park- und Badeplatz.

→ GPS: 52.977490, 12.971541

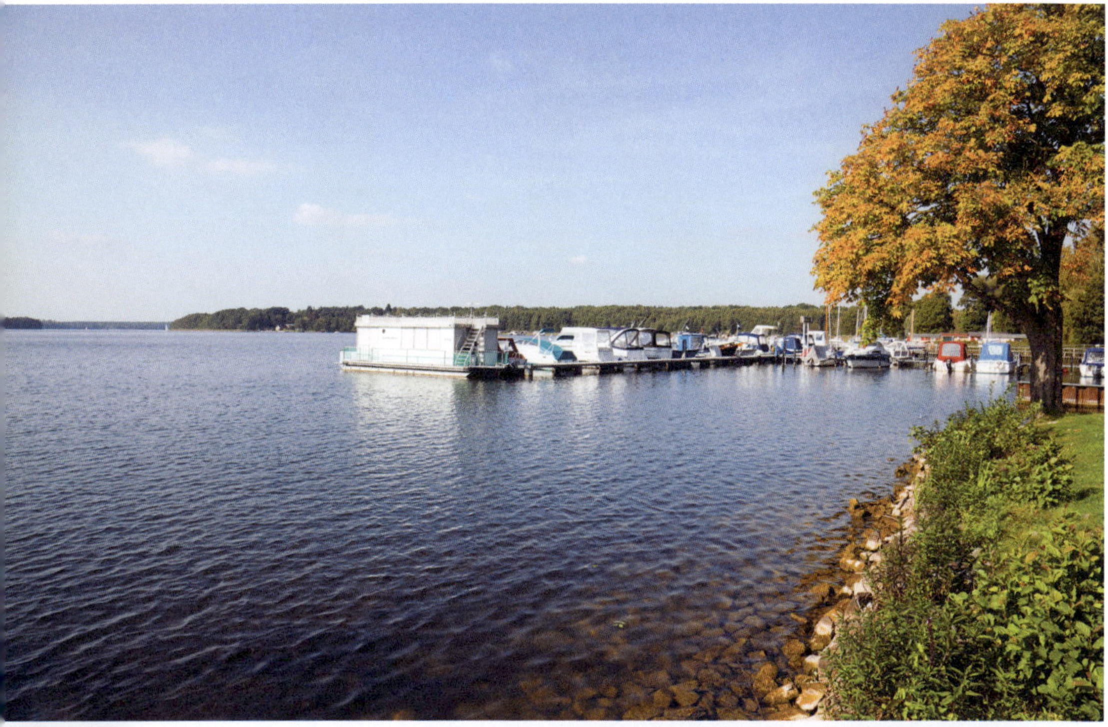

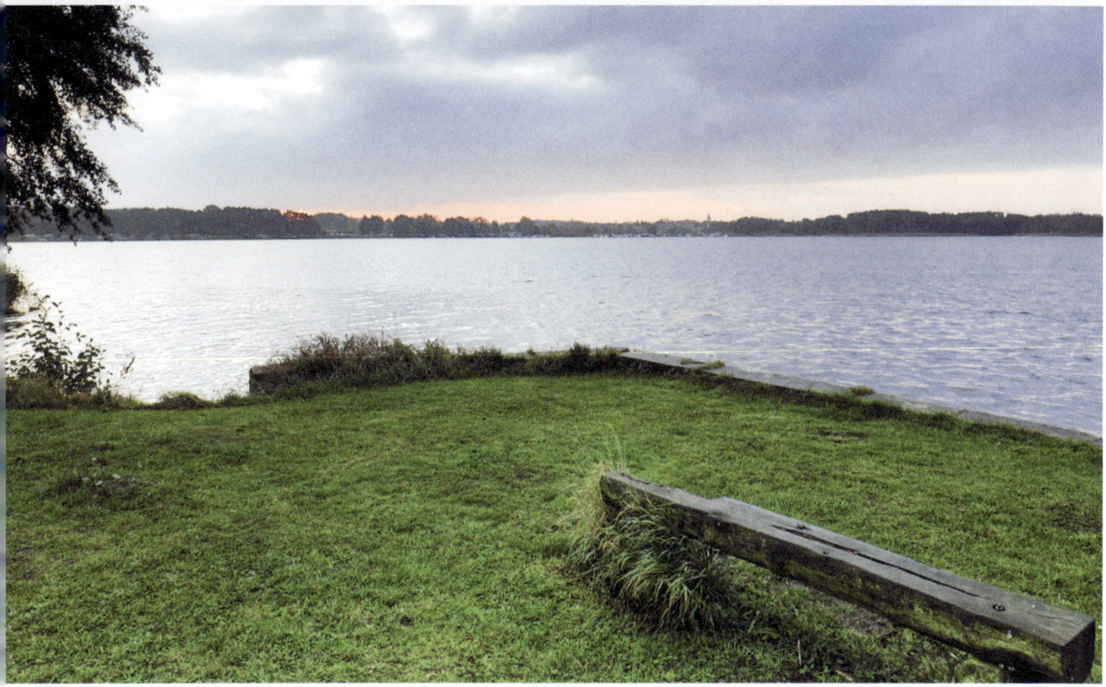

MIT

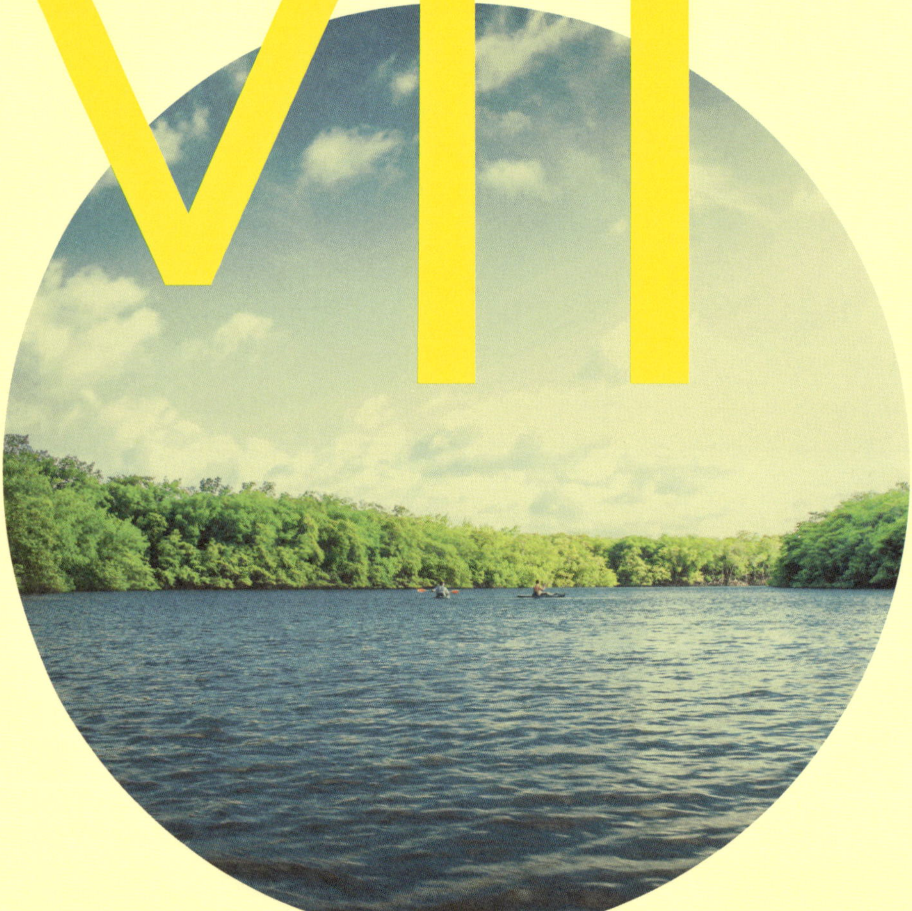

Mitte muss nicht Durchschnitt heißen!

Das gilt auch für die Region Deutschland-Mitte bezogen auf deren Wildswimming-Optionen. Von vulkanischen Maaren im Westen über urbane Flussbadestellen oder großartige Waldseen mittendrin bis zu ehemaligen Steinbrüchen im Osten oder kleinen, feinen Wasserfällen im nördlichen Schwarzwald reicht die Palette der schwimmerischen Möglichkeiten.

MITTE

36 Berkenbrück/Spree
37 Grünheide/Werlsee
38 Wandlitz/Liepnitzsee
39 Lehnin/Klostersee
40 Neustadt/Bordenauer See
41 Husum/Heye-Glas-See
42 Bischofswerda/Steinbruch Bolbritz
43 Kamenz/Steinbruch Vogelberg
44 Dresden/ Elbe »Blaues Wunder«
45 Halle/Saale
46 Dortmund/Ems-Kanal
47 Windeck/Sieg
48 Nordheim/Main
49 Craintal/Tauber
50 Schöntal/Jagst
51 Heidelberg Neckar
52 Gernsheim/Rhein
53 Laurenburg/Lahn
54 Pillig/Elzbach-Wasserfall
55 Meerfeld/Merfelder Maar
56 Nohfelden/Bostalsee
57 Naab/Schwandorf
58 Hirschling/Regen
59 Ramspau/Regen
60 Regenstauf/Regen
61 Weltenburg/Donau
62 Neuburg/Donau
63 Geroldsau/Geroldsauer Wasserfall
64 Raumünzach/Murg
65 Mummelsee
66 Ottenhöfen/Edelfrauengrab-Wasserfälle
67 Baiersbronn/Sankenbachsee

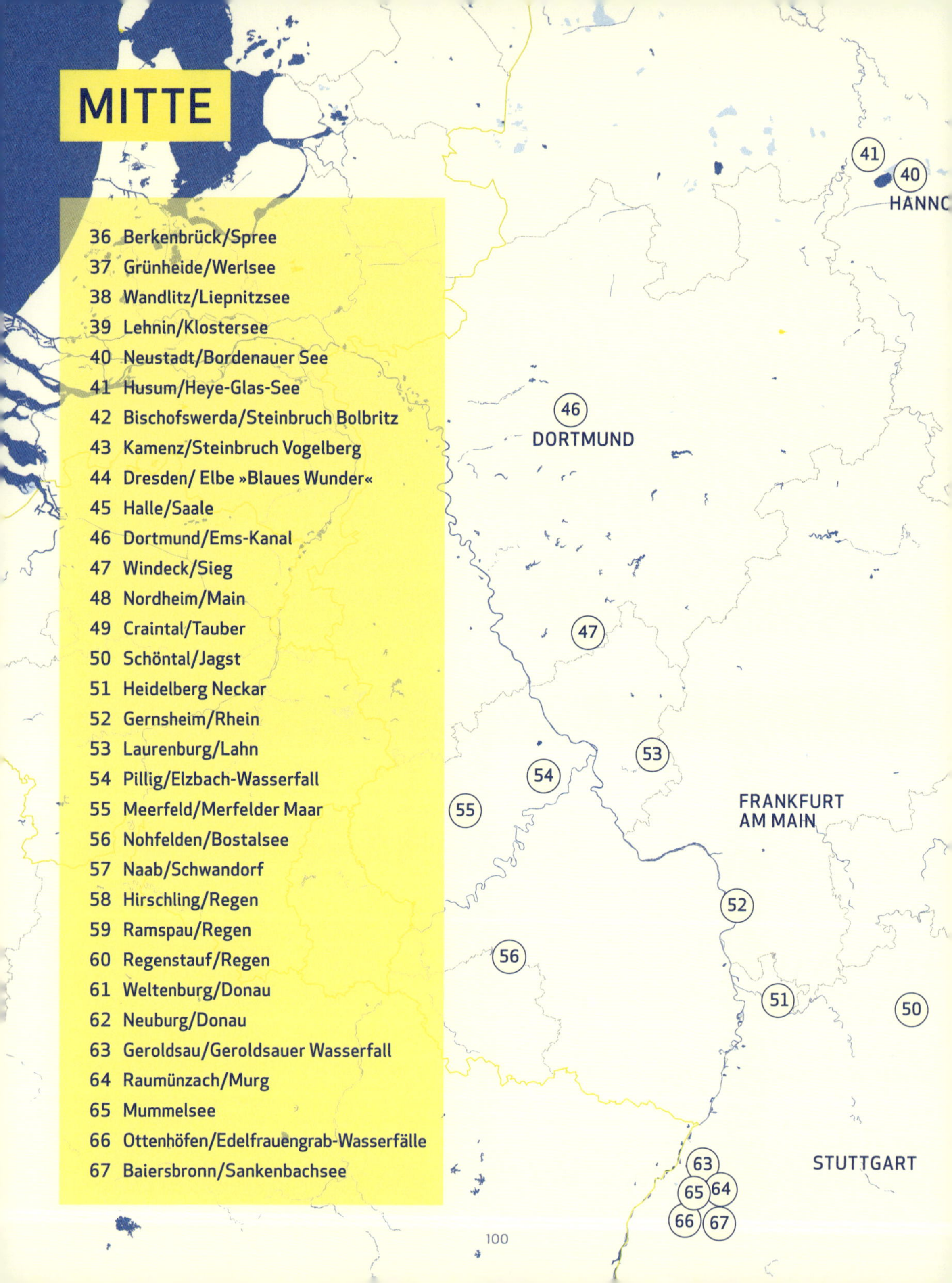

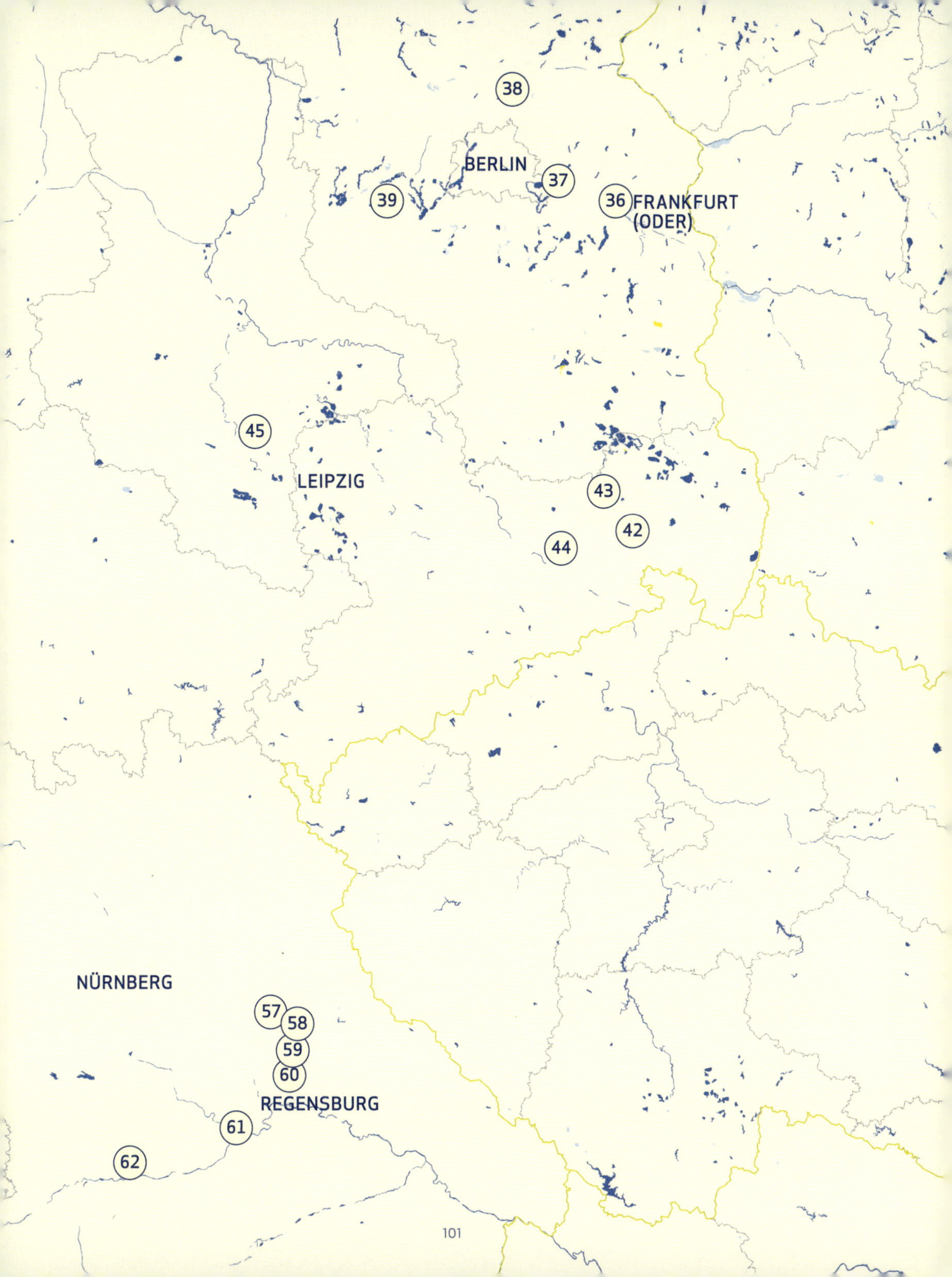
38
BERLIN
37
39
36
FRANKFURT (ODER)
45
LEIPZIG
43
42
44
NÜRNBERG
57
58
59
60
REGENSBURG
61
62

36

BRANDENBURG

Berkenbrück / Spree

MITTE

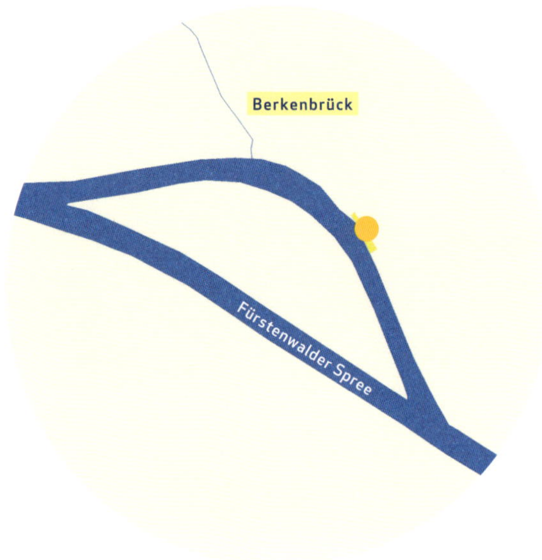

Die Badestelle erhielt ihre jetzige Form beim Bau des Oder-Spree-Kanals 1927, dabei entstand ein Stück weiter südlich der Durchstich für die schiffbare Spree. Der jetzige Nebenarm der Spree weist bei geringer Strömung gute Wasserqualität und alle Attribute eines Wildflusses auf. Aus der grünen Wand der neu geschaffenen Spree-Insel fliegen manchmal kreischende Vogelschwärme auf, ansonsten kann man hier herrlich seine Ruhe haben. Durch einen Holzsteg wurde einerseits ein Einstieg für Schwimmer, andererseits ein geschützter Bereich für Kinder geschaffen. Restaurant, Liegewiese und Kinderspielplatz runden das Angebot ab.

Anfahrt

- Von der B 168 über die Berkenbrücker Chaussee nach Berkenbrück und dort über die Dorfstraße zur Spree.
- GPS: 52.348057, 14.148543

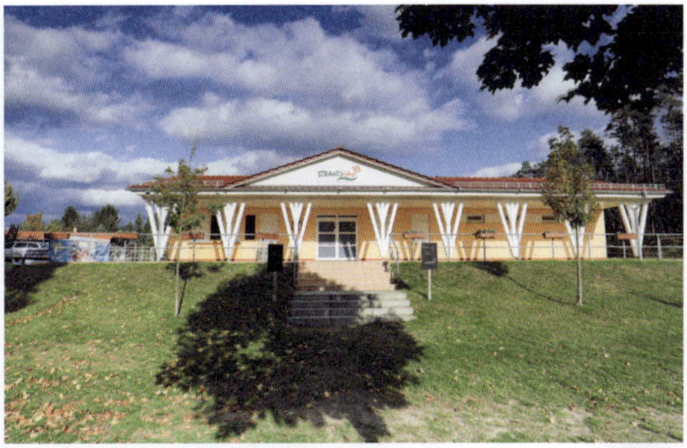

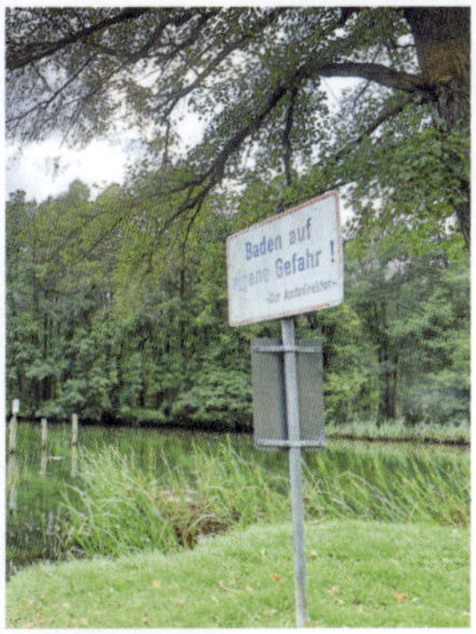

Baden auf
Gefahr !

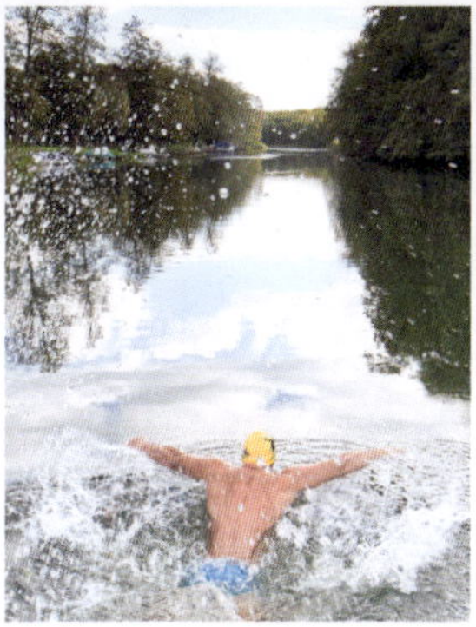

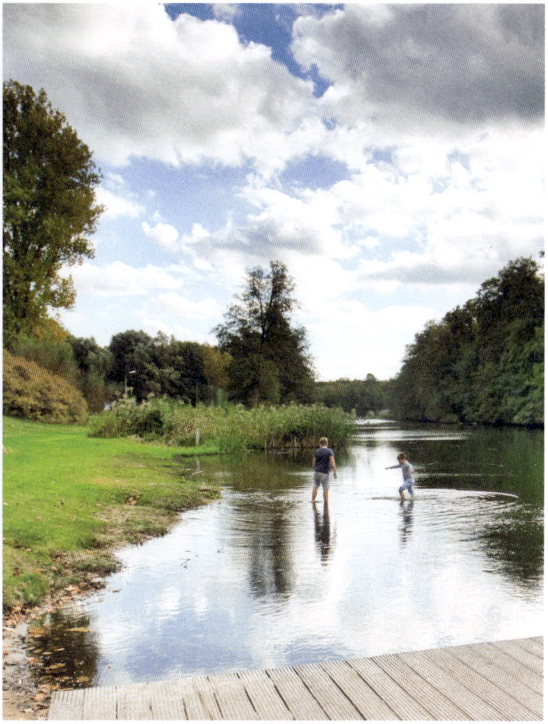

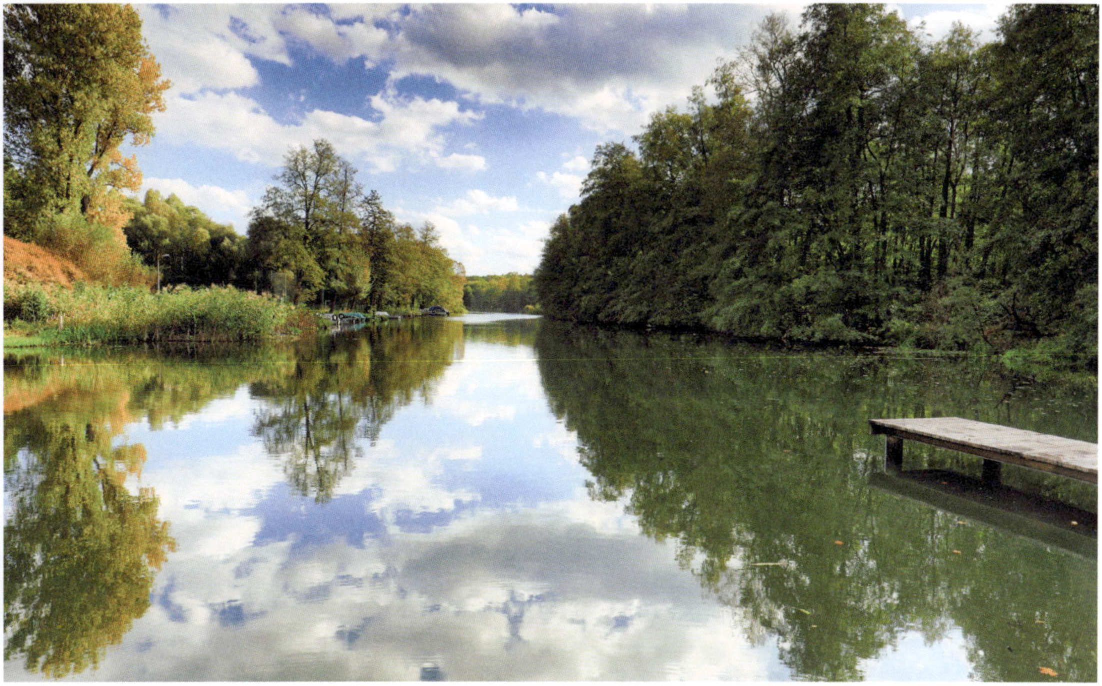

37

BRANDENBURG

Grünheide / Werlsee

MITTE

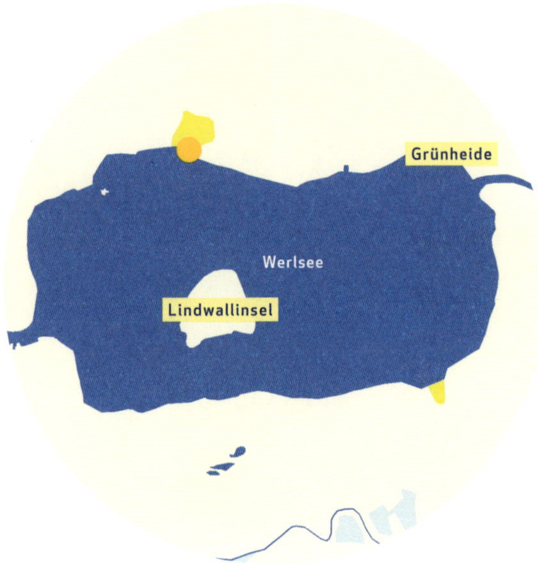

Der sogenannte Nordstrand zieht sich als riesiger Sandstrand von einer Anhöhe über dem See bis zu seinem Ufer hinab. Prägendes Element auf dem Areal ist ein mächtiger Baum mit bizarren Luftwurzen. Im anliegenden Wäldchen gibt es einen schonend angelegten Hochseilgarten. Auf der Anlage befinden sich außerdem ein Beachvolleyballplatz und eine Strandbar. Ein beliebtes Ziel für gute Schwimmer ist die mitten im See liegende Lindwallinsel. Ob diese wohl nur deshalb die Zweitbezeichnung Liebesinsel erhalten hat?

Anfahrt

→ Von Berlin aus erreicht man den Werlsee über die A 10, Abfahrt Erkner/Grünheide. Die Parkplätze liegen direkt an der L 231 beim Kletterwald.

→ GPS: 52.423568, 13.807904

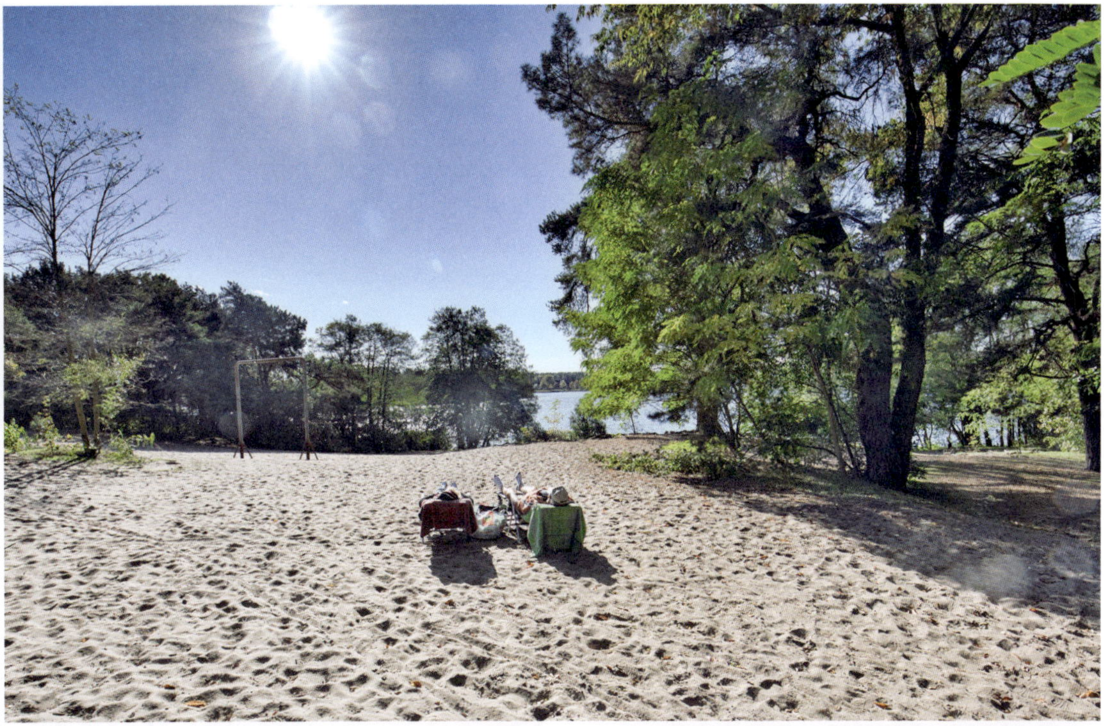

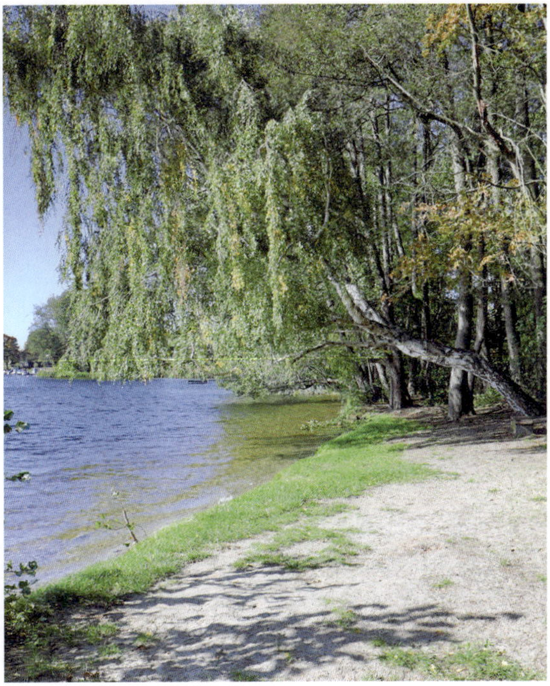

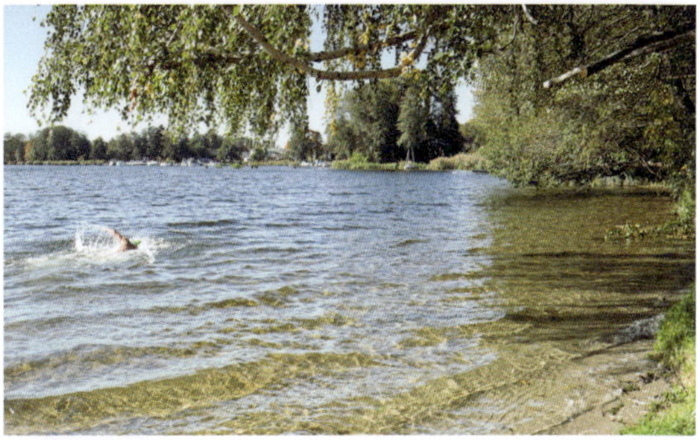

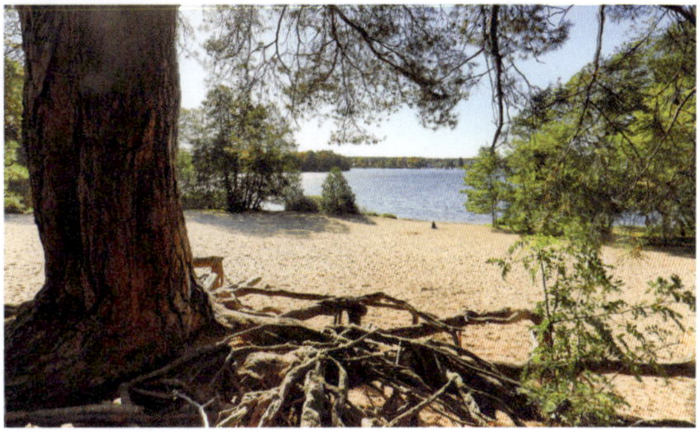

38

BRANDENBURG

Wandlitz / Liepnitzsee

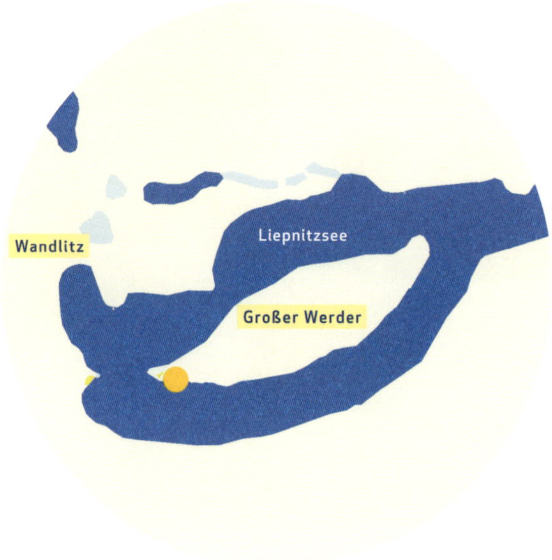

Auf der Insel im – wegen seiner Wasserqualität gerühmten – Liepnitzsee gibt es nicht nur einen traditionsreichen Zeltplatz und die Inselkneipe »Insulaner-Klause«, sondern auch schöne Naturbadestellen. Kleinere Buchten, die gerne auch von FKK-Anhängern genutzt werden, befinden sich eher im Nordwesten, die beiden sandigen Hauptstrände am östlichen Inselspitz. Zur Insel gelangt man entweder schwimmend (Schwimmboje), mit dem eigenen Boot (Packraft) oder mit der kleinen Fähre. Auch am Festland in Nähe des Fähranlegers gibt es im Wald einige schöne Spots.

Anfahrt

→ A 11 Abfahrt Lanke, weiter Richtung Lanke/Ützdorf, beim Hotel Jägerheim zur Seestraße abbiegen, nach etwa 1 km am gebührenpflichtigen Parkplatz neben dem Campingplatz Auto abstellen, der Zufahrtstraße noch etwa 200 m folgen, dann links über den Hang hinab zum Seeufer und Fähranleger.

→ GPS: 52.742775, 13.499488

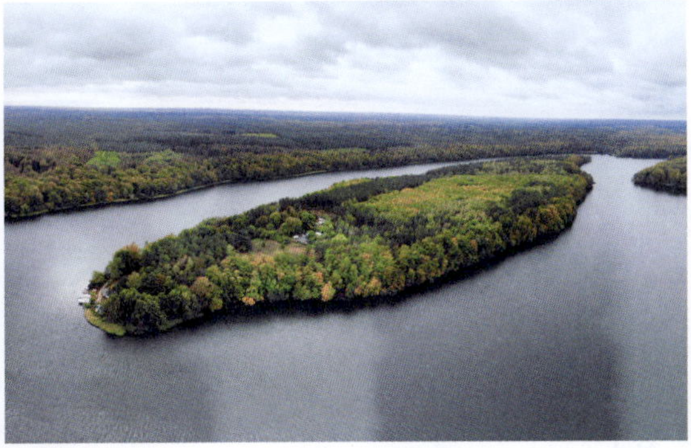

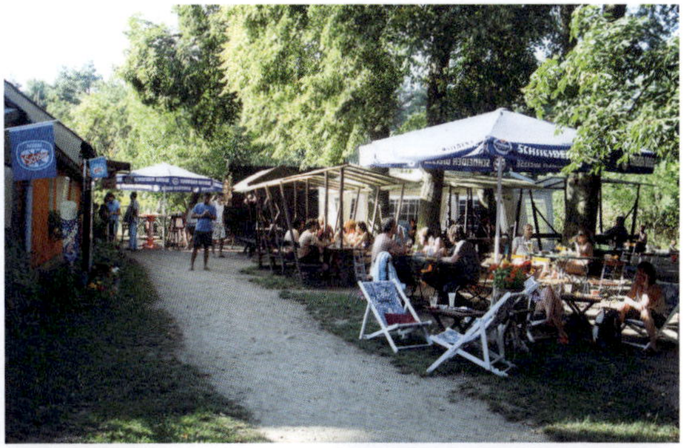

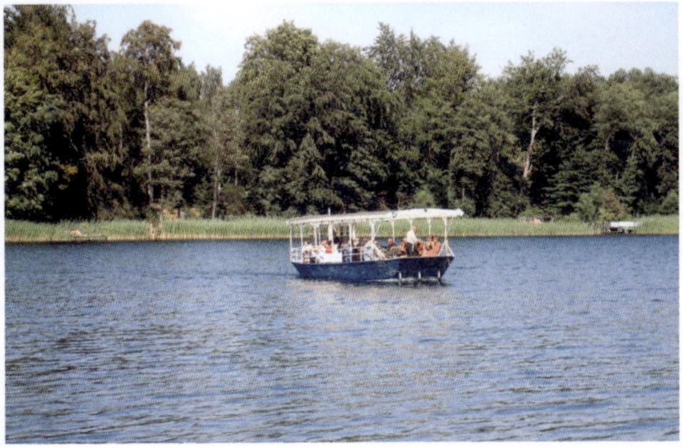

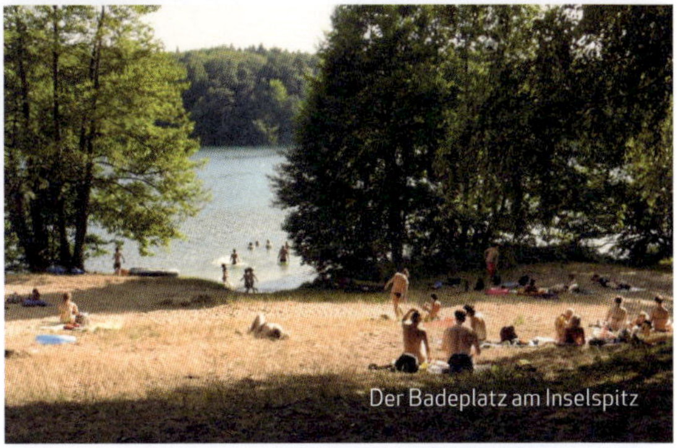

Der Badeplatz am Inselspitz

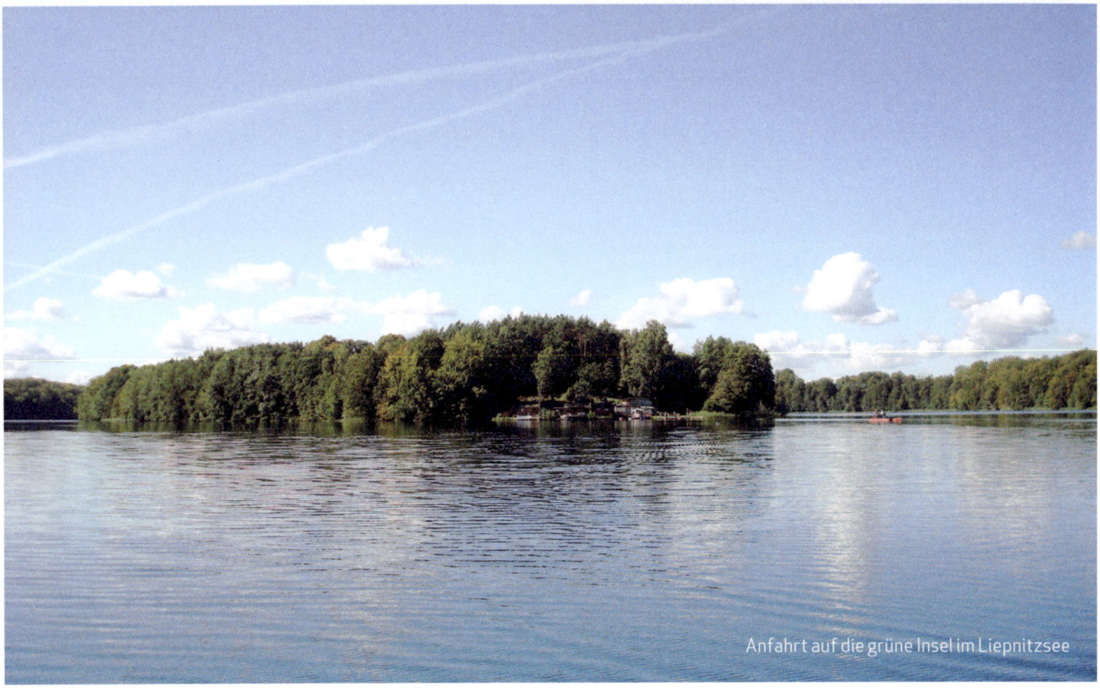

Anfahrt auf die grüne Insel im Liepnitzsee

39

BRANDENBURG

Lehnin / Klostersee

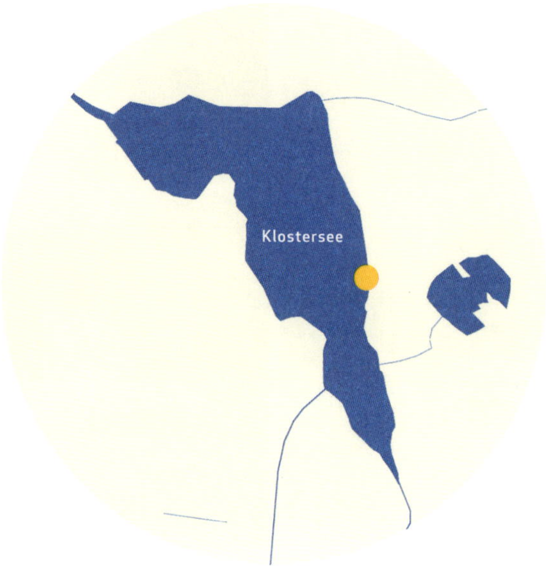

Ein mächtiger Toteisblock hat den fast dreieckigen Klostersee geschaffen. Sein Südostufer ist bebaut, während das Westufer teilweise, Nord-, Süd- und Ostufer fast vollständig bewaldet sind. An Letzterem befindet sich auch das Strandbad, und rund 100 m dahinter beginnt, in den Wald hineinführend, der Lehniner Skulpturenpark. Gleich zu Beginn gibt es eine schöne Naturbadestelle samt winziger Liegewiese. Ein Spot, der sich eher für einen mühelosen Seezugang bzw. Schwimmeinstieg als zum längeren Lagern eignet.

Anfahrt

→ A 2 Abfahrt Lehnin, über die L 86 nach Lehnin, im Ortszentrum rechts abbiegen »Zum Strandbad« und knapp hinter der Badeanstalt parken.

→ GPS 52.331664, 12.744427

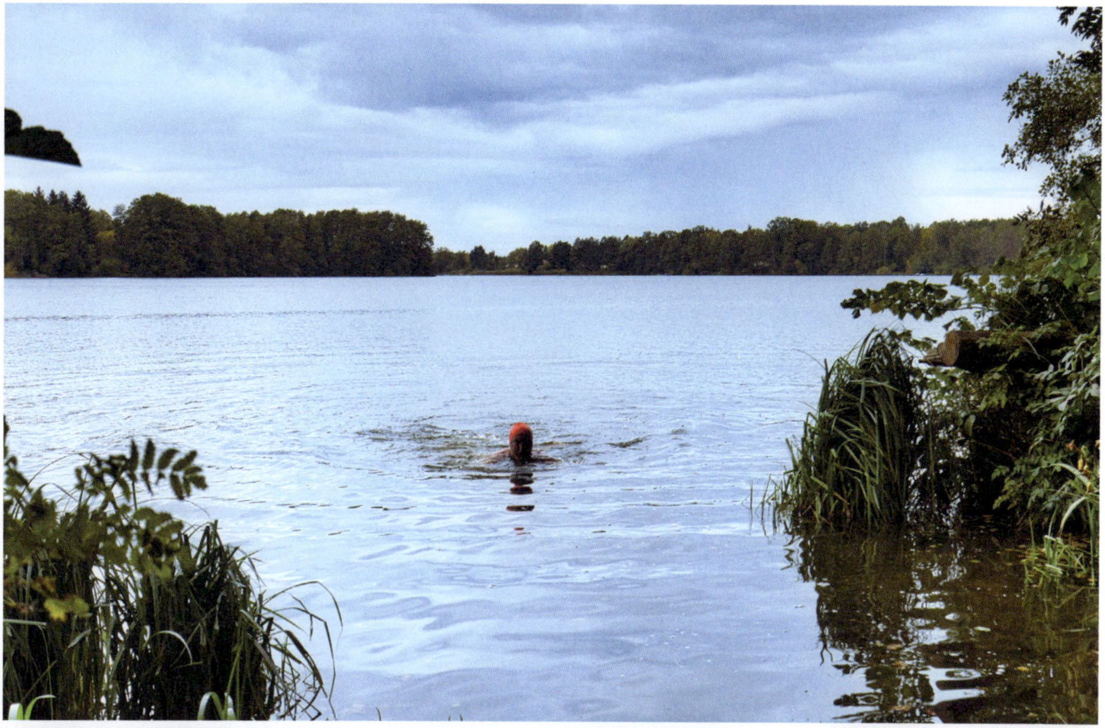

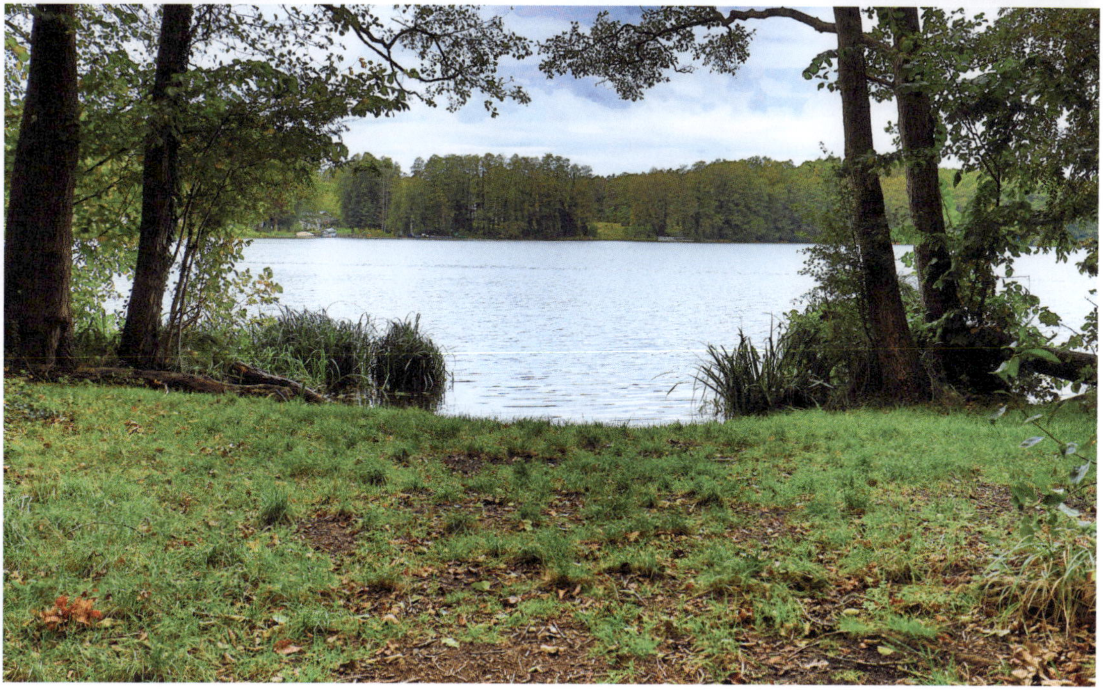

40

NIEDERSACHSEN

Neustadt / Bordenauer See

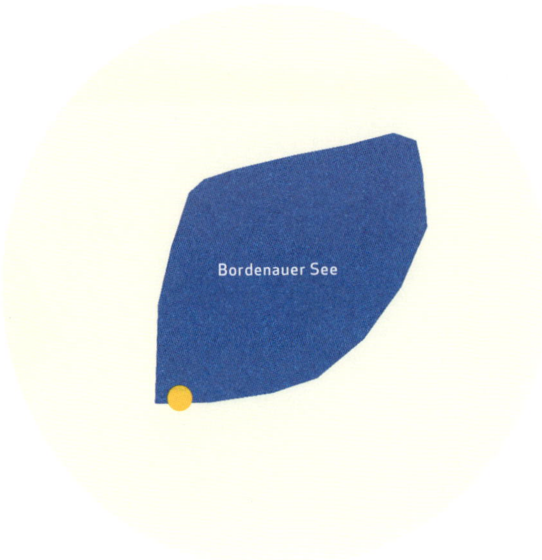

Dieser Kiessee wurde beim Bau der B6 geschaffen und liegt idyllisch zwischen der Leine und dem Neustädter Stadtteil Bordenau. Der See befindet sich in einem Landschaftsschutzgebiet und ist außer am Südufer fast gänzlich von Wäldern umgeben. In seiner Südwestecke gibt es eine kleine Liegewiese samt Einstiegsleiter, das Areal davor ist den Anglern vorbehalten. Auch am Ostufer lockt eine kleine, allerdings eher feuchte und schattige Badebucht. Im Sommer machen die Mücken einem manchmal das Leben schwer.

Anfahrt

- Zwischen Neuburg und Hannover von der B6 bei Bordenau abbiegen und der Wegweisung zum Weiher folgen.
- GPS: 52.472836, 9.484828

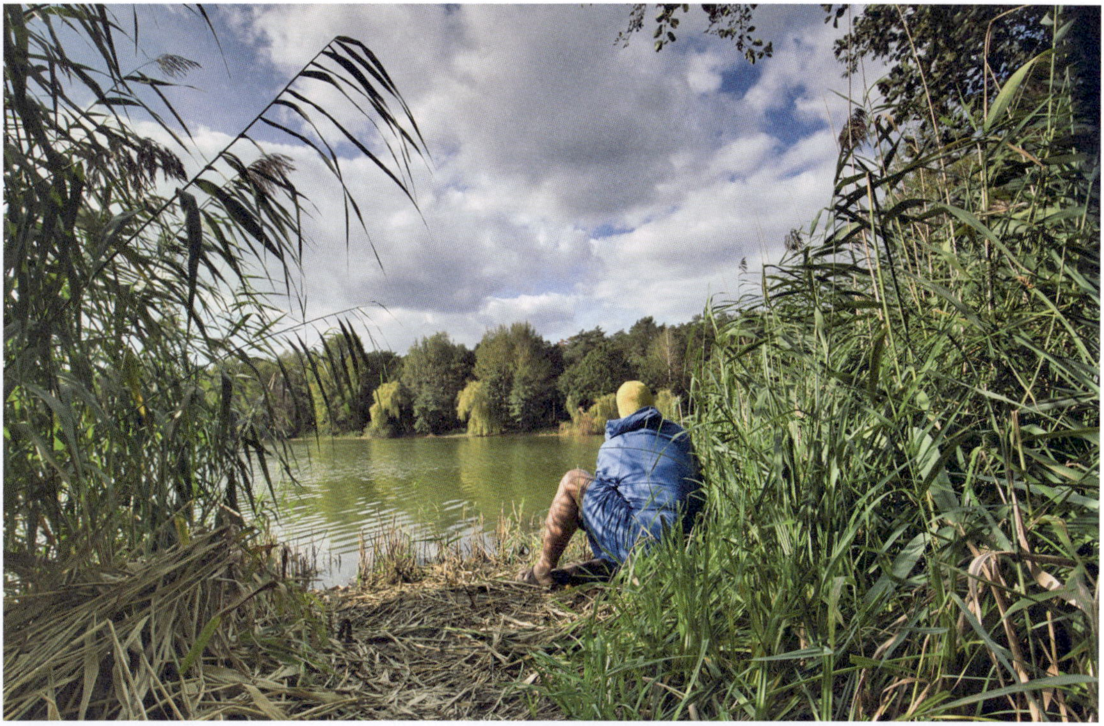

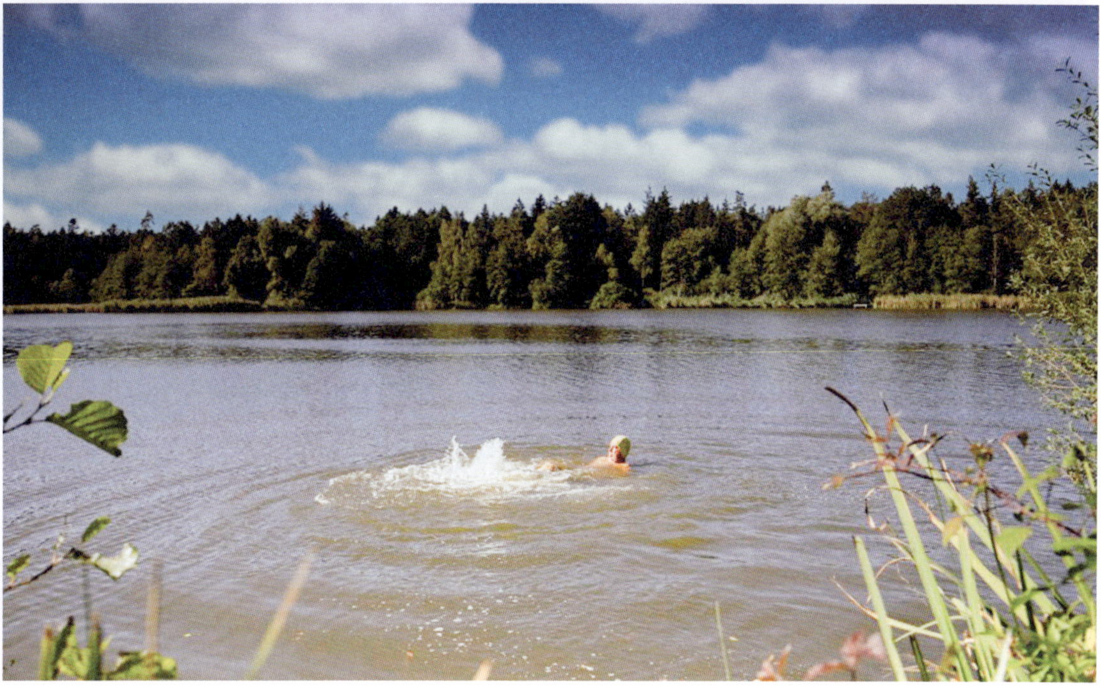

41

NIEDERSACHSEN

Husum / Heye-Glas-See

MITTE

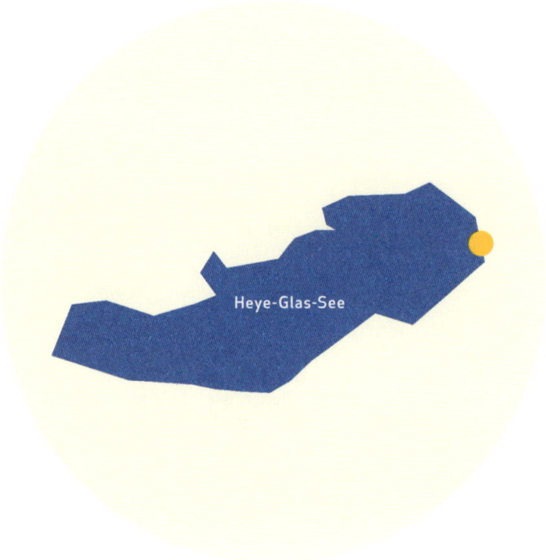

Dieser auch bei Tauchern äußerst beliebte See war früher einmal eine Kiesgrube der Firma Heye Glas. Er liegt unweit der Straße, ist aber lärmgeschützt und verfügt über sehr schöne Sandstrände. Eigentlich befindet sich der See in einem Naturschutzgebiet, bisher wurde das Baden und Tauchen dort geduldet. Leider ist aufgrund der herrschenden Müllproblematik nicht ganz klar, wie es mit dem See weitergeht. Wenn die inzwischen auch durch Schilder und Polizeipräsenz untermauerte Forderung nach mehr Verantwortungs- und Umweltbewusstsein nicht respektiert wird, könnte es schon bald zu einer Sperre des schönen Badegewässers kommen.

Anfahrt

→ Die Badestelle liegt an der L 370 zwischen Rehburg und Nienburg.

→ GPS: 52.547417, 9.24725

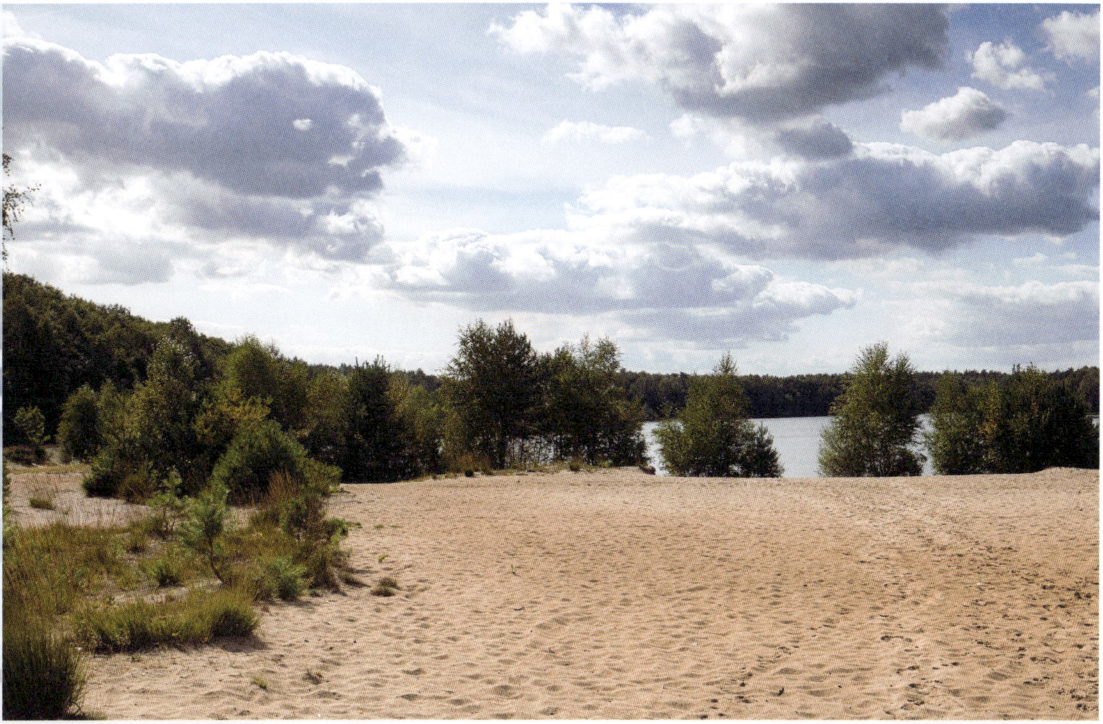

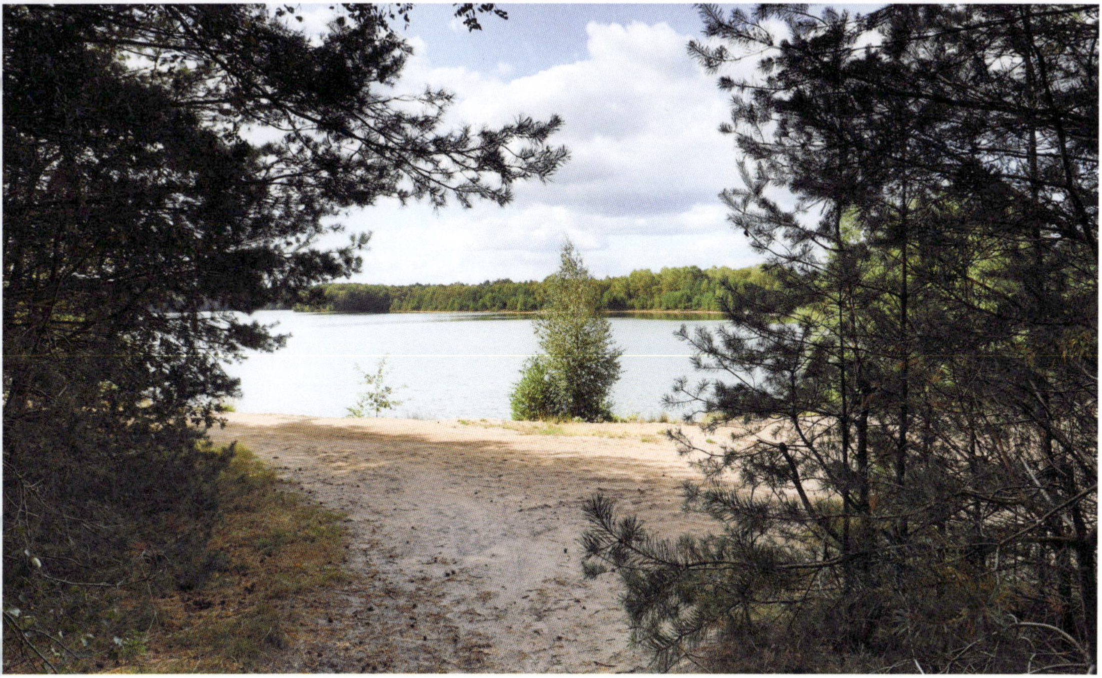

42 Bischofswerda / Steinbruch Bolbritz

MITTE

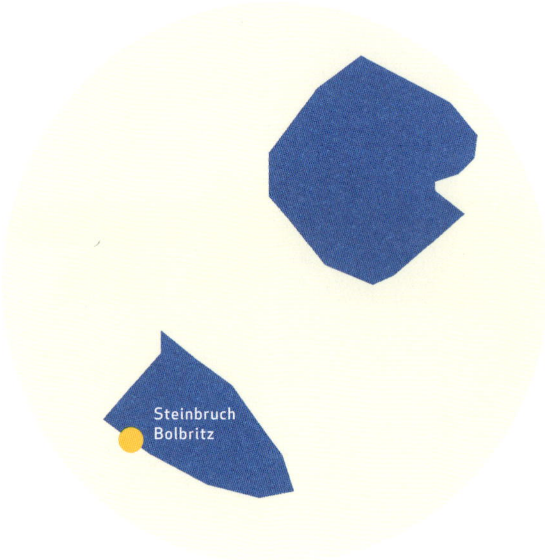

Rund um das sächsische Bischofswerda gibt es einige abgesoffene Steinbrüche. Einer der schönsten befindet sich mitten im Wald am Fuße des Klosterbergs. Der Steinbruch Bolbritz, in dem – wie in den anderen Steinbrüchen auch – das Baden aus Haftungsgründen offiziell verboten ist, erfreute sich schon zu DDR-Zeiten als FKK-Revier großer Beliebtheit. Der Bruch hat eine recht gute Wasserqualität, ist aber nicht ganz einfach zu finden. Achtung: Das Ufer ist zum Teil steil und rutschig mit scharfkantigen Abbrüchen. Der Mix aus Fels, Wald und ruhiger Wasserfläche macht diesen Spot zu etwas ganz Besonderem.

Anfahrt

- Im Ortsteil Bischofswerda/Schmölln der Demitzerstraße bis zur Abzweigung »Neue Häuser« bergan Richtung Klosterberg folgen und am Ende der ausgebauten Straße im Wald parken, noch ein kurzes Stück bergauf über Trampelpfade zum Bruch.
- GPS: 51.132949, 14.239354

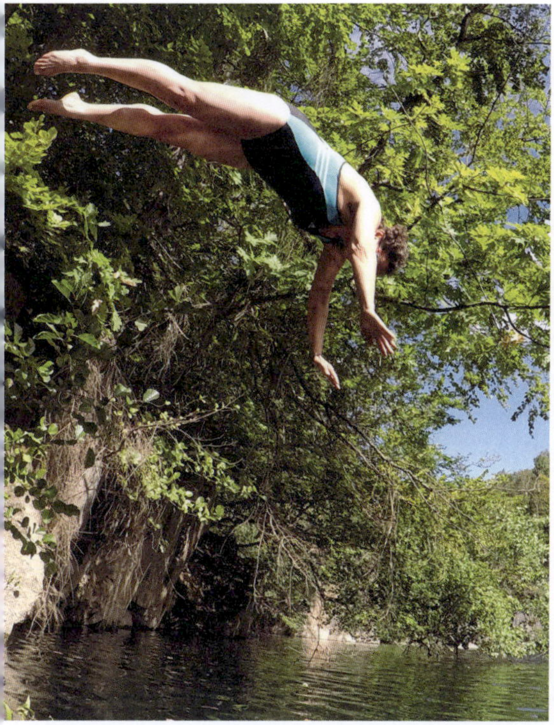

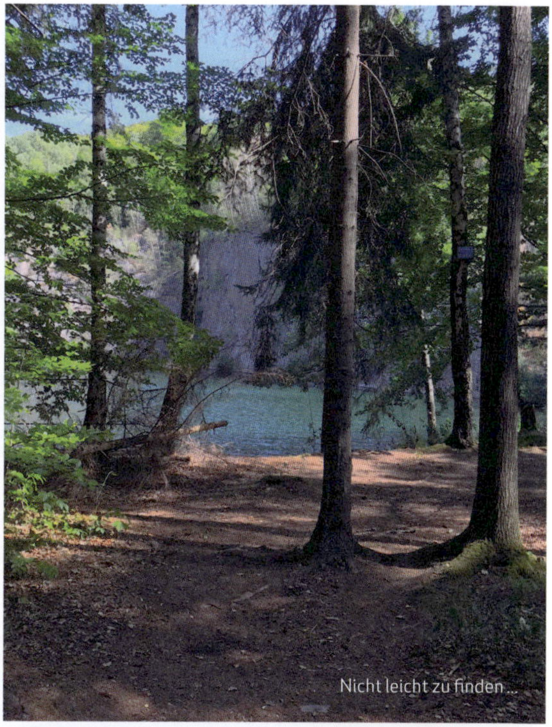

Nicht leicht zu finden …

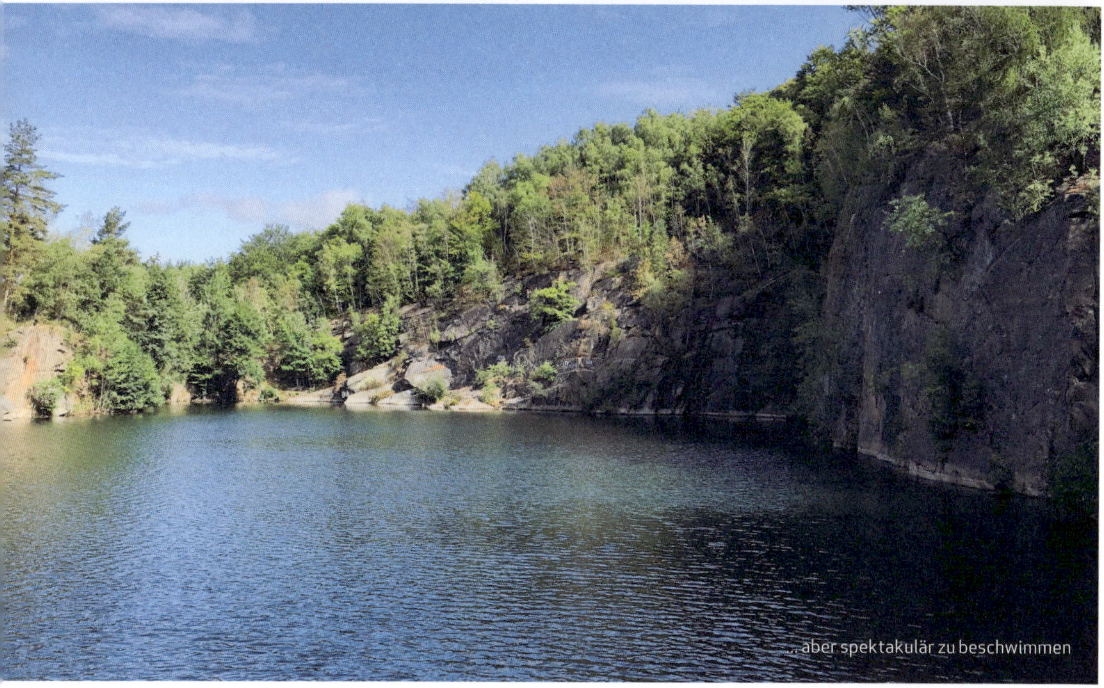

… aber spektakulär zu beschwimmen

43 Kamenz / Steinbruch Vogelberg

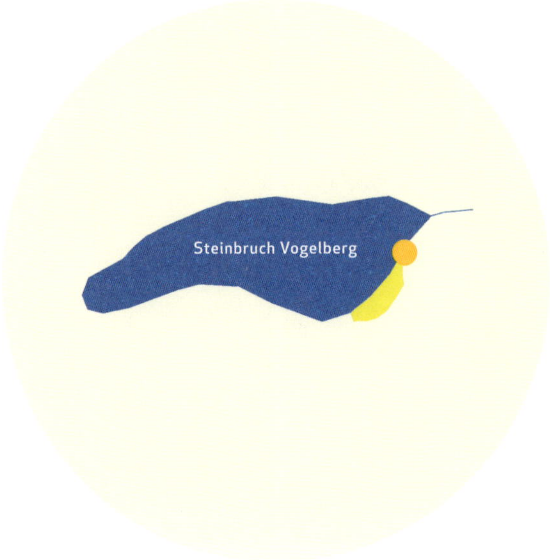

Dieser große Steinbruch-See ist aufgrund seiner Wasserqualität und Sichtweite auch bei Tauchern äußerst beliebt. Da das Areal relativ weitläufig ist, findet hier jeder ein schönes Plätzchen. Im vorderen, flacheren Teil gibt es größere Liegeflächen, am Abfluss etwas Schilfbestand und links davon sogar eine jetzt zweckentfremdete Stahltreppe ins Wasser. Dichter Laubwald säumt die an der Seerückseite steil aufragenden Ufer. Beim Klippenspringen unbedingt auf Unterwasserhindernisse achten und den wunderbaren Abenteuerspielplatz für Fortgeschrittene verantwortungsbewusst nutzen und sauber zurücklassen!

Anfahrt

- An der Kreisverkehrskreuzung oberhalb vom Bahnhof knapp 2 km der Ausfallstraße Richtung Königsbrück bis fast nach Brauna folgen. Zuerst führt die Straße durch offenes Gelände, beim ersten kleinen Wäldchen rechts eine kleine Parkmöglichkeit. Die Straße queren und durch den Wald zum flacheren Ufer des Bruchs absteigen.
- GPS: 51.280343, 14.070333

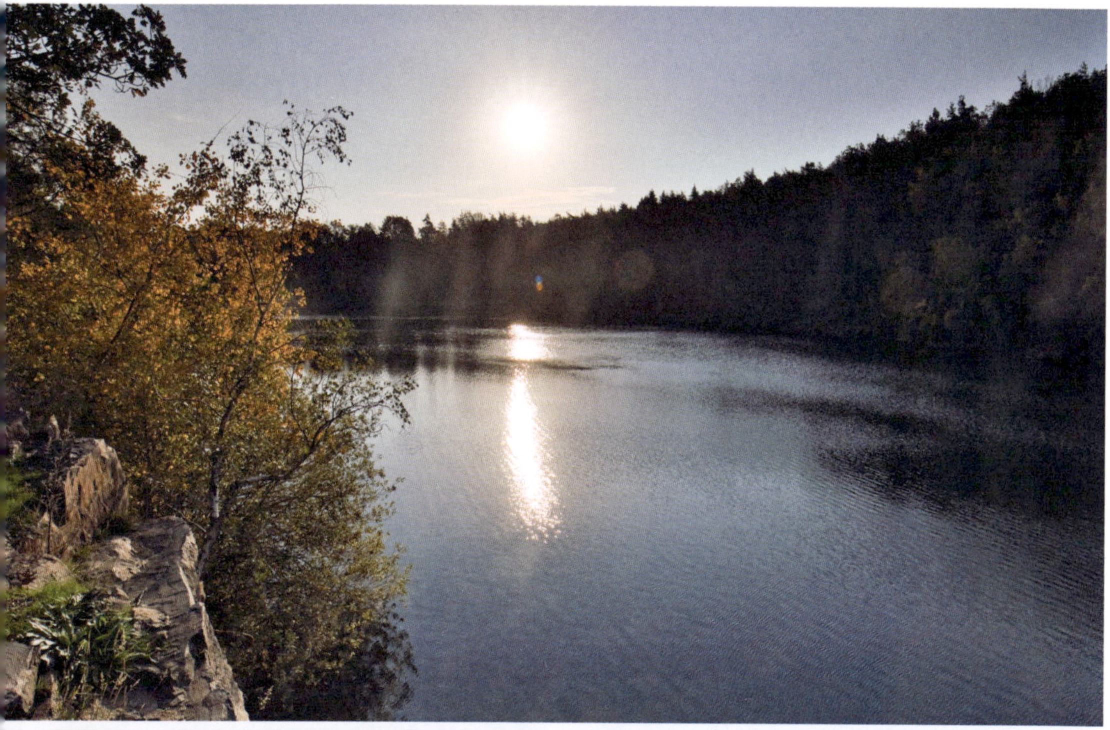
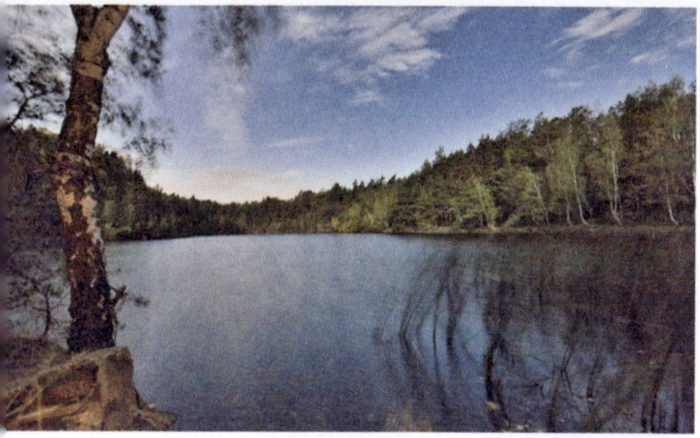
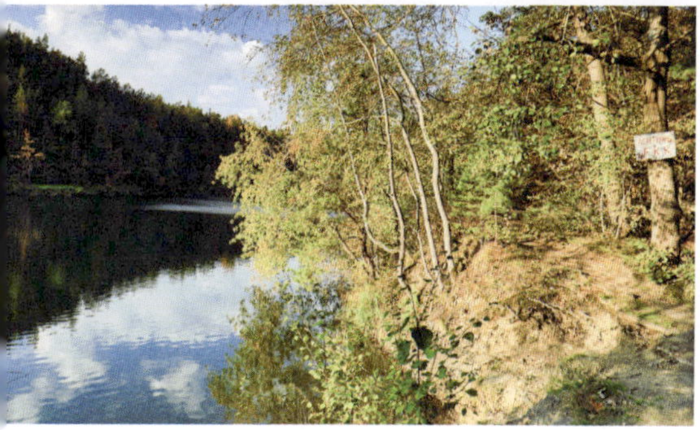
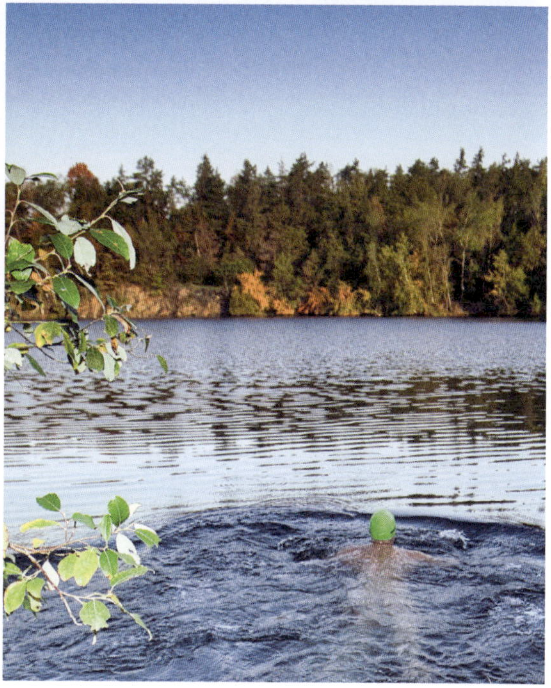

44

SACHSEN

Dresden / Elbe »Blaues Wunder«

MITTE

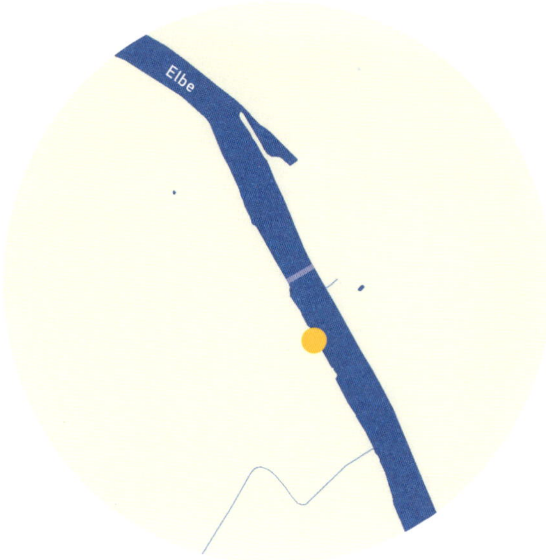

Das Elbschwimmen hat Tradition, auch als Veranstaltung, die seit 1998 jeden Sommer stattfindet. Das Jedermann-Schwimmen startet etwas unterhalb der hier gezeigten Badestelle am Blauen Wunder und geht strömungsunterstützt über ca. 3,5 km bis zum Fährgarten Johannstadt. Die Elbe weist inzwischen eine recht gute Wasserqualität aus und hat eine durchschnittliche Strömungsgeschwindigkeit von 4 km/h. Die meiste Gefahr droht beim Wasserein- oder -ausstieg durch Glasscherben sowie beim Schwimmen durch den Schiffsverkehr.

Anfahrt

→ Aus der Altstadt kommend über Käthe-Kollwitz-Uferstraße, Goetheallee, Naumannstraße zum Parkplatz am »Blauen Wunder« unterhalb der Loschwitzerbrücke.

→ GPS: 51.051116, 13.811130

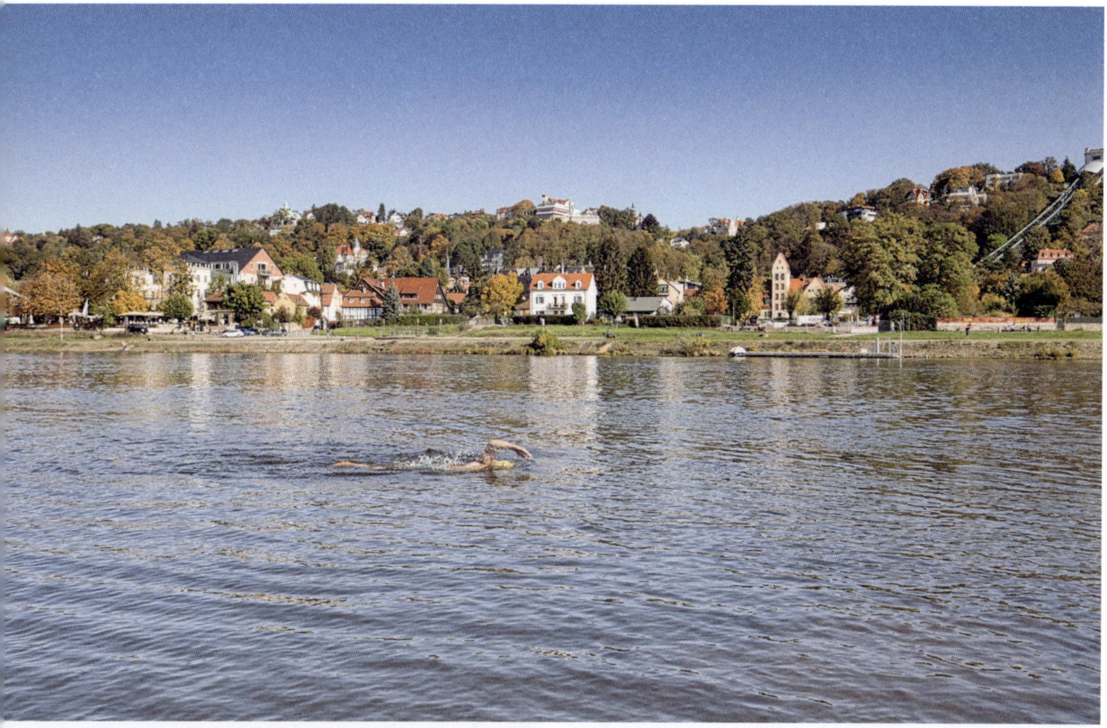

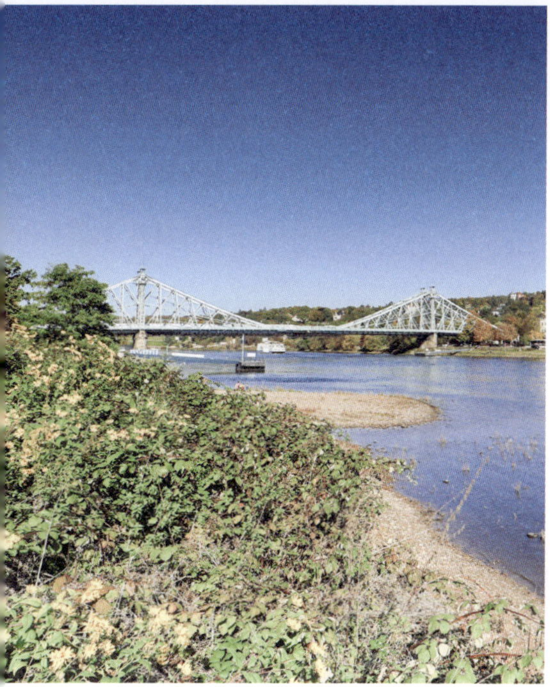

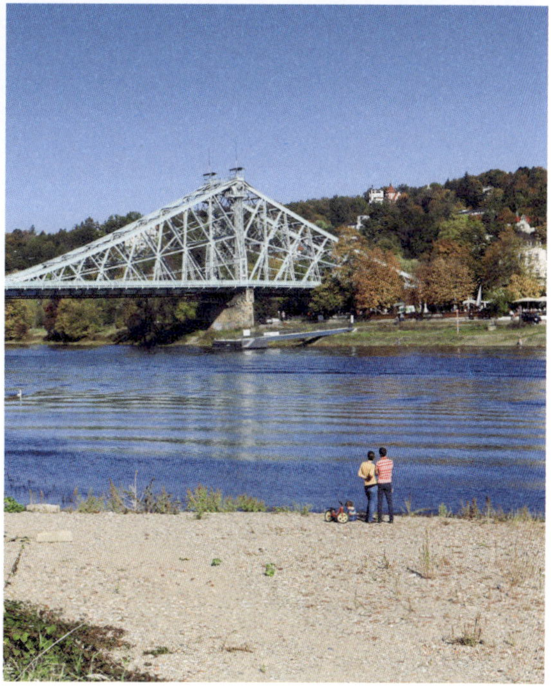

45

SACHSEN-ANHALT

Halle / Saale

MITTE

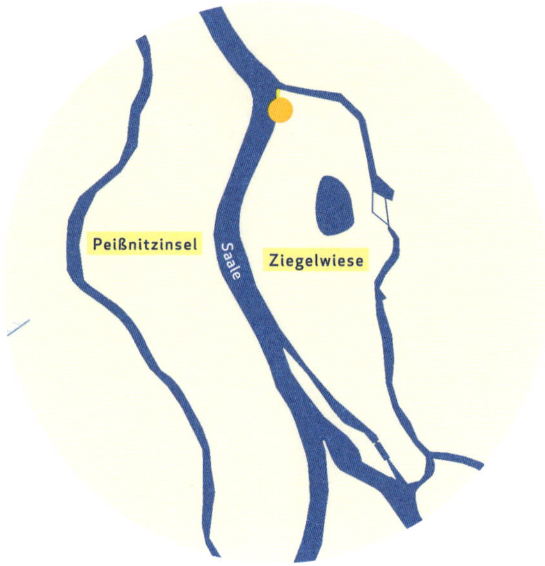

Alle Jahre wieder: Mit schöner Regelmäßigkeit diskutiert man in den Gremien der Stadt, wie man mit dem Schwimmen in der Saale umgehen soll. Stand heute: Es wurde beschlossen, am populärsten Saalestrand, der zentralen Ziegelwiese, ein Schild aufzustellen, welches ausdrücklich darauf hinweist, dass man am schönen städtischen Sandstrand auf eigene Gefahr badet. Eine Erschließung weiterer Badestellen an den Saaleufern soll geprüft werden. Ungeachtet all dieser Diskussionen haben sich in Halle Veranstaltungen wie das Saale- und das Nikolo-Schwimmen etabliert.

Anfahrt

- Via A 14 oder A 9 Ausfahrt Halle-Neustadt, nach Überquerung der Saale weiter Richtung Gimmritzer Damm und vom kostenlosen Parkplatz an der Halle-Saale-Schleife zu Fuß über die Peißnitzinsel zur Ziegelwiese.
- GPS: 51.496006, 11.951737

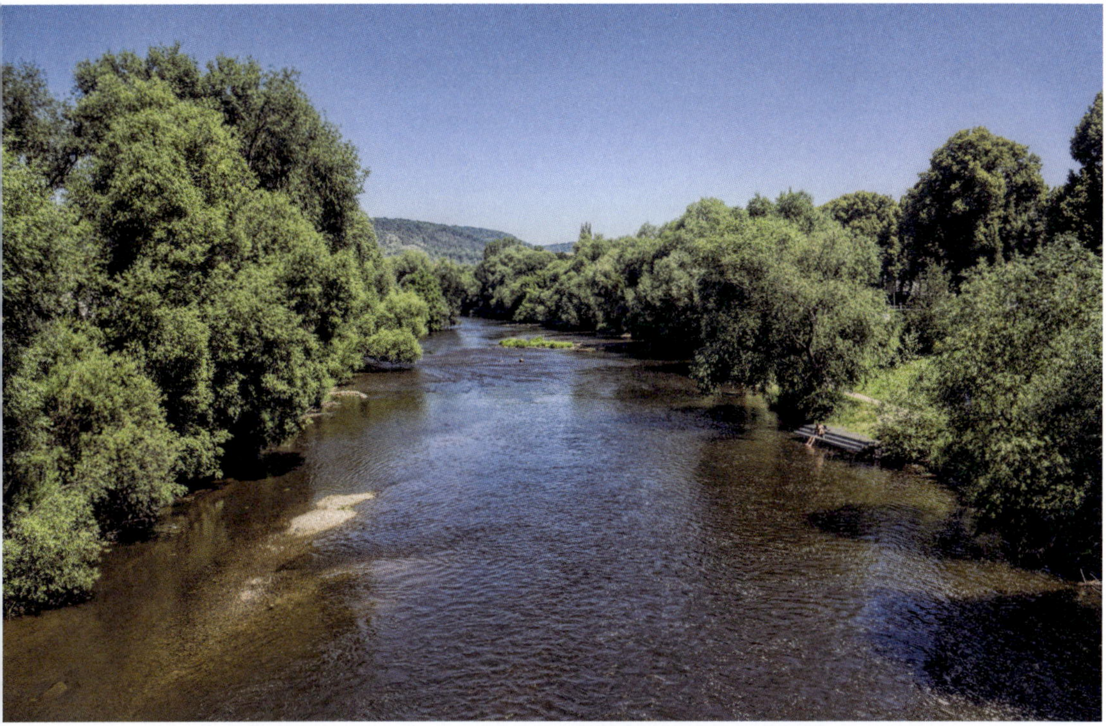

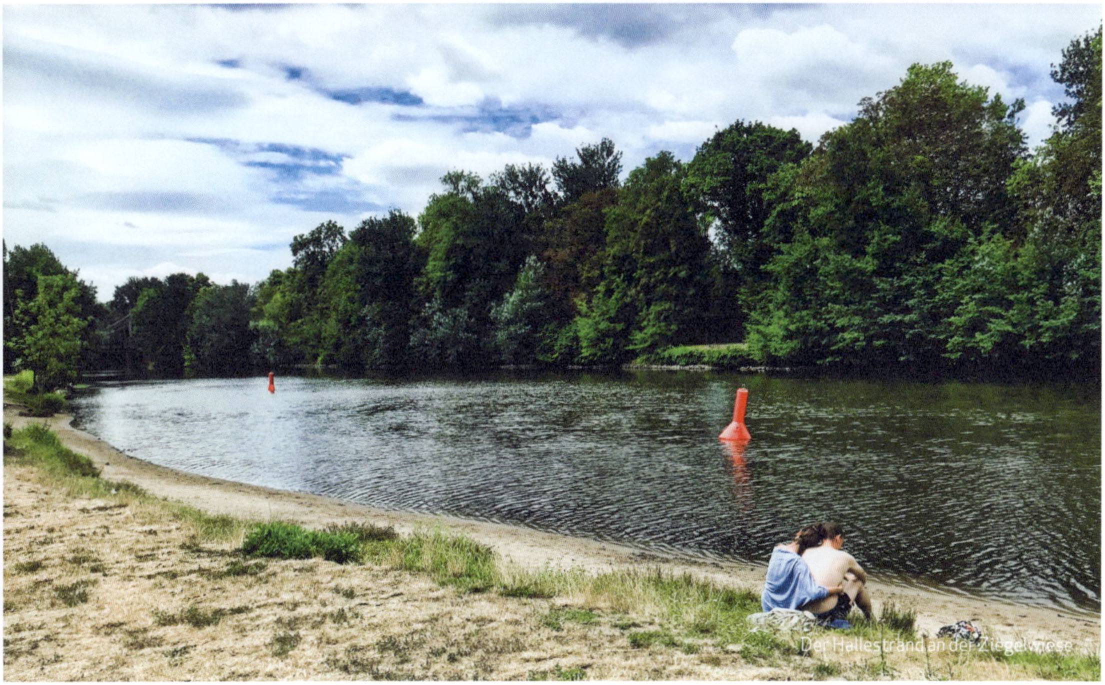

Der Hallestrand an der Ziegelwiese

46

NORDRHEIN-WESTFALEN

Dortmund / Ems-Kanal

MITTE

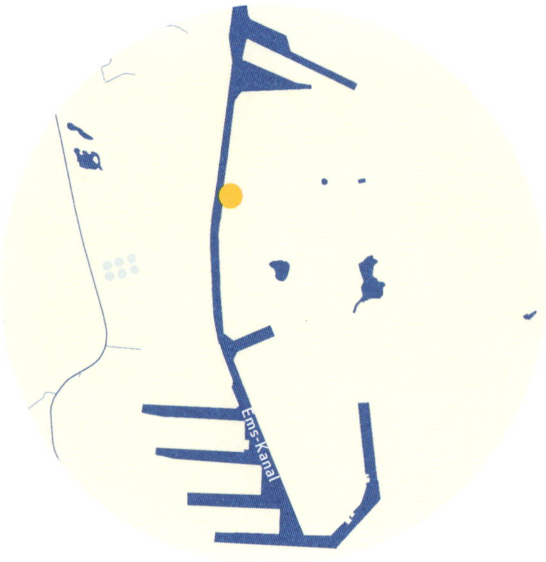

Um dieses urbane Schwimmvergnügen wirklich genießen zu können, sollte man einige Regeln beachten: Das Brückenspringen ist immens gefährlich und streng verboten! Vorsicht beim Einstieg: Die Ufersteine sind oft rutschig und sehr scharfkantig. Immer entlang der Ufer und nicht zu nahe an Schiffe, Wehranlagen etc. heranschwimmen, auf Wellenbildung durch Schiffsverkehr gefasst sein. Aufgepasst auch, dass man nicht dem hier trainierenden Deutschland-Achter in die Quere kommt, der ist nämlich verdammt schnell unterwegs.

Anfahrt

- Über die Weidenstraße zu der den Ems-Kanal überspannenden Weidenstraßenbrücke und rechtsufrig davor parken.
- GPS: 51.541944, 7.434716

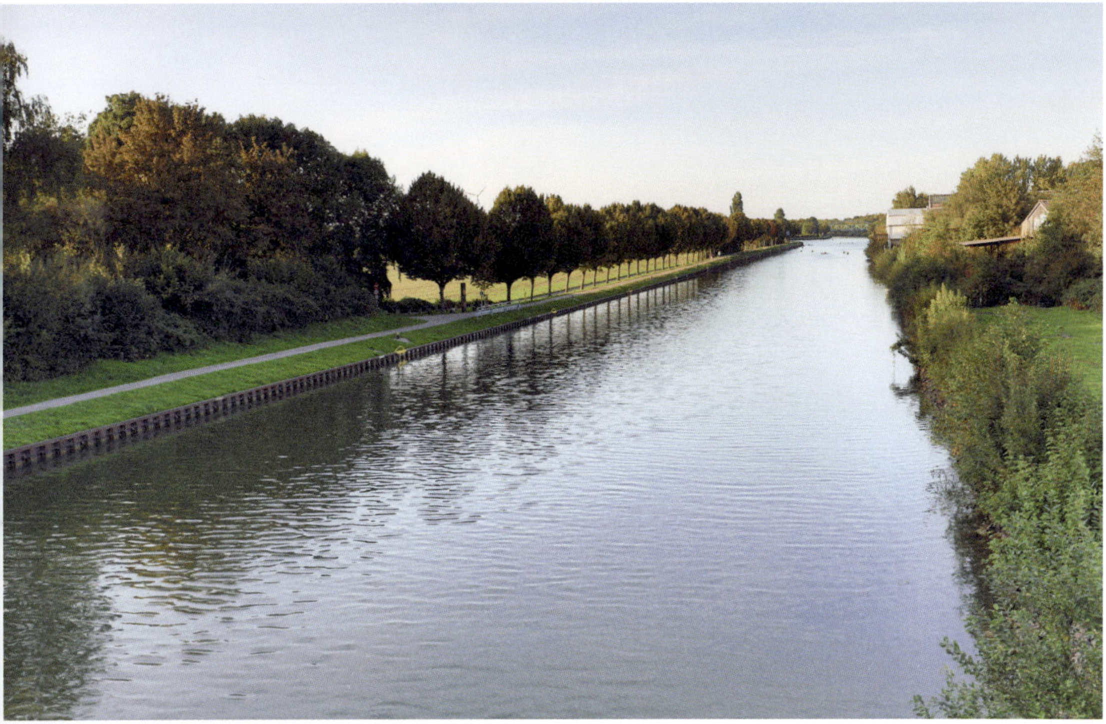

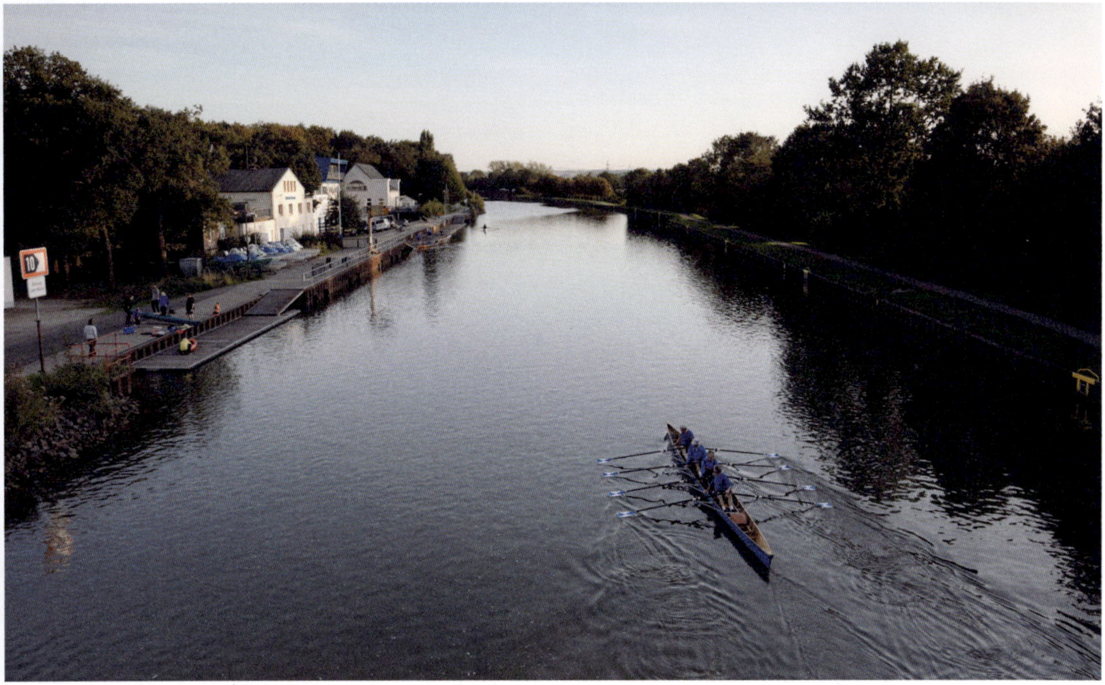
10

47

MITTE

NORDRHEIN-WESTFALEN

Windeck / Sieg

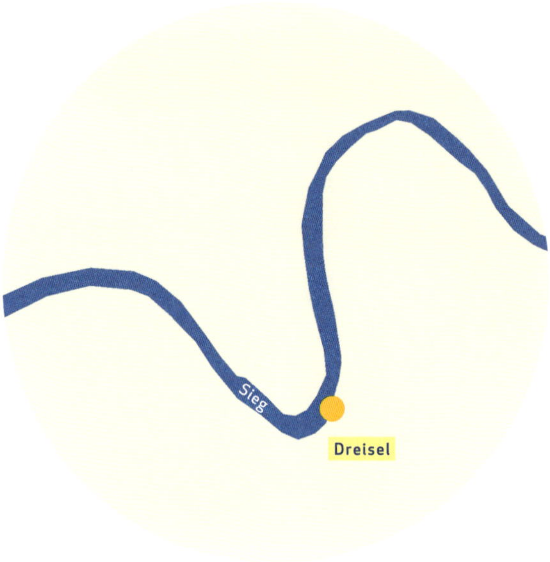

Am Wasserwanderrastplatz Dreisel in der Gemeinde Windeck lässt es sich trefflich in der Sieg schwimmen. Zumeist ist es möglich, unmittelbar am Wohnmobil-Stellplatz zu parken. Von diesem aus gelangt man in wenigen Schritten zum Flussufer, wo man immer wieder Reiher und andere große Wasservögel beobachten kann. Der Kern des heutigen Naturschutzgebietes wurde besonders streng geschützt, um den Talbereich mit wertvollem, nassen Grünland und seinen besonders bedeutsamen Schmetterlingsvorkommen zu erhalten. Schöne Badestellen befinden sich auch ober- und unterhalb des nur wenige Kilometer entfernten Sieg-Wasserfalls im Ortsteil Schladern.

Anfahrt

→ Dreisel wird von der Kreisstraße 23 durchzogen, die die Landesstraße 333 mit der Kreisstraße 7 verbindet.

→ GPS: 50.796705, 7.576369

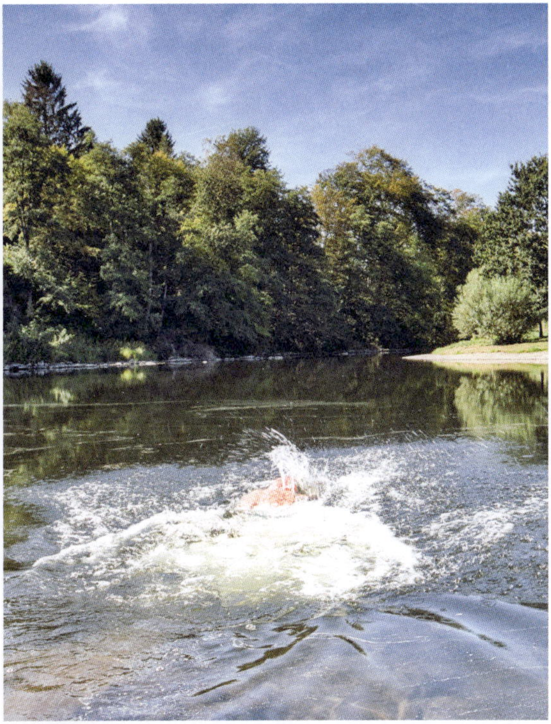
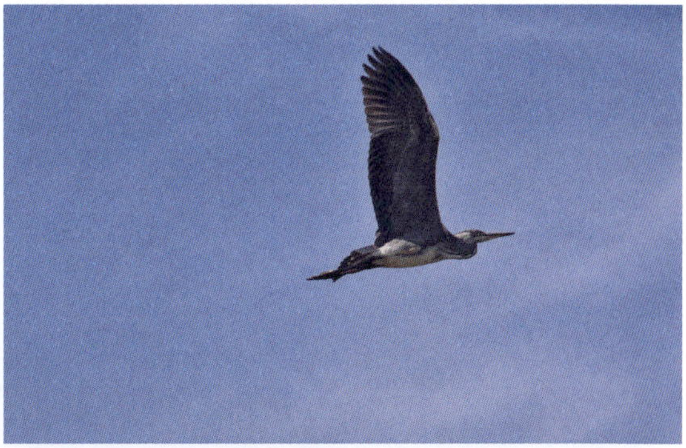
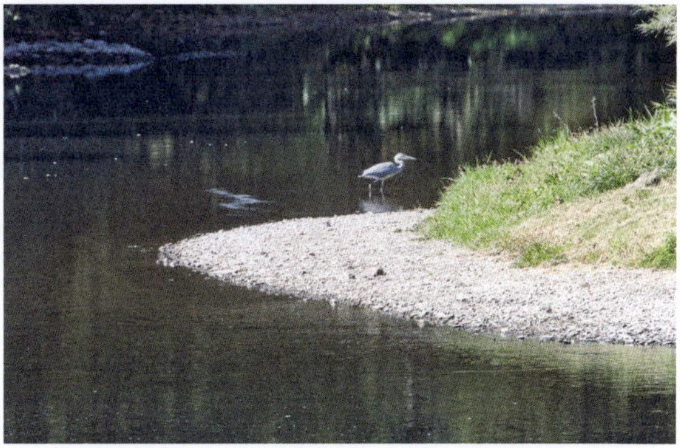
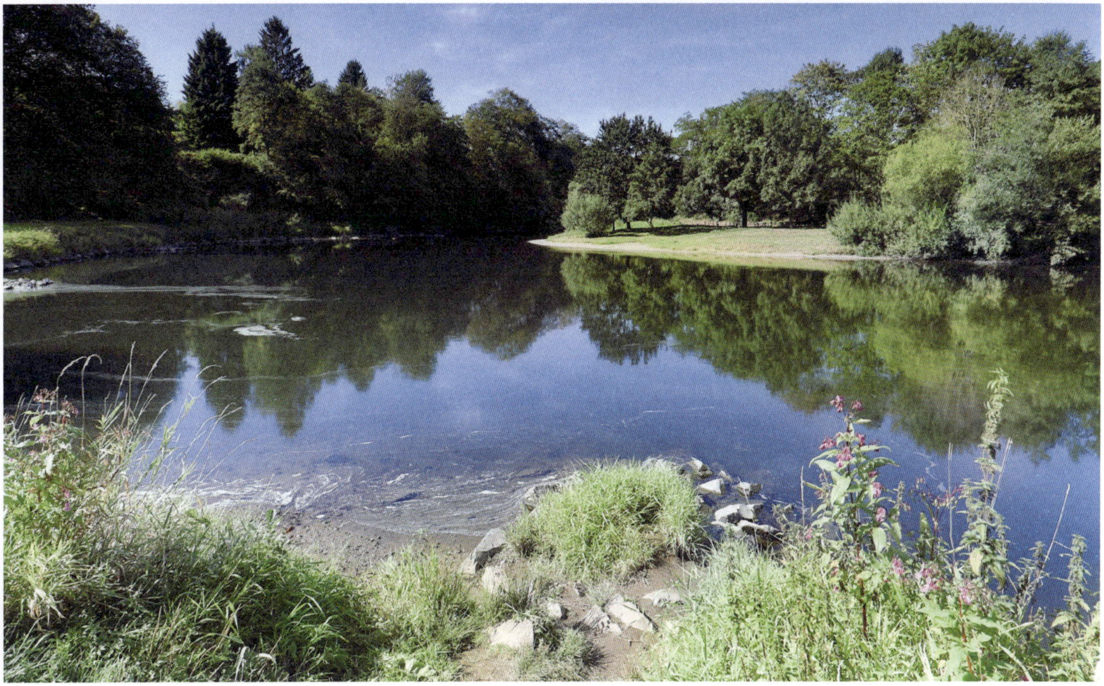

48

BAYERN

Nordheim / Main

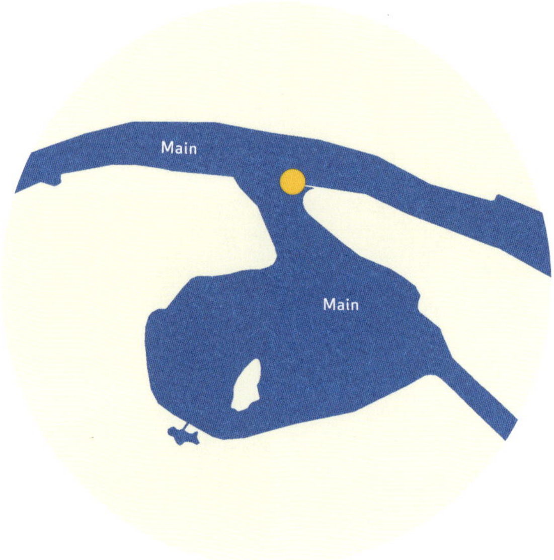

MITTE

Nördlich des bekannten Winzerorts Nordheim macht der »Alt-Main« eine große Flussschleife. Auf der Innenseite der Schleife liegt eine große Sandbank, dahinter öffnet sich ein Weiher, der aber über einen kleinen Kanal mit dem Main verbunden ist. Je nach Lust, Laune und Wasserstand kann man im Fließgewässer oder aber im stehenden Gewässer baden. Etwas weiter mainabwärts gibt es beim Fähranleger in Nordheim auch noch einmal eine Flussbadestelle und sogar den einen oder anderen Strandkorb. Es ist schon ein ganz besonderes Erlebnis, einmal nicht nur durch Weinberge zu spazieren, sondern zu schwimmen.

Anfahrt

- Von der St 2271 Richtung Weininsel/Nordheim abzweigen und am Sportplatz Nordheim parken. Von dort zu Fuß zur Badestelle.
- GPS: 49.864540, 10.186675

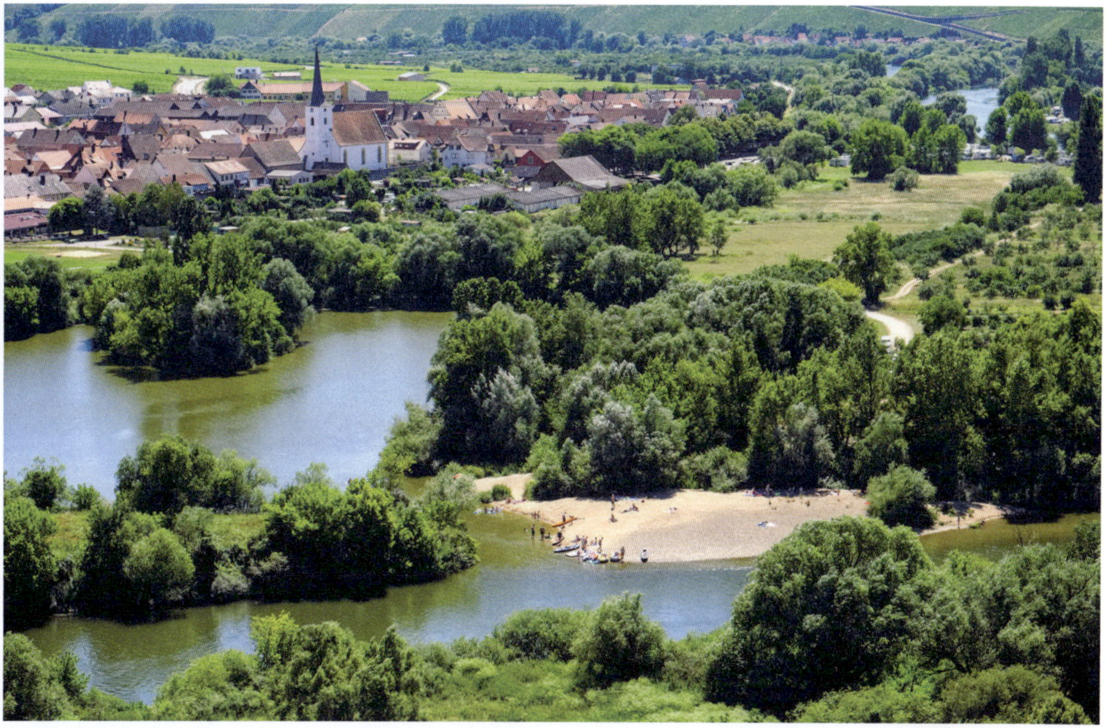

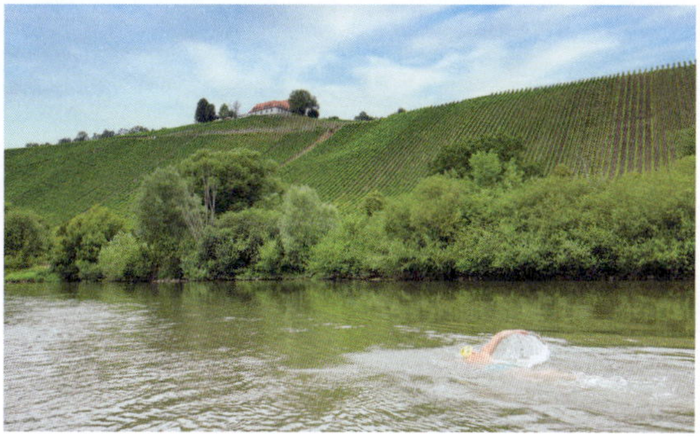

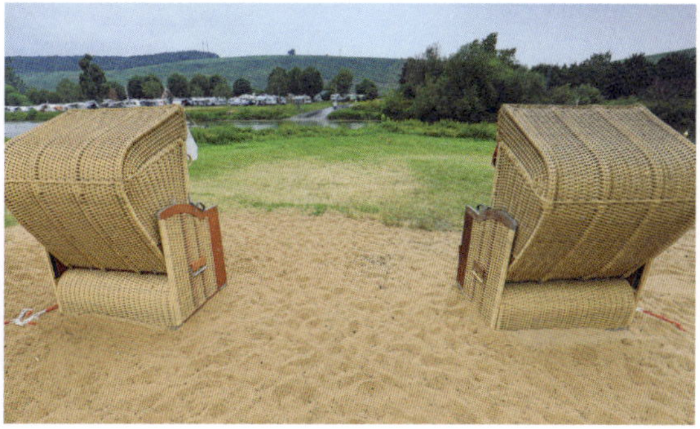

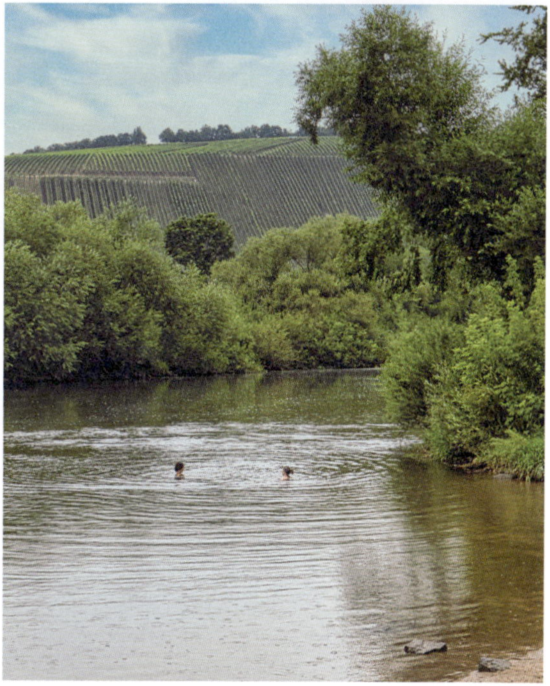

MITTE

BADEN-WÜRTTEMBERG

49 Craintal / Tauber

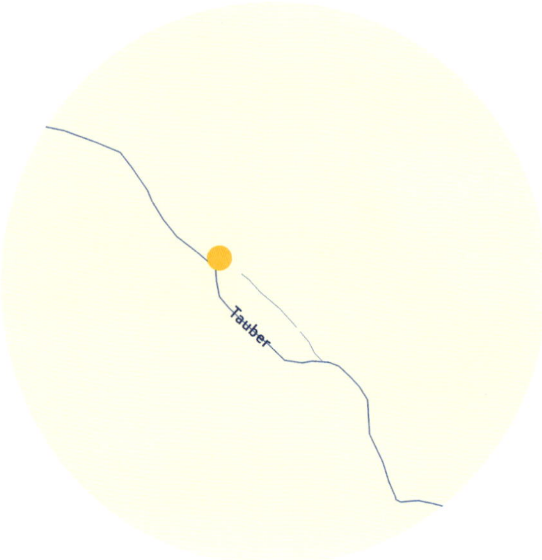

Ein Spot mit Mühlenromantik und der Chance, in den Wald hineinzuschwimmen. Die bezaubernde Flussbadestelle befindet sich unterhalb der Craintaler Mühle in der gleichnamigen, zur Gemeinde Creglingen gehörenden Ortschaft. Die Tauber bildet hier einen schönen, von uralten Bäumen gesäumten Naturpool, in dem man auch sportlich schwimmen kann. Am Ufer gibt es eine einfache hölzerne Sitzbank. In dem nahe gelegenen Hotel »Craintaler Mühle« bzw. in dessen gepflegtem Gastgarten lässt's sich wunderbar speisen und relaxen. Das Haus empfiehlt sich auch als herrlich gelegenes, liebevoll ausgestattetes Seminar- und Eventhotel bzw. als Bed & Breakfast für Durchreisende.

Anfahrt

→ A 7 Abfahrt Bad Windsheim über die St 2414 nach Tauberschenkenbach und die St 2268 weiter nach Craintal.

→ GPS: 49.461958, 10.054547

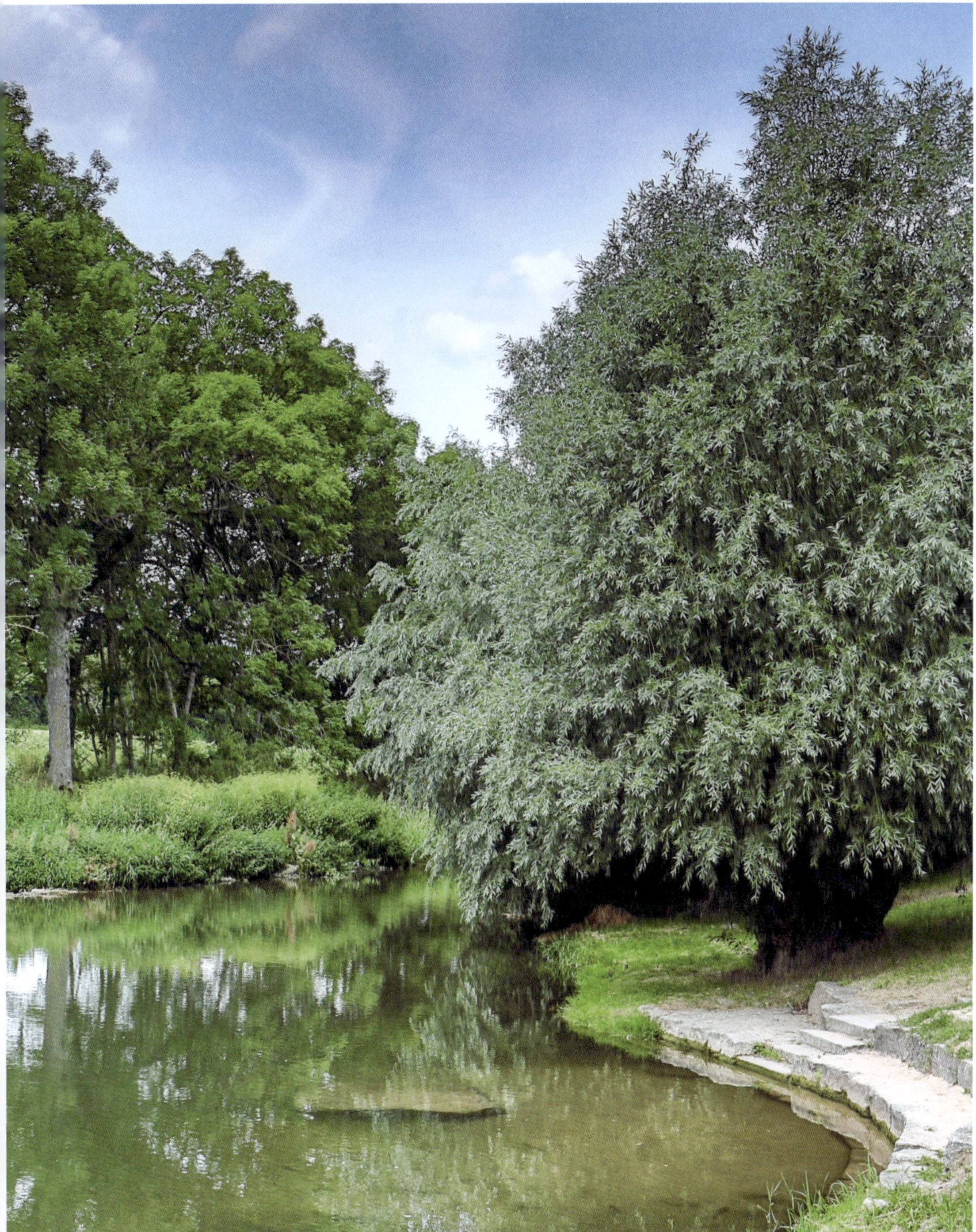

50

BADEN-WÜRTTEMBERG

Schöntal, Jagst

MITTE

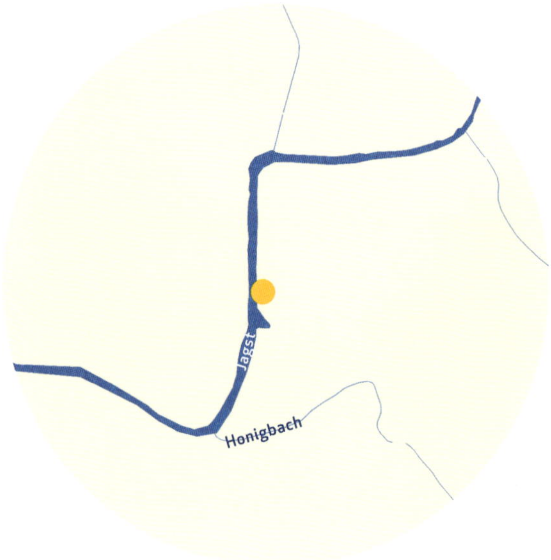

Entlang der Jagst gibt es eine Unzahl naturnaher Bademöglichkeiten. An der Brücke, die beim Kloster Schöntal über die durch ein Wehr etwas aufgestaute Jagst führt, befindet sich wohl eine der schönsten. Vor der eindrucksvollen Klosterkulisse breitet sich eine große Liegewiese aus. Am Ufer spenden mächtige alte Bäume Schatten, erleichtern hölzerne Stufen den Zutritt zum Fluss. Auf der bei Normalwasserstand sanft vom Flusswasser überspülten Wehrkrone kann man sich bequem in der Sonne räkeln, flussaufwärts kann man aber auch sportlich schwimmen.

Anfahrt

→ Über die A 81 Abfahrt Möckmühl bzw. Osterburken, A 6 Abfahrt Neuenstein bzw. Weinsberg.

→ GPS: 49.329938, 9.503106

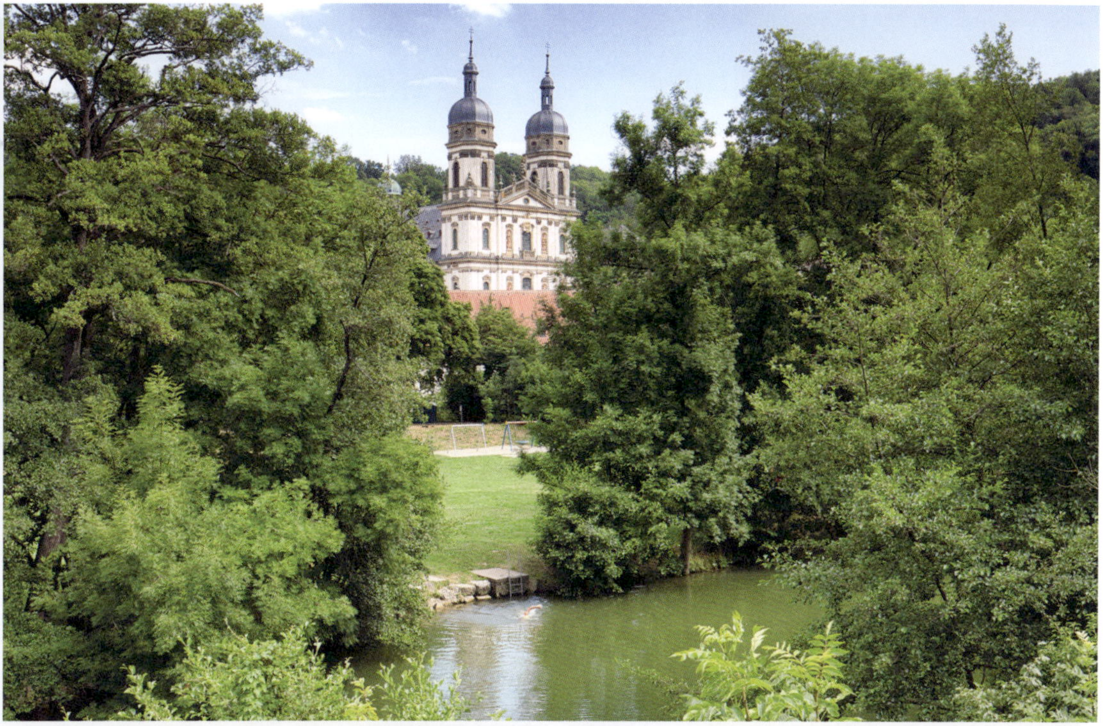

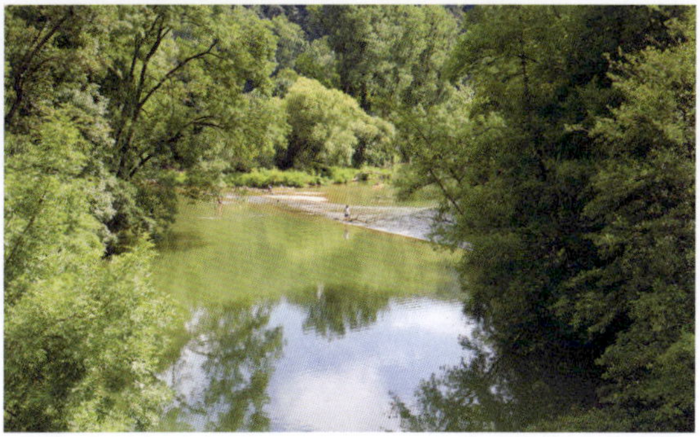

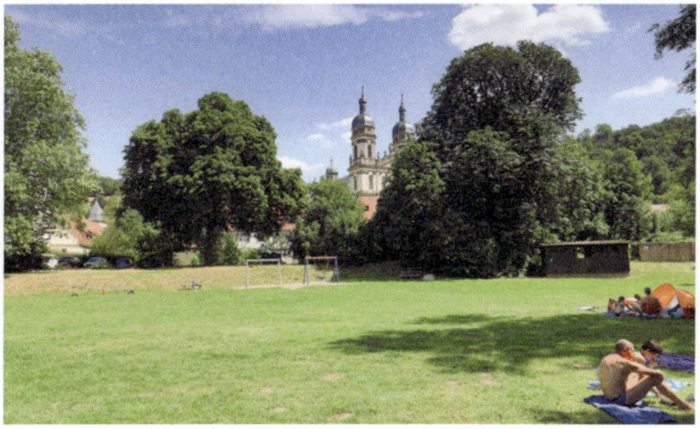

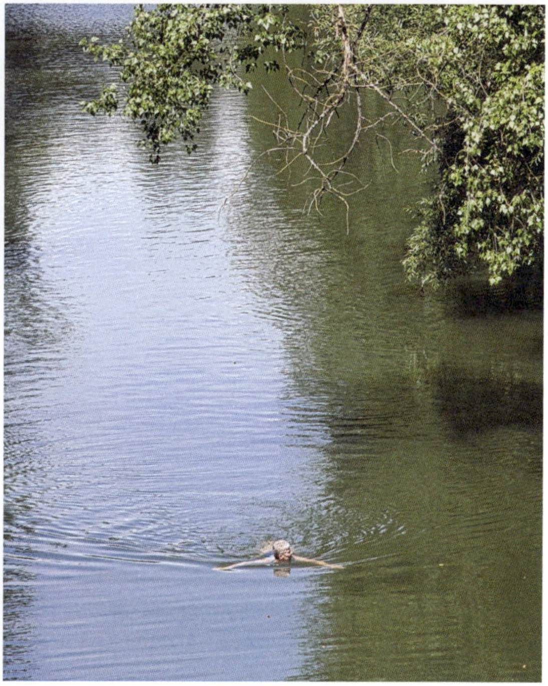

51

BADEN-WÜRTTEMBERG

Heidelberg / Neckar

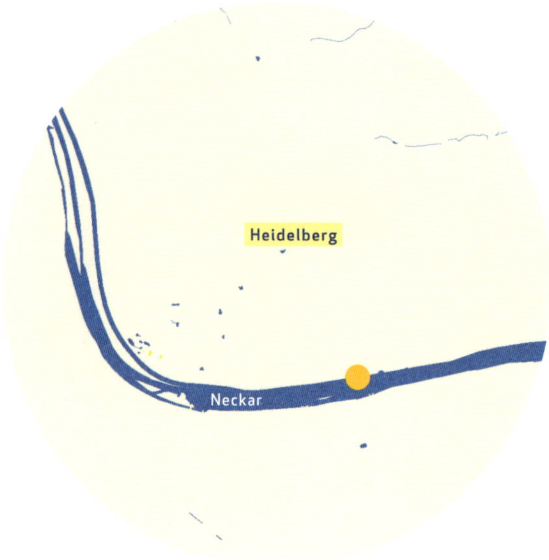

Dass die Neckarwiese einer der schönsten urbanen Spielplätze Deutschlands und mit gut 5 ha auch einer der größten ist, ist unumstritten. Ob man sie allerdings auch als Badeplatz bezeichnen und nutzen sollte, daran scheiden sich die Geister. Nicht wenige Einheimische weisen darauf hin, sie würden seit Jahrzehnten im Neckar schwimmen und hätten noch nie Probleme gehabt, andere warnen vor Tierkot, Viren und multiresistenten Keimen. »To swim or not to swim« muss letztlich jeder selbst entscheiden und dafür auch die vorherrschende und die vorangegangene Wettersituation sowie aktuelle Warnhinweise mit in Betracht ziehen. Duschen stehen bereit, man sollte sie nutzen und ausreichend Sicherheitsabstand zu Schiffen, Brückenpfeilern und Wehren einhalten.

Anfahrt

→ Von der A 5 am Heidelberger Kreuz Richtung Heidelberg Altstadt abfahren und im Stadtteil Bergeheim über die Neckarbrücke auf die andere Flussseite wechseln und Parkplatz suchen.

→ GPS: 49.412446, 8.689025

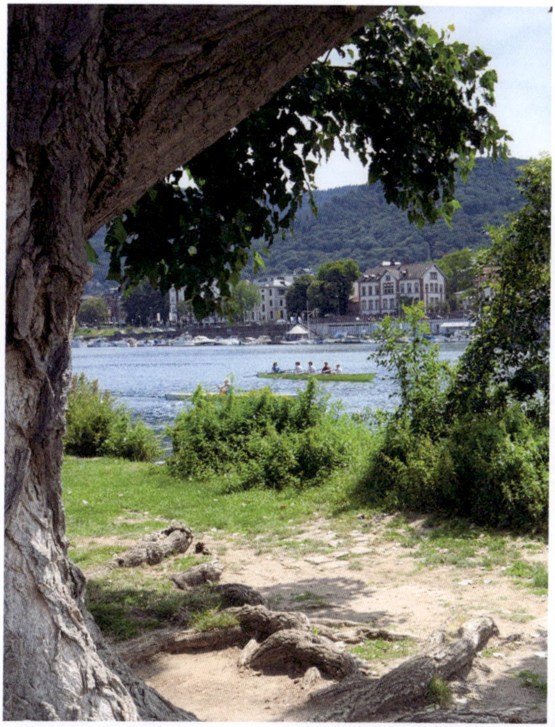

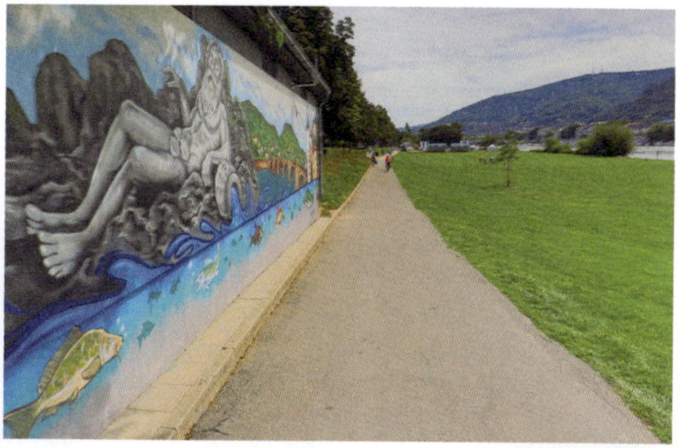

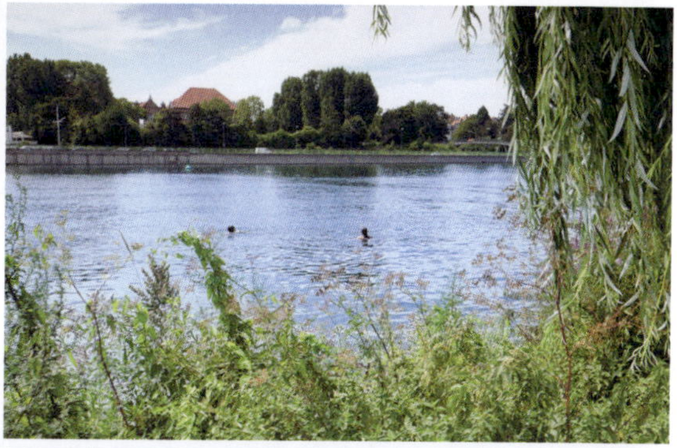

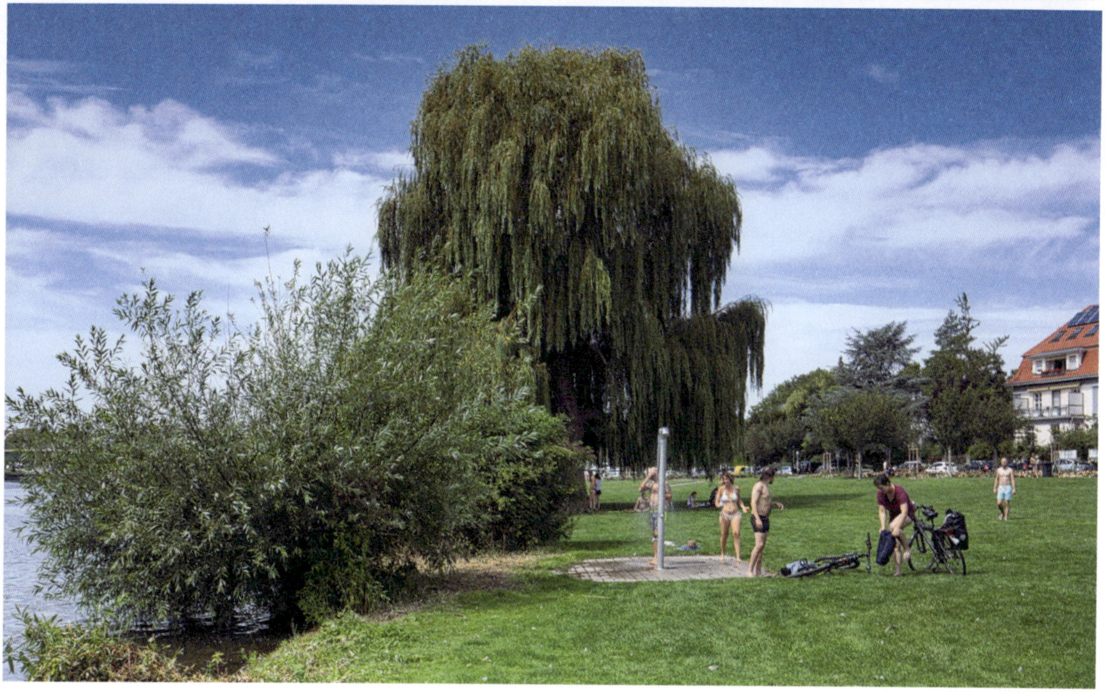

52

HESSEN

Gernsheim / Rhein

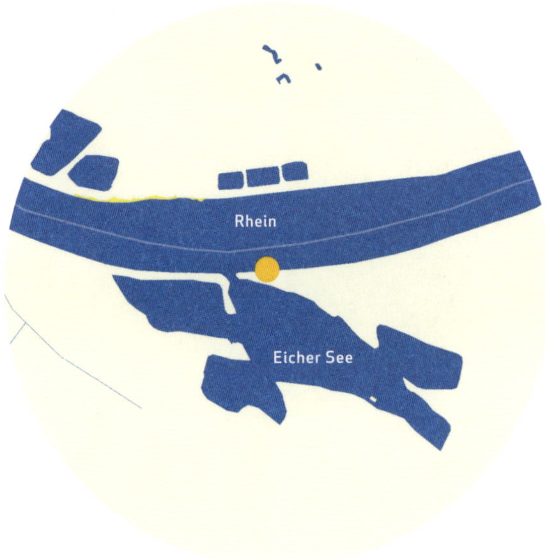

MITTE

Wenn man sich nicht gerade flussabwärts treiben lässt und dann wieder hochspaziert, wird man nicht in der Hauptströmung schwimmen (Schiffsverkehr!), sondern sich hinter Kiesbänken oder Buhnen entstehende Kehrwasser oder ruhigere Seitenarme suchen. Beides ist an diesem unverbauten, mit dichten Auwäldern bewachsenen und nur zu Fuß bzw. mit dem Fahrrad erreichbaren Rheinufer gut möglich. Dass man sich an einer seichteren Kurveninnenseite befindet, hat Vor- (kindersicher) und Nachteile (Schwimmen). Muschelsammler finden hier ein reiches Betätigungsfeld.

Anfahrt

- A 67 Abfahrt Gernsheim, zum Fähranleger »Helene«, der L 440 bis zur Abzweigung Eichersee folgen und am Ende der Straße parken, zu Fuß oder per Rad flussaufwärts zu den Badestellen.
- GPS: 49.764302, 8.441883

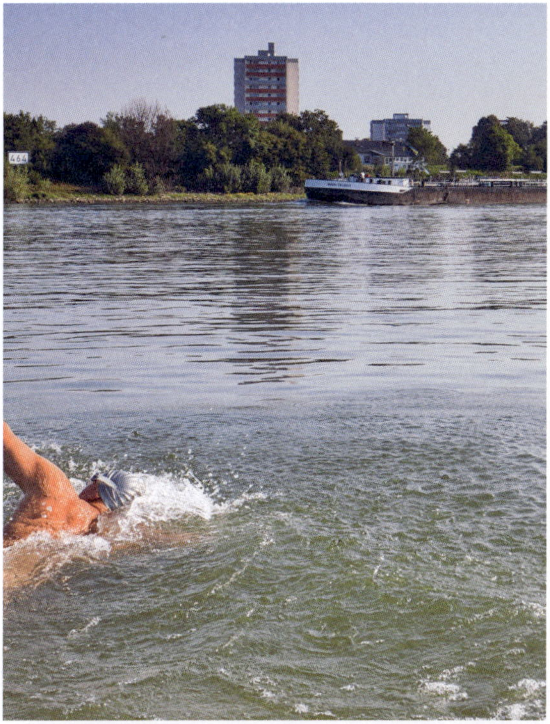

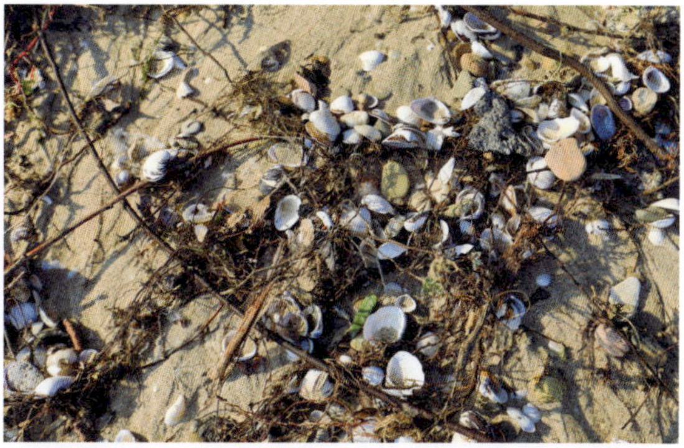

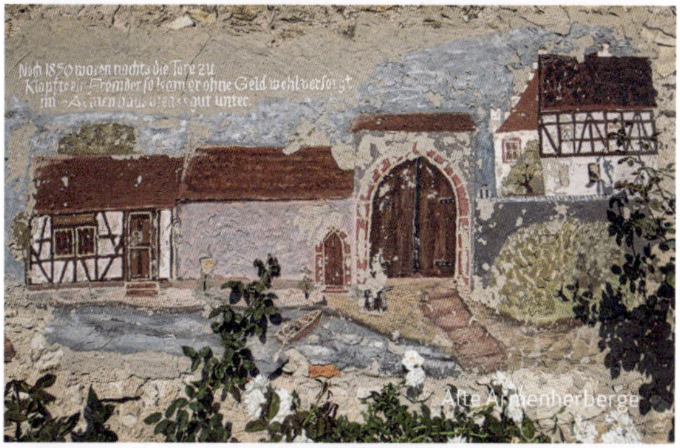

Alte Armenherberge

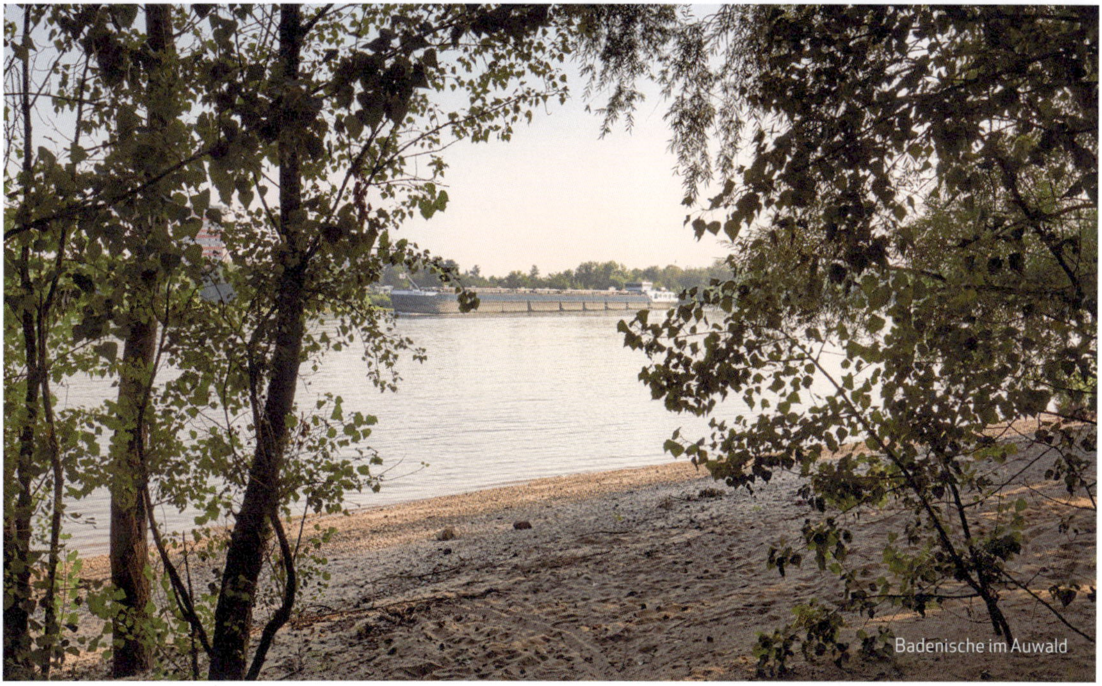

Badenische im Auwald

53

RHEINLAND-PFALZ

Laurenburg / Lahn

MITTE

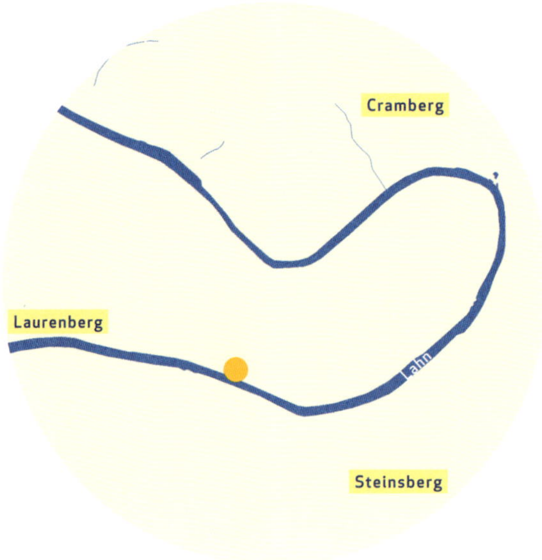

Wo sich Wasserwanderer und Angler wohlfühlen, tun dies meist auch Zeitgenossen, die naturnahes Baden dem »chlorifizierten« vorziehen. So auch an der Lahn. Wenngleich natürlich auch hier das Flussbaden auf eigene Gefahr geschieht. Ob (aktuelle!) Wasserqualität und eigene Schwimmfähigkeit das ratsam erscheinen lassen, muss jeder individuell und situativ für sich entscheiden. Hier nur so viel: Die Lahn hat viele schöne Naturbadestellen, und die hier beschriebene wurde vom Autor und anderen Badegästen mehrfach genüsslich ohne irgendwelche negativen Neben- oder Nachwirkungen beschwommen.

Anfahrt

→ In Laurenburg von der B 417 abfahren, die Lahn überqueren, auf der Rupbachtalstraße flussabwärts weiterfahren bis zu einer scharfen Rechtskurve, unmittelbar danach der Wegweisung zum Campingplatz folgen.

→ GPS: 50.329137, 7.932827

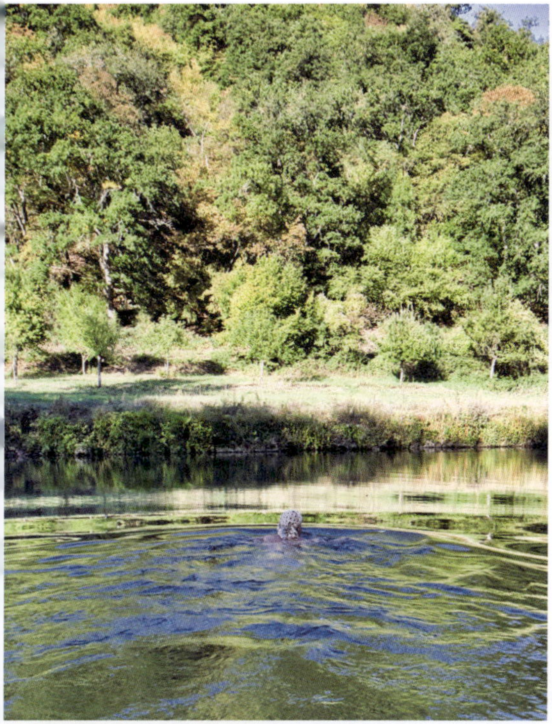

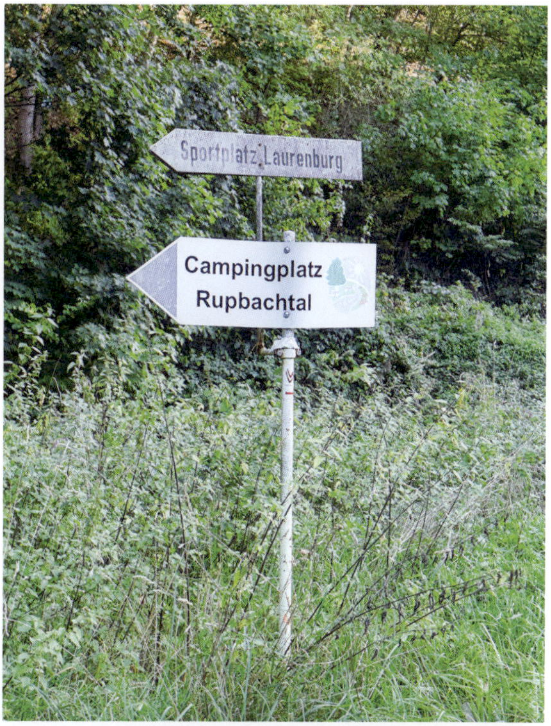
Sportplatz Laurenburg
Campingplatz
Rupbachtal

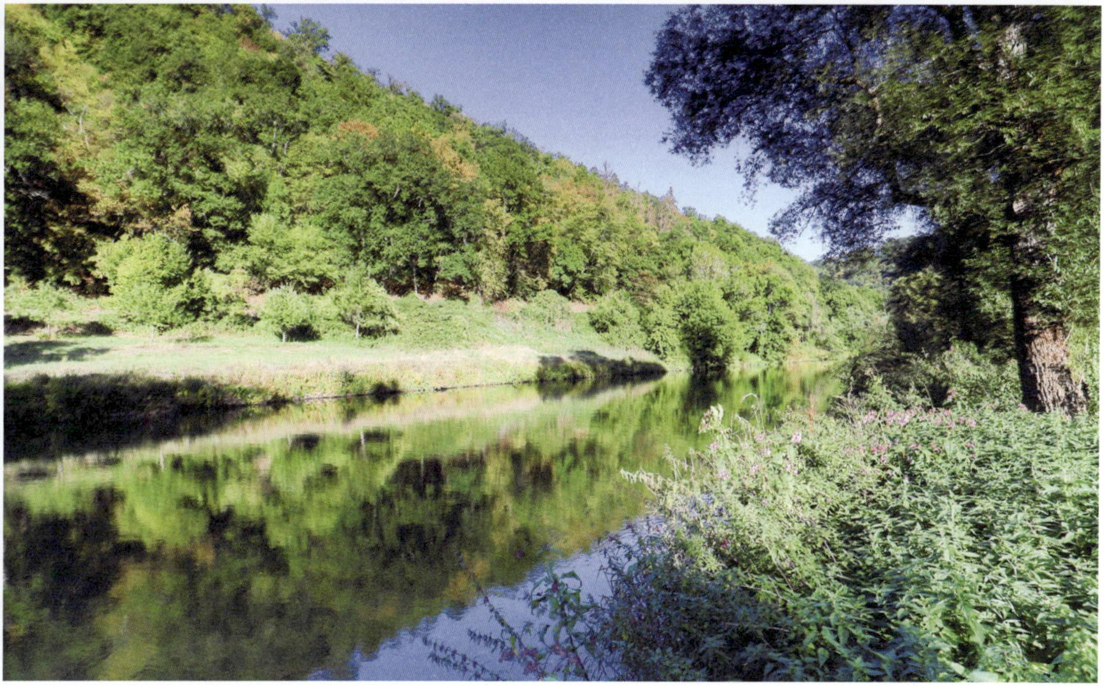

54

RHEINLAND-PFALZ

Pillig / Elzbach-Wasserfall

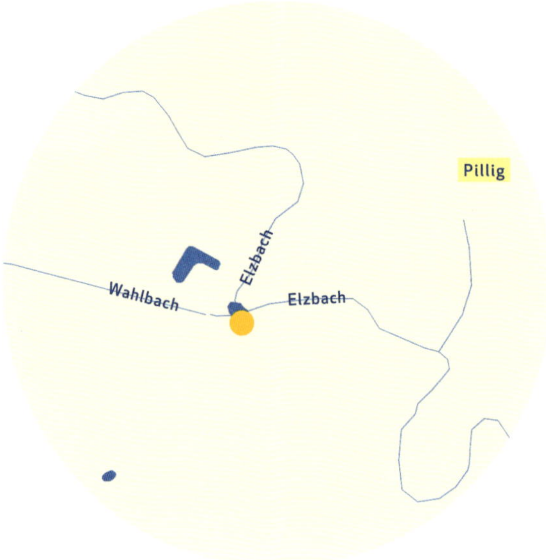

MITTE

Ein romantischer kleiner Wasserfall vor der eindrucksvollen Kulisse der Burg Pyrmont. Der Gumpen ist vom Parkplatz bei der Straßenbrücke über einen steilen Trampelpfad oder noch einfacher über den Parkplatz beim empfehlenswerten Gasthof »Pyrmonter Mühle« erreichbar. Direkt am Wasser gibt es keine Liegeflächen, hier ist der Untergrund eher lehmig und ungemütlich. Insgesamt aber ein sehr schöner und fotogener Spot, der durch das nahe gelegene Wirtshaus zusätzlich aufgewertet wird. Richtig schwimmen kann man allerdings nur in unmittelbarer Nähe zum Wasserfall. Je nach Wasserführung kann der »Pool« auch recht seicht sein.

Anfahrt

→ A 48 Abfahrt Kaifenheim, über die L 109 Richtung Pilligg, an der Elbachbrücke oder am Gasthof Pyrmonter Mühle parken.

→ GPS: 50.236016, 7.291354

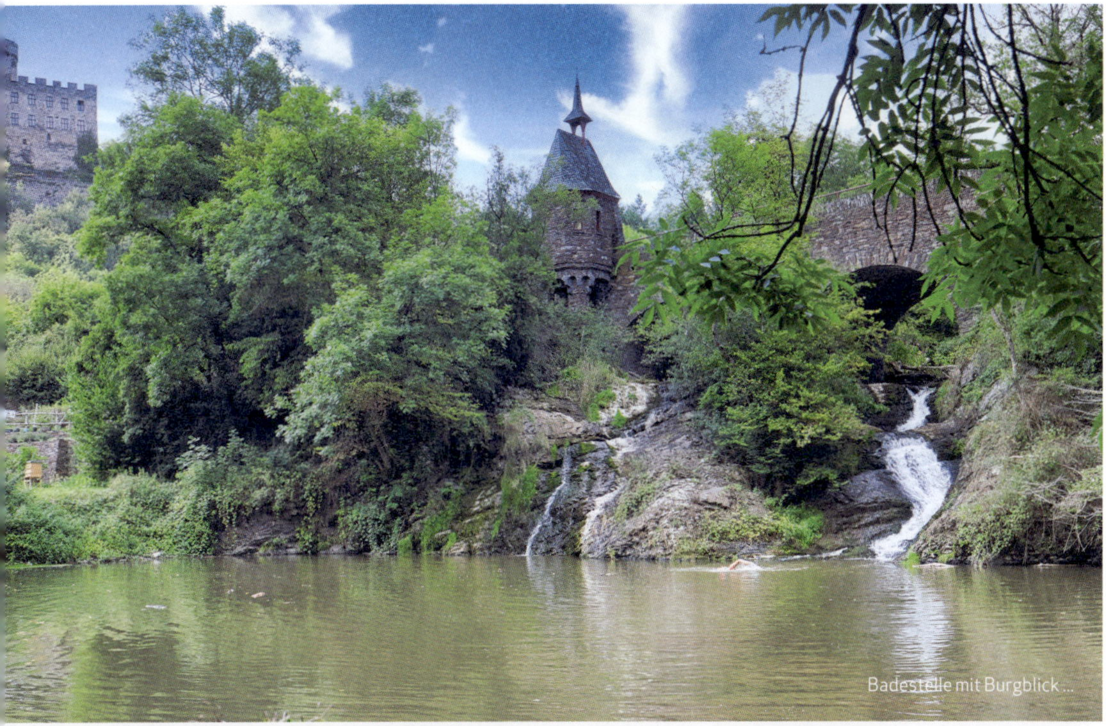
Badestelle mit Burgblick ...

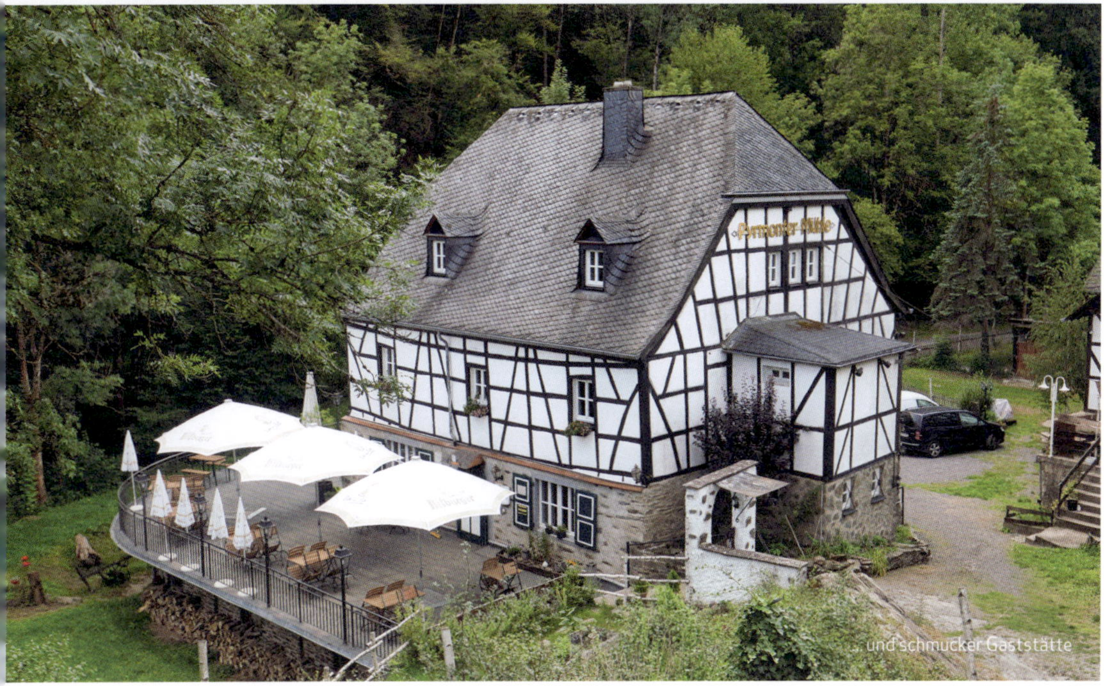
... und schmucker Gaststätte

55

RHEINLAND-PFALZ

Meerfeld / Meerfelder Maar

MITTE

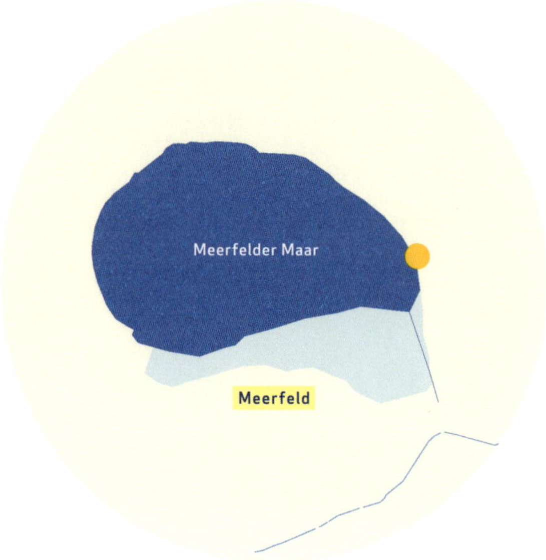

Als vor rund 40.000 Jahren heißes aufsteigendes Magma auf eine darüberliegende wasserreiche Gesteinsschicht traf, wurde durch das explosionsartig verdampfende Wasser das umliegende Gestein zertrümmert, nach oben geschleudert und ein Einbruchstrichter geschaffen, der sich wieder mit Wasser gefüllt hat. Gebadet werden darf nur in unmittelbarer Nähe der Badeanlage. Diese ist offiziell von Mai bis September geöffnet. Außerhalb der Saison- und Öffnungszeiten wird aber auch das wilde Baden in diesem Bereich, der sich nur wenige Gehminuten vom Parkplatz entfernt befindet, toleriert.

Anfahrt

- Von Manderscheid über die L 16 Richtung Meerfeld, Parken am Strandbad- und Wanderparkplatz.
- GPS: 50.100493, 6.763238

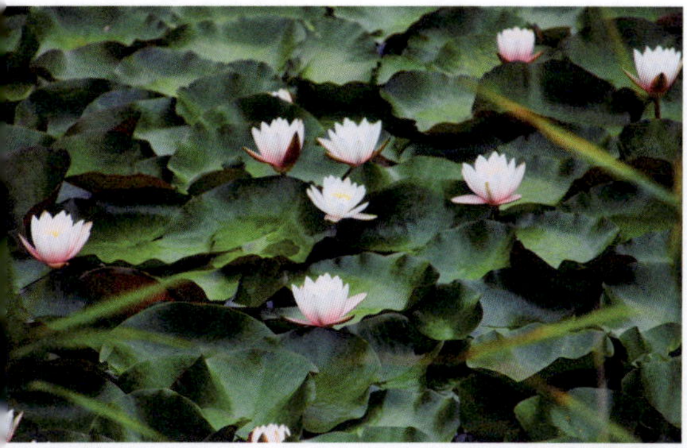
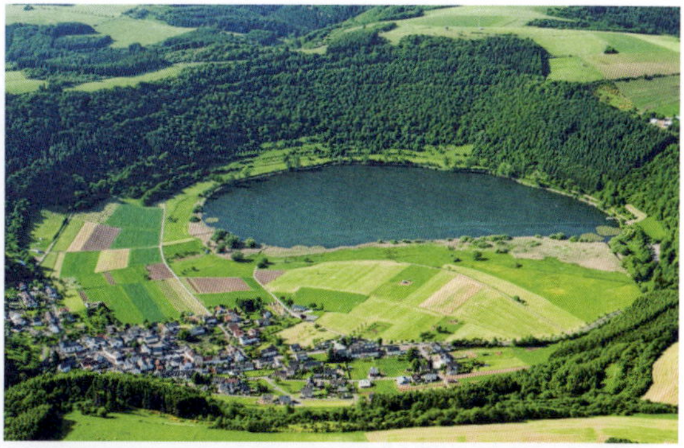
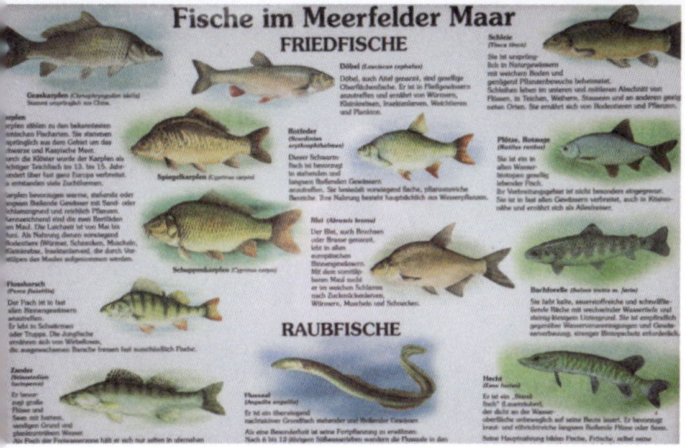
Fische im Meerfelder Maar
FRIEDFISCHE
RAUBFISCHE
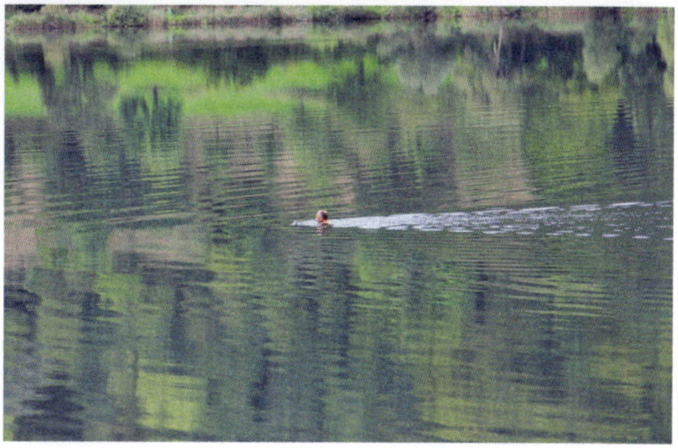
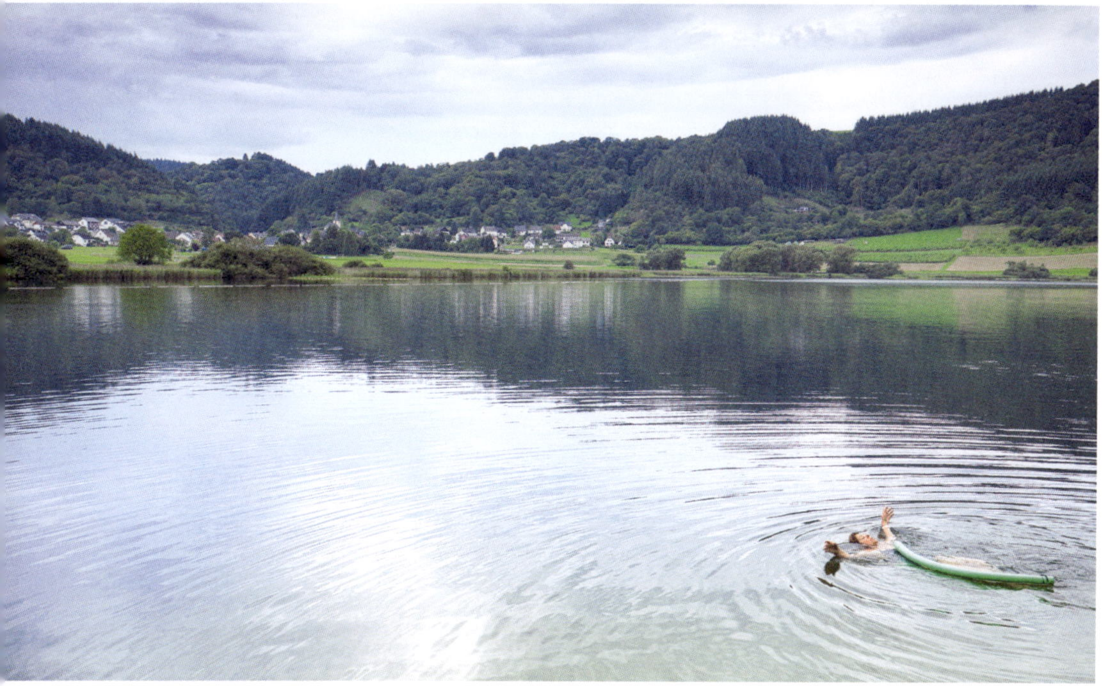

56

SAARLAND

Nohfelden / Bostalsee

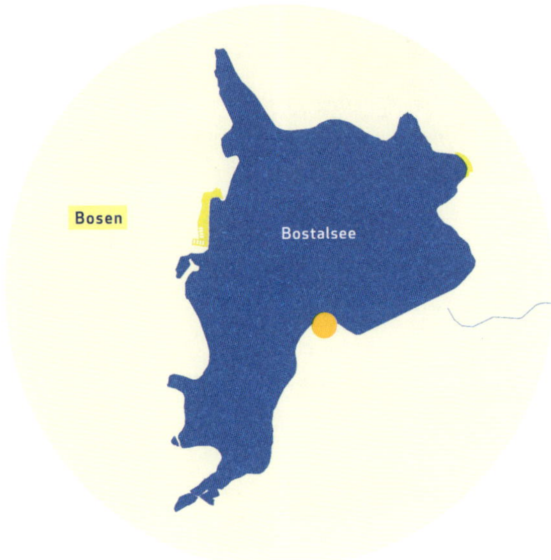

Obgleich dieses Gewässer im Saarland eigentlich ein Stausee ist, dient es fast ausschließlich der Freizeitnutzung und wurde von Anfang an dafür konzipiert. Heute ist der Bostalsee der größte künstliche Freizeitsee im südwestdeutschen Raum. Auch wenn er auf den ersten Blick recht touristisch erscheint, findet man entlang des 7 km langen Rundwegs am See auch ruhige Ecken und kleine Buchten. Am besten und flexibelsten ist man mit Fahrrad oder Boot unterwegs. Beides lässt sich am See an vielen Stellen mieten. Der südwestliche Teil des Sees ist als Naturschutzgebiet ausgewiesen.

Anfahrt

→ A 62 Abfahrt Nohfelden-Türkismühle, über die L 330 nach Türkismühle und ab da der Wegweisung »Gonnesweiler-Strandbad« folgen und dort parken.

→ GPS: 49.563560, 7.072713

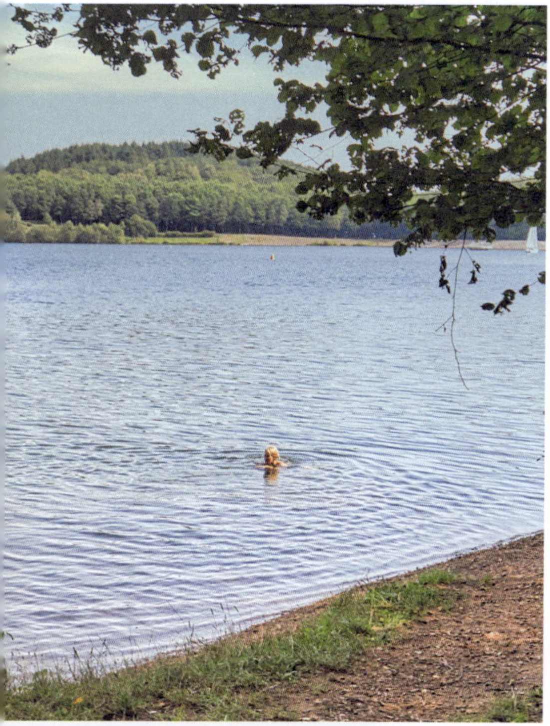

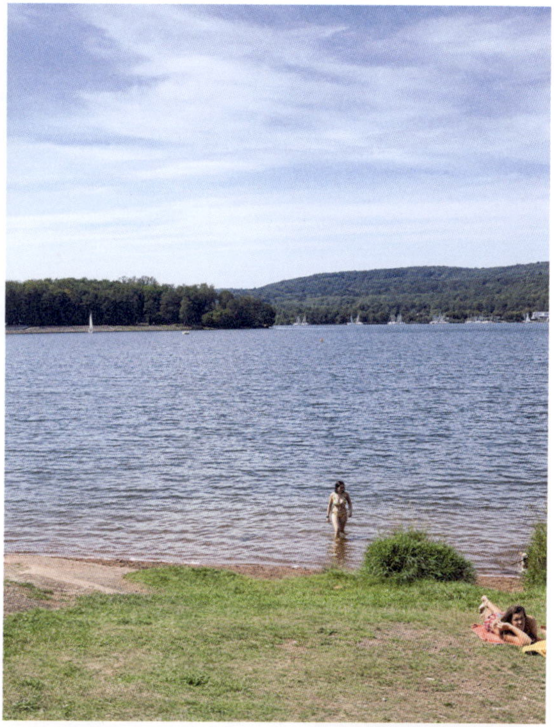

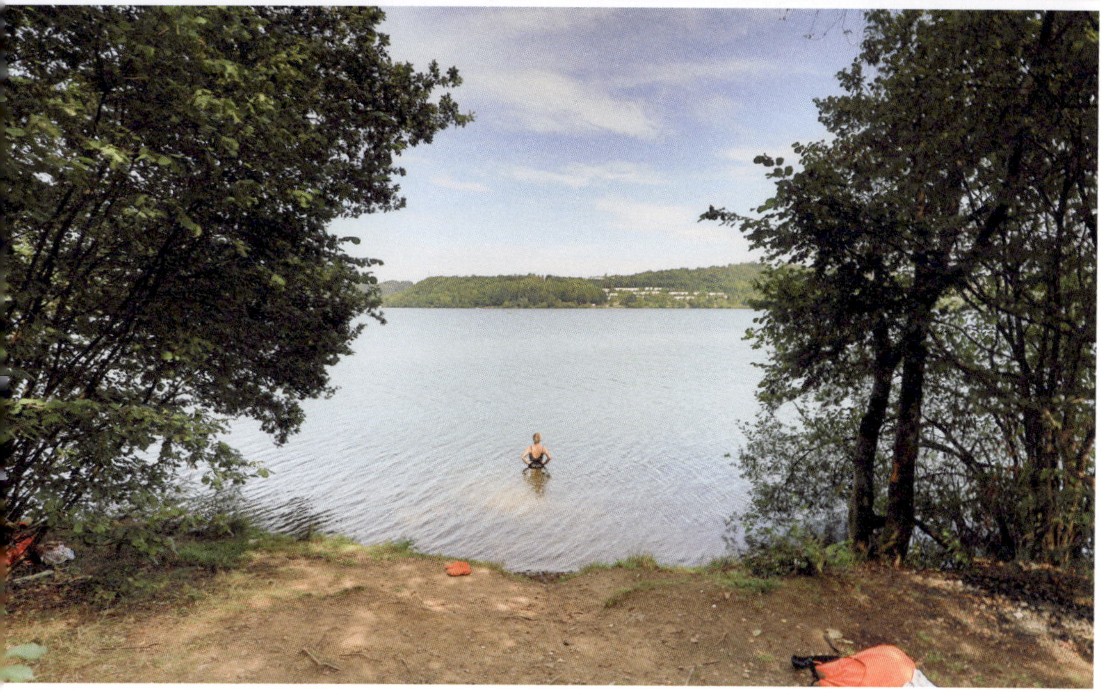

57

BAYERN

Naab / Schwandorf

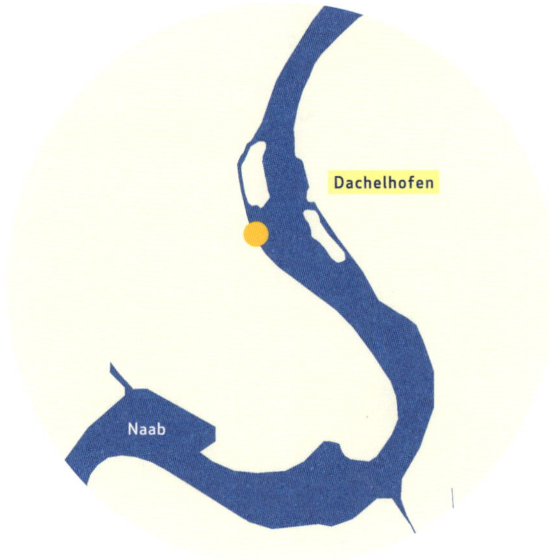

Ein gemächlich dahinfließender Fluss, schwirrende Libellen, ab und zu ein Graureiher – an der Naab kann man noch Natur pur erleben. Das Wasser ist moorig trüb, sehr weich und laut Erhebungen (bei mittleren Wasserständen!) gesundheitlich unbedenklich. Da die Naab nicht nur für Wasservögel ein Angelparadies ist, findet man in manchen Kehrwassern Petrijünger vor. Eine (gelegentlich sogar überwachte) Naturbadestelle mit Badestegen, Liegewiese und Dixie-Klo gibt's in Etterzhausen, einen weiteren schönen Badeplatz bei der Einmündung in die Donau.

Anfahrt

→ A 93 Abfahrt Schwandorf Süd, Richtung Bubach an der Naab, nach Überquerung der Naab rechts ab nach Göggelbach, am Ortsende rechts abbiegen Richtung Fluss.

→ GPS: 49.308987, 12.069893

MITTE

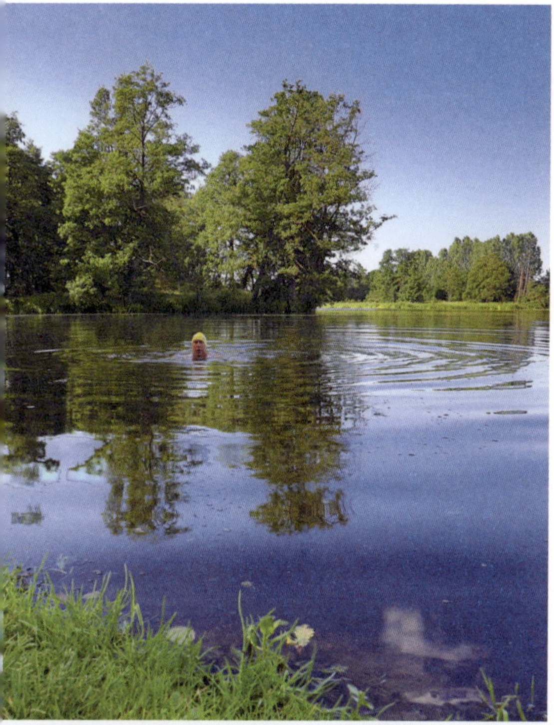
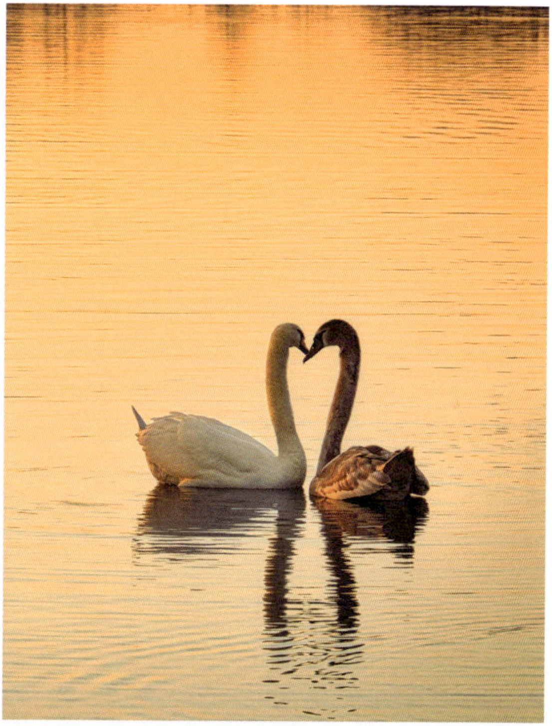
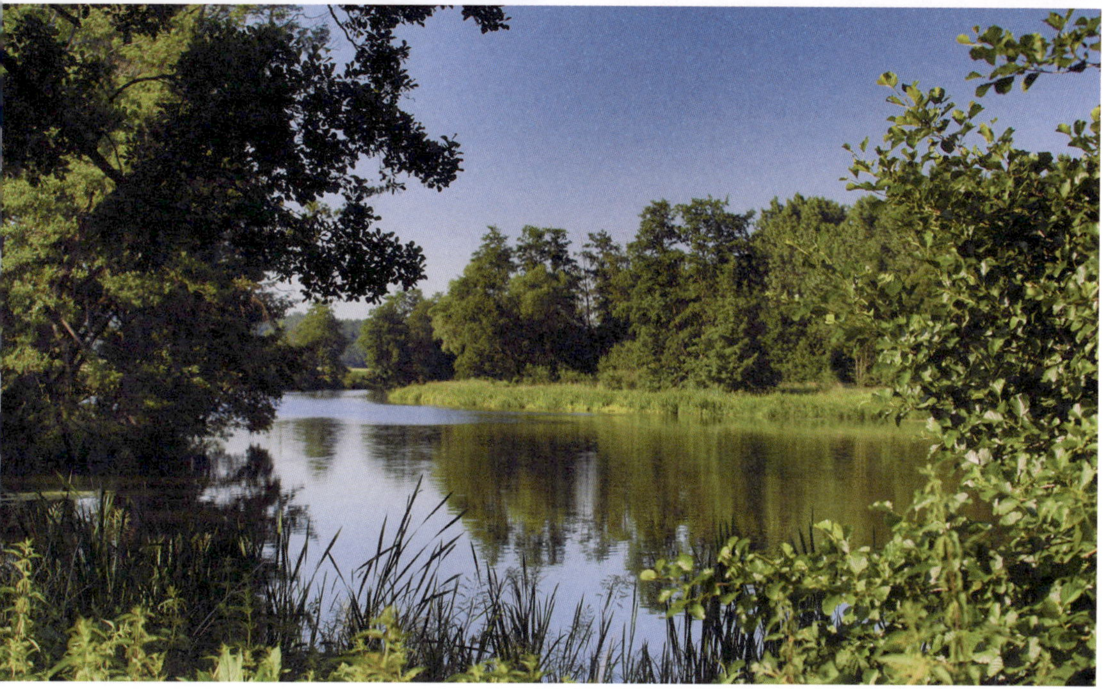

58

BAYERN

Hirschling / Regen

MITTE

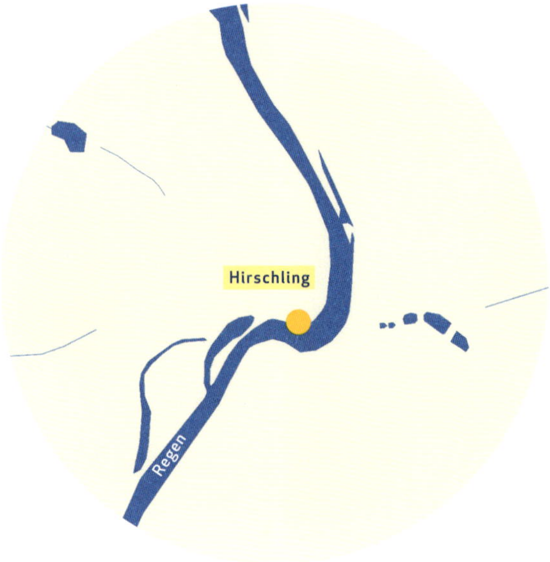

Von der Straßenbrücke grüßt der heilige Nepomuk, vom rechten Regenufer das Schloss Hirschling. Wie die anderen hier beschriebenen Regen-Badestellen auch, ist diese durch das relativ weit hinausreichende seichte Wasser für Familien mit Kleinkindern gut geeignet. Park- und Liegeplätze, Umkleide, Grillplatz und eine überdachte Sitzgruppe sind vorhanden, andere Infrastruktur jedoch nicht. Dafür dürfen hier auch Hunde mit ins Wasser.

Anfahrt

- A 93 Abfahrt Regenstauf, nach der Brücke über den Regen links halten, der St 2194 bis zur Abzweigung Hirschling folgen und an der Regenbrücke parken.
- GPS: 49.193224, 12.165794

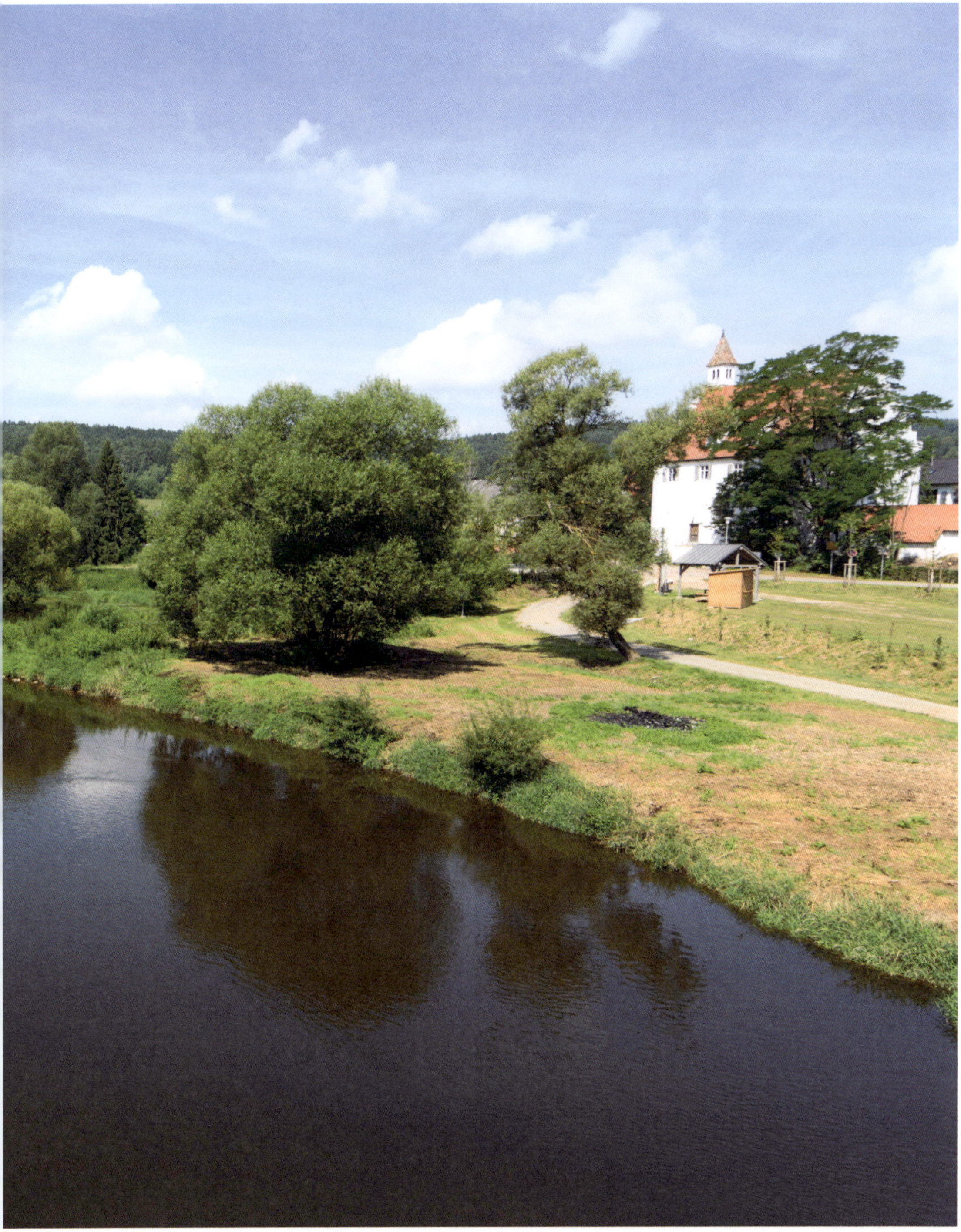

59

BAYERN

Ramspau / Regen

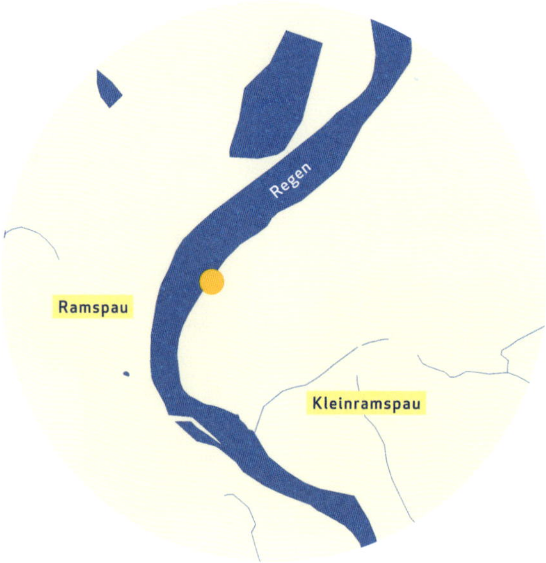

Mit dem Blick auf das Golddorf Ramspau und dessen beeindruckendes Schloss badet es sich hier besonders idyllisch, familienfreundlich und gratis noch dazu. Beste Voraussetzungen für *Golden Moments* bieten kleine sandige Buchten zum Planschen, das saubere, strömungsarme Flusswasser zum Schwimmen und der Biergarten beim Genießen. Ein netter Gastgarten, Tischtennisplatten und ein Beachvolleyballplatz lassen garantiert keine Langeweile aufkommen. Es sind genügend Park- und Liegeplätze vorhanden, die Anlage ist insgesamt sehr gepflegt.

Anfahrt

- A 93 Abfahrt Regenstauf, nach der Brücke über den Regen links halten, der St 2194 bis Ramspau folgen und an der Regenbrücke parken.
- GPS: 49.156545, 12.144631

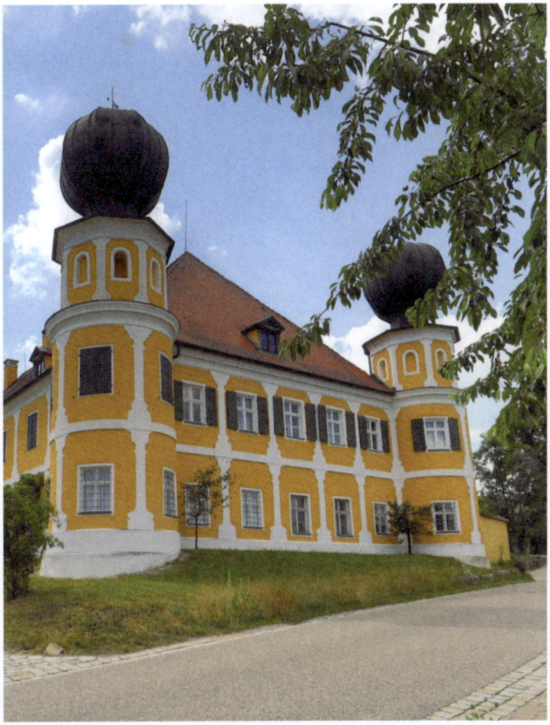

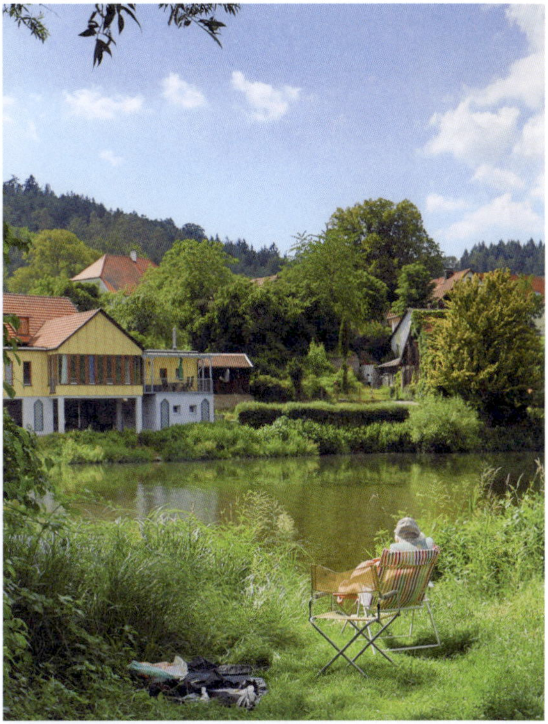

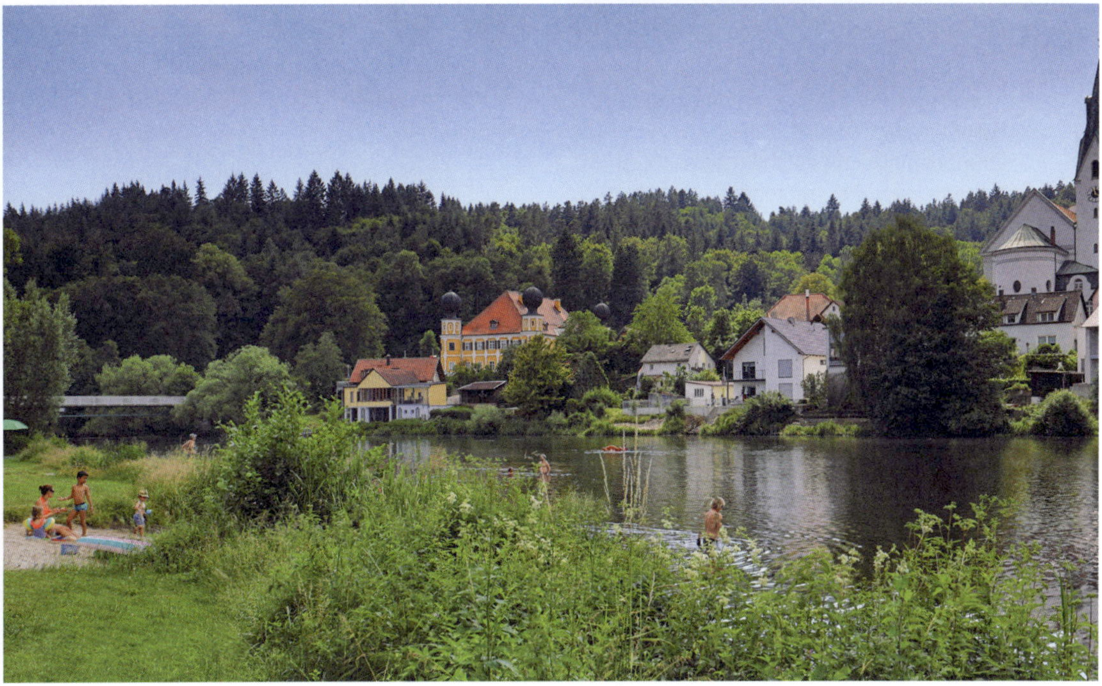

60

BAYERN

Regenstauf / Regen

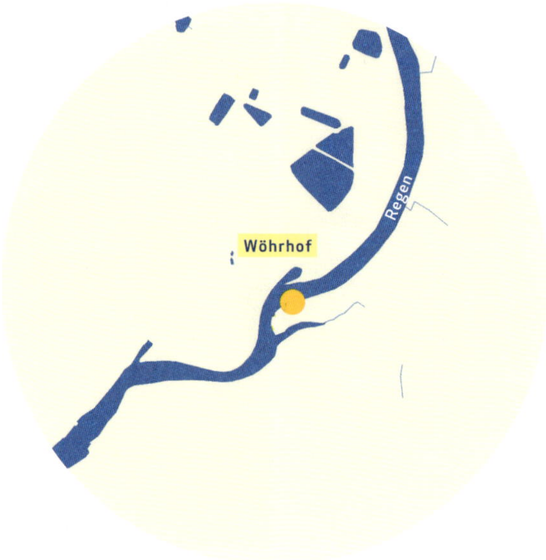

Mit 191 km ist der Regen, ein Nebenfluss der Donau, nach der Naab der zweitlängste Fluss der Oberpfalz und bietet durchgängig eine recht gute Wasserqualität. Das frei zugängliche Valentinsbad am Ortsrand von Regenstauf eignet sich auch für Familien mit Kleinkindern. Die Ufer sind flach und an einer Stelle sandburgtauglich, die Fließgeschwindigkeit ist gering, die Liegewiese gepflegt, Spielplatz und Restaurant sind kinderfreundlich. Für die etwas Größeren gibt es ein Fußball- und Volleyballfeld.

Anfahrt

→ A 93 Abfahrt Regenstauf, nach der Brücke über den Regen links halten und am Valentinsbad parken.

→ GPS: 49.133384, 12.140486

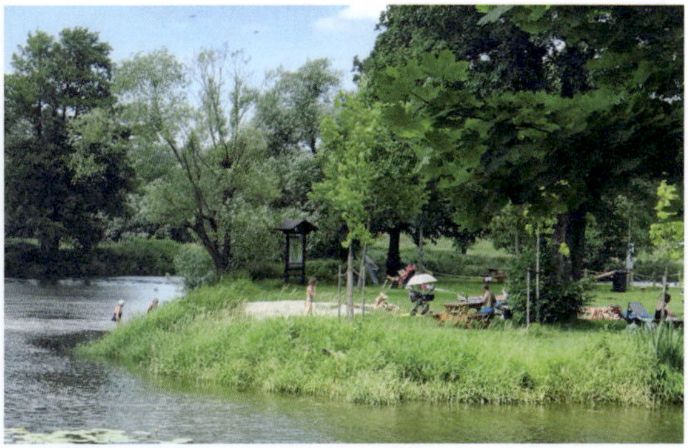
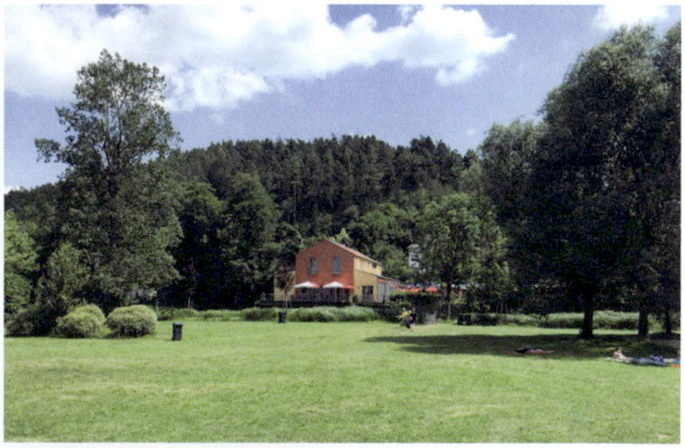
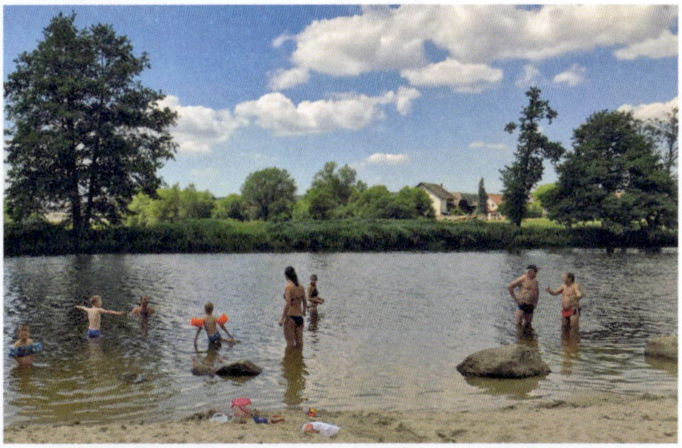
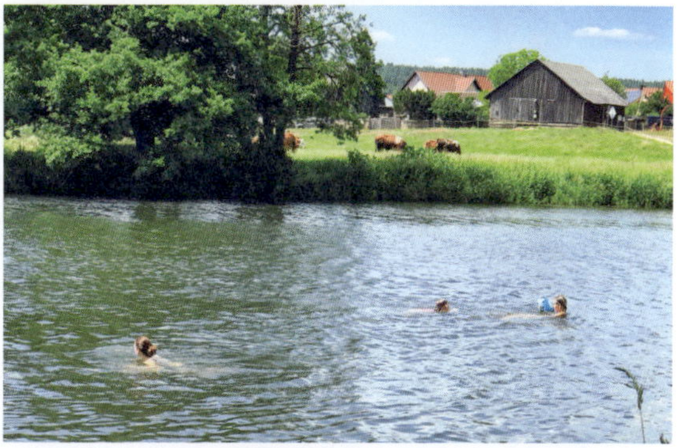
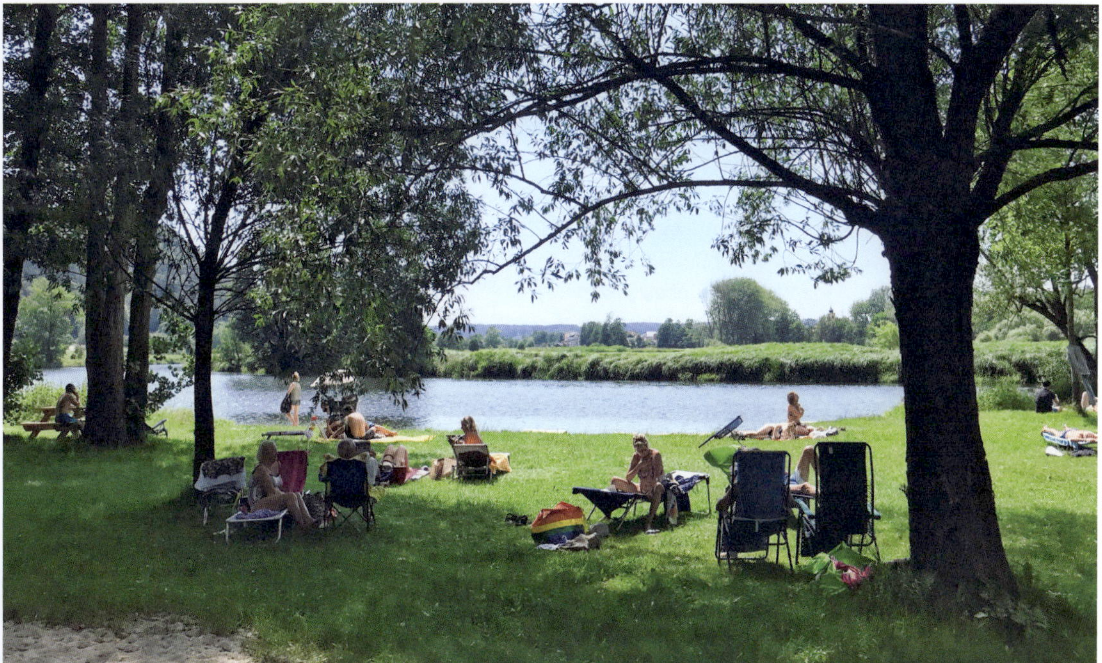

61

BAYERN

Weltenburg / Donau

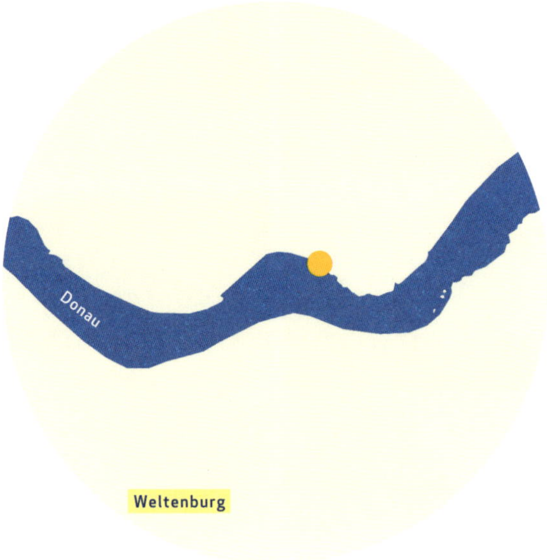

Willkommen im Indianerland! Die filmreife Weltenburger Enge liegt zwischen dem Kloster Weltenburg und der Stadt Kelheim in der südlichen Frankenalb. Das Naturschutzgebiet entlang des Donaudurchbruchs ist etwa 5,5 km lang und 400 m breit. Ein besonders schöner, nur bei Niedrigwasser existierender Badeplatz befindet sich auf der Sandinsel ungefähr 2 km unterhalb des Kosters. Zur Insel kommt man entweder mit einem Wassertaxi (Zille), dem eigenem Boot (Packraft) oder schwimmend (Schwimmboje). Sollte die Insel einmal schon zu frequentiert sein, finden sich flussabwärts in Felsnischen noch einige attraktive »Ausweichquartiere«.

Anfahrt

- Über A 9, A 3 oder A 8 und die B 16 nach Kelheim, von dort via B 2233 weiter zum etwa 1 km vor dem Kloster Weltenburg liegenden, gebührenpflichtigen Parkplatz. Alternativ könnte man sich über die orografisch linke Donauseite annähern und auf Höhe des Klosterparkplatzes mit einer kleinen Fähre, die auch Pkws mit bis zu 1,7 t Gesamtgewicht transportiert, übersetzen.
- GPS: 48.898886, 11.829583

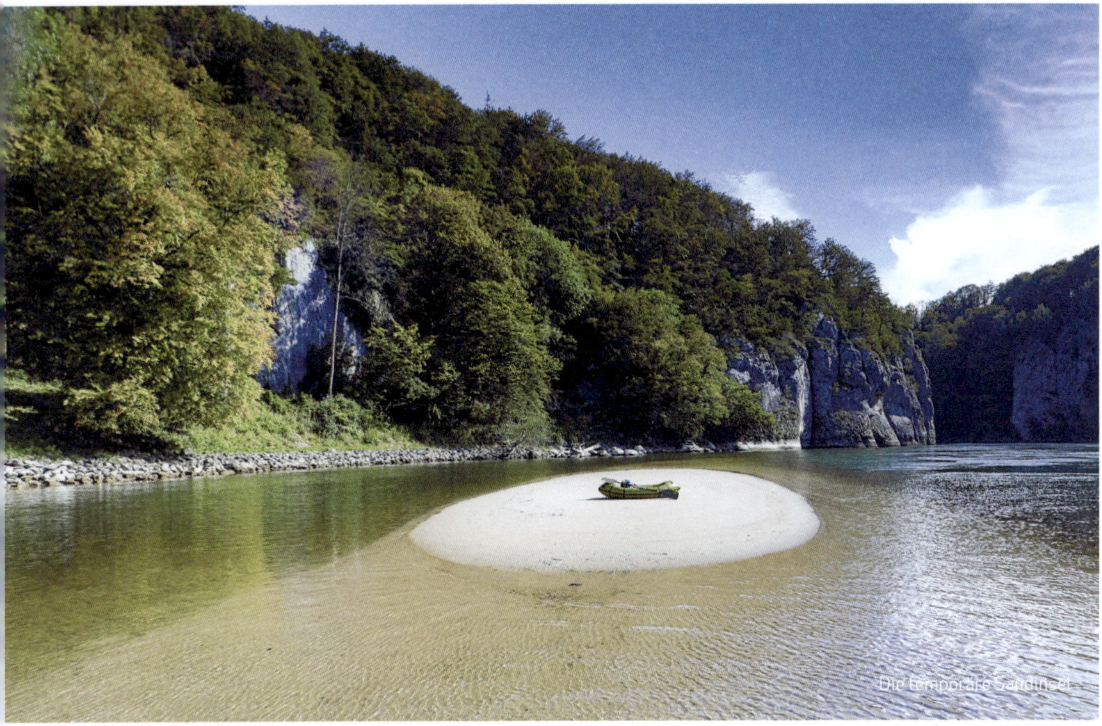

Die temporäre Sandinsel

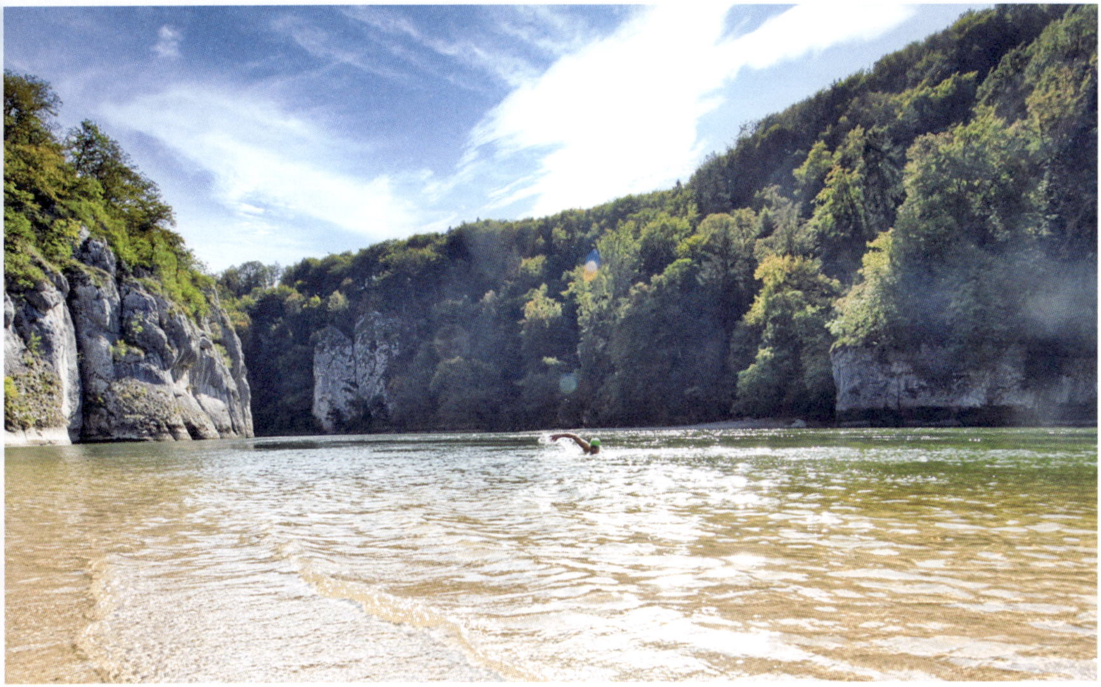

62

BAYERN

Neuburg / Donau

MITTE

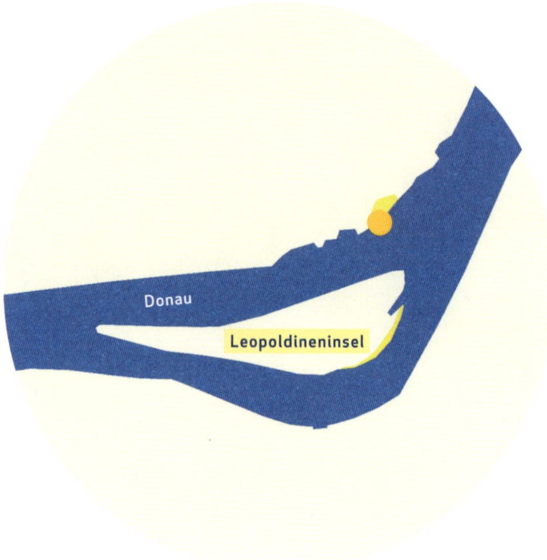

Am linken Donauufer gegenüber dem östlichen Ende der Leopoldineninsel befindet sich ein schöner Stadtstrand. In diesem Seitenarm der Donau ist die Strömungsgeschwindigkeit moderat, der kleine Sandstrand ist kindgerecht und die Aussicht auf die Altstadt grandios. An den Sitzbänken am Ufer trifft sich Alt und Jung zum Small Talk. Parkplätze, Cafés und Restaurants liegen in unmittelbarer Nähe, da man sich ja mitten in der Stadt befindet. Am letzten Samstag im Januar findet hier mit dem Neuburger Donauschwimmen jährlich das größte Winterschwimmen Europas statt.

Anfahrt

→ Von der B6 Richtung Zentrum/Altstadt, die Donau überqueren und kurz danach rechts zum Wohnmobilstellplatz abbiegen und dort parken.

→ GPS: 48.739807, 11.184598

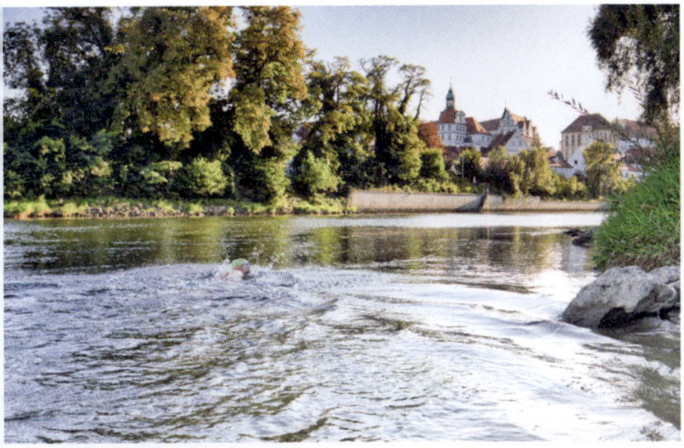

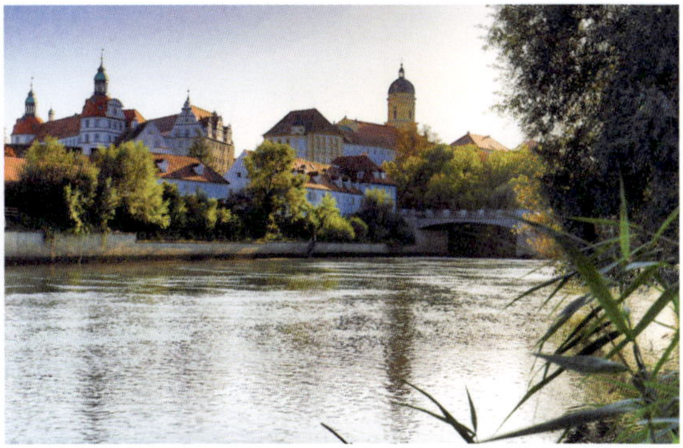

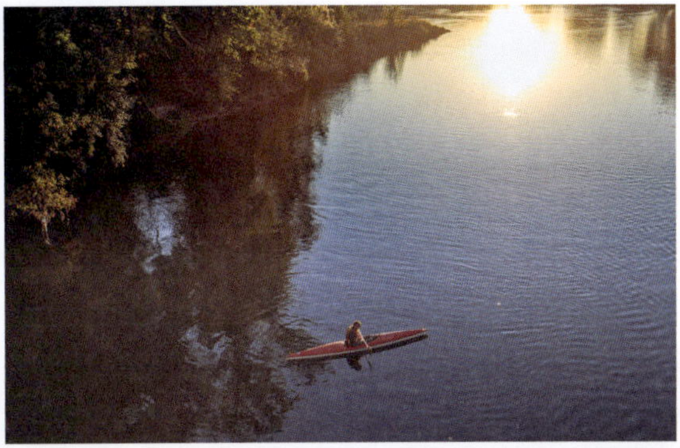

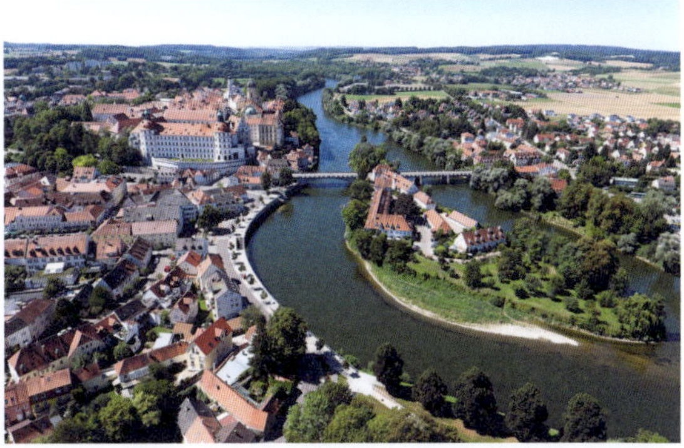

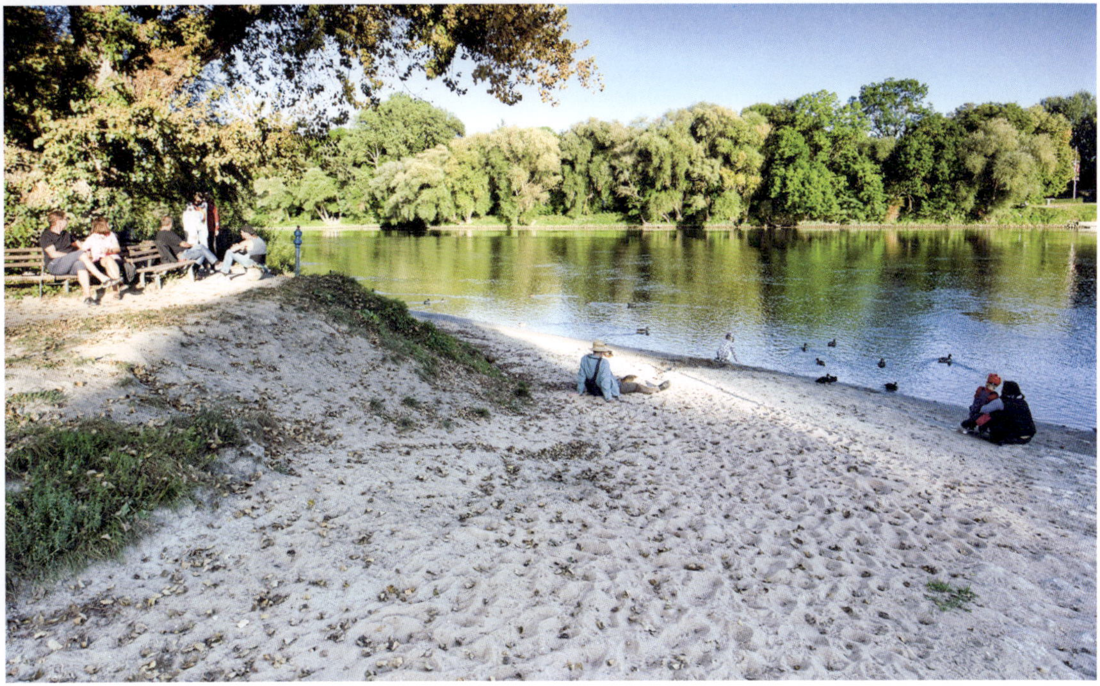

63

BADEN-WÜRTTEMBERG

Geroldsau / Geroldsauer Wasserfall

MITTE

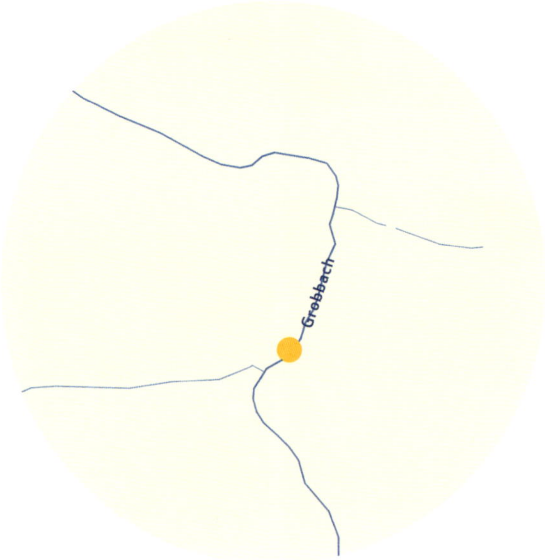

Rund um den etwa 6 m hohen Wasserfall des Grobbaches duftet es nach Rhododendren, die in den 1950er-Jahren unter Walter Rieger, dem Baden-Badener Gartenbaudirektor, angepflanzt wurden. Am Wasserfall delektierten sich seinerzeit schon Johannes Brahms oder Gustave Courbet, heute tun es ihnen im Sommer viele Touristen aus dem nahe gelegenen Fremdenverkehrsort Baden-Baden nach. Die wenigsten unter ihnen baden allerdings in dem schönen Gumpen. Gott sei Dank!

Anfahrt

- Von Baden-Baden über die B 500 bis Geroldsau und über die Wasserfallstraße bis zu einem Wanderparkplatz.
- GPS: 48.711623, 8.248959

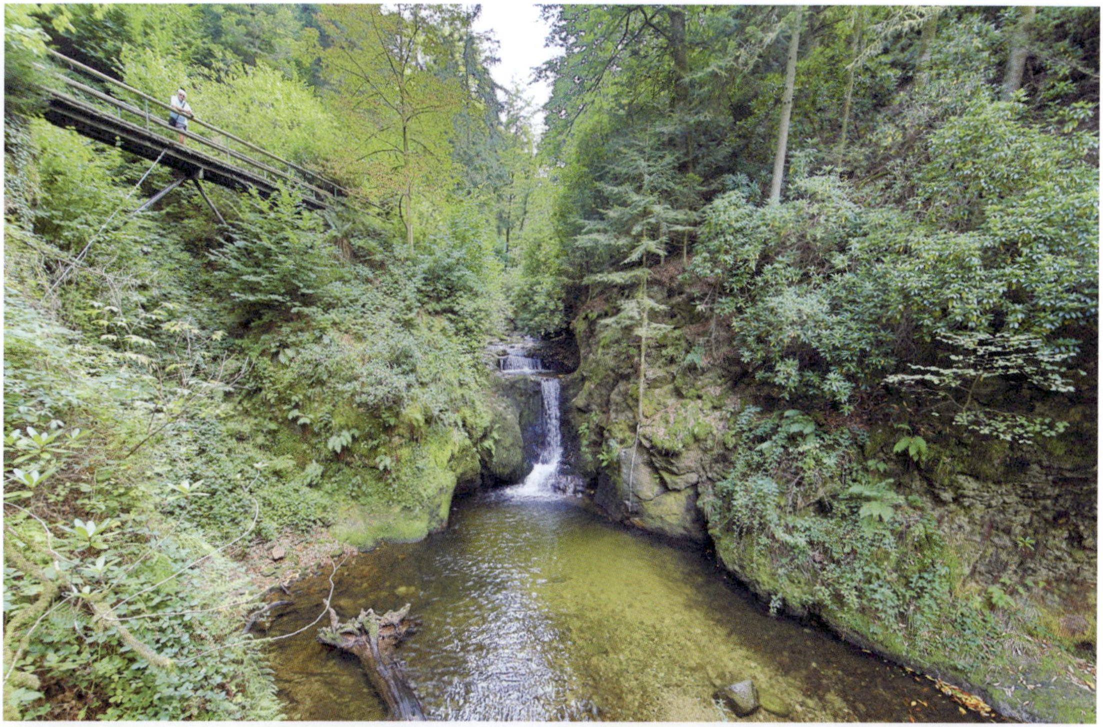

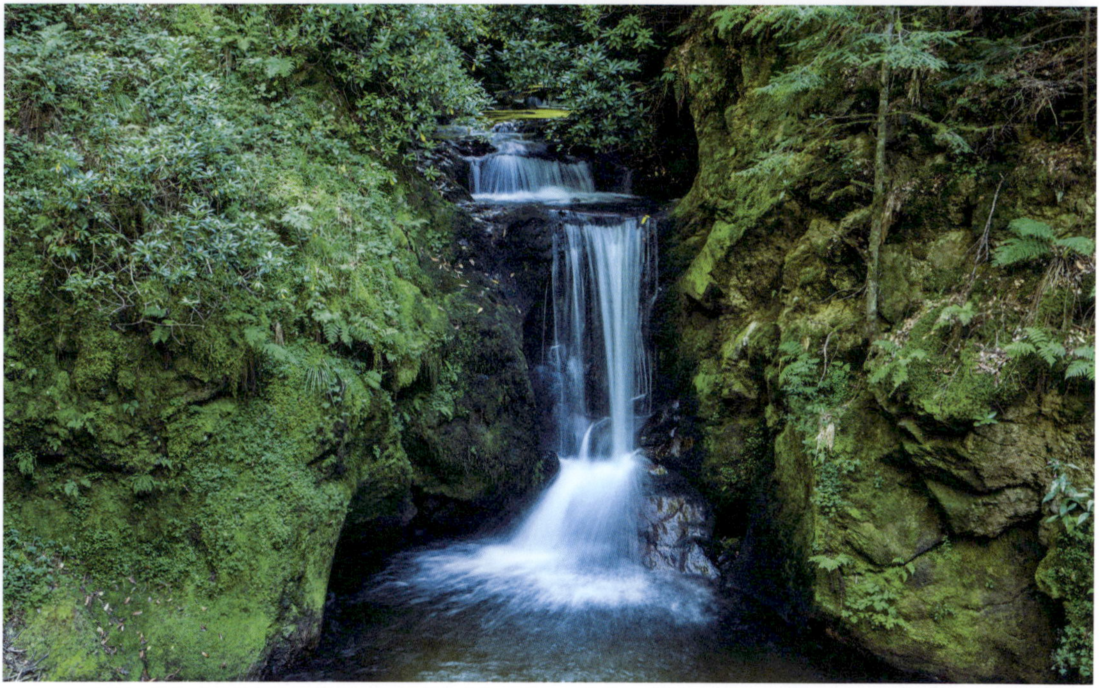

64

BADEN-WÜRTTEMBERG

Raumünzach / Murg

MITTE

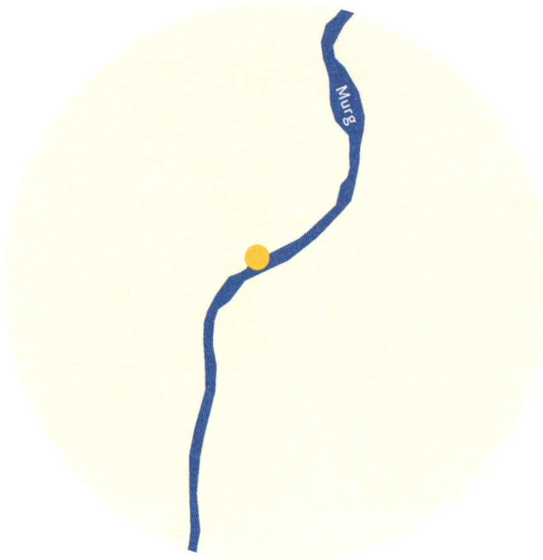

Zwischen Forbach und Raumünzach liegen wohl die schönsten Badestellen dieses den Schwarzwald von Süden nach Norden durchschneidenden, Wildflusses. Hinter mächtigen Felsbrocken und abgeschliffenen Granitblöcken laden Kolken und Gumpen zu erfrischenden Schwimmeinlagen, Sand- und Kiesbänke zum Sonnenbaden. Je nach Wasserstand ist das Baden hier entspannt bis spannend. Kinder jedenfalls gut im Auge behalten und Liegeplätze immer mit etwas Respektabstand zum Fließwasser wählen, damit man nicht von plötzlich auftretenden Wasseranstiegen (Gewitter und Wehre im Oberlauf) überrascht wird. Eine schöne, nicht ganz so abgelegene Badestelle gibt's auch nahe der Forbacher Murghalle.

Anfahrt

→ Die Badestelle liegt nahe der B 462 zwischen Raumünzach und Forbach unweit der Schnellbahnstation Raumünzach. Bergseitig zweigt eine kurze Stichstraße ab, von der aus man auf einem Wiesenweg unter der Bahntrasse durch zur Murg absteigen kann.

→ GPS: 48.648902, 8.354623

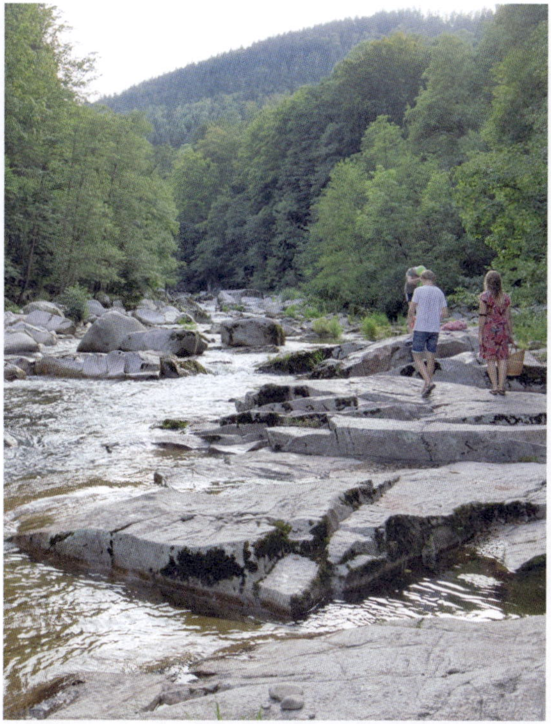

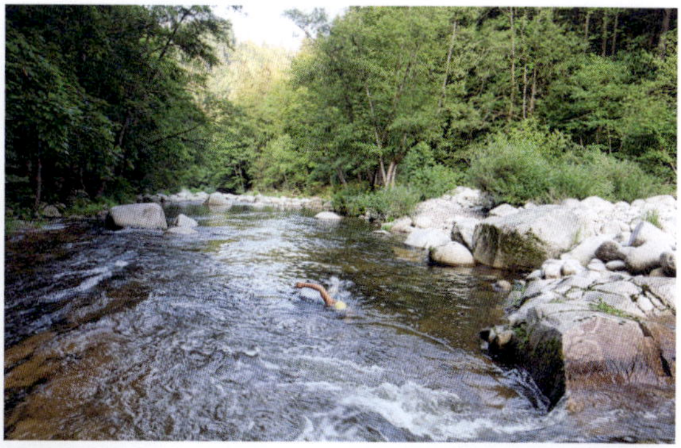

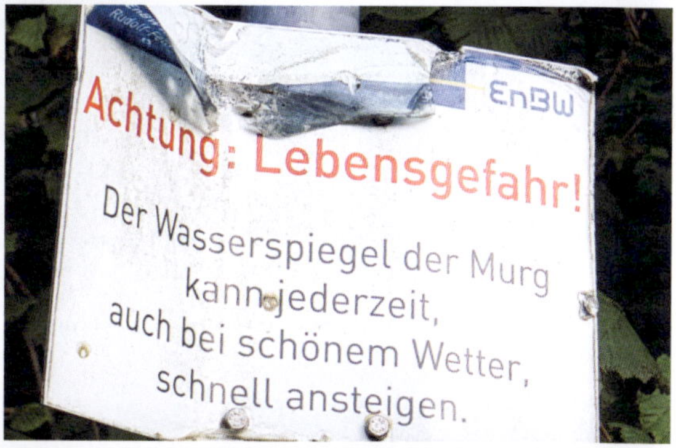
EnBW
Achtung: Lebensgefahr!
Der Wasserspiegel der Murg
kann jederzeit,
auch bei schönem Wetter,
schnell ansteigen.

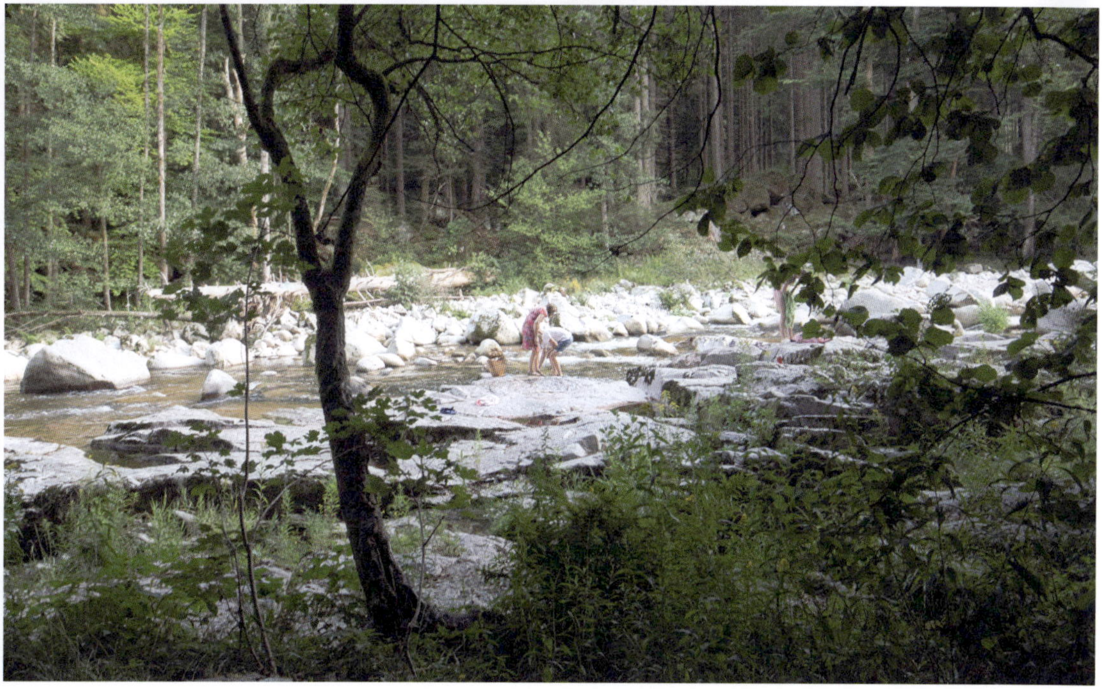

65

BADEN-WÜRTTEMBERG

Mummelsee

MITTE

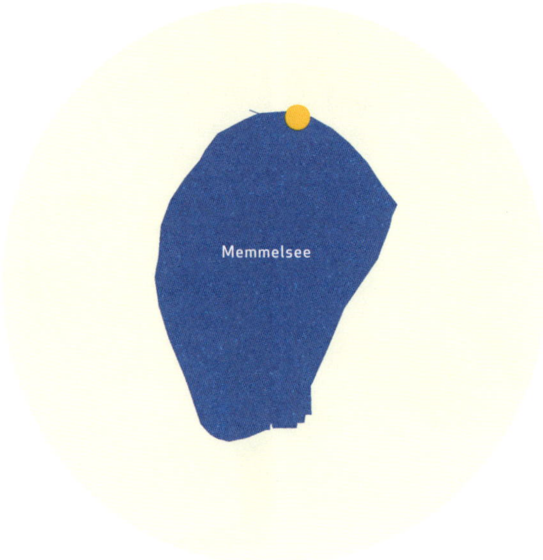

Da der sagenumwobene See direkt an der Schwarzwaldhochstraße liegt, zählt er zu den meistbesuchten Seen in Baden-Württemberg. Wer ihn aber eher zu den Tagesrandzeiten aufsucht und bereit ist, ein paar Schritte zu gehen, der findet hier selbst im Hochsommer noch einen schönen Badeplatz. Bei den Temperaturen im 1028 m hoch gelegenen Bergsee dürfte es im Wasser auch zu keinem schwimmerischen Gedränge kommen. Höchstens ein paar Tret- oder Ruderboote, die man am Berghotel Mummelsee entleihen kann, könnten einem in die Quere kommen. Im Norden wird der bildschön gelegene, rund 1,9 ha große See von der Horningsrinde, dem höchsten Berg des Nordschwarzwaldes, überragt.

Anfahrt

- → Der Mummelsee liegt unmittelbar an der B 500 zwischen Baden-Baden und Kniebis.
- → GPS: 48.598895, 8.201234

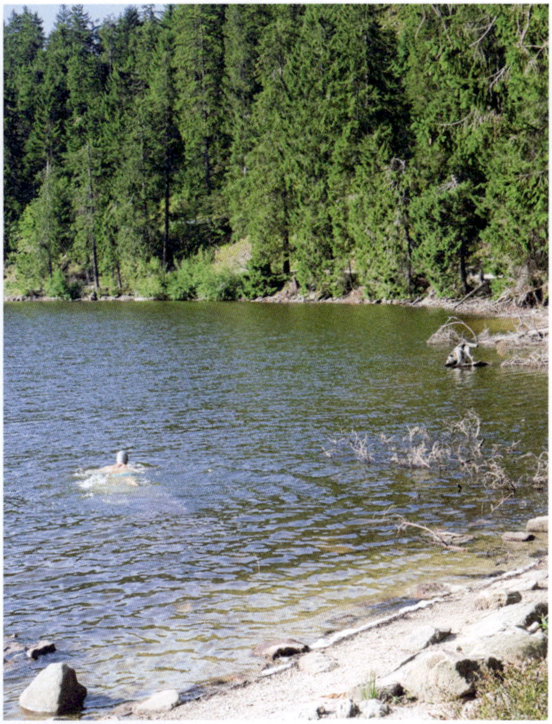

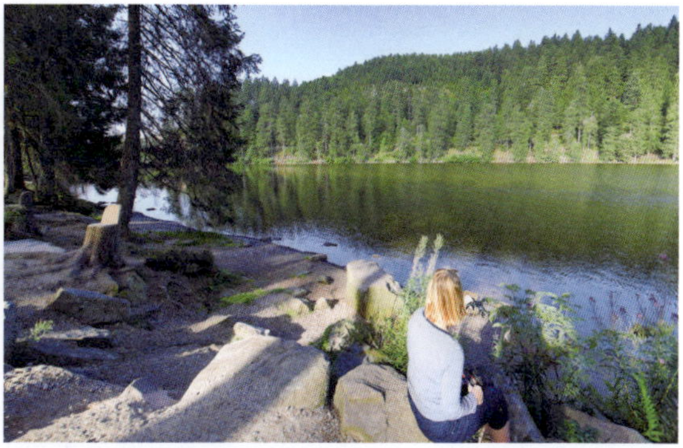

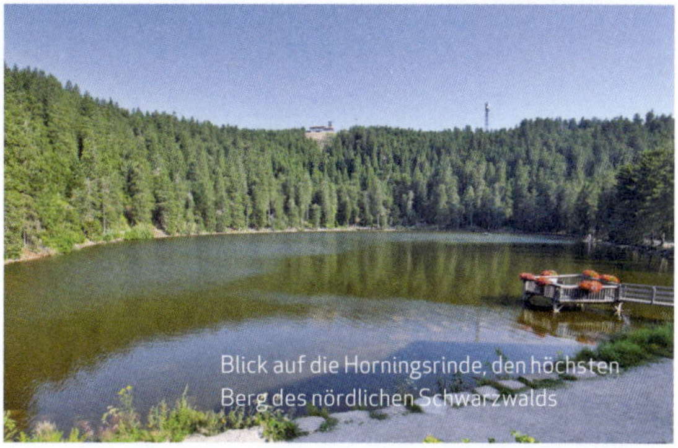

Blick auf die Horningsrinde, den höchsten Berg des nördlichen Schwarzwalds

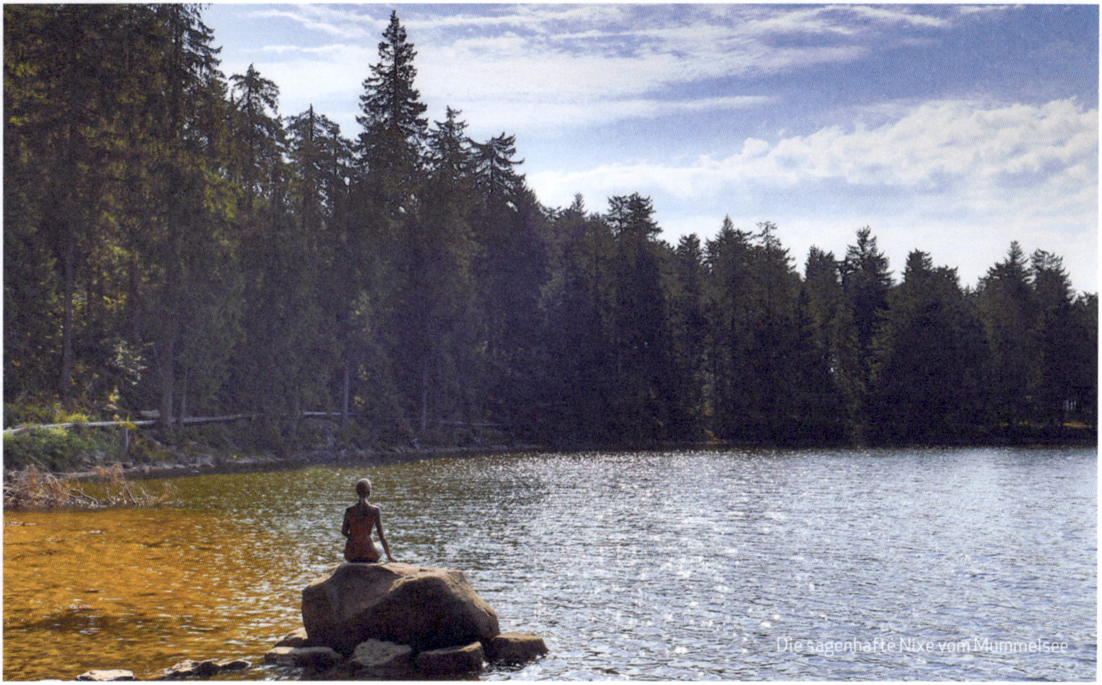

Die sagenhafte Nixe vom Mummelsee

66 Ottenhöfen / Edelfrauengrab-Wasserfälle

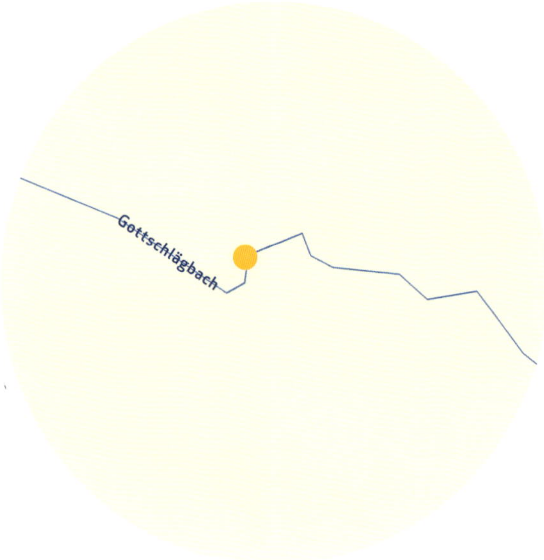

Laut einer Schwarzwaldsage soll in einer Auskolkungshöhle an der Wasserfallstufe dereinst eine zwar edle, aber untreue Frau ihr gewaltsames Ende gefunden haben. Vom Wanderparkplatz führt ein ca. 1,4 km langer Weg durch die Wasserfälle, deren unterster zum Schwimmen der geeignetste ist. Am oberen Ende des Gottschlägtals gibt's einen Trinkbrunnen und für besonders Abenteuerdurstige auch einen Klettersteig.

Anfahrt

→ Im Ortszentrum von Ottenhöfen von der L 87 Richtung Edelfrauengrab-Wasserfälle abbiegen und bis zum Wanderparkplatz hochfahren.

→ GPS: 48.558562, 8.170164

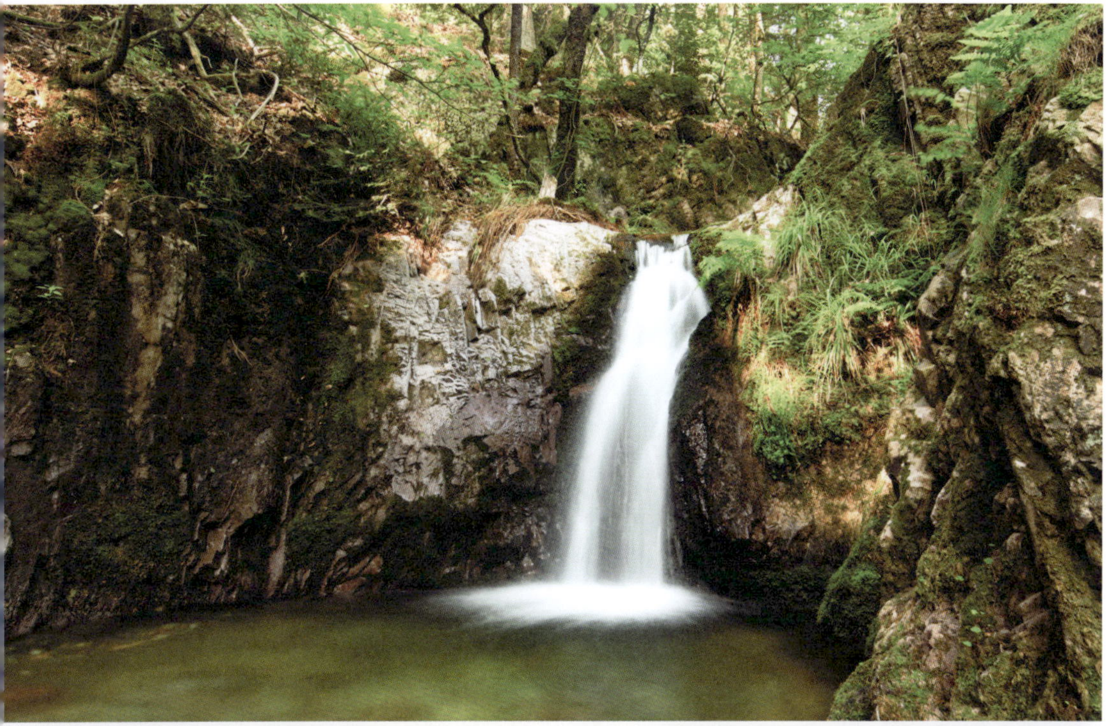

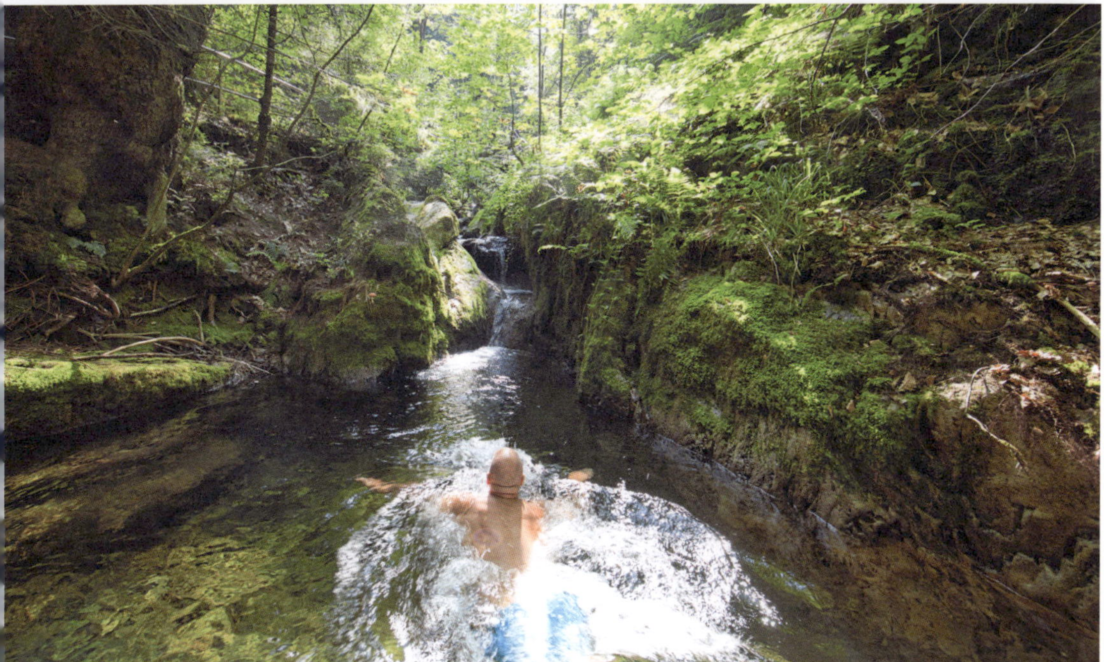

67

BADEN-WÜRTTEMBERG

Baiersbronn / Sankenbachsee

MITTE

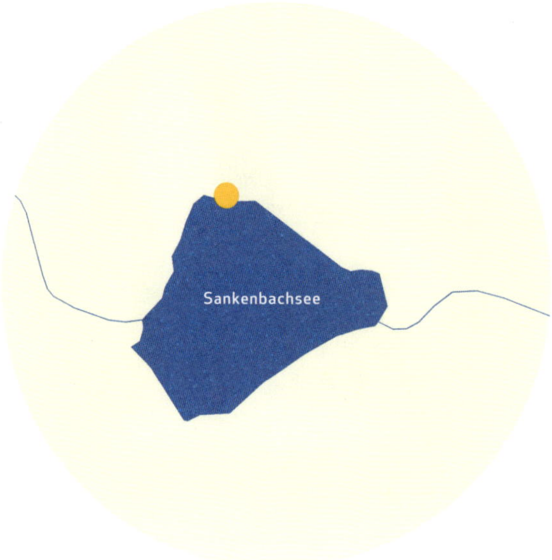

Sankenbachtal und Sankenbachsee sind Teil des Landschaftsschutzgebiets »Seitentäler der Murg«. Der Sankenbachsee ist darin einer von fünf Karseen, allerdings der einzige, in dem auch gebadet werden darf. Das Wasser des idyllischen Bergsees stammt aus dem Sankenbach-Wasserfall, wird durch Huminstoffe, die es dunkel und trüb erscheinen lassen, braun gefärbt, aber auch besonders weich. Am Westufer befinden sich eine Liegewiese und eine Grillstelle, am Nordufer stehen einige Holzbänke. Besonders empfehlenswert ist vor dem Sprung in den See die nicht allzu schwierige Anfahrt per Mountainbike.

Anfahrt

- Im Ortszentrum von Baiersbronn von der B 462 auf die Sankenbachstraße einbiegen und bis zum Wanderparkplatz Sankenbachtal hochfahren, von dort in ca. 30 Min. zu Fuß zum See.
- GPS: 48.484680, 8.338238

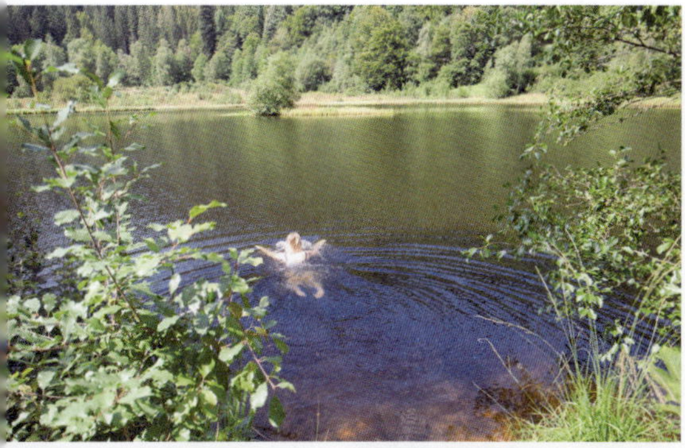

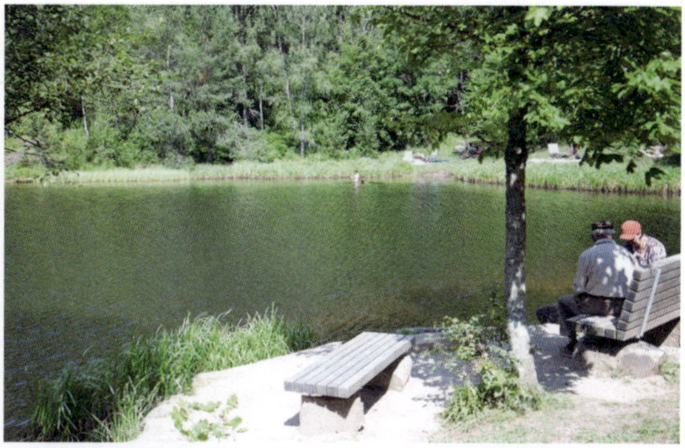

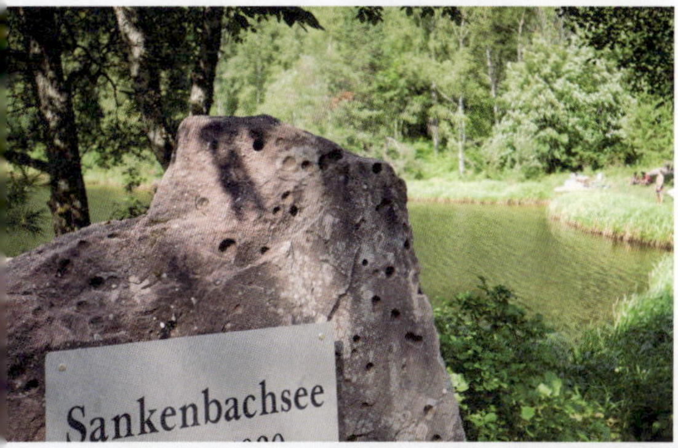

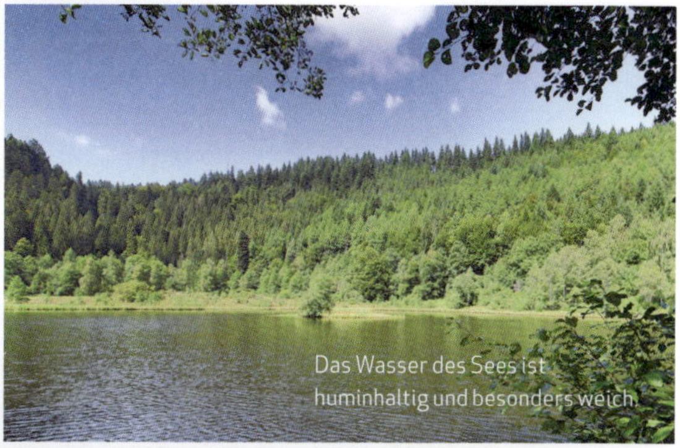
Das Wasser des Sees ist huminhaltig und besonders weich

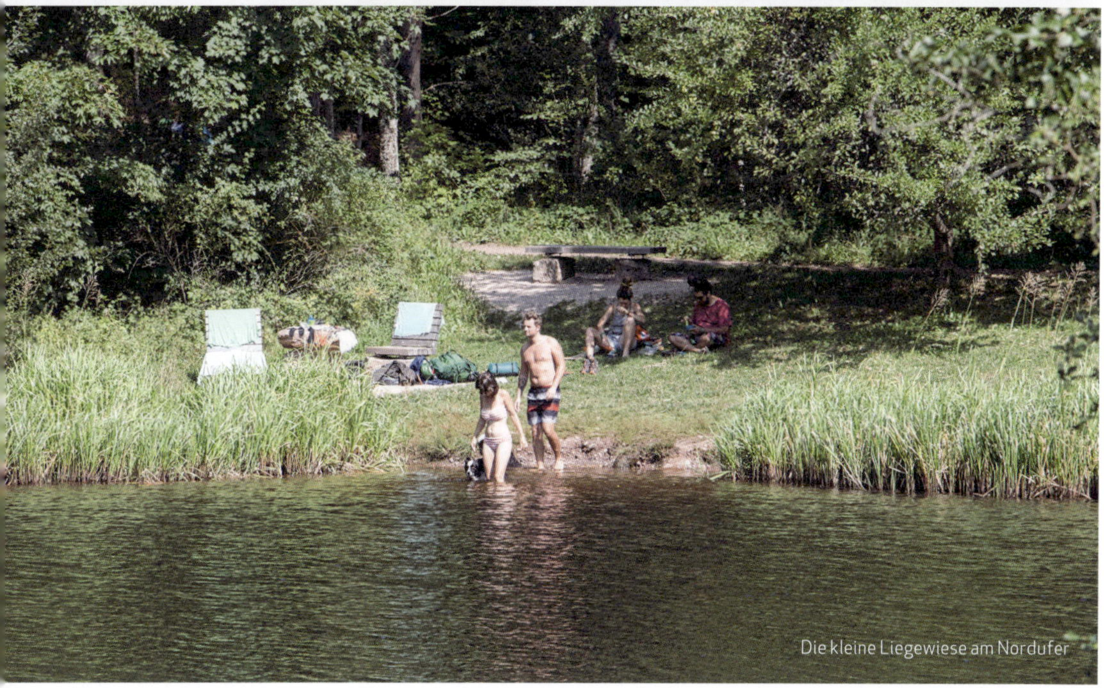
Die kleine Liegewiese am Nordufer

SÜ

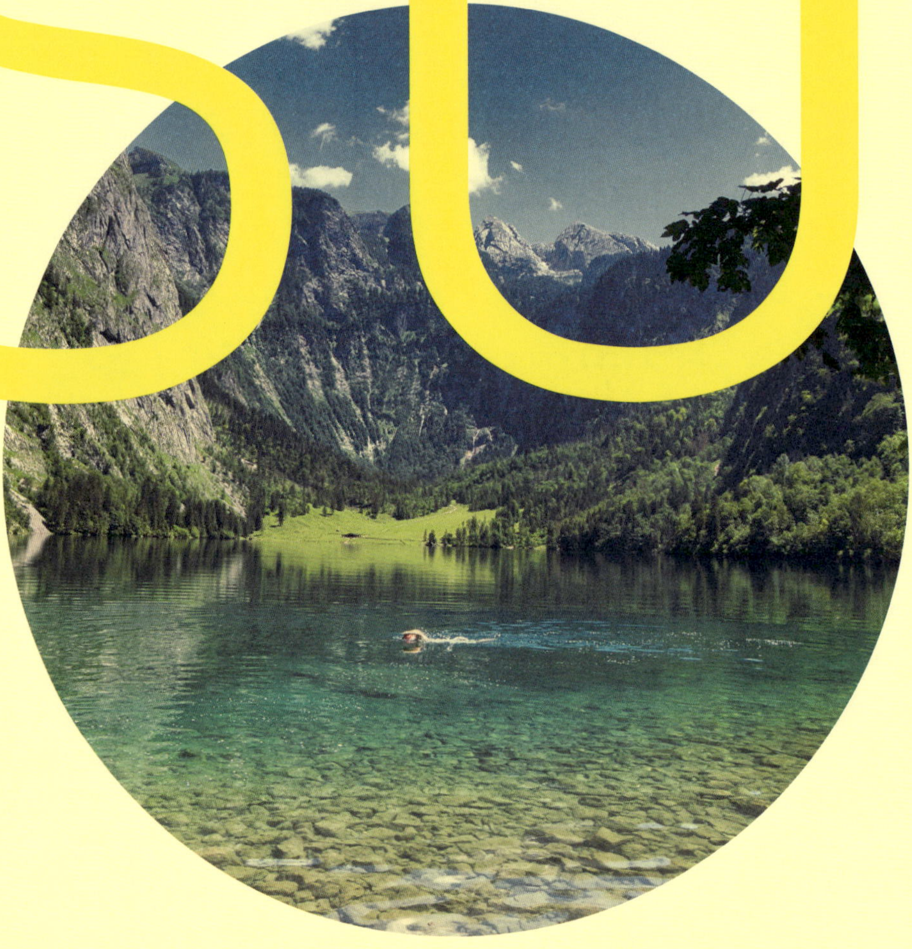

Südlich des Weißwurst-Äquators ist die (Wildswimming-)Welt noch in Ordnung.

Im Alpenvorland gibt es eine Fülle sogenannter Toteisseen, die für Schwimmer ein höchst willkommenes Vermächtnis der letzten Eiszeit darstellen. In den alpinen Strichen des Schwarzwaldes, des Allgäus und des alpinen Bayerns locken verführerische Bergseen und eine Fülle herausfordernder Wasserfälle.

SÜDEN

68 Wegscheid/Rannasee
69 Kirchdorf/Waldsee
70 Bergham am See/ Berghamer See
71 Unterföhring/ Poschinger Weiher
72 München/Isar
73 Augsburg/Lech
74 Göffingen, Unlingen/ Göffinger Weiher
75 Riedlingen/Donau
76 Lenzkirch/Windgfällweiher
77 St. Blasien/Klosterweiher
78 Görwihl/Krai-Woog-Gumpen
79 Laufen/Salzach
80 Ringham/Weidsee
81 Grabenstätt/Tüttensee
82 Truchlachting/Alzbad
83 Chiemsee/Krautinsel
84 Bad Endorf/Langbürgnersee
85 Sachsenkam/Kirchsee
86 Iffeldorf/Großer Ostersee
87 Saulgrub/Ammer
88 Immenstadt/ Iller beim Wakeboardpark
89 Oberstaufen/ Buchenegger Wasserfall
90 Lindau/Bodensee
91 Hagnau/Bodensee
92 Reichenau/Bodensee
93 Dachsberg/Alb
94 Marktschellenberg/ Berchtesgadener Ache
95 Schönau/Seeleinsee
96 Schönau/Obersee
97 Schneizlreuth/ Mußbach-Wasserfall
98 Ruhpolding/Mittersee
99 Kössen/Taubensee
100 Aschau/ Schoßrinn-Wasserfall
101 Oberaudorf/Bichlersee
102 Oberaudorf/ Tatzelwurm-Wasserfall
103 Josefsthal/Hachelbach
104 Schliersee/Spitzingsee
105 Bad Wiessee/Tegernsee
106 Kreuth/Glashütten-Gumpen
107 Lenggries/Sylvensteinsee
108 Barmsee/Barmsee
109 Mittenwald/Wildensee
110 Mittenwald/Luttensee
111 Mittenwald/Ferchensee
112 Farchant/ Kuhflucht-Wasserfall
113 Eibsee

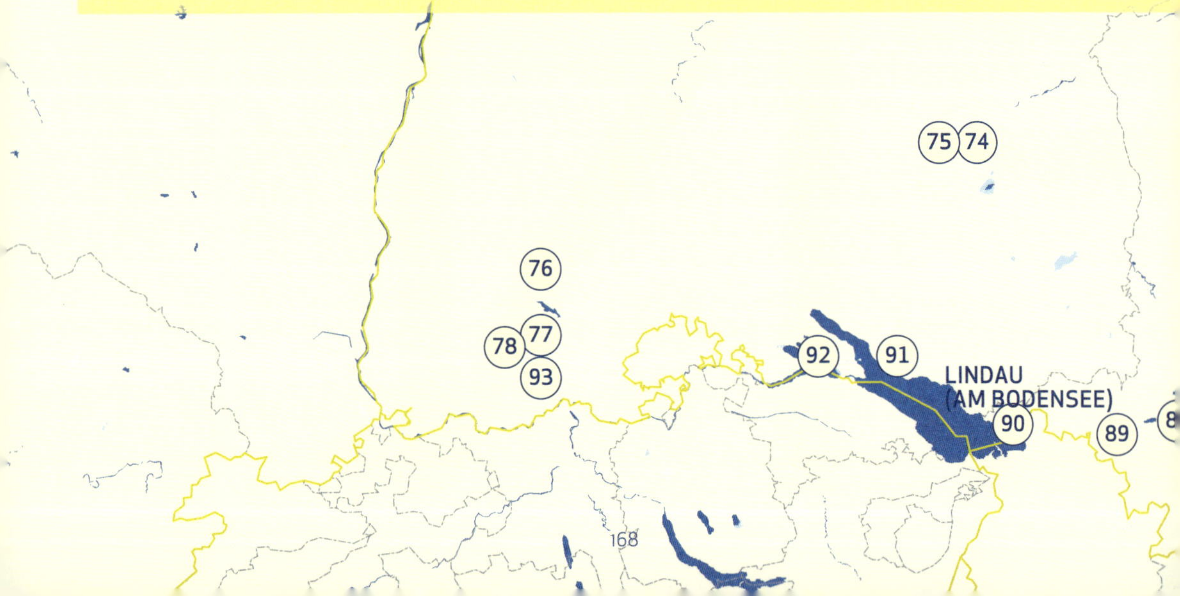

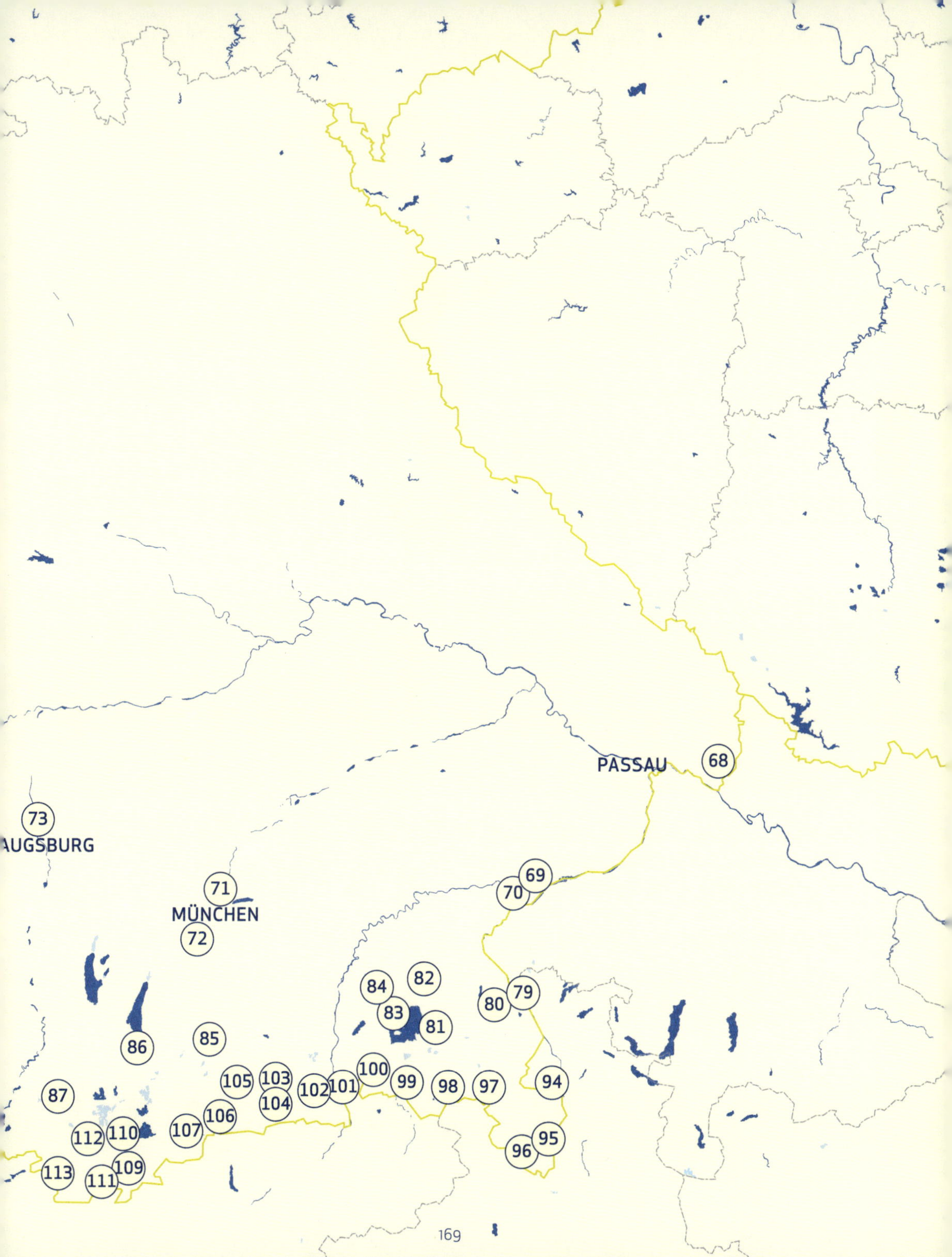
PASSAU
68
73
AUGSBURG
71
MÜNCHEN
72
69
70
84
82
83
81
80
79
85
86
100
105
103
102
101
99
98
97
94
104
87
106
107
110
112
95
96
109
113
111

68

BAYERN

Wegscheid / Rannasee

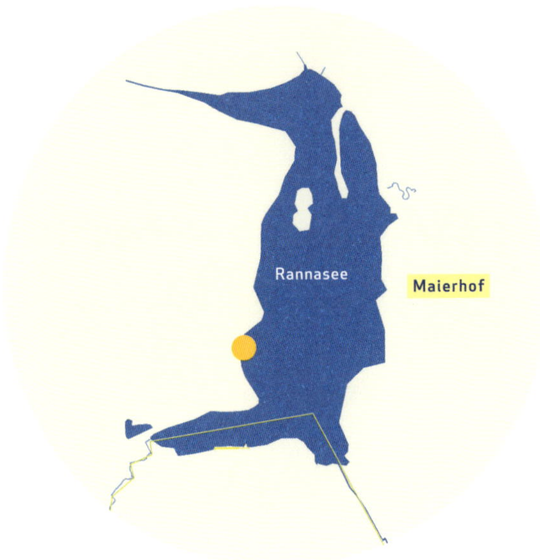

Weil ein Seeteil schon in Österreich liegt, bedurfte es eines Staatsvertrags, um den 1983 eröffneten Badesee überhaupt verwirklichen zu können. Der Aufwand hat sich gelohnt, und dem kleinen Stausee ist seine künstliche, auch energiewirtschaftlich nutzbare Entstehung heute nicht mehr wirklich anzumerken. Im nordöstlichen Bereich gibt es eine Badeanstalt, schöne Naturbadestellen finden sich in der Südwestecke und am Südufer. Die in der Mitte des Sees liegende Liebesinsel darf aus Naturschutzgründen nicht betreten werden.

Anfahrt

- A 3 Nürnberg-Passau, Ausfahrt Passau-Nord/ Wegscheid, über Passau, Obernzell und Untergriesbach auf der B 388 nach Wegscheid.
- GPS: 48.566576, 13.758489

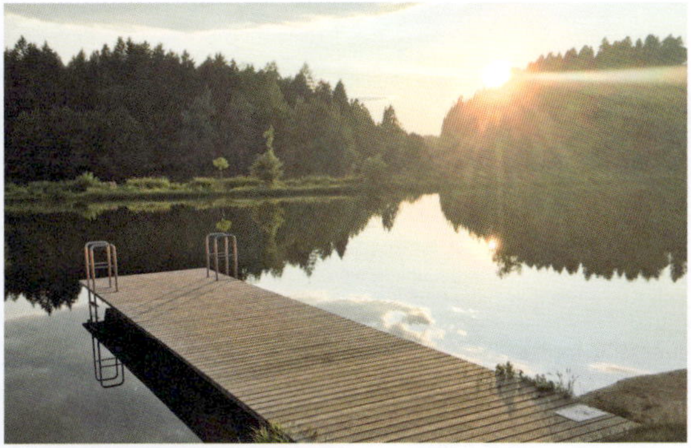

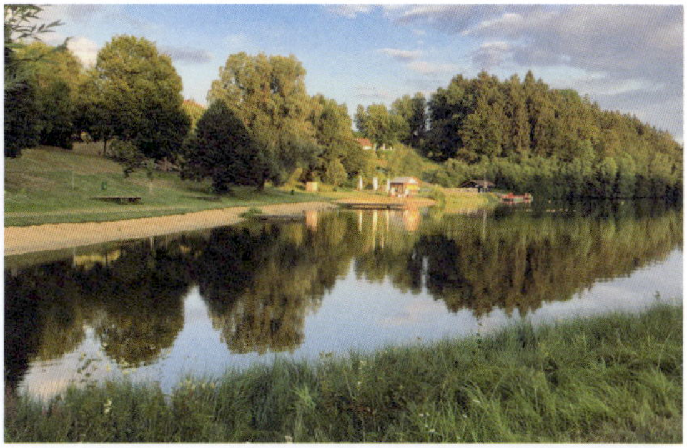

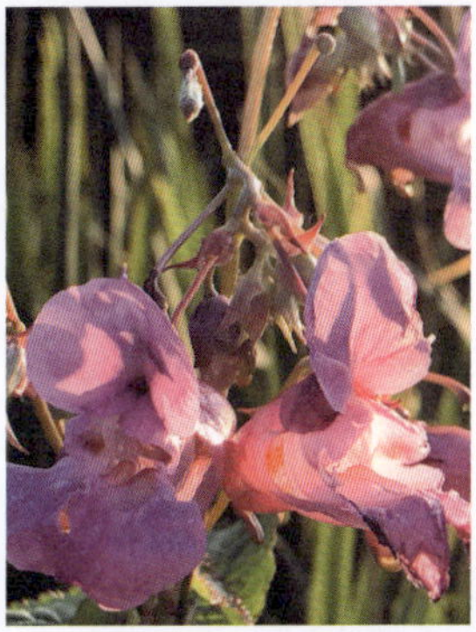

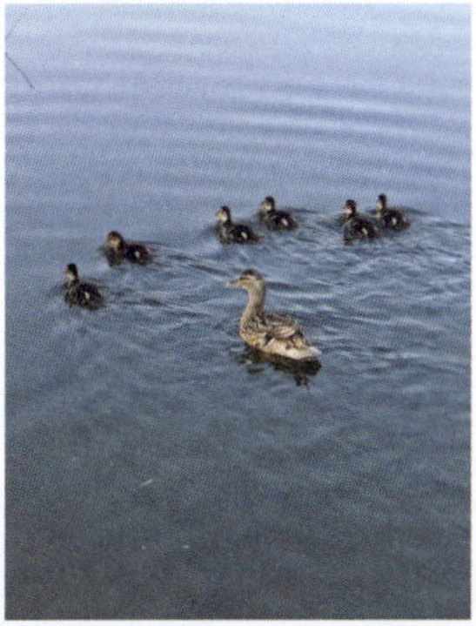

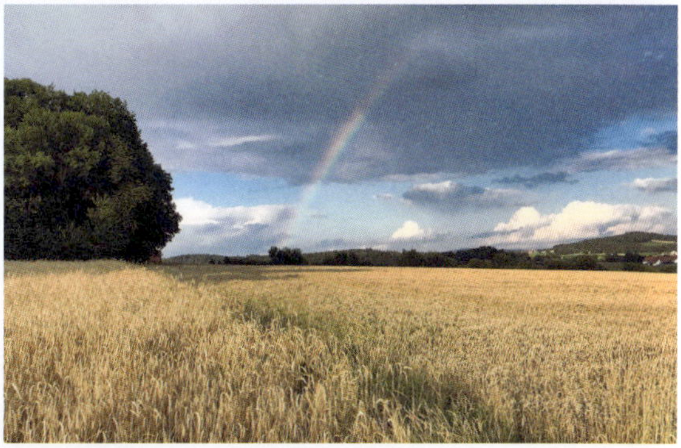

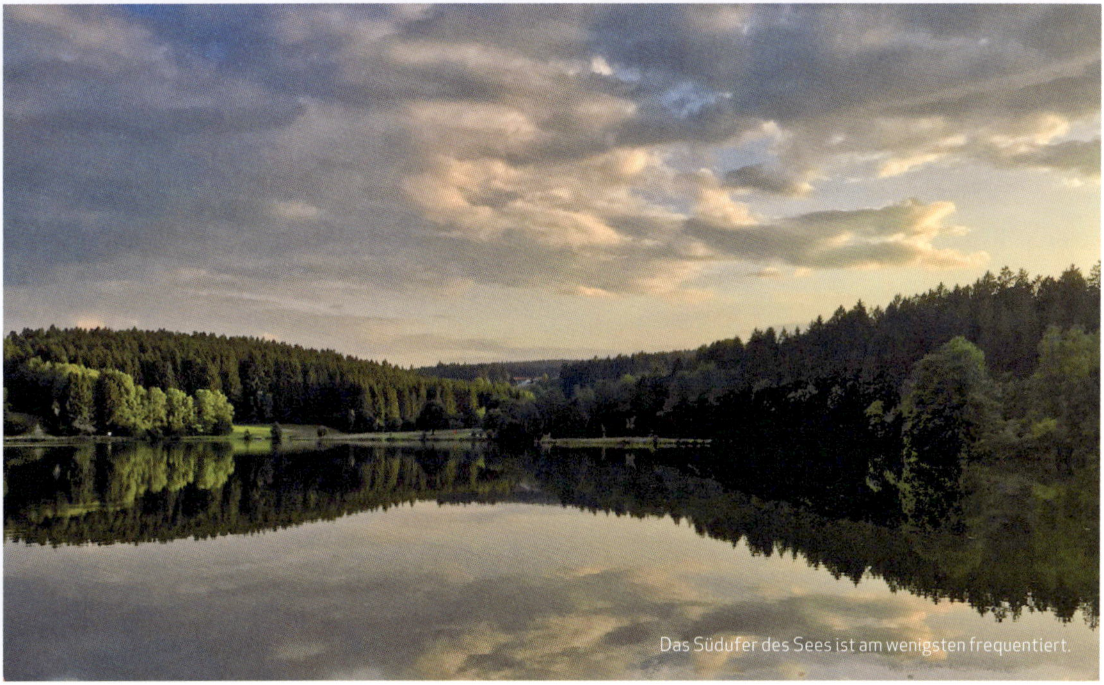

Das Südufer des Sees ist am wenigsten frequentiert.

69

BAYERN

Kirchdorf / Waldsee

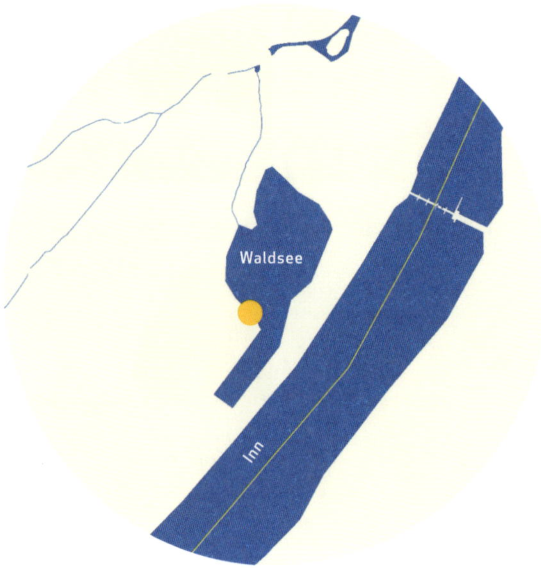

Der »Lago«, wie er von den Einheimischen auch genannt wird, eignet sich mit einem Umfang von rund 1,8 km und seinem breiten Rundweg gut für Spaziergänger, Walker, Läufer und Radfahrer. Badegäste lockt er mit ausgezeichneter Wasserqualität, Liegewiesen samt schattenspendenden Bäumen, Bänken, Umkleidekabinen und Duschen. In seinen schilfbewachsenen Uferzonen fühlen sich Höckerschwäne, Kormorane und Kolbenenten wohl, hungrige und durstige Zeitgenossen hingegen eher auf der gemütlichen Terrasse der Gastwirtschaft.

Anfahrt

- Von München über A 94 bis Marktl und über B 20 und B 12 nach Kirchdorf.
- GPS: 48.242309, 12.99890

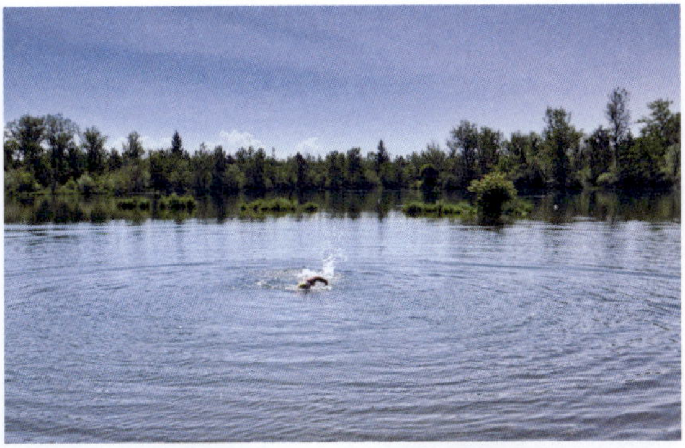

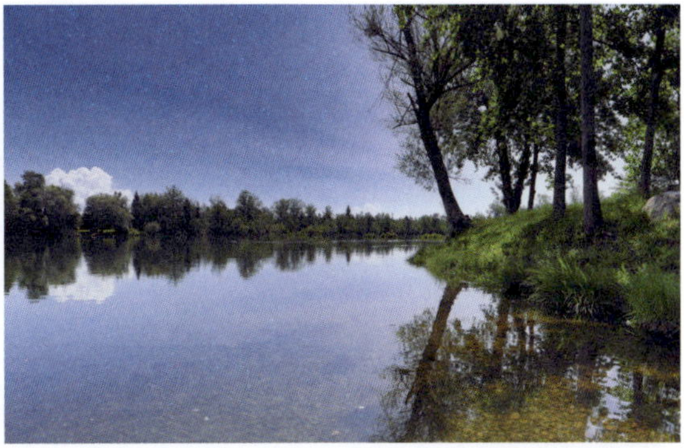

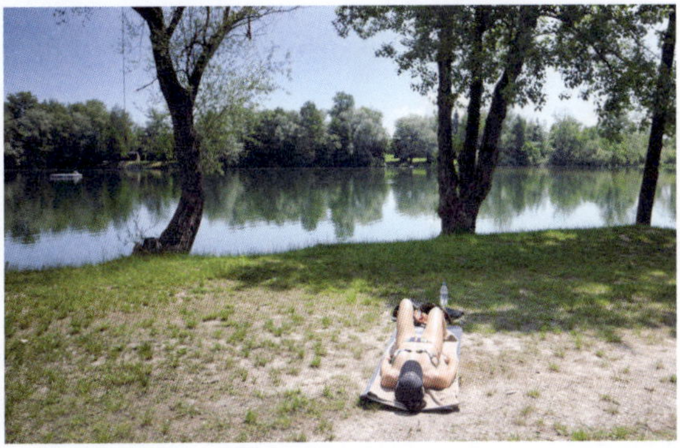

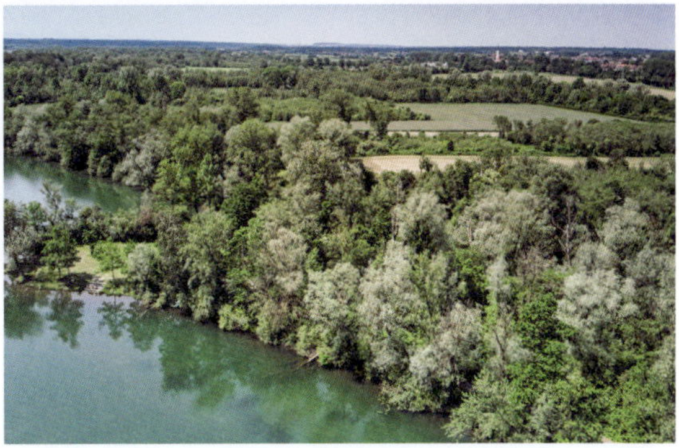

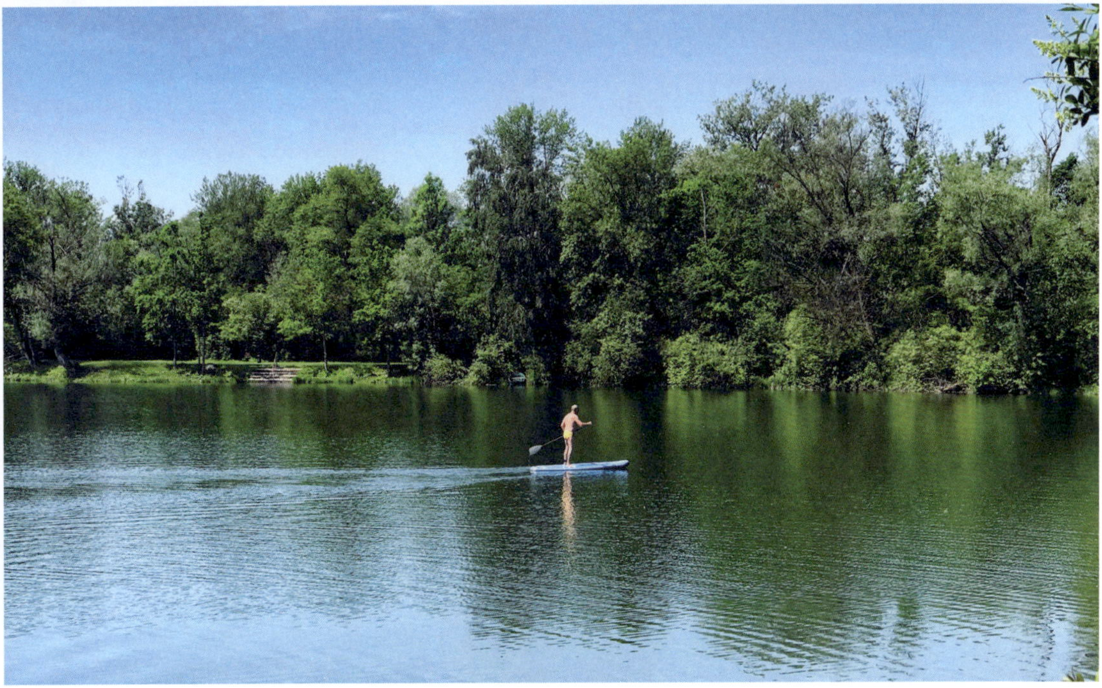

70

BAYERN

Bergham am See / Berghamer See

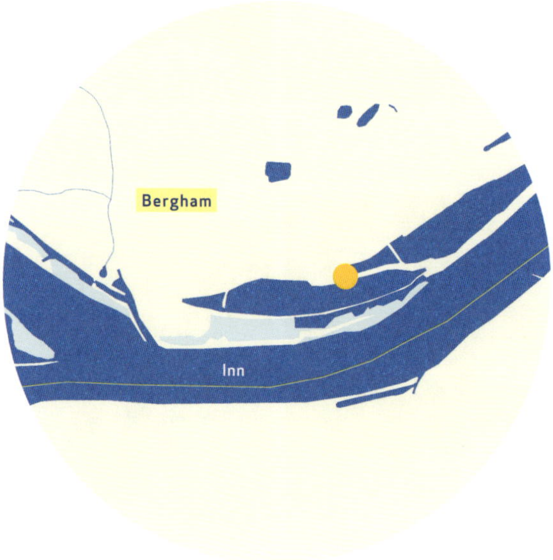

Leicht erreichbare, direkt am Inn gelegene, im Sommer überwachte Badestelle mit großer Liegewiese, Grillstellen, Beachvolleyballplatz und kinderfreundlichem Strand. Nettes Restaurant mit originellen Gastgebern, chilligem Gastgarten, gepflegtem Essen und oftmals Livemusik. Laut Auskunft des launigen Wirts kommt es hier durchaus vor, dass manchmal der Bär steppt. Wer es etwas einsamer, stiller und textilfrei mag, der sollte sich links vom Hauptstrand in die Büsche schlagen.

Anfahrt

→ Von München über A 94 bis Marktl und über B 20 und B 12 nach Bergham

→ GPS: 48.211686, 12.949380

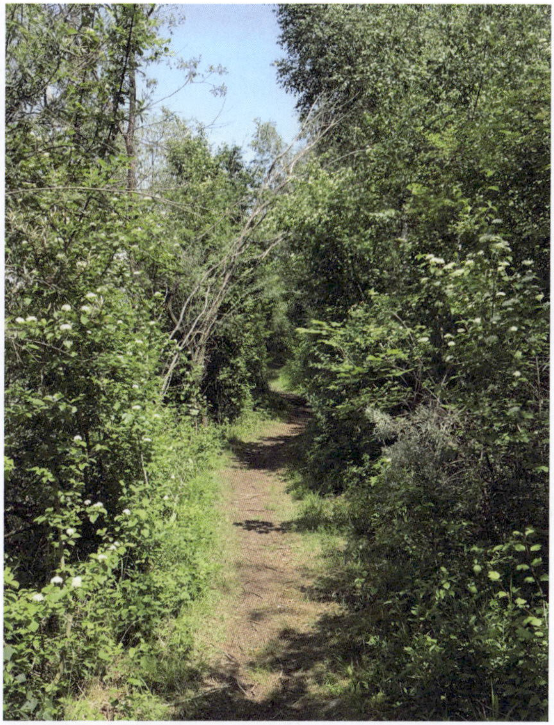
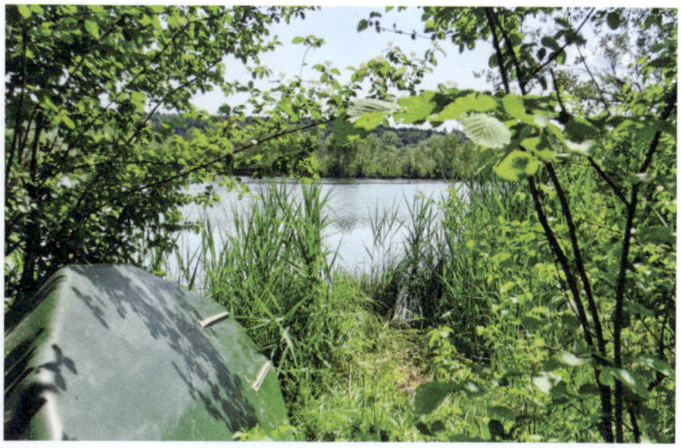
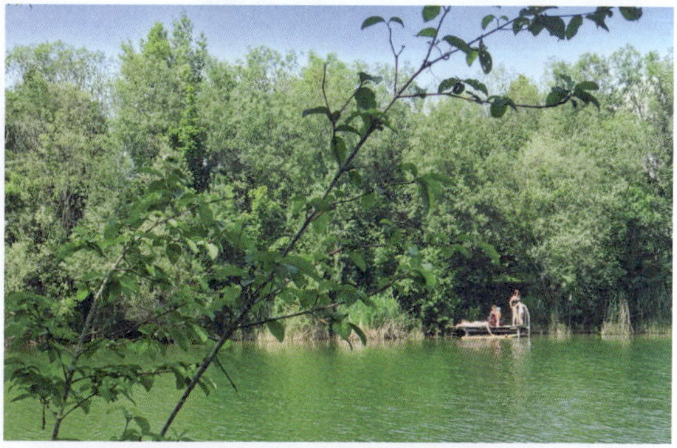
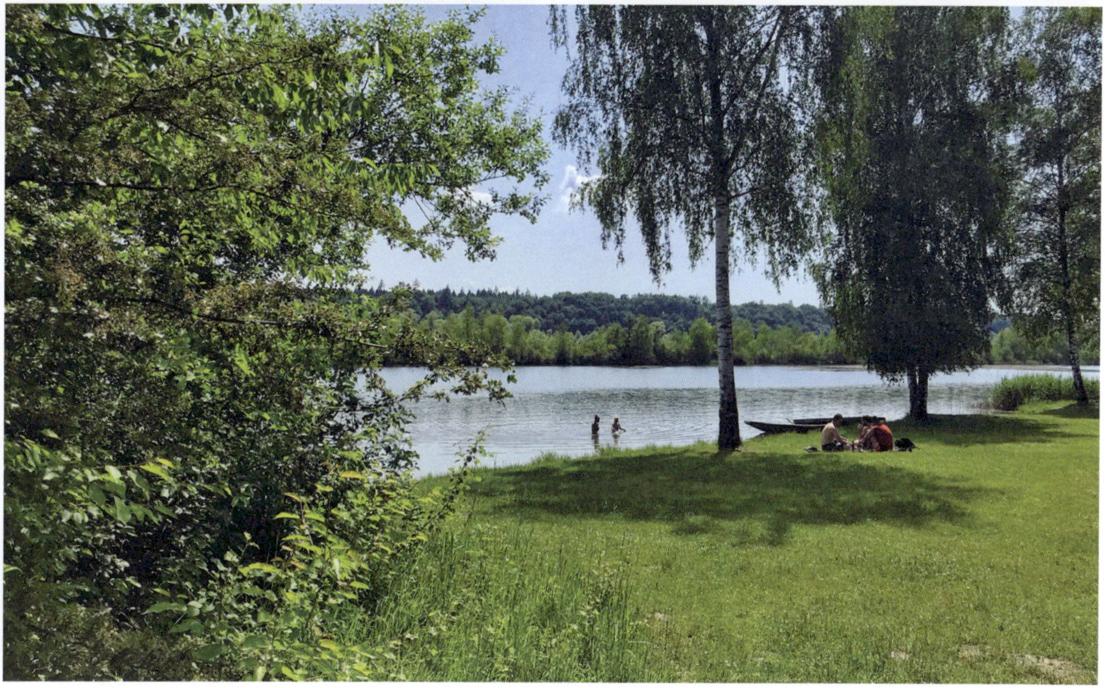

71

BAYERN

Unterföhring / Poschinger Weiher

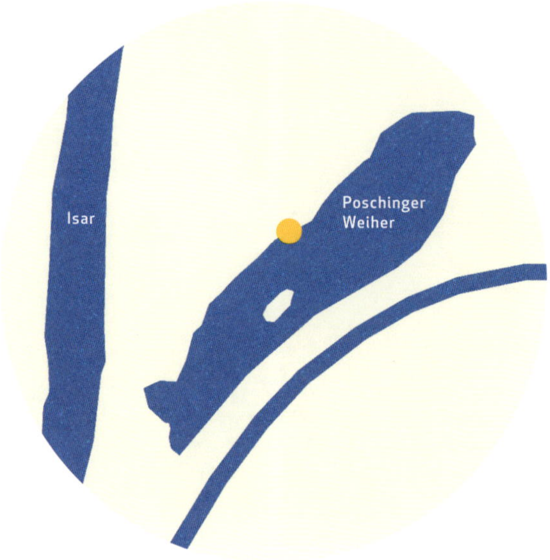

Als stadtnahes Idyll und längst nicht so überlaufen wie der nahe gelegene Feringasee hat der als Baggersee nach dem Ersten Weltkrieg entstandene Poschinger Weiher viele Stammgäste. Vor allem ältere Badegäste und Familien schätzen nicht nur die flachen Ufer und die großen Liegewiesen, auf denen Grillen und Fußballspielen verboten ist, sondern auch den gemütlichen Biergarten der Gastwirtschaft. Aus Naturschutzgründen darf die kleine Insel mitten im Weiher nicht betreten werden. Da sich der Weiher in den Isarauen befindet, kann man auch den Münchner Paradefluss nutzen – man sollte dann aber ein erfahrener Schwimmer sein.

Anfahrt

→ A 99 Abfahrt Unterföhring, an der Ortseinfahrt der Wegweisung Poschinger Weiher folgen.

→ GPS: 48.201485, 11.643091

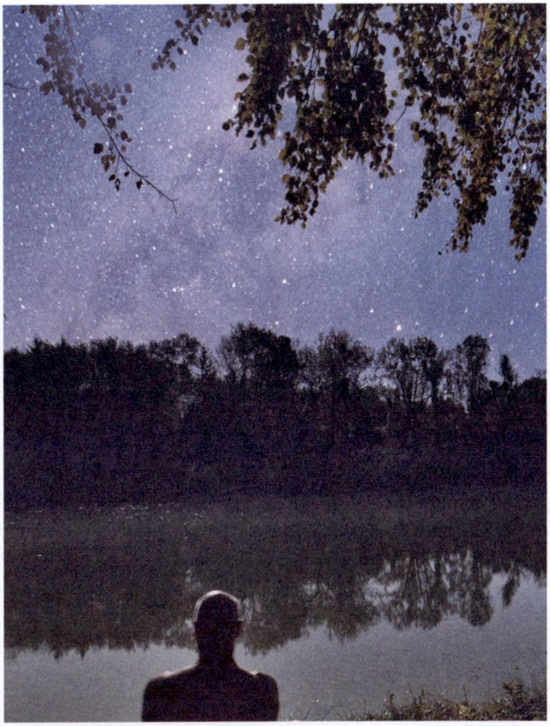
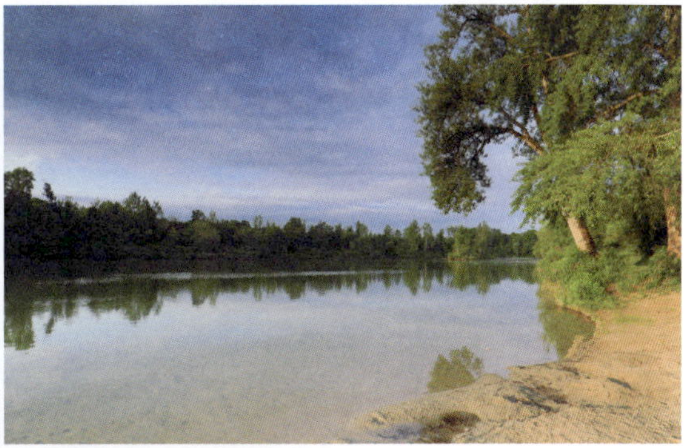
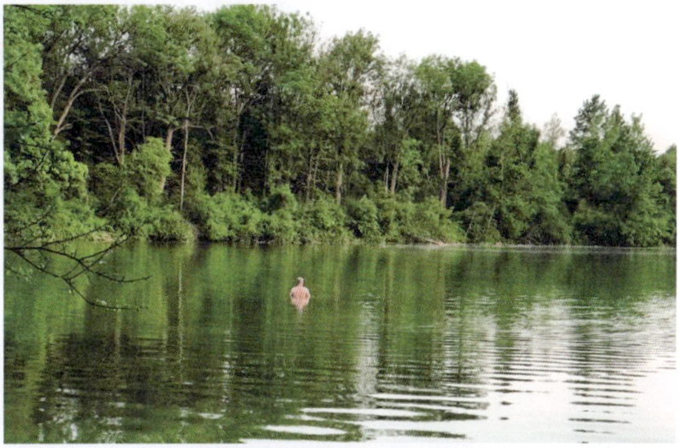
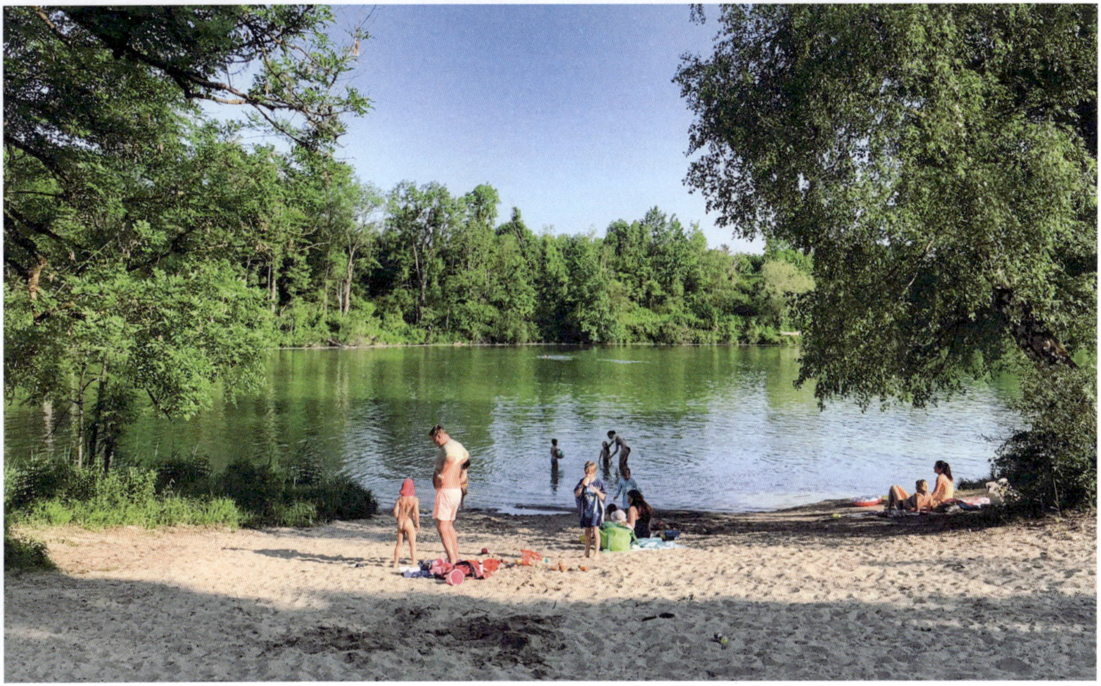

72

BAYERN

München, Isar

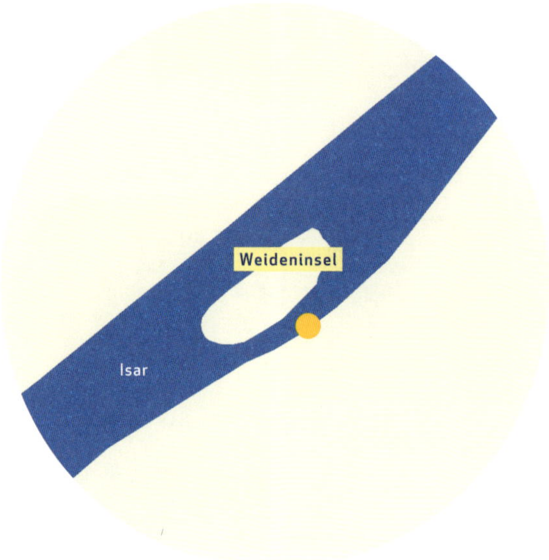

Urban-Swimming at its best! Denn viel zentraler geht's in der Weißwurst-Metropole kaum. Knapp unterhalb der Wittelsbacherbrücke auf Höhe der Weideninsel befinden sich ein paar Steinstufen im Fluss. Man kann hier gut und sportlich gegen die Strömung anschwimmen oder sich von hier aus bequem bis zur Reichenbachbrücke treiben lassen. Eine gewisse Kältefestigkeit sollte man aber mitbringen. Aus Naturschutzgründen darf die Weideninsel nicht mehr betreten werden. An den beiden Brücken gibt's Kioske, an denen man sich stärken kann.

Anfahrt

- Über Grünwalder- oder Kapuzinerstraße zur Wittelsbacherbrücke.
- GPS: 48.123910, 11.571164

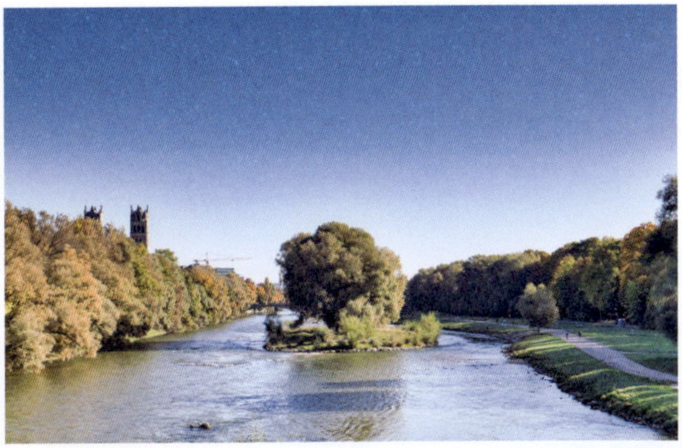

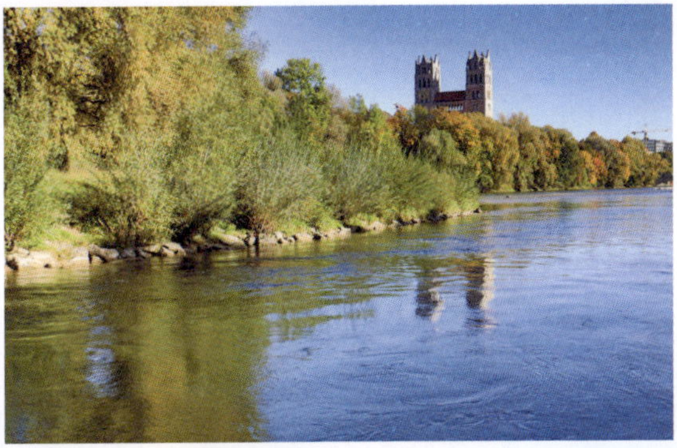

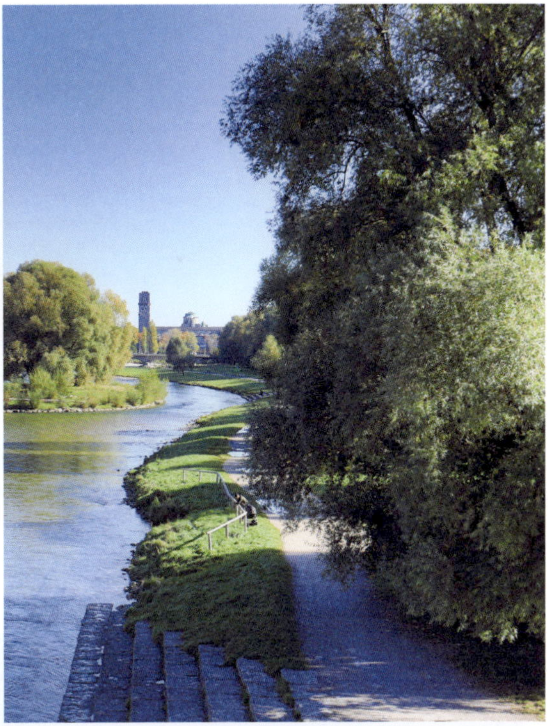

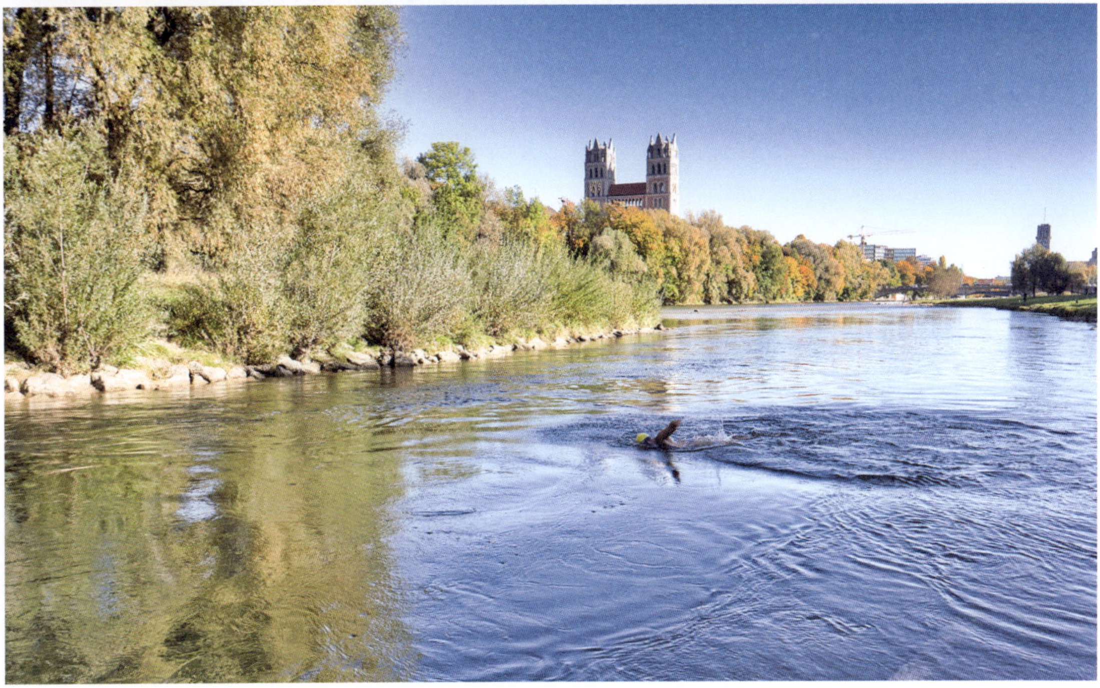

73

BAYERN

Augsburg / Lech

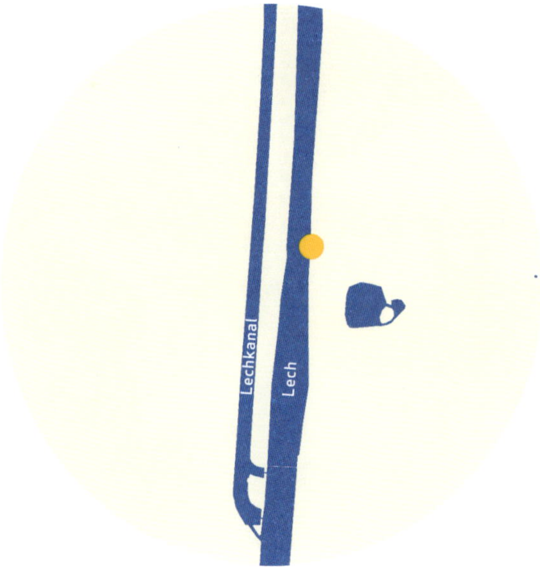

SÜDEN

Im Oberlauf gilt der Lech als einer der letzten echten Wildflüsse Mitteleuropas. In und um die Fuggerstadt geben sich er und seine Kanäle etwas zahmer und durchaus badetauglich. Je nach Wasserstand bieten sich dafür größere Kehrwasser oder zahmere Abschnitte in den Seitenarmen an. Bei ausreichend hohem Wasserstand kann man sich auch gut den Fluss hinuntertreiben lassen und an den flachen Ufern zurückspazieren. An den Schotterbänken gibt es wenig schattige Stellen und kaum Infrastruktur. Dies tut der hohen Popularität der Lechstrände bei der Bevölkerung aber keinen Abbruch.

Anfahrt

- → A 8 Abfahrt Augsburg West Richtung Gersthofen, dort der Bahnhofstraße bis zur Lechbrücke folgen und am Europaweiher parken.
- → GPS: 48.423944, 10.890357

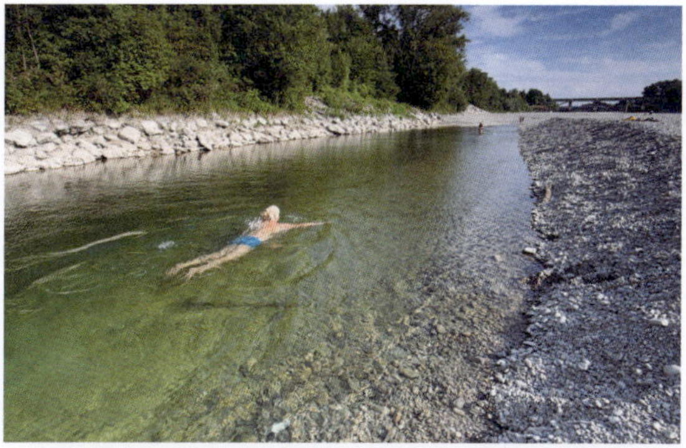
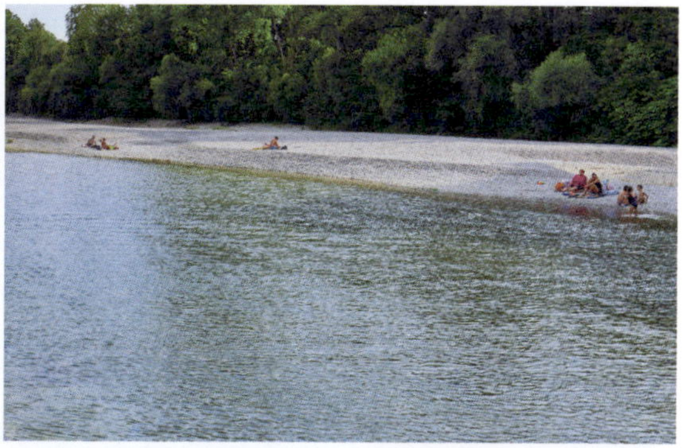
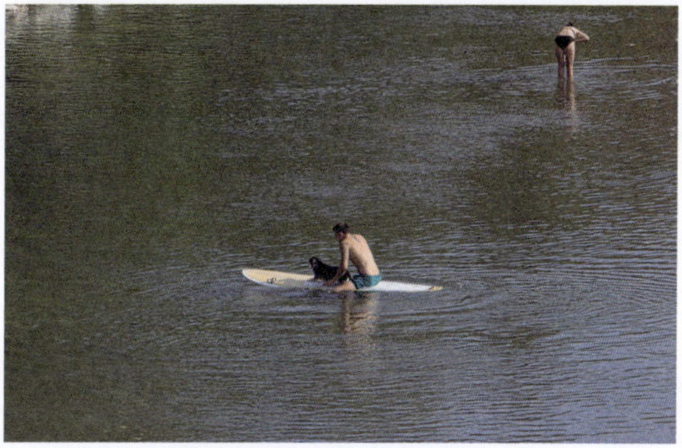
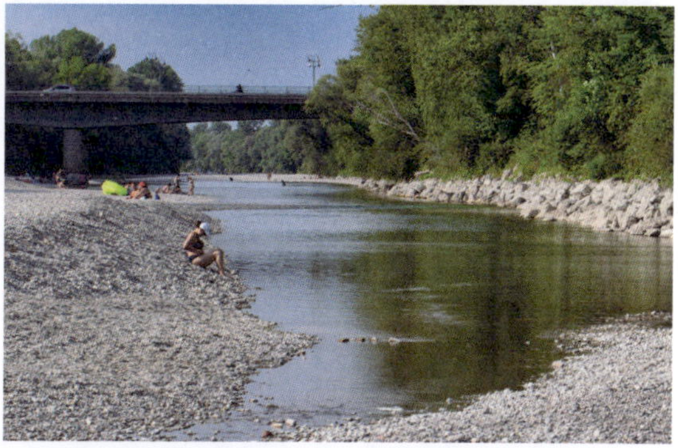
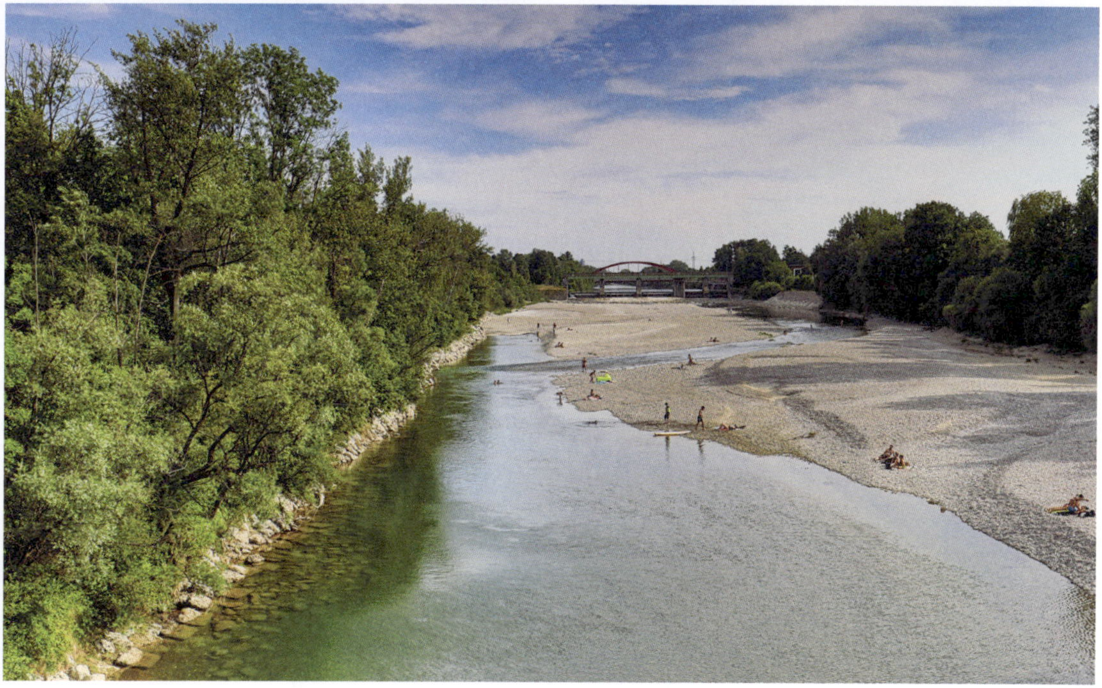

74 Göffingen, Unlingen / Göffinger Weiher

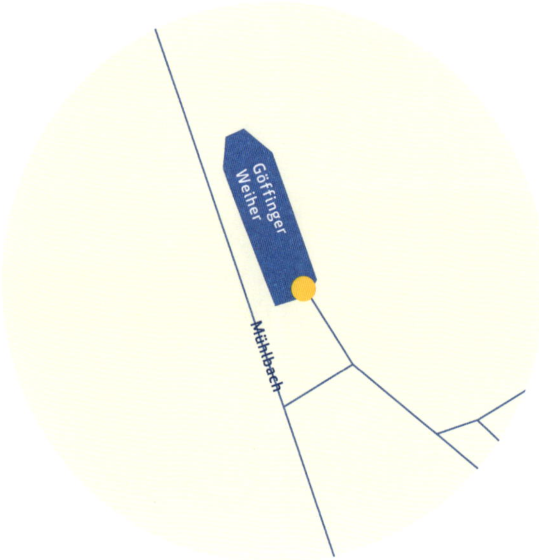

Ein eher kleiner, sehr gepflegter, familiärer Schwimmteich mit Sprungbrett, abgetrenntem Nichtschwimmerbereich, kleiner Liegewiese und angeschlossenem Kinderspielplatz. Ideal für Familien für eine kleine Rastpause oder um sich im Vorbeifahren kurz abzukühlen, dann fällt auch die ansonsten fehlende Infrastruktur nicht so ins Gewicht. Der Weiher liegt in einem Wohnbereich, also bitte um Rücksichtnahme – auch beim Parken!

Anfahrt

→ Über die B 311 Richtung Riedlingen, bei der Kreuzung mit der B 312 nicht Richtung Stadt, sondern Richtung Haitlingen, nach der Ortsdurchfahrt Göffingen links ab, über zwei kleine Bachläufe und nach dem Autohaus Kemmer rechts abbiegen in die Kranzbachstraße, bis rechts der keine Weiher auftaucht.

→ GPS: 48.151661, 9.532737

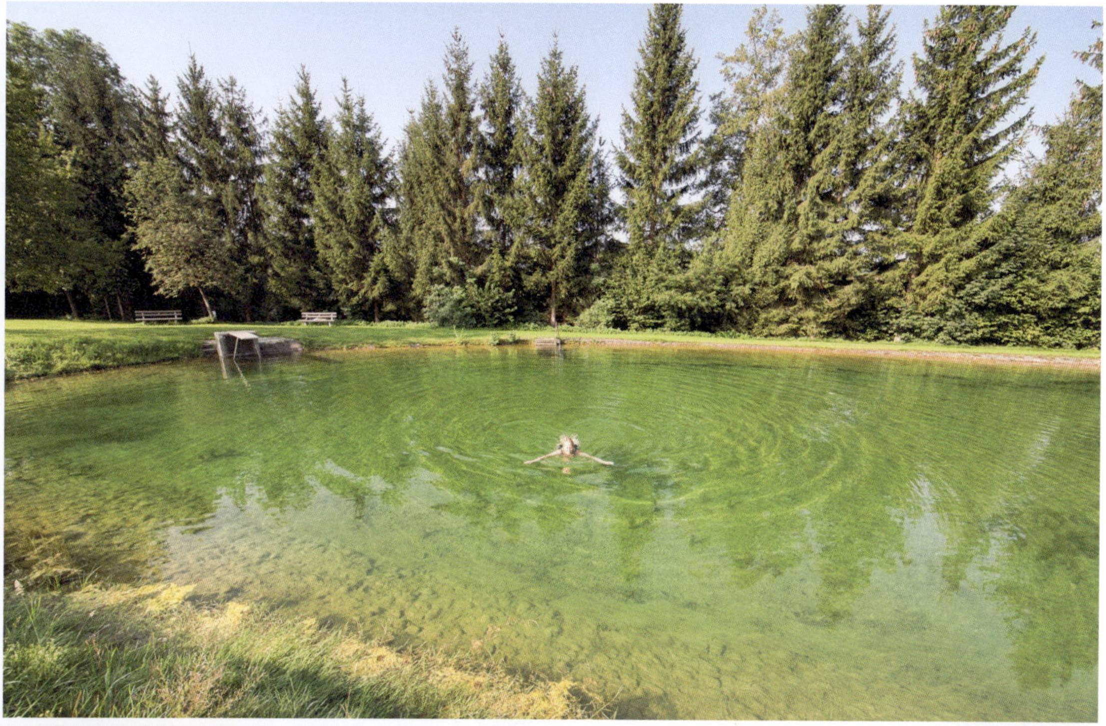

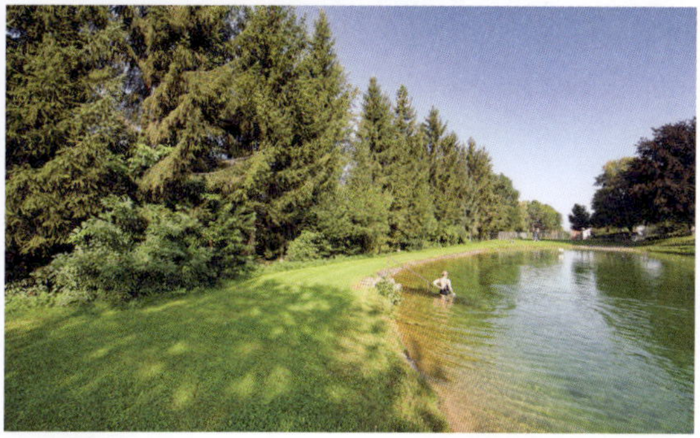

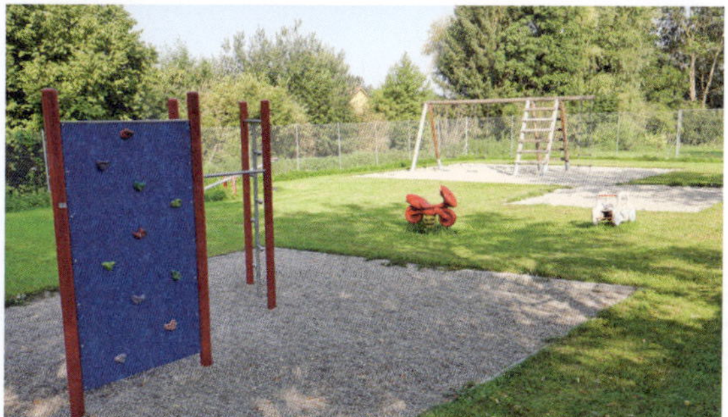

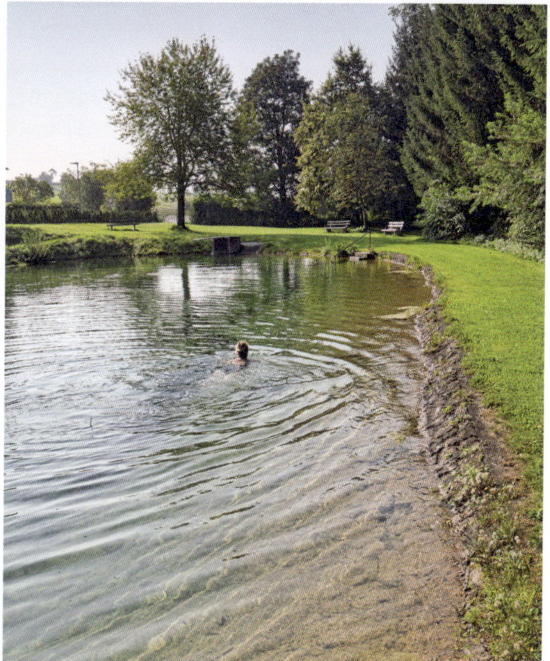

75

BAYERN

Riedlingen / Donau

SÜDEN

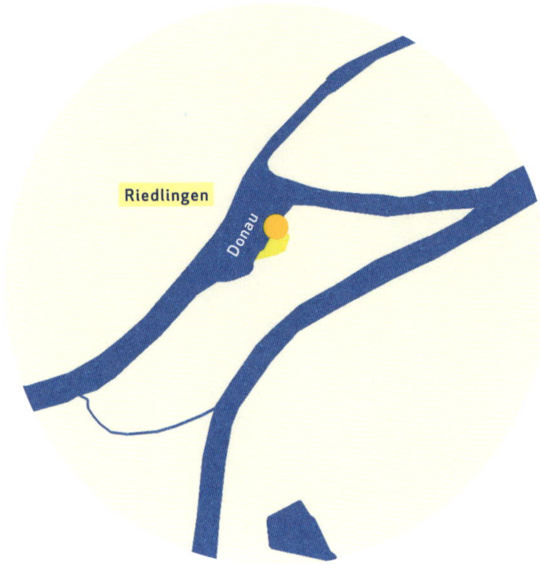

Zwischen Neu- und sehenswerter Altstadt umfließen die junge Donau und der Bery'sche Kanal nahe einer Donaubrücke eine kleine Insel. Von der hat man nicht nur einen wunderschönen Blick auf die gut erhaltenen Bürgerhäuser und Kirchen, sondern man kann hier mitten in der Stadt auch gepflegt baden. Dies ist allerdings nur unterhalb der Wehranlage erlaubt, und das Springen von der Brücke ist lebensgefährlich und streng verboten. Auf der Insel befinden sich ein aufgeschütteter Sandstrand und eine Liegewiese mit schattenspendenden Bäumen, es kann aber auch weiter flussabwärts nach dem Zusammenfluss gebadet werden.

Anfahrt

- Über die A 7 Richtung Ulm–Memmingen, Ausfahrt Berkheim und die B 312 bis Riedlingen, Parken in der Neustadt in Nähe der Donaubrücke.
- PS: 48.152764, 9.476636

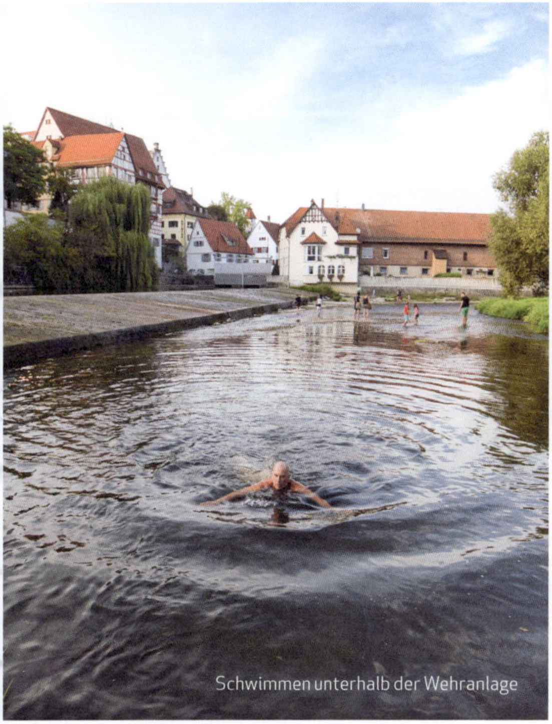

Schwimmen unterhalb der Wehranlage

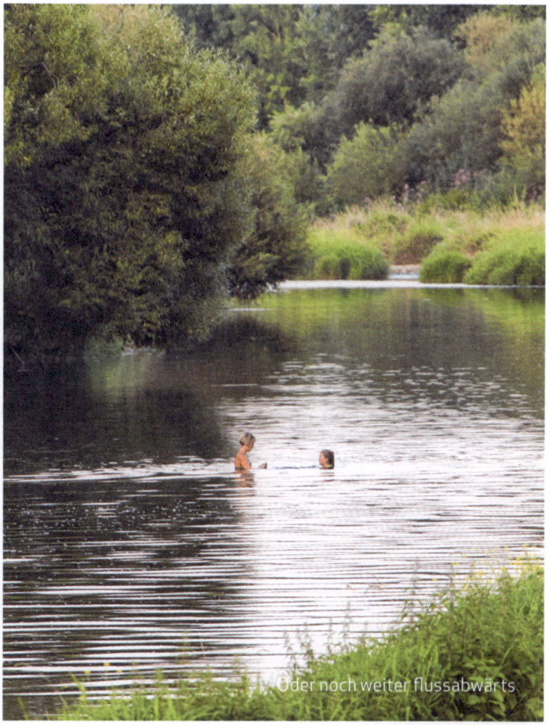

Oder noch weiter flussabwärts

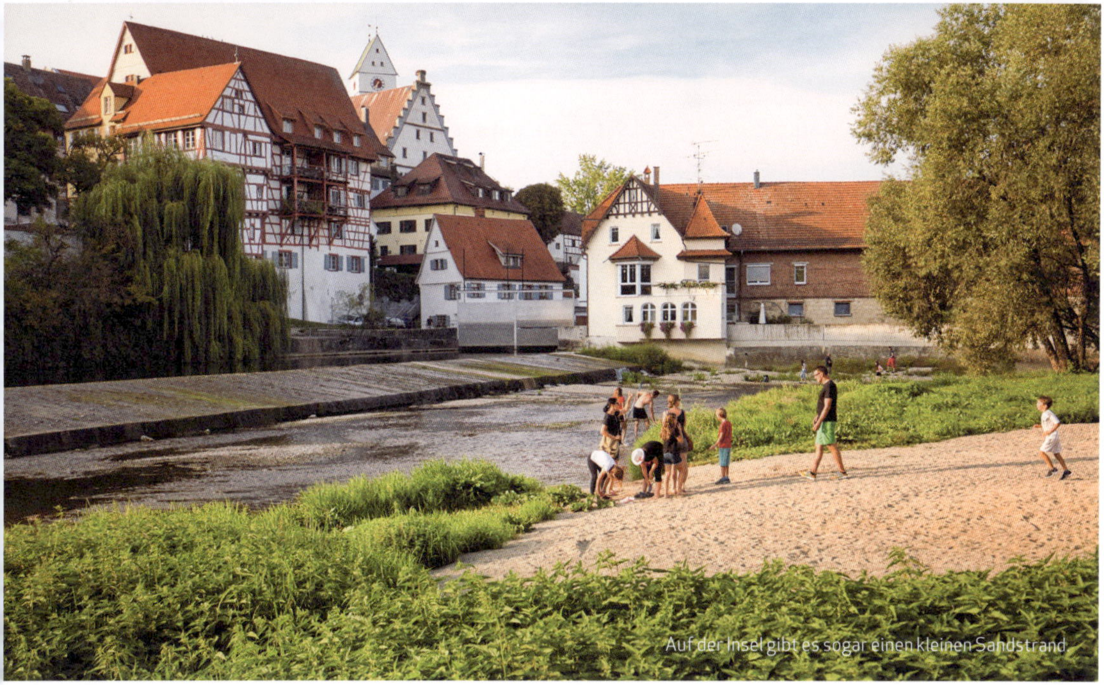

Auf der Insel gibt es sogar einen kleinen Sandstrand

76

BADEN-WÜRTTEMBERG

Lenzkirch / Windgfällweiher

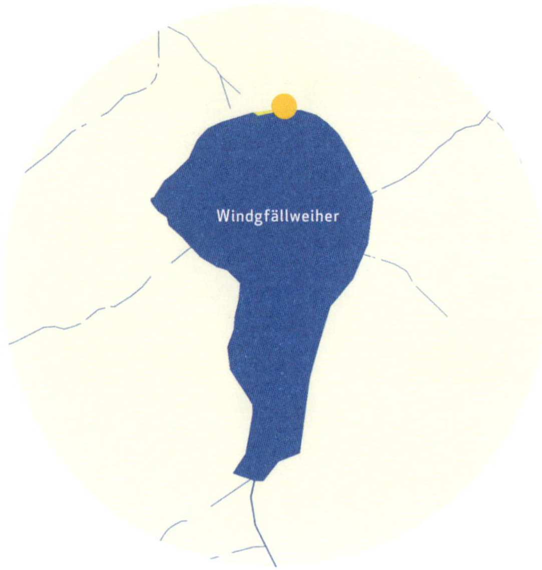

Auch wenn man es ihm kaum ansieht, ist der Windgfällweiher eigentlich ein Stausee, der schon 1895 zu seiner jetzigen Größe (700 m lang und 400 m breit) aufgestaut wurde. Der kleine Schwarzwaldsee kann auf einem schön angelegten Rundweg gemütlich in etwa 45 Min. umwandert werden. Dabei kommt man auch an der unter Denkmalschutz stehenden kleinen Badeanstalt vorbei, findet im Wald aber auch viele schöne Naturbadestellen. Parkplätze und Einkehrmöglichkeiten gibt es am Strandbad oder am Hotel »Seehof«.

Anfahrt

- Die B 500 führt am Westufer vorbei. Sobald sie den See berührt, links abbiegen und am Hotel »Seehof« parken.
- GPS: 47.853856, 8.125799

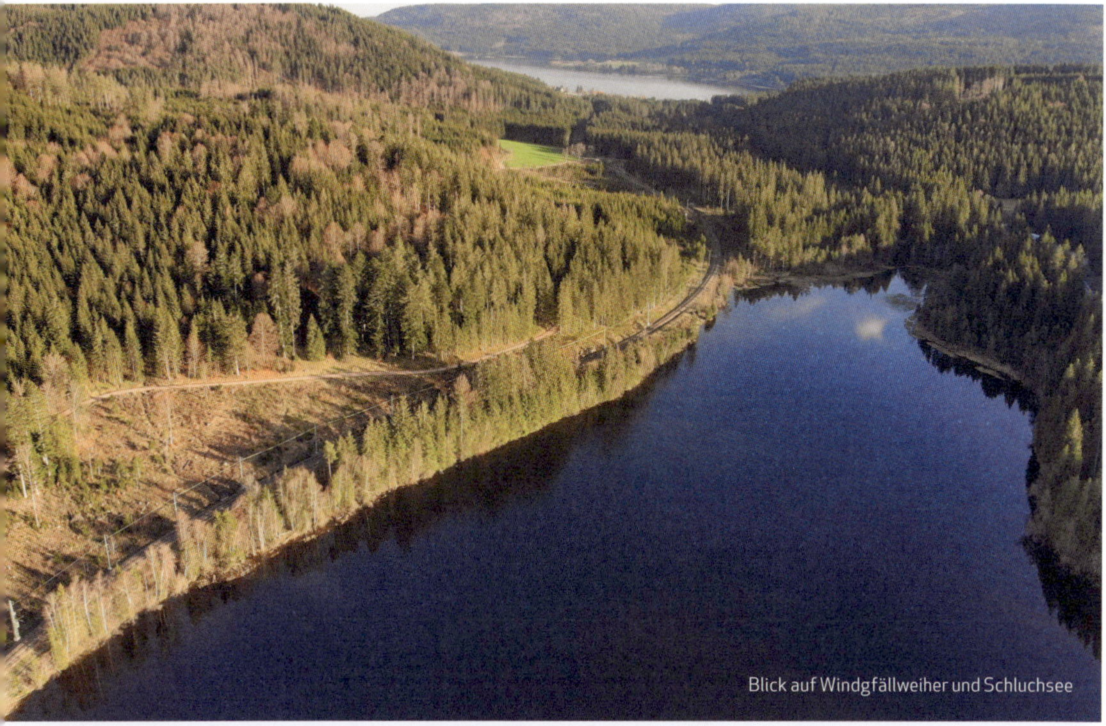

Blick auf Windgfällweiher und Schluchsee

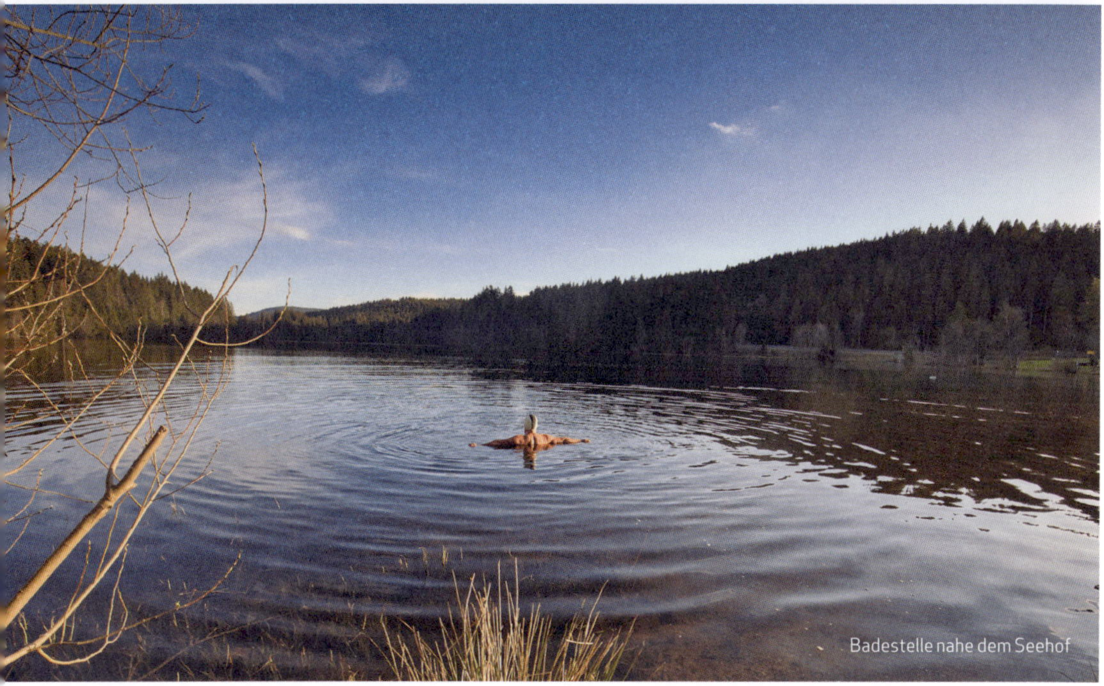

Badestelle nahe dem Seehof

BADEN-WÜRTTEMBERG

St. Blasien / Klosterweiher

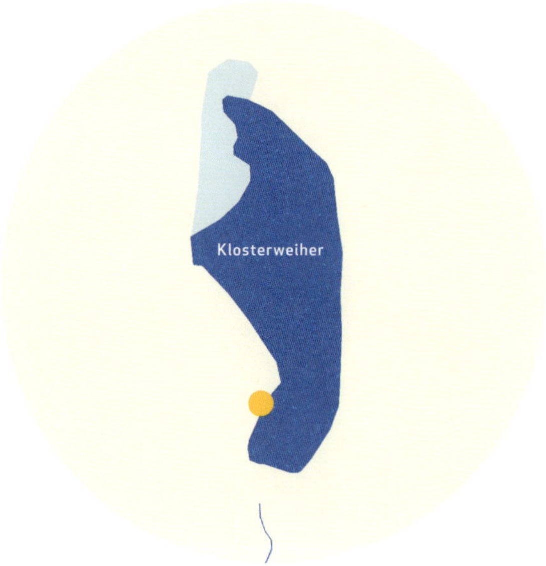

Ursprünglich als Fischweiher des 6 km entfernten Klosters St. Blasien angelegt, liegt der kleine See auf etwa 1000 m in einer Karmulde im Südschwarzwald. Der Klosterweiher ist ein Privatweiher und gehört zum Landgasthof »Klosterweiherhof«. Der nordwestliche Teil des Weihers liegt im Naturschutzgebiet Friedrich -August-Grube. Auf den Wiesen am Weiher findet man prächtige Exemplare vom Sonnentau und anderen wilden Orchideenarten. Bitte unbedingt die Nutzungseinschränkungen durch den Naturschutz und die privaten Eigentümer beachten!

Anfahrt

→ Von St. Blasien im Schwarzwald Richtung Dachsberg auf der L 150, bis bei der Ibacher Klause linksseitig die Klosterweiherstraße abzweigt, dieser bis zum Weiher folgen.

→ GPS: 47.733846, 8.103963

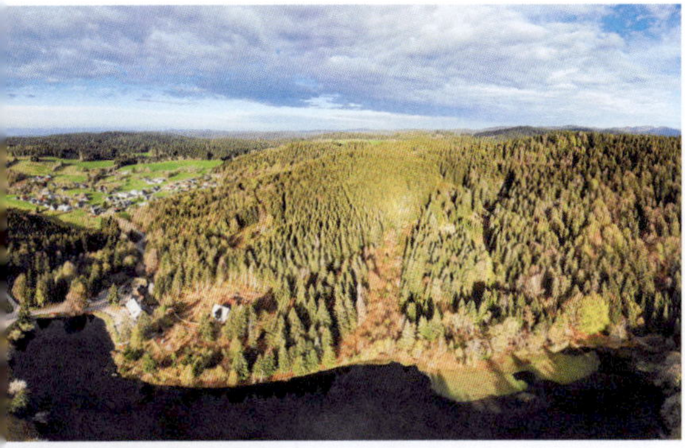

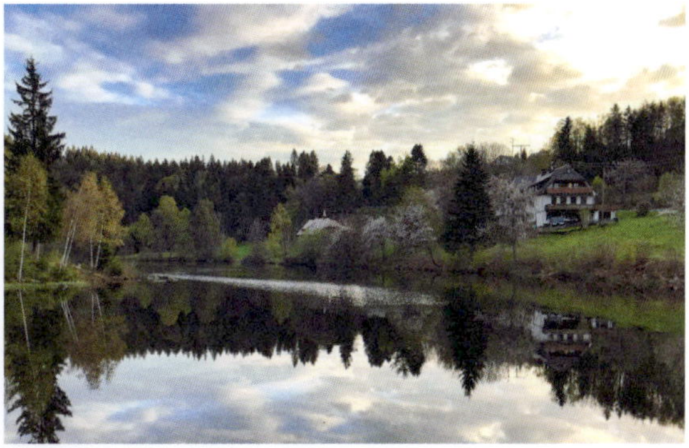

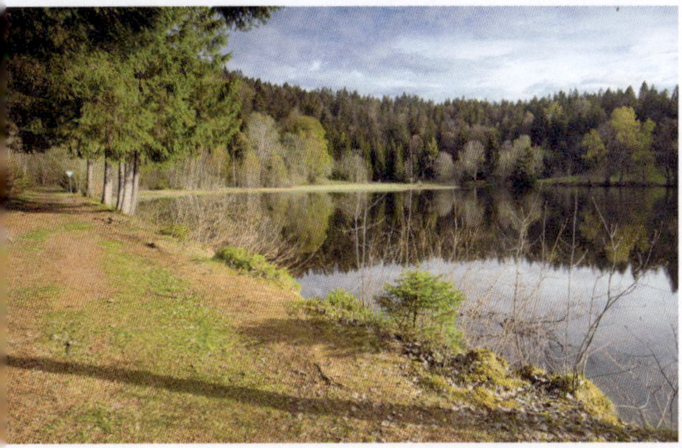

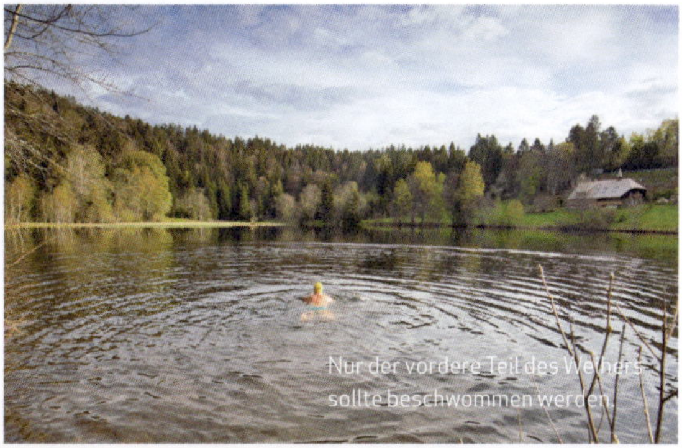

Nur der vordere Teil des Weihers sollte beschwommen werden.

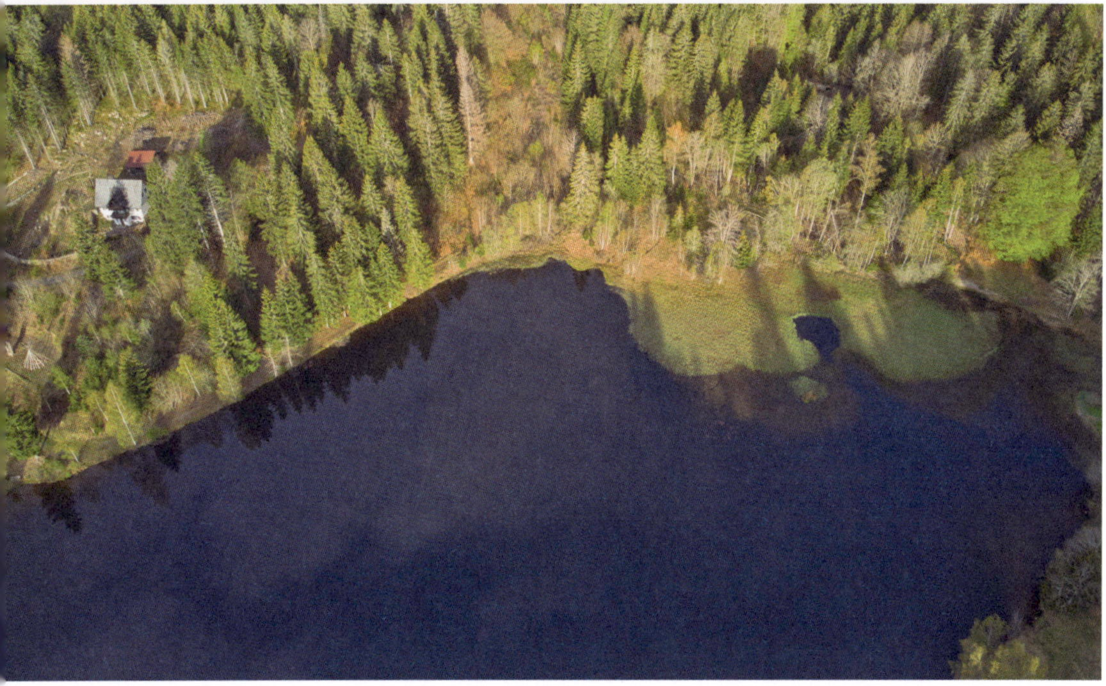

78

BADEN-WÜRTTEMBERG

Görwihl / Krai-Woog-Gumpen

SÜDEN

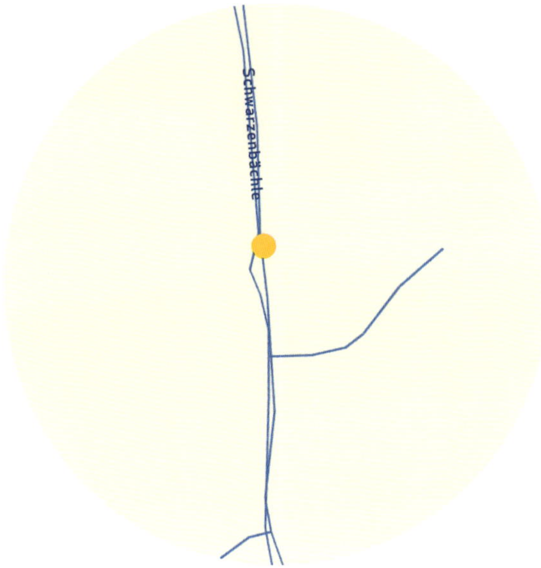

Klingt asiatisch, ist aber alemannisch. Krai Woog heißt so viel wie »laut tosender Wasserfall«. Dies mag zur Schneeschmelze durchaus zutreffen, doch dann ist der Weg entlang des Schwarzenbächles oft noch im Winterschlaf. Am Gumpen selbst und in dessen unmittelbarem Umfeld zeugen Gletschermühlen von der gestaltenden Kraft des Eises, wozu man auf interessanten Info-Tafeln auch einiges nachlesen kann. Der Fall selbst liegt eher im Schatten, was ihn besonders an heißen Sommertagen zu einem lohnenden Ausflugs- und Badeziel macht. Wenige Kilometer flussabwärts kann man auch an der Burger Säge ein erfrischendes Bad nehmen. Hier gibt es auch sonnige Liegewiesen, Holzbänke und Grillstellen.

Anfahrt

- Das Schwarzenbächletal ist via Ibach oder Dachsberg-Vogelbach über die K 6591 erreichbar, am Wasserfall gibt es eine Parkmöglichkeit in einer kleinen Parkbucht.
- GPS: 47.698158, 8.048987

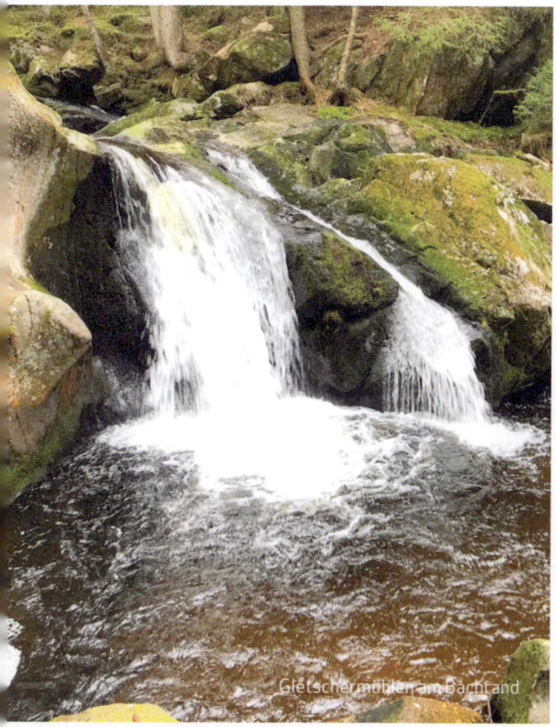

Gletschermühlen am Bachrand

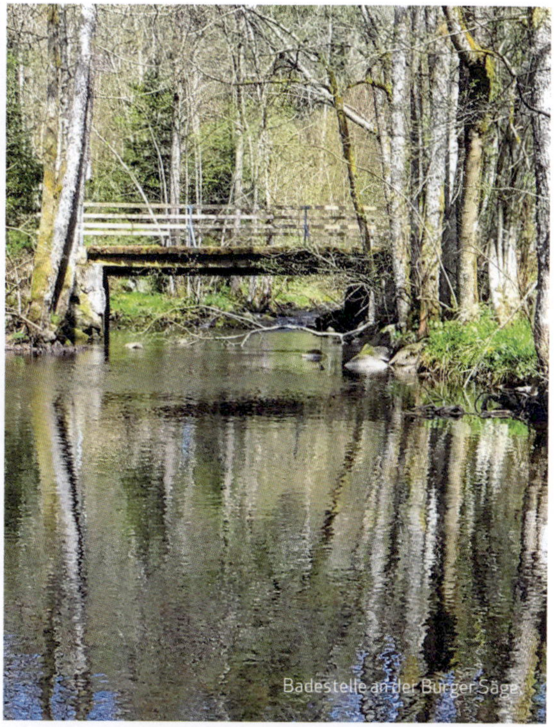

Badestelle an der Burger Säge

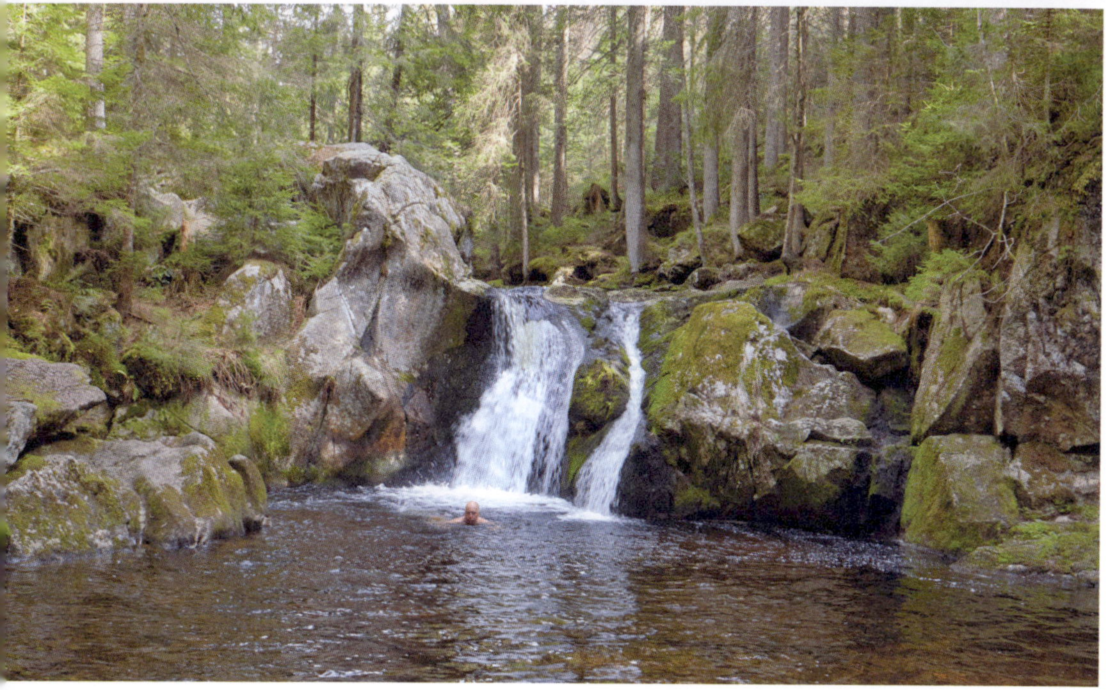

79

BAYERN

Laufen / Salzach

SÜDEN

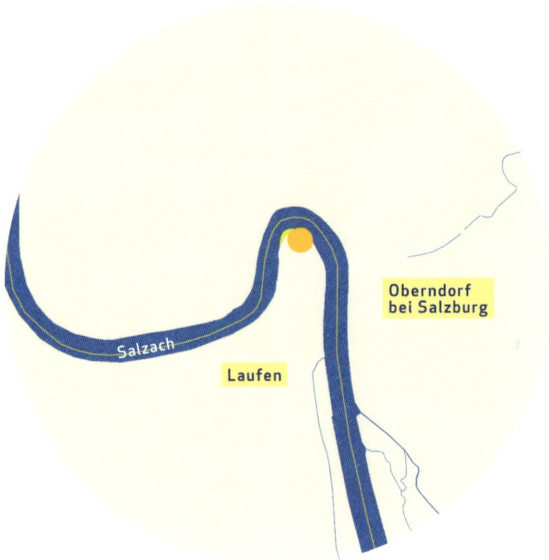

Die alte Grenzstadt Laufen wirbt mit ihrer Panoramalage im Alpenvorland, ihrem mittelalterlichen, fast italienischem Flair und vielen Sehenswürdigkeiten. Für alle, die Gefallen am Flussschwimmen finden, kommt dazu noch der Salzachstrand an der ausgeprägten Schleife, die der Alpenfluss hier um die Altstadt bildet. Hier kann man auch zum Grenzschwimmer werden, denn die österreichische Stille-Nacht-Gemeinde Oberndorf liegt, je nach Wasserstand und Strömung, mehr oder weniger leicht erreichbar am Ufer gegenüber. Vorsicht, die Strömung ist an der österreichischen Seite, der Kurven-Außenseite, sehr viel stärker als am deutschen Salzachstrand.

Anfahrt

→ A8 München–Salzburg, Abfahrt Bad Reichenhall, über die B20 durch Freilassing nach Laufen.

→ GPS: 47.943769, 12.936821

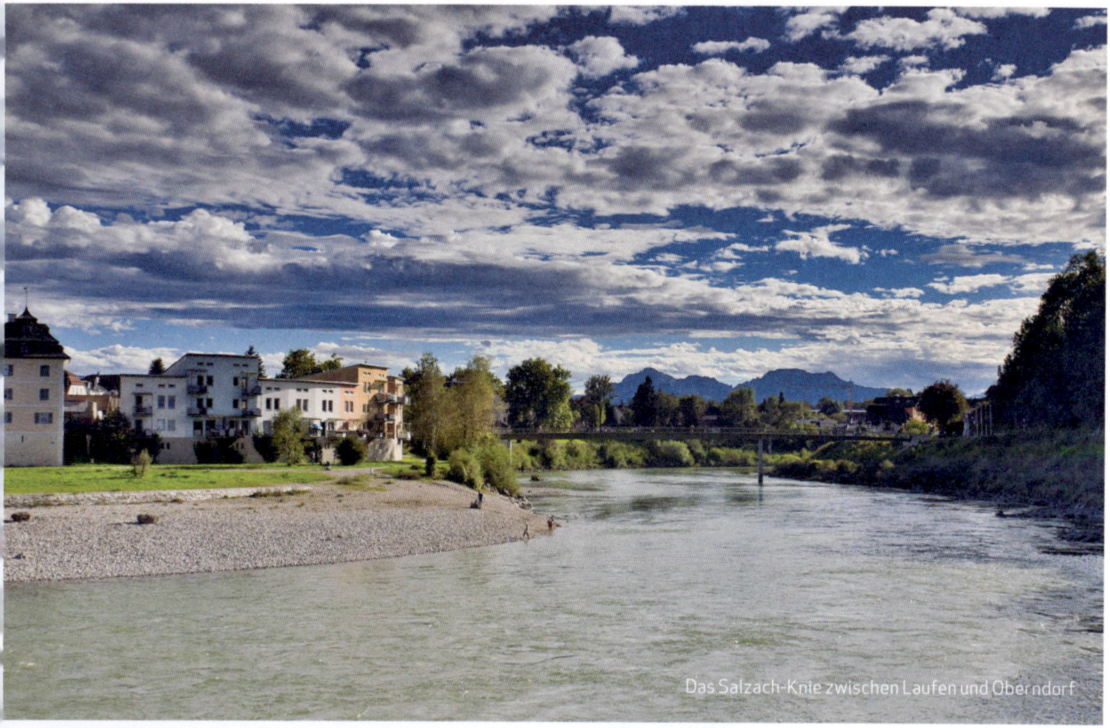

Das Salzach-Knie zwischen Laufen und Oberndorf

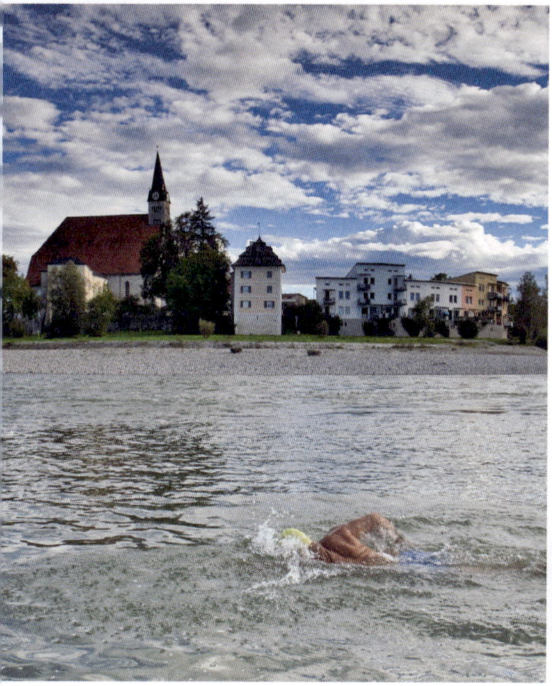

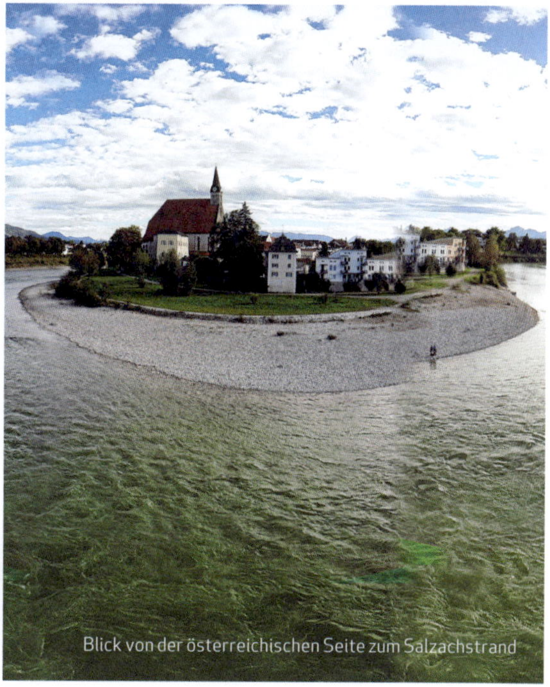

Blick von der österreichischen Seite zum Salzachstrand

80

BAYERN

Ringham, Weidsee

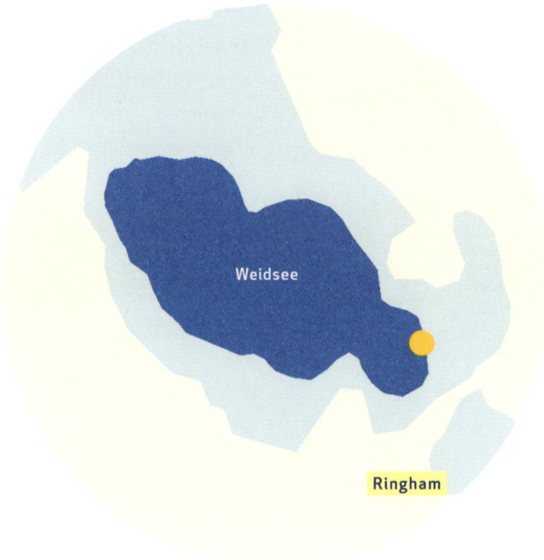

SÜDEN

Ein Kleinod, das besonderer Behutsamkeit bedarf, ist der Weidsee am Schloss Seehaus. Zu Recht weist eine Tafel mit Verhaltensregeln auf seine zerbrechliche Schönheit hin und mahnt zu Umwelt und Verantwortungsbewusstsein. Da im Landschaftsschutzgebiet auch nur ein kleiner Parkplatz vorhanden ist, empfiehlt sich ein Spaziergang vom nahe gelegenen Weiler Ringham aus oder – wie so oft – die umweltschonende Anfahrt mit dem Fahrrad. Die Badestellen befinden sich gegenüber vom Schloss versteckt im Wald.

Anfahrt

- A 8, Abfahrt Neukirchen, Richtung Teisendorf, an der Kreuzung mit der B 304 links ab und im folgenden Kreisverkehr die erste Straße rechts Richtung Ringham/Petting.
- GPS: 47.900256, 12.821849

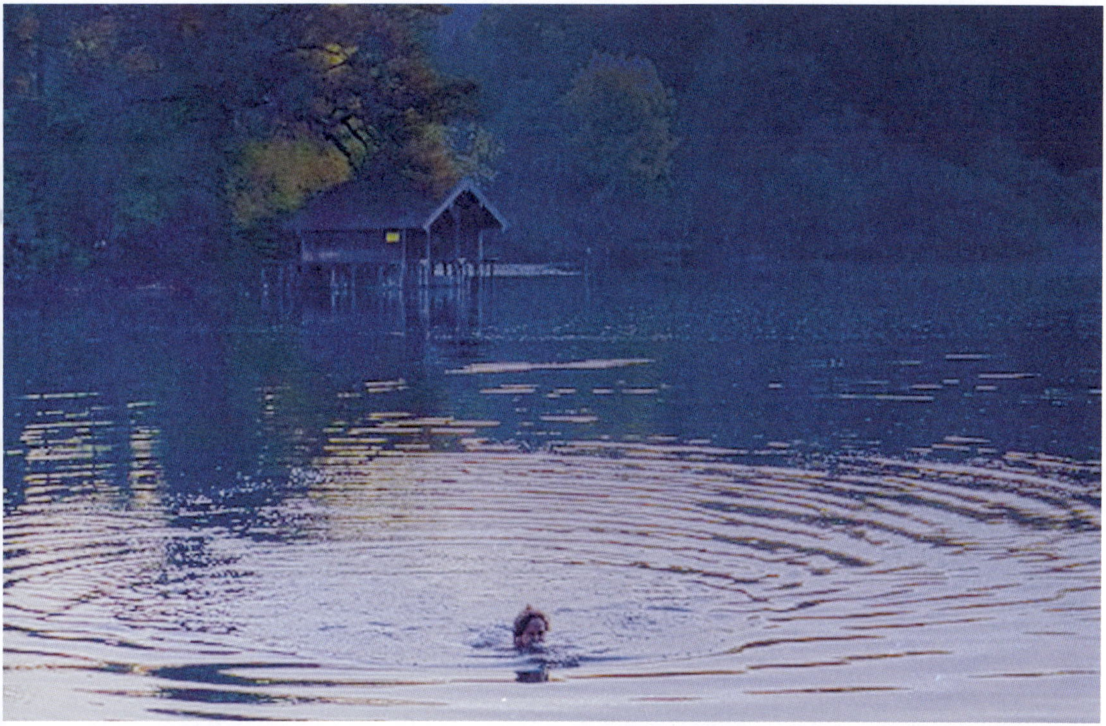

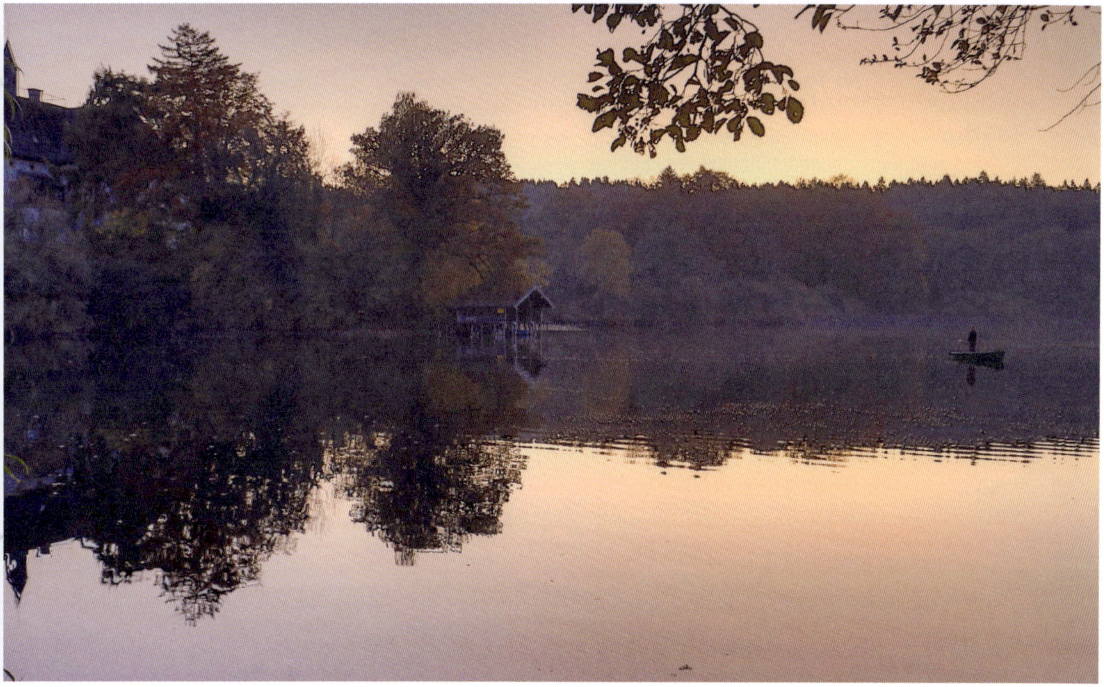

81

BAYERN

Grabenstätt / Tüttensee

SÜDEN

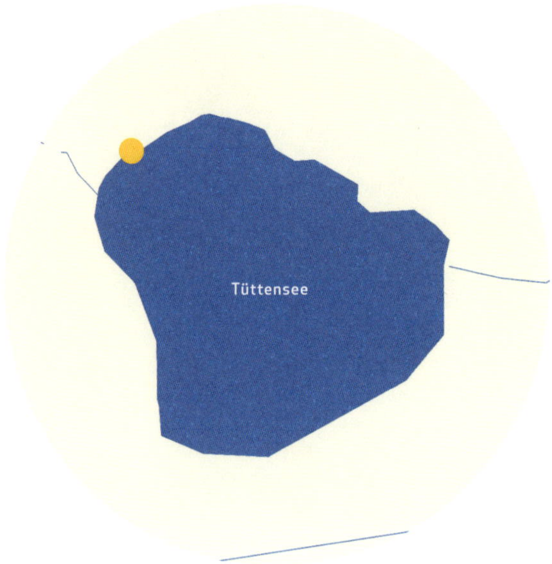

Der kleine Moorsee ist ringsum von Wald umgeben. Mit seiner ruhigen und abgeschiedenen Lage in einem Landschaftsschutzgebiet gilt er unter den im Sommer oftmals überlaufenen Chiemgauer Seen als echter Geheimtipp. Rund um den See führt ein schöner, etwa 1,8 km langer Wanderweg. Die schönsten Naturbadestellen befinden sich außerhalb der geschützten Zonen in kleinen Buchten im nordwestlichen Bereich des Waldsees. Dort, wo sich auch die Dorfjugend trifft, um sich per Schwingseil ins moorig-weiche Wasser zu katapultieren. Wer mehr Infrastruktur möchte, ist in dem Strandbad am Südufer bestens aufgehoben.

Anfahrt

- Über die A 8 Ausfahrt Bergen, Richtung Vachendorf nach Einharting, ab dort den Hinweisschildern zum Parkplatz am Waldrand folgen.
- GPS: 47.847935, 12.56627

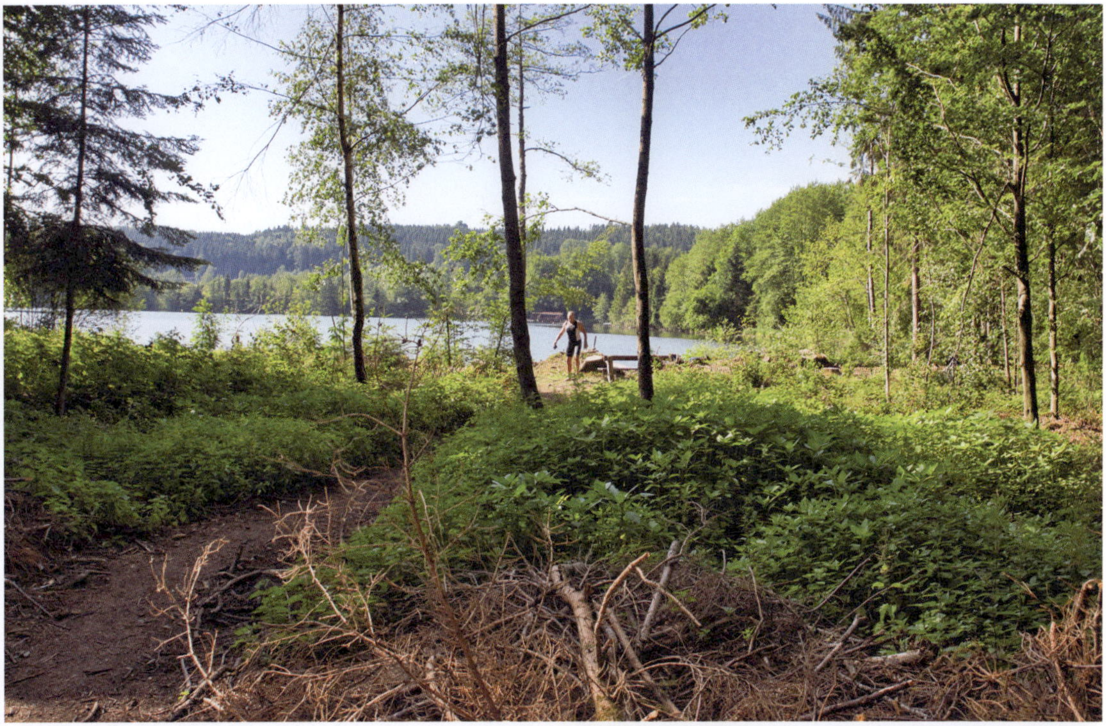
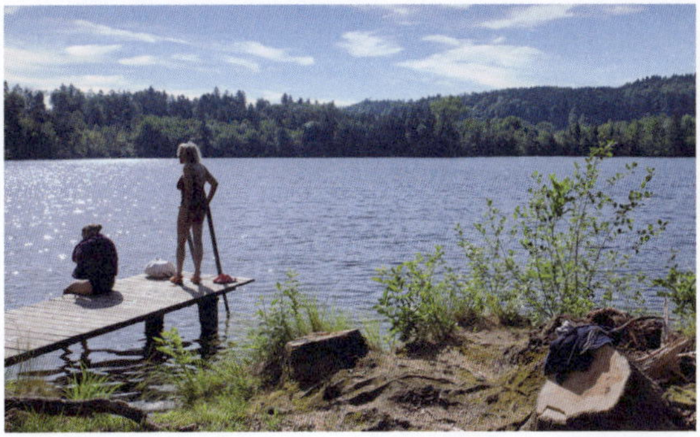
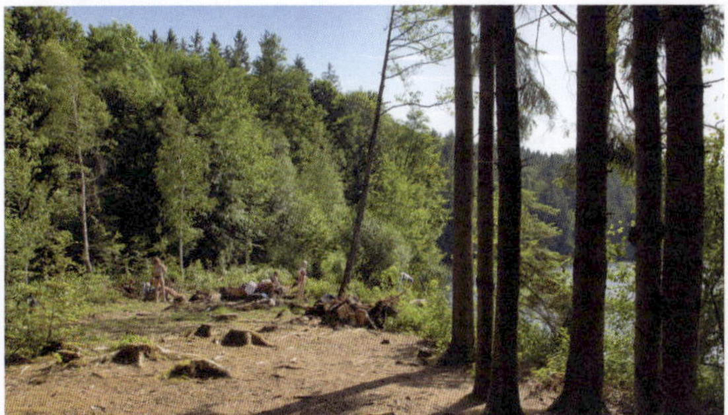
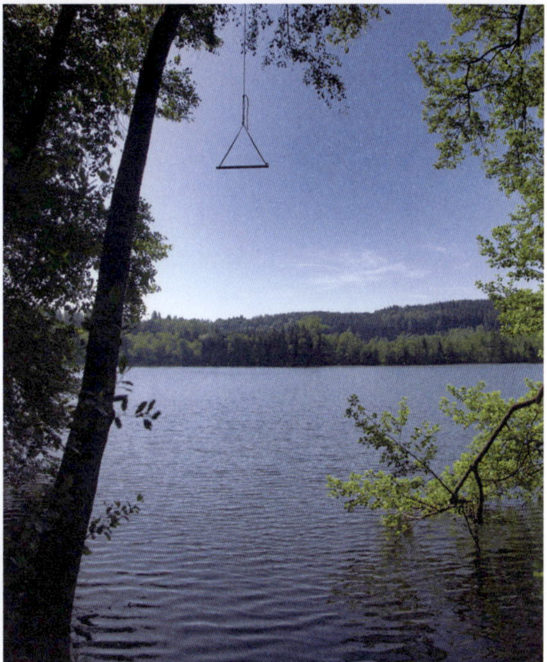

82

BAYERN

Truchlachting / Alzbad

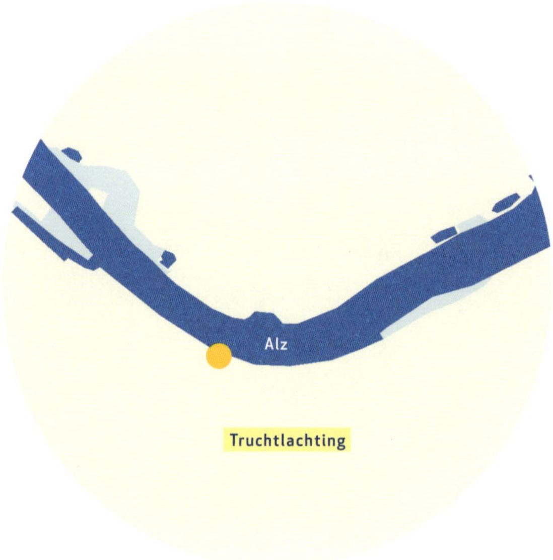

Das auch für Kinder sehr geeignete Flussbad bietet jede Menge Infrastruktur, jedoch keine Badeaufsicht und ist ganzjährig frei zugänglich. Dadurch, dass die Alz den Abfluss des Chiemsees bildet, ist die Wassertemperatur recht angenehm. Je nach Lust und Laune kann man sich von der leichten Strömung treiben lassen oder gegen sie anschwimmen. Besonders schön ist hier ein Besuch an sommerlichen Frühabenden. Dann kann man einen *sunsetswim* sehr angenehm mit einem *sundowner-drink* in der Gastwirtschaft kombinieren und die malerische Aussicht genießen.

Anfahrt

→ Anreise von Österreich kommend über die A 8, Autobahn bei der Ausfahrt Grabenstätt, von München kommend bei der Ausfahrt Bernau verlassen und der Wegweisung Seeon-Seebruck folgen. In Truchtlaching von der Chiemseestraße in die Seeoner Straße abbiegen, die Alz überqueren und linksseitig an der Brücke parken.

→ GPS: 47.960132, 12.499537

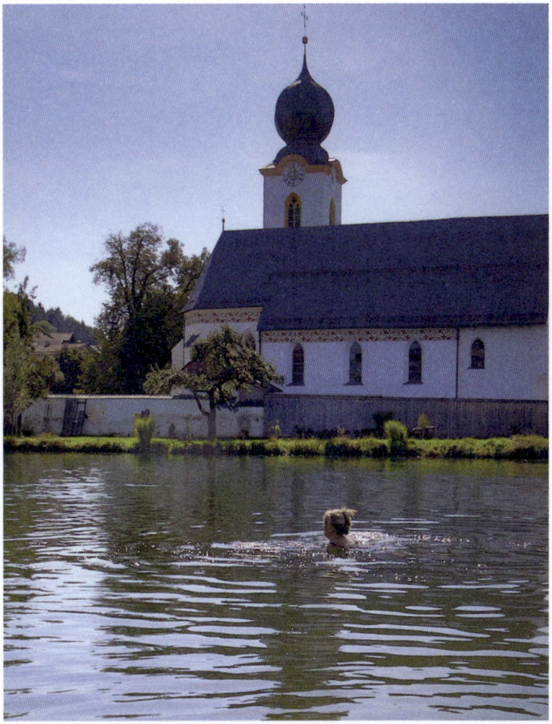

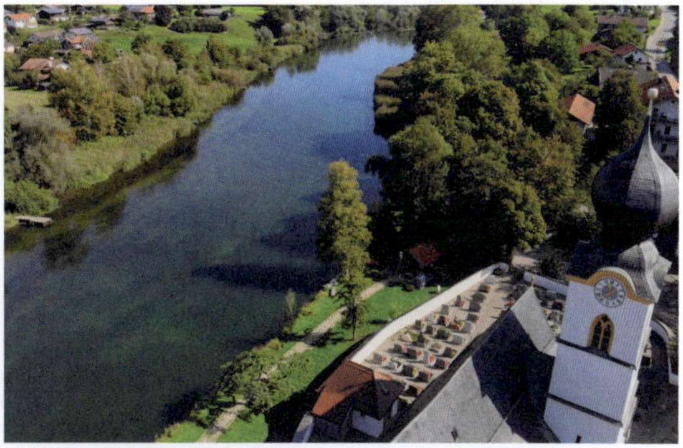

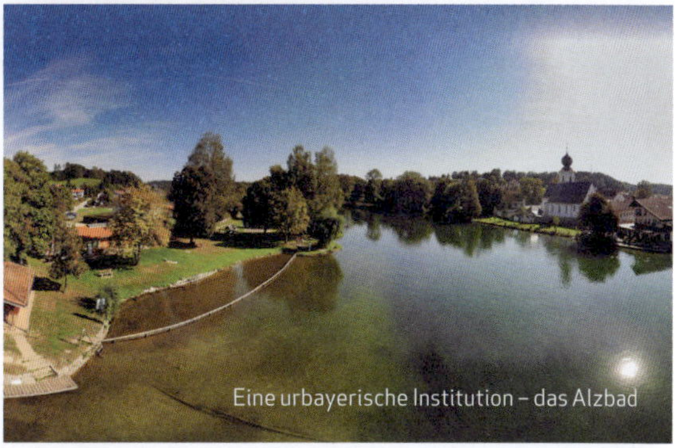

Eine urbayerische Institution – das Alzbad

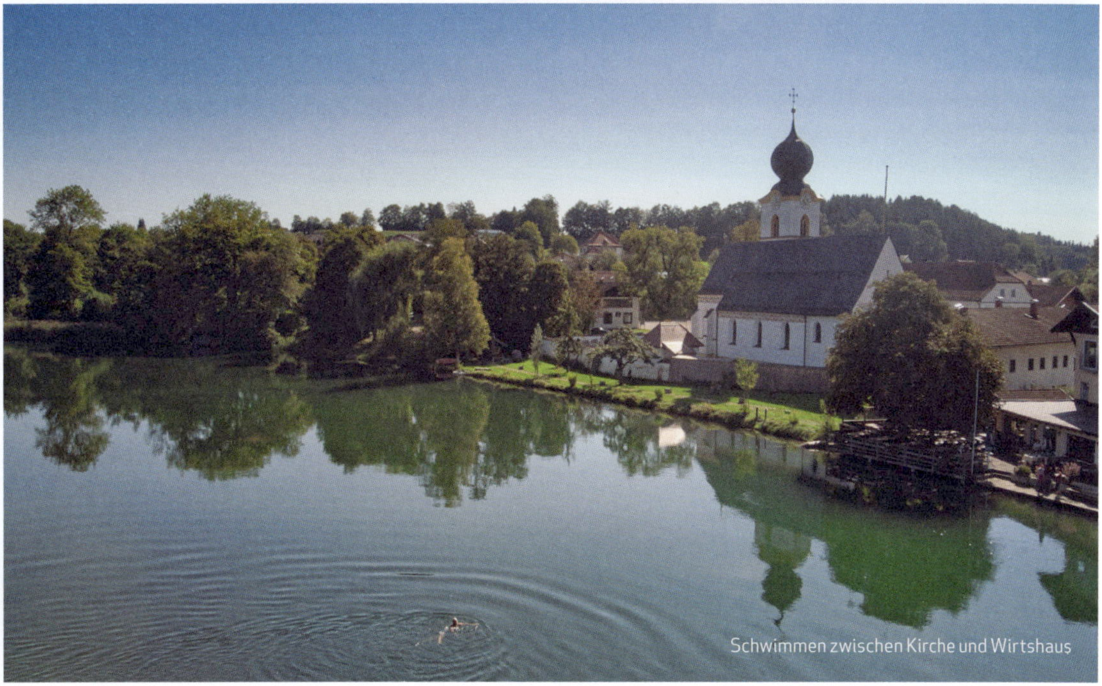

Schwimmen zwischen Kirche und Wirtshaus

83

BAYERN

Chiemsee / Krautinsel

SÜDEN

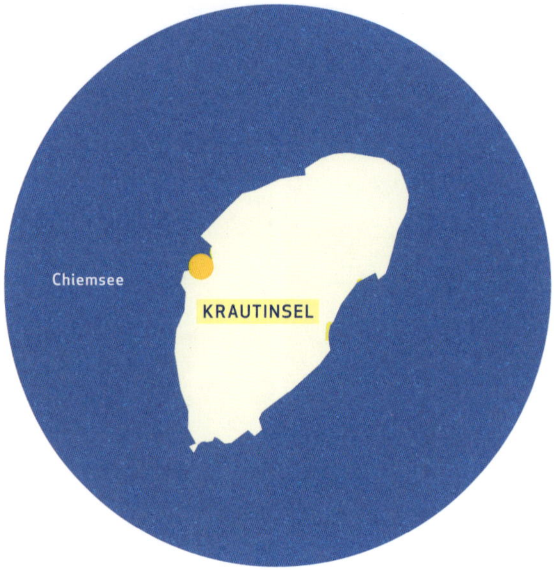

Das Bayerische Meer bietet so viele Badestellen, dass einem die Auswahl schwerfällt. Eine empfehlenswerte, speziell wenn es an heißen Sommertagen an den meisten anderen Spots tatsächlich heiß hergeht, wäre folgende: mit dem Linienschiff und eingepacktem Rucksackboot (Packraft) auf die Herreninsel, mit dem Packraft zur Krautinsel (ca. 1 km) oder Proviant und Umziehsachen in die Schwimmboje und schwimmend zur unbewohnten Krautinsel. Outdoor-Freunde werden ihr Vergnügen daran haben, das aussichtsreiche Eiland als »wilde« Badeinsel zu nutzen und zwischen zwei klösterlichen Inseln den Herrgott einen guten Mann sein zu lassen.

Anfahrt

- Von Richtung München aus über die A 8, Ausfahrt Bernau bis zum Hafen in Prien/Stock.
- Von Richtung Salzburg aus über die A 8, Ausfahrt Grabenstätt, Richtung Chieming zum Landesteg (nur während des Sommerfahrplans).
- GPS: 47.868770, 12.415346

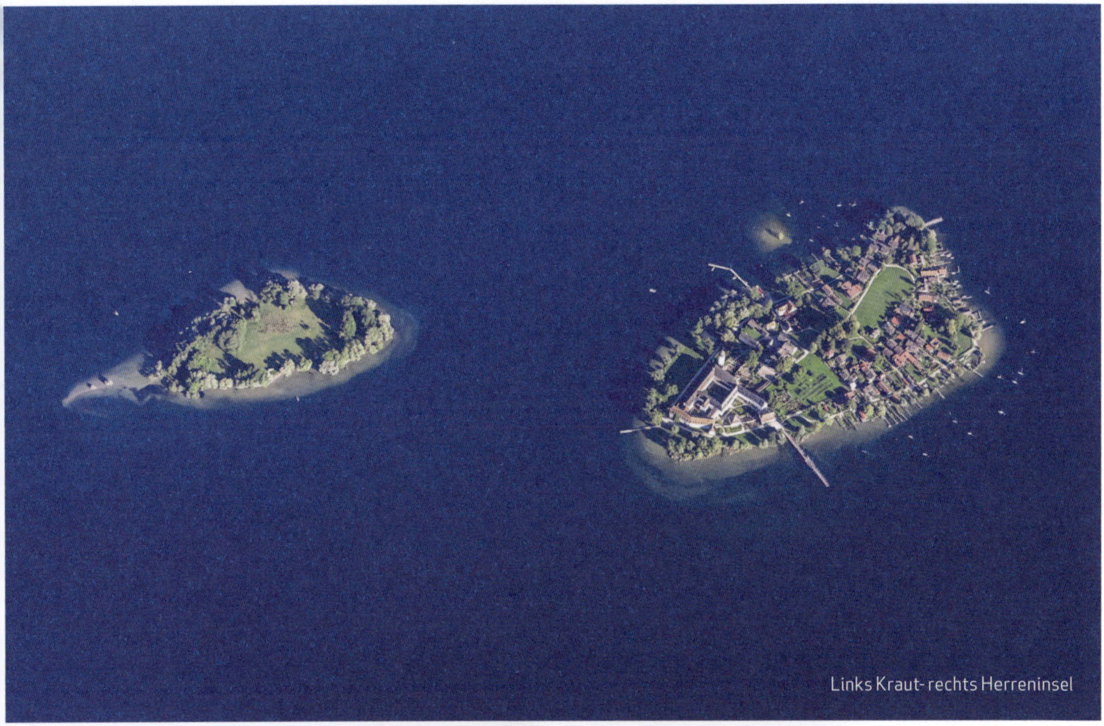
Links Kraut- rechts Herreninsel

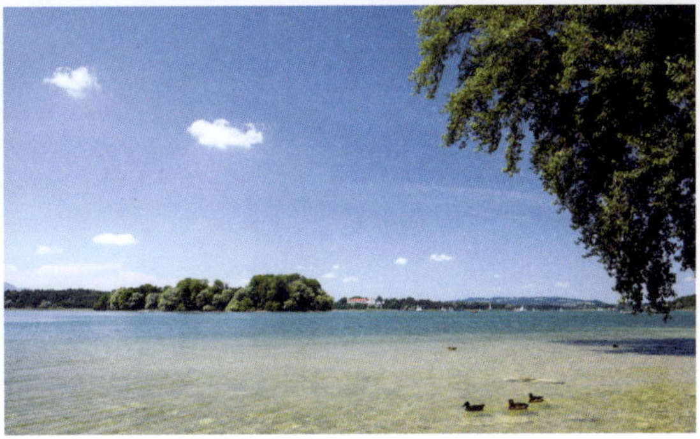

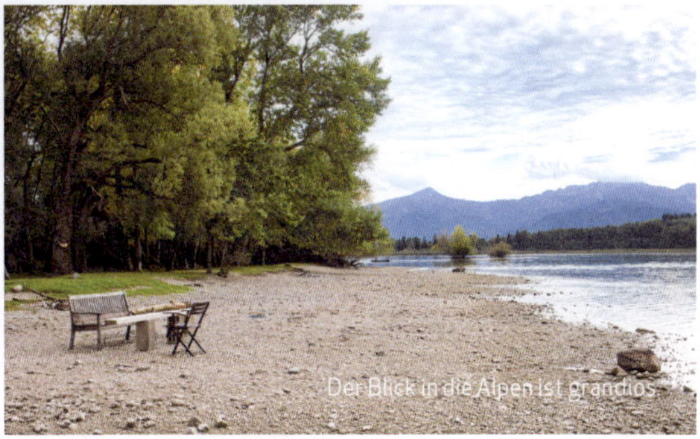
Der Blick in die Alpen ist grandios

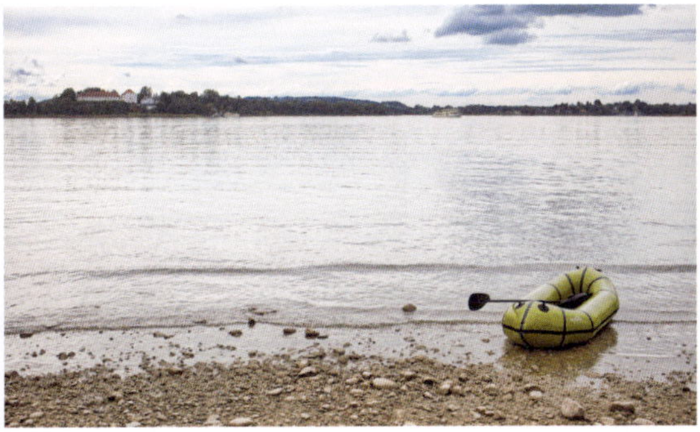

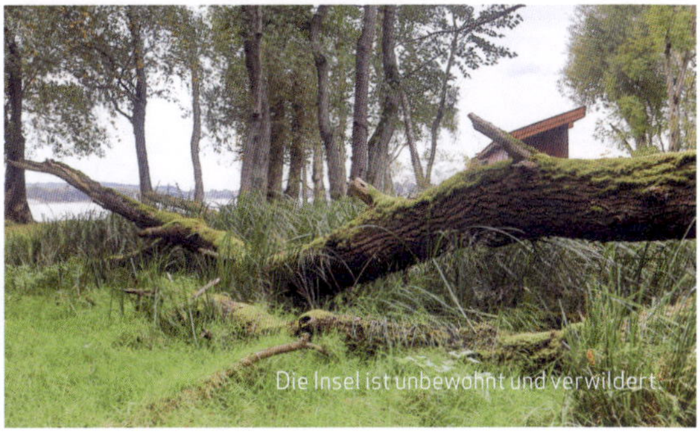
Die Insel ist unbewohnt und verwildert

84

BAYERN

Bad Endorf / Langbürgnersee

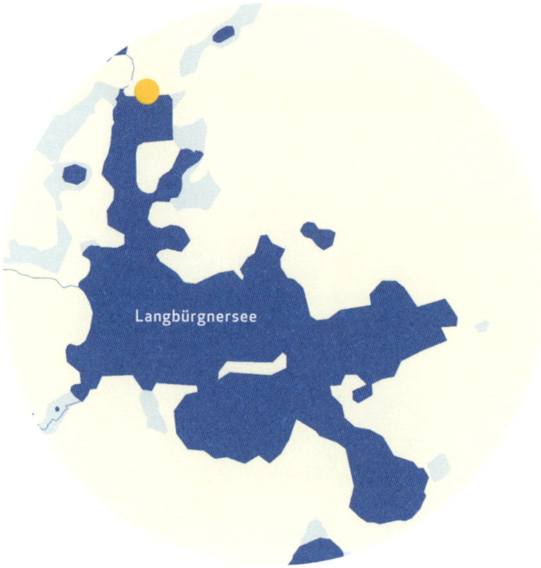

SÜDEN

Als sich am Ende der letzten Eiszeit vor etwa 10.000 Jahren Chiemsee- und Inngletscher zurückzogen, entstand in deren Toteislöchern eine Vielzahl von Seen, die heutige Hemhof-Eggstätter-Seenplatte. Viele dieser Seen dürfen aus Naturschutzgründen allerdings nicht beschwommen werden. Der Langbürgnersee ist der größte dieser 18 Seen. Rund um den See gibt es mehrere Badestellen. Die in der Nähe der Ortschaft Thal gelegene ist besonders leicht erreichbar und verfügt über einen kleinen Holzsteg, den man auch zum Sonnenbaden nutzen kann, da es hier keine große Liegewiese gibt.

Anfahrt

→ A 8 München–Salzburg, Abfahrt Bernau, Richtung Prien und weiter nach Bad Endorf, von dort der Wegweisung Seeon-Seebruck folgen bis in den Weiler Thal.

→ GPS: 47.910268, 12.347665

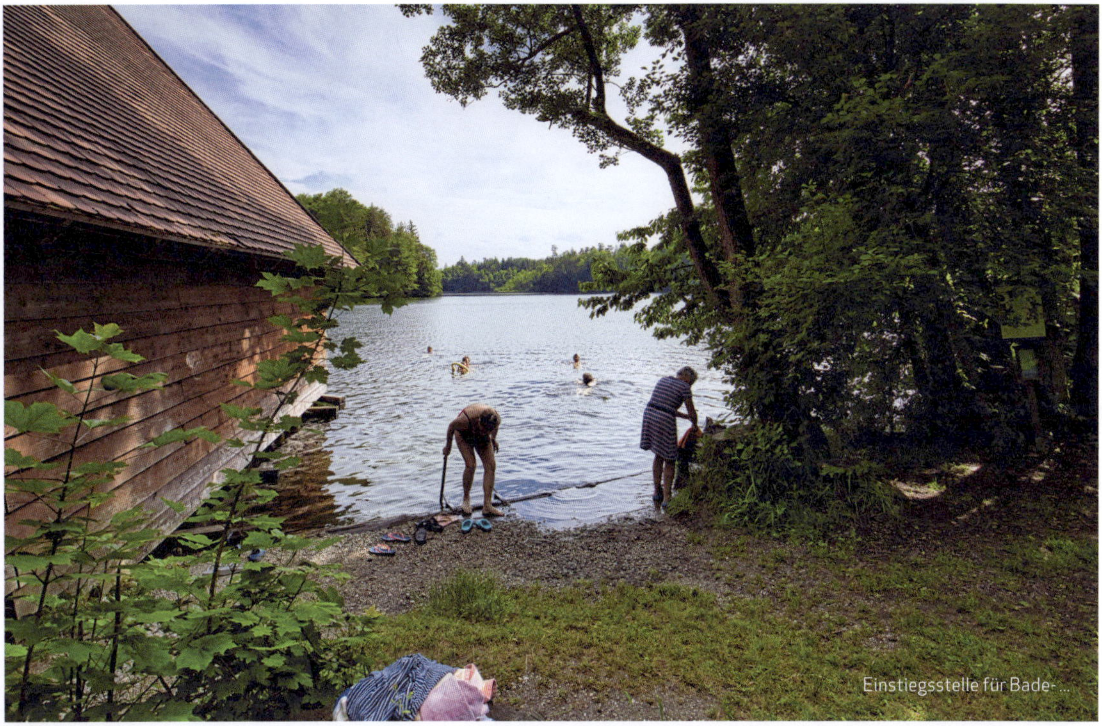

Einstiegsstelle für Bade- …

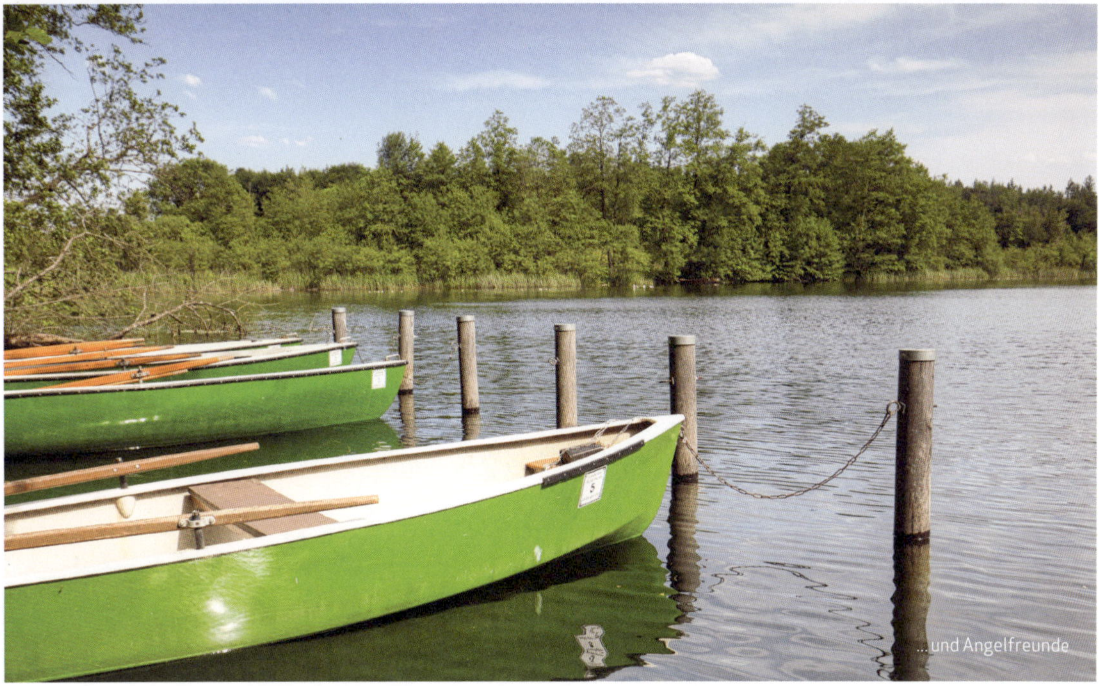

… und Angelfreunde

85

BAYERN

Sachsenkam / Kirchsee

SÜDEN

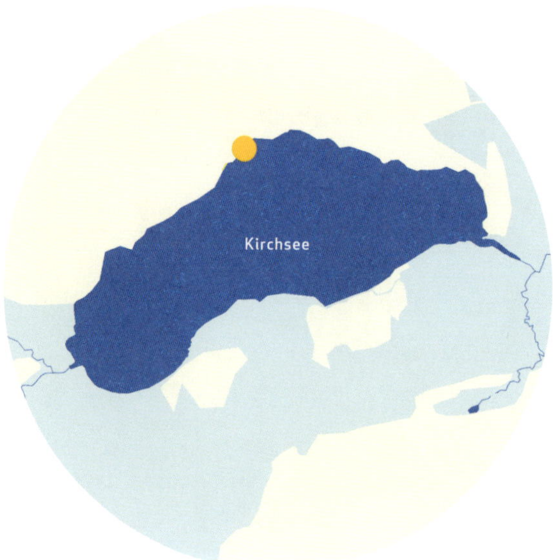

Im Hochsommer muss man hier zeitweise – so man mit dem Auto kommt – für die Zufahrt bzw. fürs Parken zahlen. Einen viel höheren Blutzoll fordern allerdings oft die Mücken, die in den umliegenden Mooren ideale Brutbedingungen vorfinden. Der See selbst ist nicht allzu groß und auch nicht allzu tief. Vom Badesteg aus genießt man einen sehr schönen Panoramablick bis zu den Alpen. Etwas abseits gibt es einen kleinen Waldkiosk und eine DLRG-Station, die allerdings beide nicht immer besetzt sind.

Anfahrt

- A 8 Abfahrt Holzkirchen, über die B 13 Richtung Bad Tölz bis zur Abzweigung Stubenbachstraße, über die Kirchseestraße zum See.
- GPS: 47.820246, 11.616872

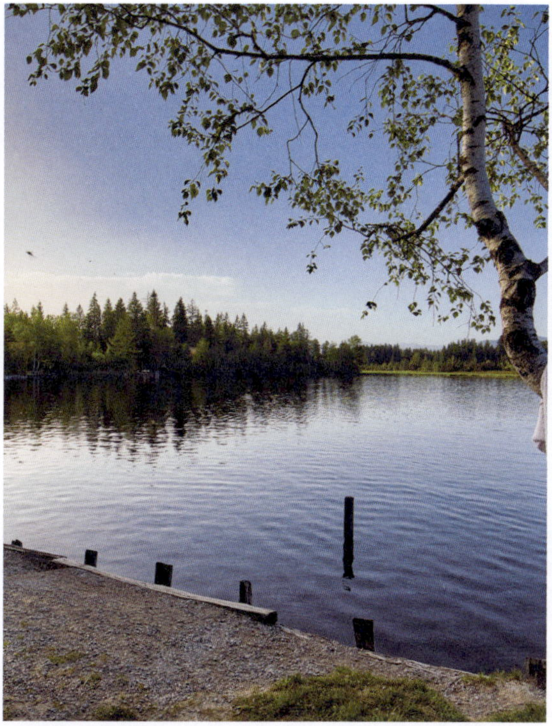

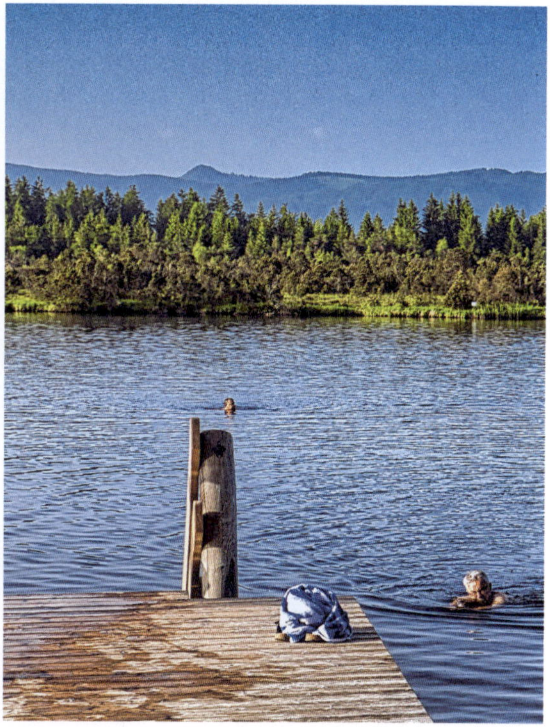

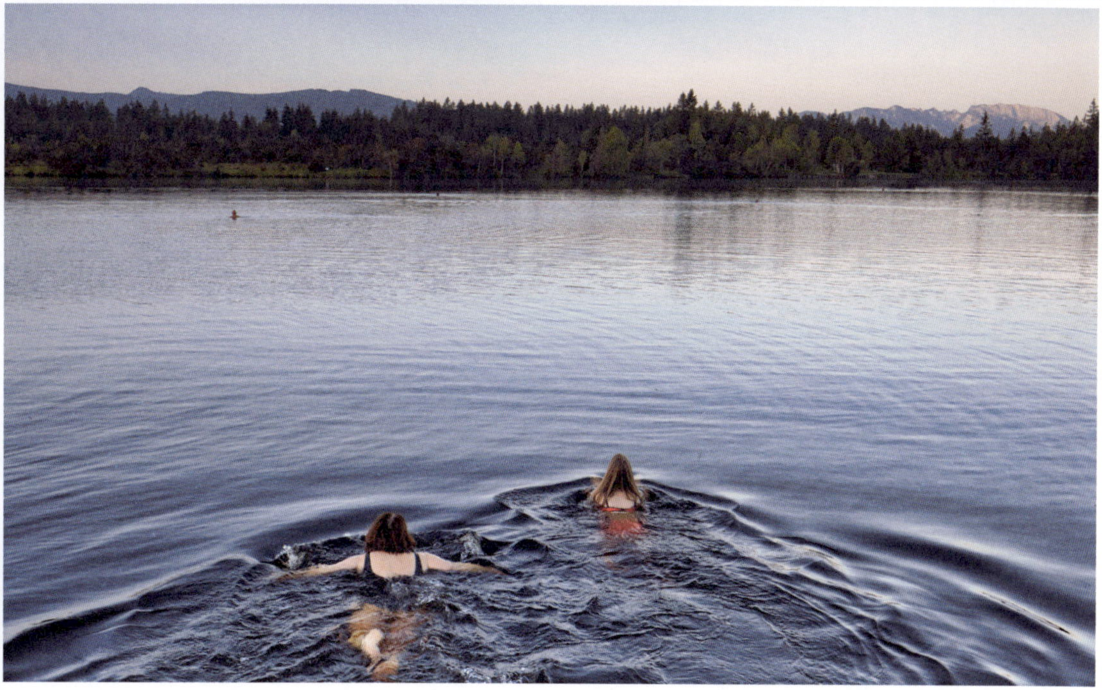

86

BAYERN

Iffeldorf / Großer Ostersee

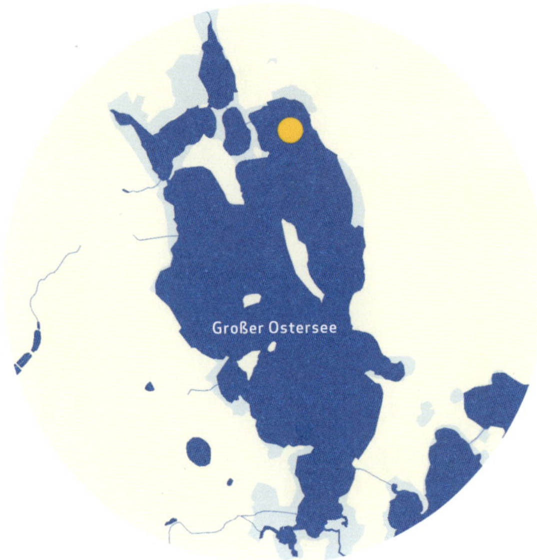

SÜDEN

Aus Naturschutzgründen darf am großen Ostersee nur an zwei ausgewiesenen Stellen gebadet werden. Die recht ruhige Badestelle in Staltach ist zu Fuß – nach Überquerung der Bahn – in wenigen Gehminuten vom Parkplatz aus erreichbar, bietet einen leichten Zugang zum Wasser und einen schönen Blick über den See bis zu den Alpen. Da die Liegewiese relativ feucht ist, sollte man idealerweise eine Isomatte mitbringen oder etwas erhöht und weiter vom Ufer entfernt lagern. Das kann auch ratsam sein, weil die Uferzone oftmals durch Gänsekot verunreinigt ist. Nicht nur deshalb: Bitte keine Wasservögel füttern!

Anfahrt

- Über die A 95 Ausfahrt auf die St 2063, durch Staltach Richtung Norden bis zum gekennzeichneten Parkplatz an der Bahn.
- GPS: 47.794632, 11.305480

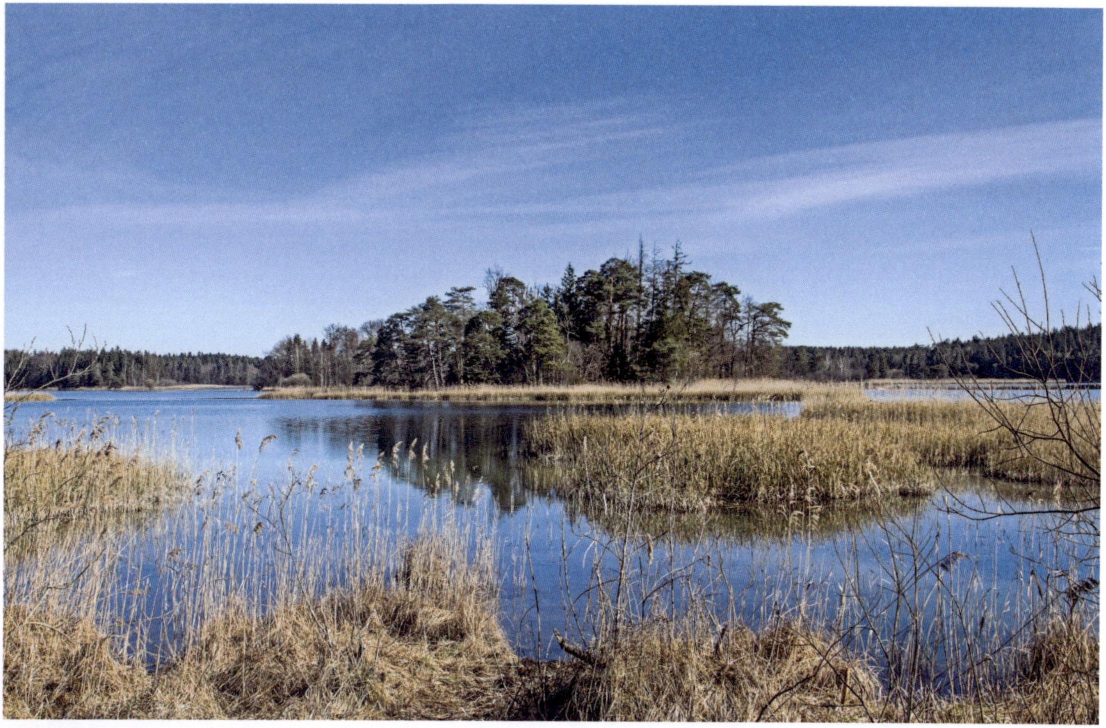

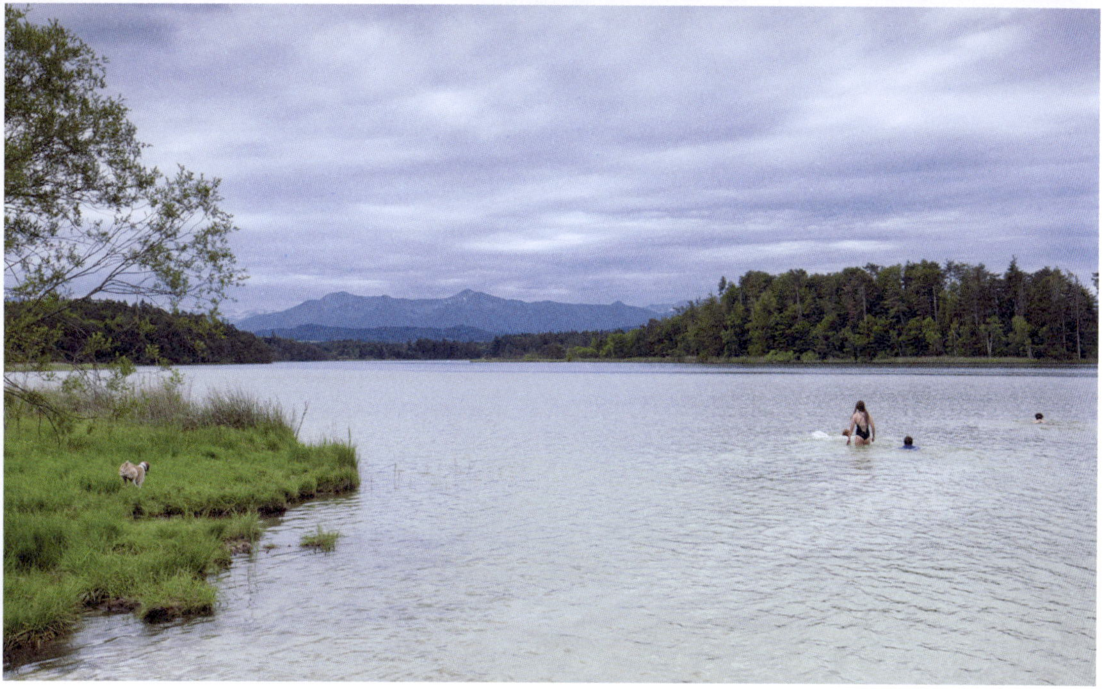

87

BAYERN

Saulgrub / Ammer

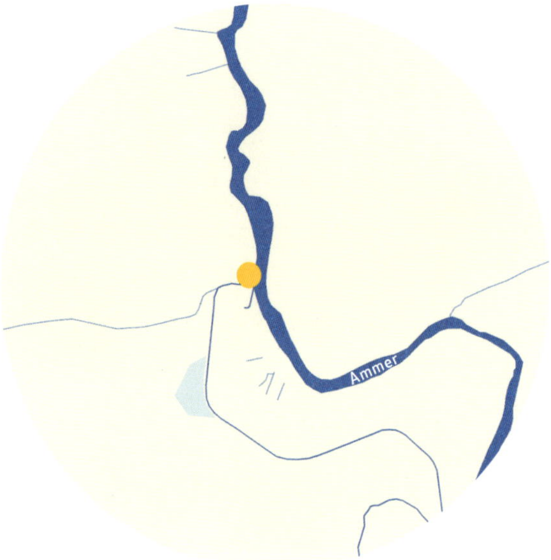

SÜDEN

Das Ammertal gilt als eines der schönsten naturbelassenen Flusstäler der nördlichen Kalkalpen. Nur 15 km nördlich seiner Quelle schuf der junge Wildfluss zwischen Altenau und Peißenberg die unter Naturschutz stehende Ammerschlucht, Scheibum genannt. Die markante Durchbruchstrecke beginnt unterhalb der Brücke beim Kraftwerk Kammerl, ist ca. 600 m lang und bietet fürs Flussbaden hervorragende Möglichkeiten.

Anfahrt

→ Die Scheibum erreicht man über die B 23 bis Saulgrub und von dort an über die Achelestraße.

→ GPS: 47.662781, 10.987521

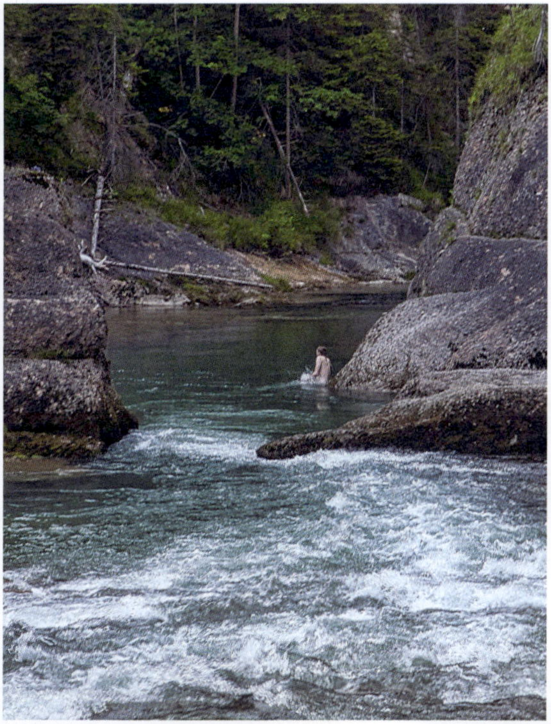
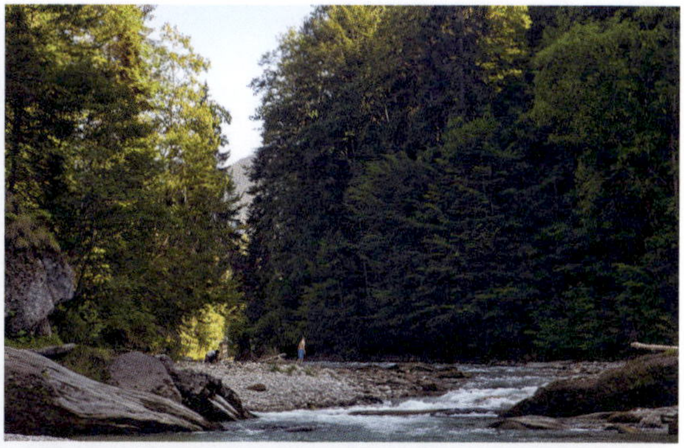
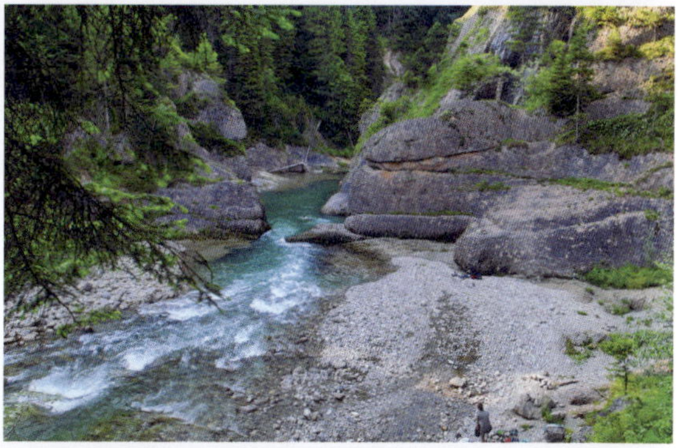
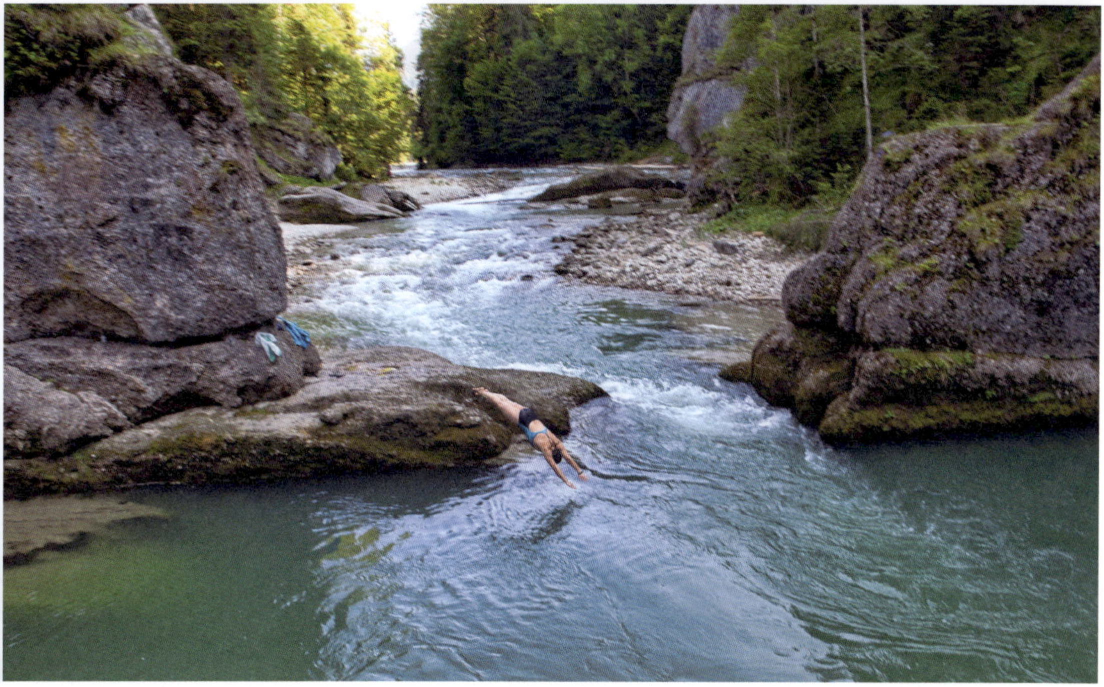

BAYERN

88 Immenstadt / Iller beim Wakeboardpark

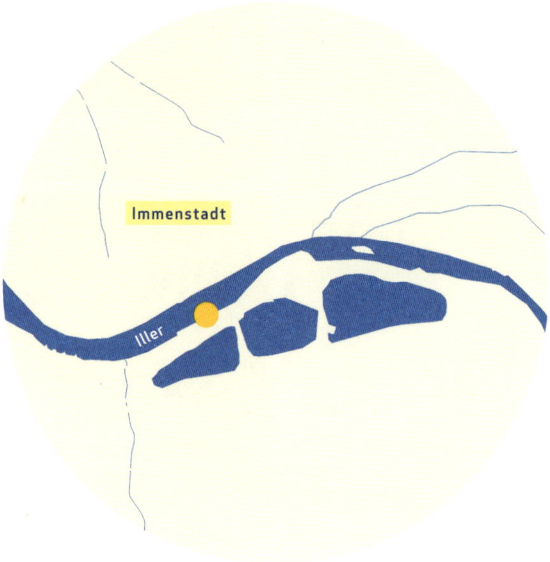

Im Allgäu gibt es ja bekanntlich sehr viele Seen, und der bei Immenstadt gelegene Alpsee ist einer der bekanntesten, aber auch besterschlossenen und entsprechend frequentiert. Wer es etwas frischer und einsamer mag und lieber in Fließgewässern badet, dem kann die Iller ans Herz gelegt werden. Weniger in der Hauptströmung, die zum Teil recht stark sein kann, sondern eher wie hier in den Kehrwassern hinter den schattenlosen Kiesbänken. Im nahen Wakeboardpark kann man sich verpflegen und aktiv oder passiv die »Action« geben.

Anfahrt

- Von der B 19 Sonthofen-Kempten Richtung Immenstadt abfahren und am Kreisverkehr nach der Ilerbrücke der ersten Ausfahrt folgen bis Wakeboardpark/Inselsee.
- GPS: 47.553189, 10.244132

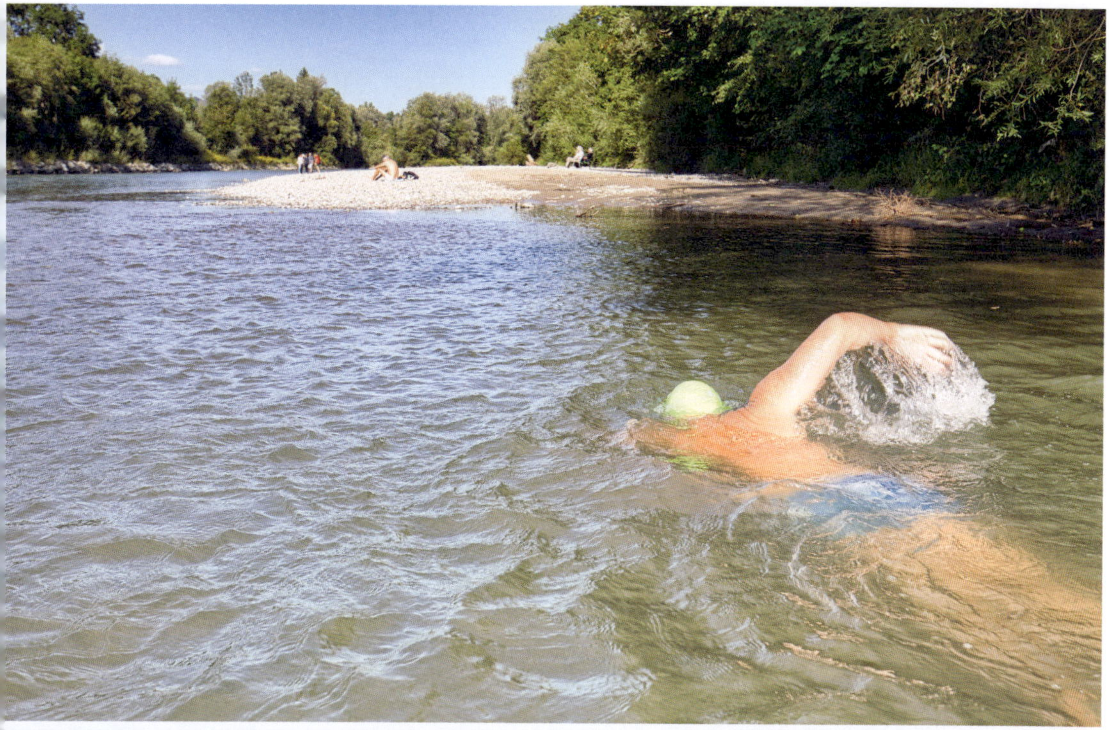

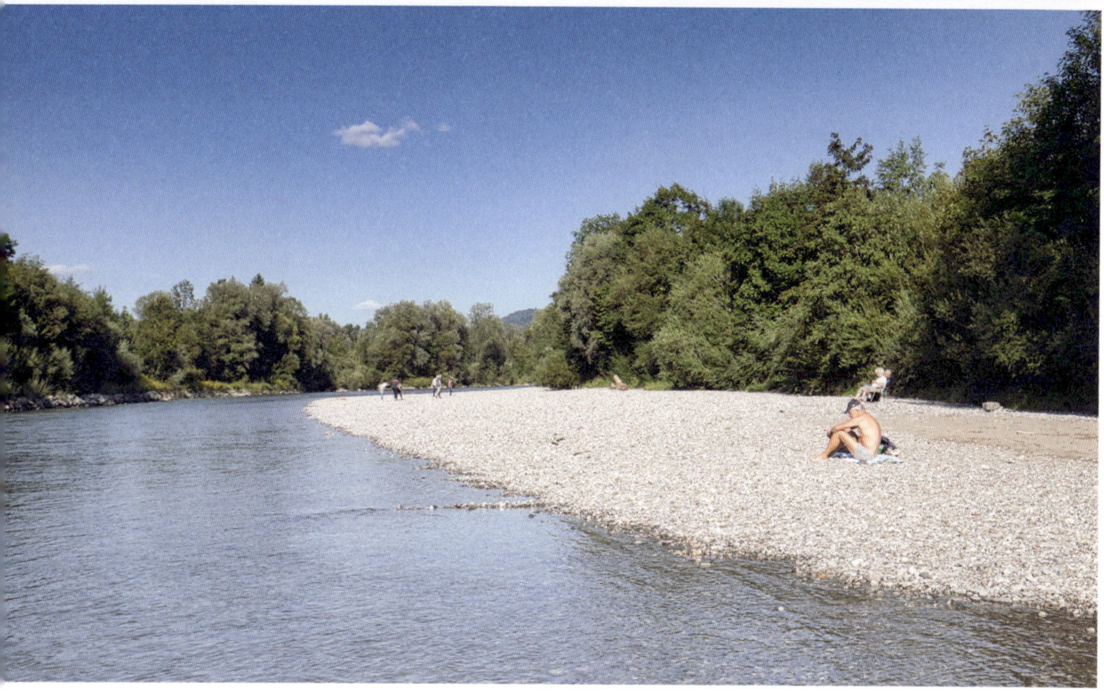

BAYERN

89 Oberstaufen / Buchenegger Wasserfall

SÜDEN

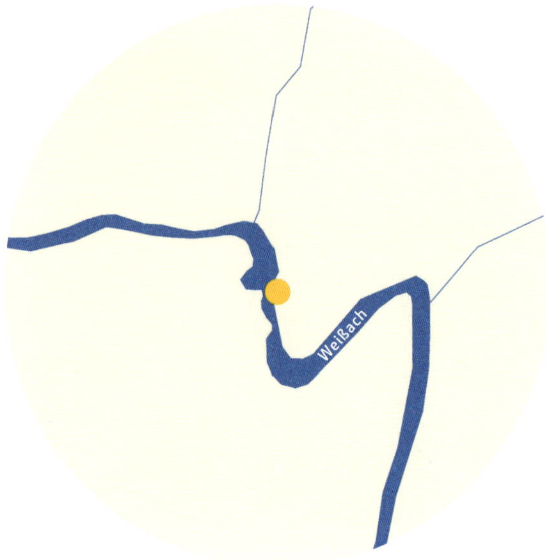

In Millionen von Jahren hat sich die Weißach hier einen spektakulären Weg durch den Nagelfluh gebahnt. Jetzt ergießt sich gischtendes Wasser in die zwei Pools eines der ältesten Erlebnisbäder Deutschlands. Zum ganz besonderen Erlebnis wird das Eintauchen in diese Becken, wenn es aus Höhen bis zu 30 m passiert. Diese nicht ungefährliche Challenge heißt hier »Jucken« und erfreut sich nicht nur bei Locals großer Beliebtheit. Wer es gemütlicher angehen möchte, wird sich im unteren Tosbecken, einem Pool von ca. 20 m Durchmesser mit flach auslaufenden Ufern, bei Wassertemperaturen, die selbst im Hochsommer nur etwa 16 Grad erreichen, abkühlen.

Anfahrt

→ Von Immenstadt aus erfolgt die Anfahrt über den Kreisverkehr an der Hündle-Bergbahn in Richtung Hinterstaufen/Buchenegg. Von Oberstaufen aus nimmt man am Bahnhof die Abzweigung nach Bad Rain/Buchenegg. Ab dem kostenpflichtigen Parkplatz wandert man in ca. 20 Min. über einen steilen Serpentinenweg zu den Wasserfällen.

→ GPS: 47.529803, 10.049862

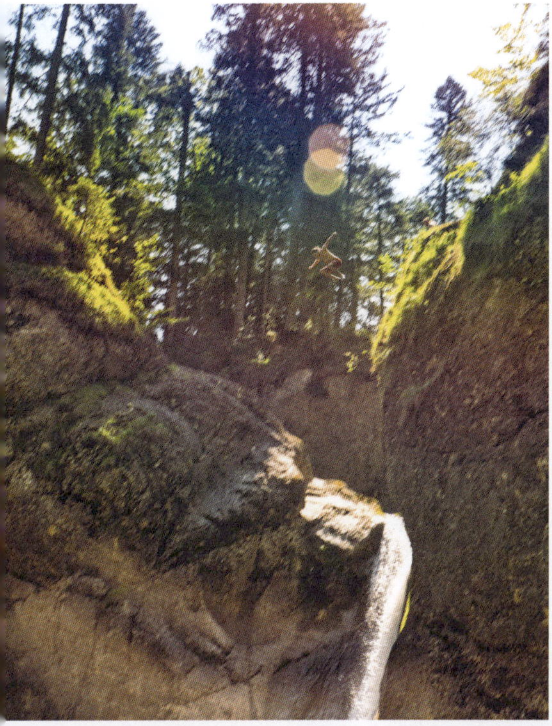

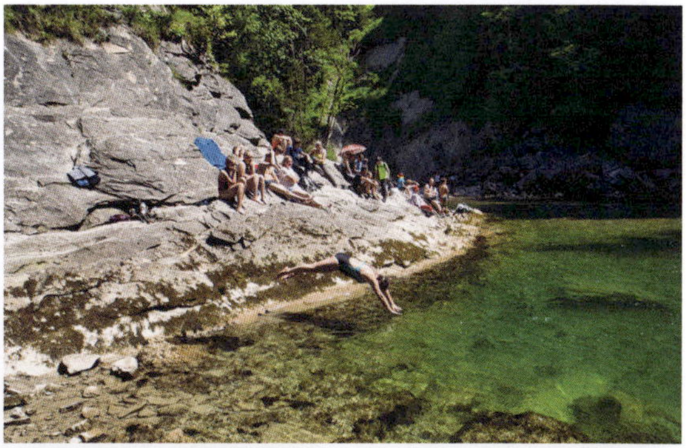

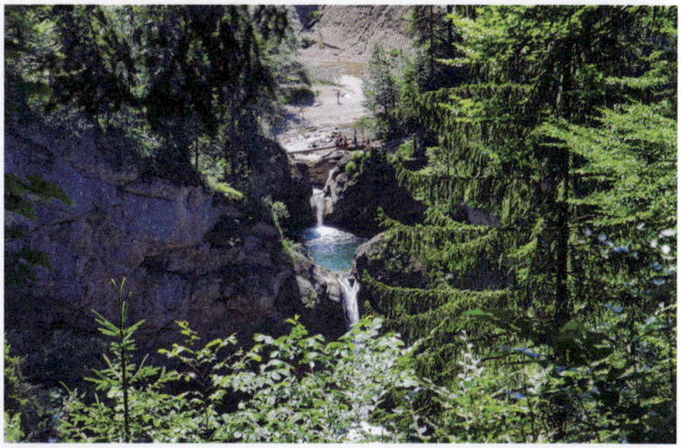

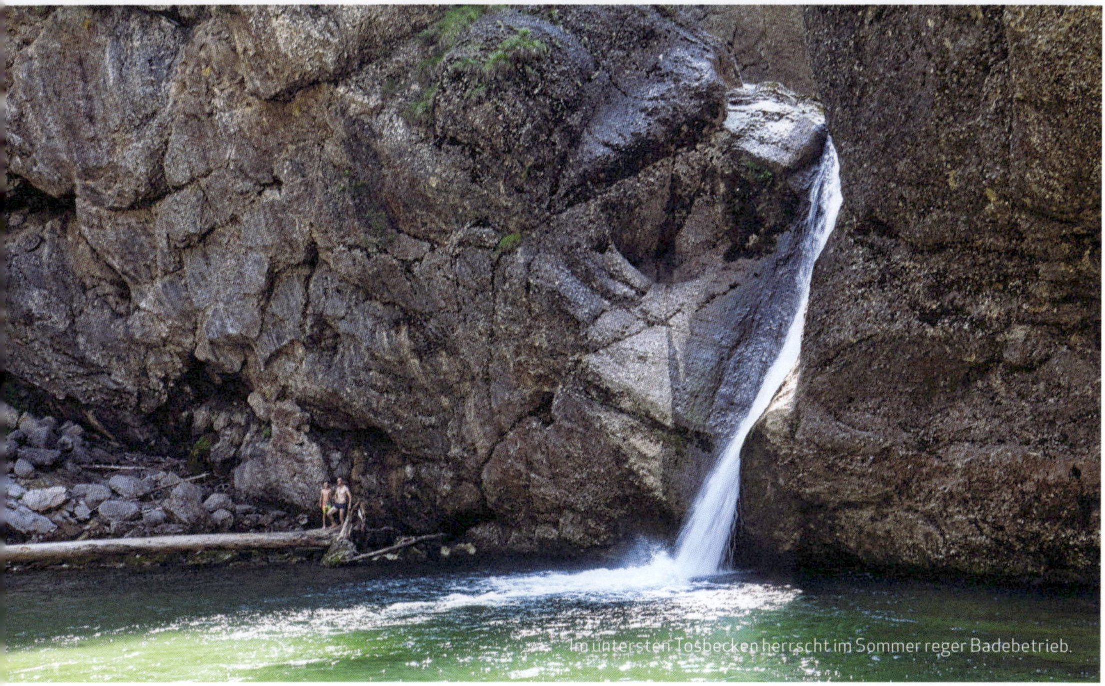

Im untersten Tosbecken herrscht im Sommer reger Badebetrieb.

90

BAYERN

Lindau / Bodensee

SÜDEN

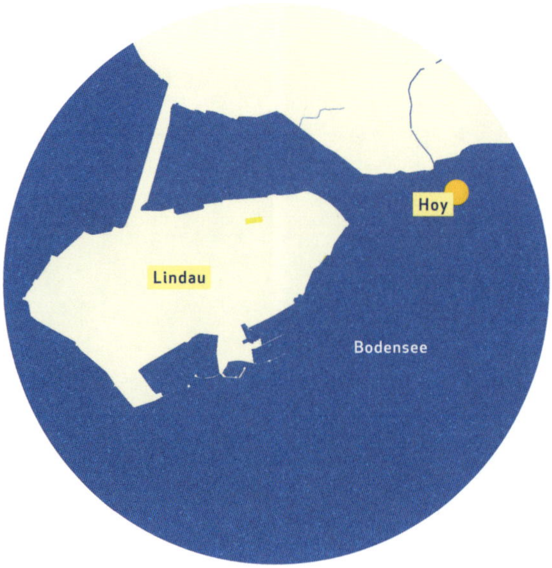

Hoy ist eine Miniatur-Insel und liegt im Bodensee ungefähr 400 m östlich vor der Insel Lindau. Noch näher als zur großen Insel liegt das kleine Eiland allerdings zum Festland. Vom Park in der Reutiner Bucht, in dem sich auch das Stadtamt (kostenpflichtige Parkplätze) befindet, sind es nur gut 100 m zur Insel. Hoy hat einen rechteckigen Grundriss von 9 mal 6 m. Sie eignet sich recht gut als Badeinsel, als solche wurde sie ja ursprünglich auch errichtet. Sie verfügt klarerweise allerdings über eine sehr begrenzte Aufnahmekapazität.

Anfahrt

- → Über die A 96 München–Lindau und die B 31 über Breisach–Lindau. In Lindau/Neustadt knapp vor der Brücke zur Insel links halten und hier parken.
- → GPS: 47.549712, 9.695536

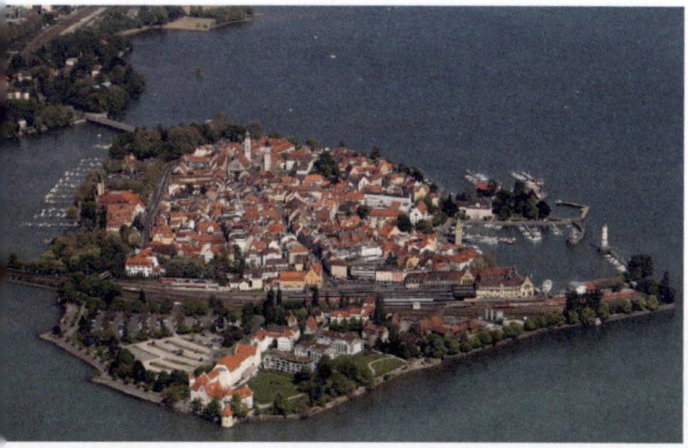

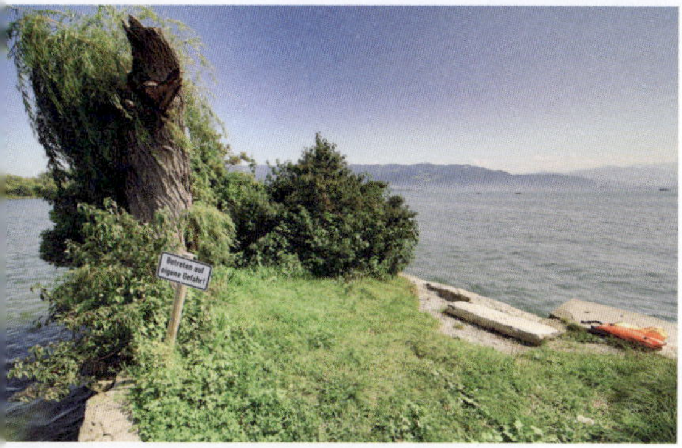

Betreten auf
eigene Gefahr!

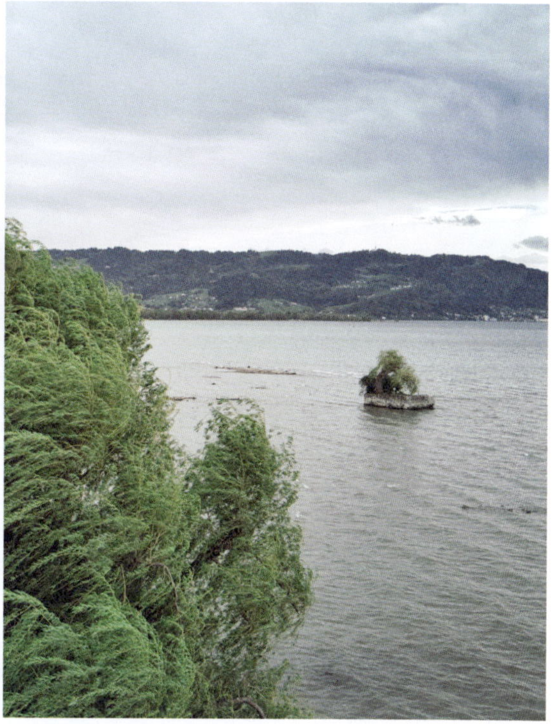

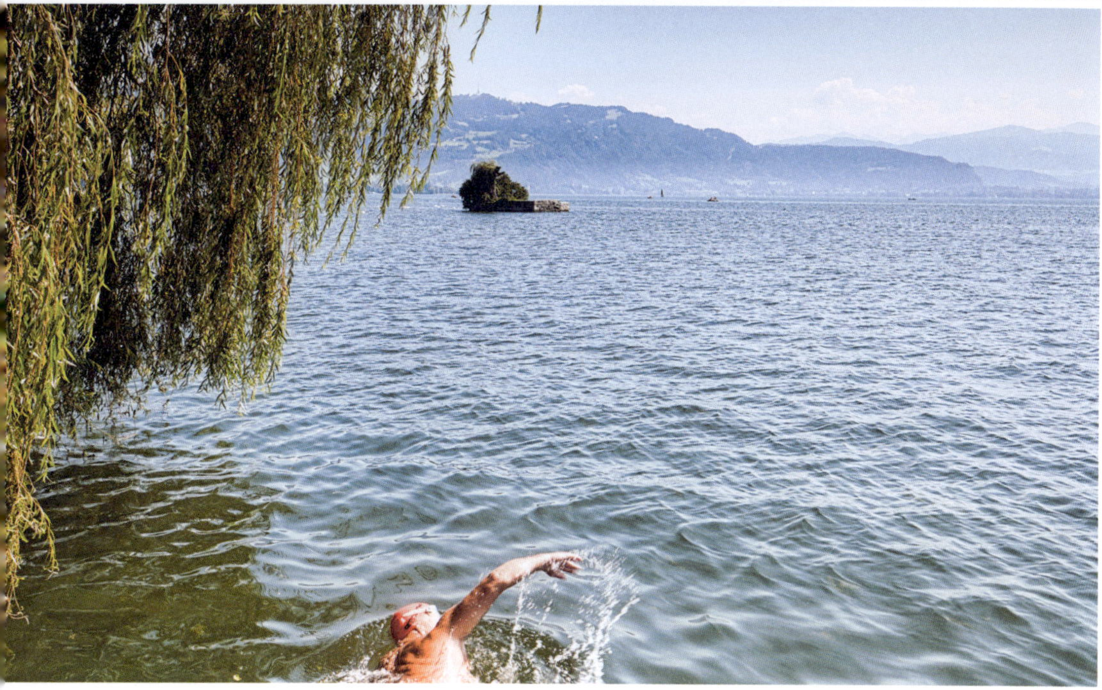

91

BADEN-WÜRTTEMBERG

Hagnau / Bodensee

SÜDEN

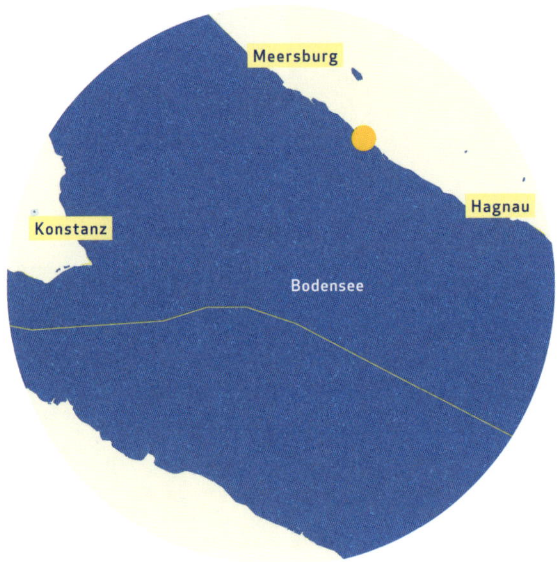

Vor einem der einladende Bodensee, in der Ferne mit (leider doch nicht) ewigem Eis bedeckte Alpengipfel, im Rücken sanft ansteigende Weinberge. Über einem dann und wann ein silbrig glänzender Zeppelin, der ja hier in der Gegend auch ursprünglich gebaut wurde. Besonders einfach kann man dieses Szenario dank Uferstraße zwischen Meersburg und Hagnau erleben. Hier gibt's viele schöne Buchten und Zugänge zum See, Parkplätze im Hochsommer allerdings weniger. (Tipp: »Sei mit'n Radl do.«)

Anfahrt

→ B 31 Abfahrt Meersburg, am Kreisverkehr erste Ausfahrt in die »Uferpromenade« nehmen und Auto am besten am »Hämmerleparkplatz« abstellen.

→ GPS: 47.682440, 9.290422

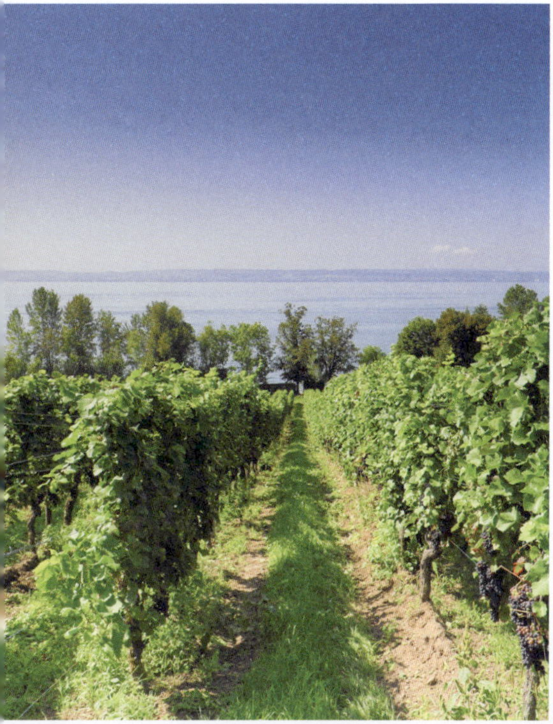

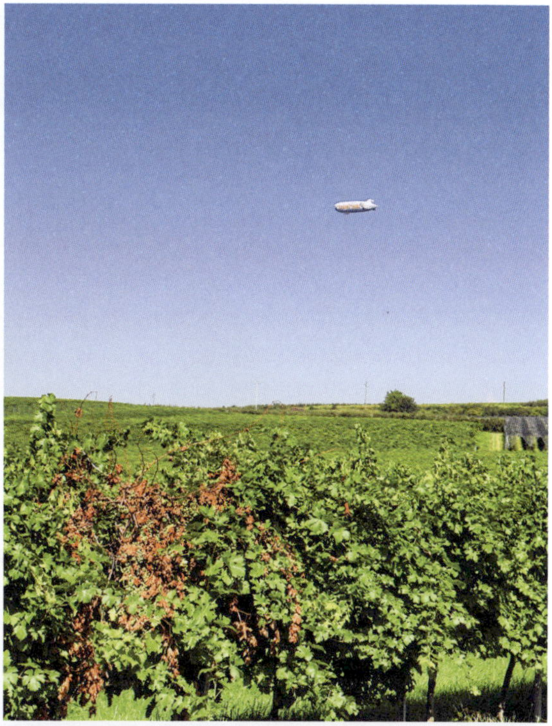

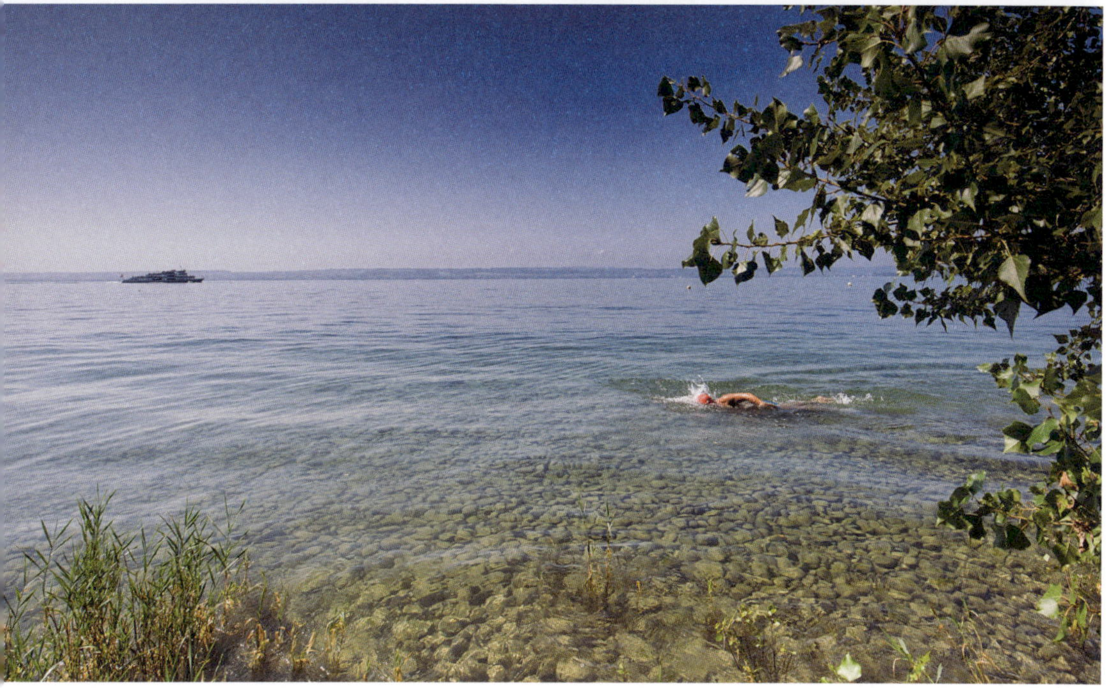

92

BAYERN

Reichenau / Bodensee

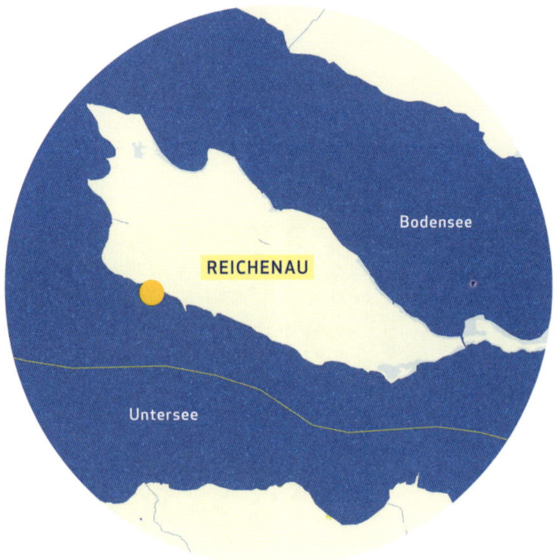

Reichenau ist mit 4,5 km Länge und maximal 1,5 km Breite die größte Bodenseeinsel. Sie liegt zwischen Radolfzell und Konstanz etwa 2 km vor dem Nordufer des Bodenseeabschnitts Untersee. Offiziell trägt sie den Beinamen »Klosterinsel«, inoffiziell wird sie auch oft als »Gemüse- oder Genuss-Insel« bezeichnet. Die Badestelle befindet sich in der Nähe der Schiffsanlegestelle Reichenau, wenn man am Bodenseeufer entlanggeht, hinter dem Strand des Strandhotels »Löchnerhaus«.

Anfahrt

→ Aus Richtung Norden: A 81 ab Autobahnkreuz Hegau, über B 33 Richtung Radolfzell–Konstanz, Abfahrt Reichenau, über den Damm zur Insel und weiter zur Schiffsanlegestelle Reichenau.

→ Aus Richtung Süden: in Konstanz auf die B33 Richtung Radolfzell, Singen. Abfahrt Reichenau, über den Damm zur Insel und weiter zur Schiffsanlegestelle Reichenau.

→ GPS: 47.691344, 9.051200

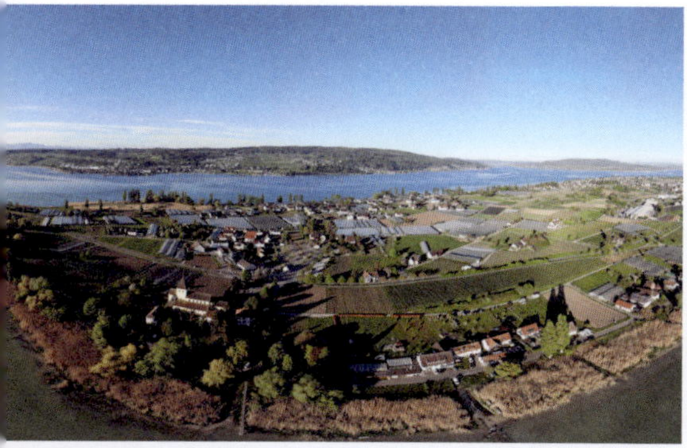

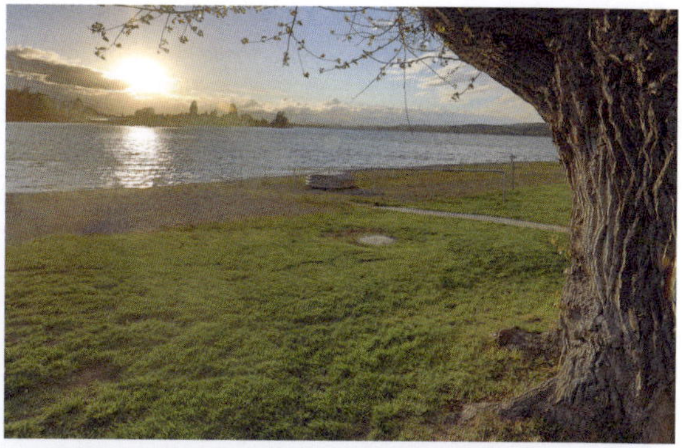

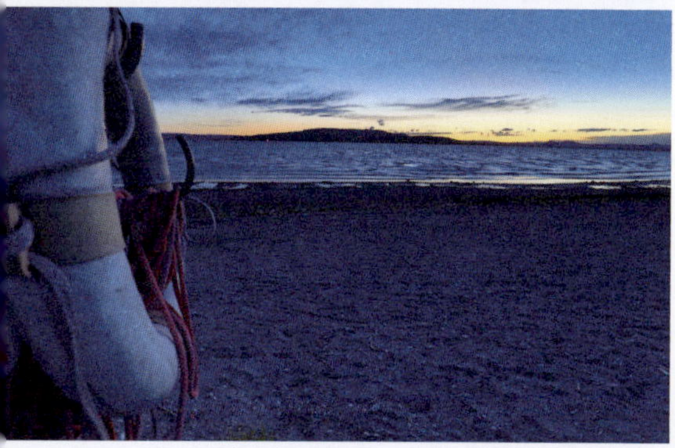

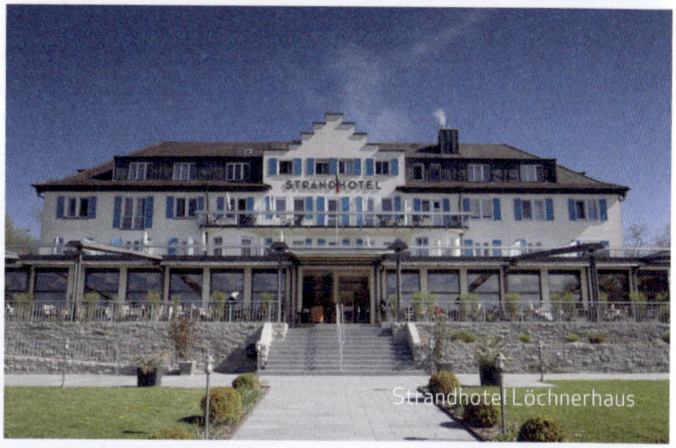

Strandhotel Löchnerhaus

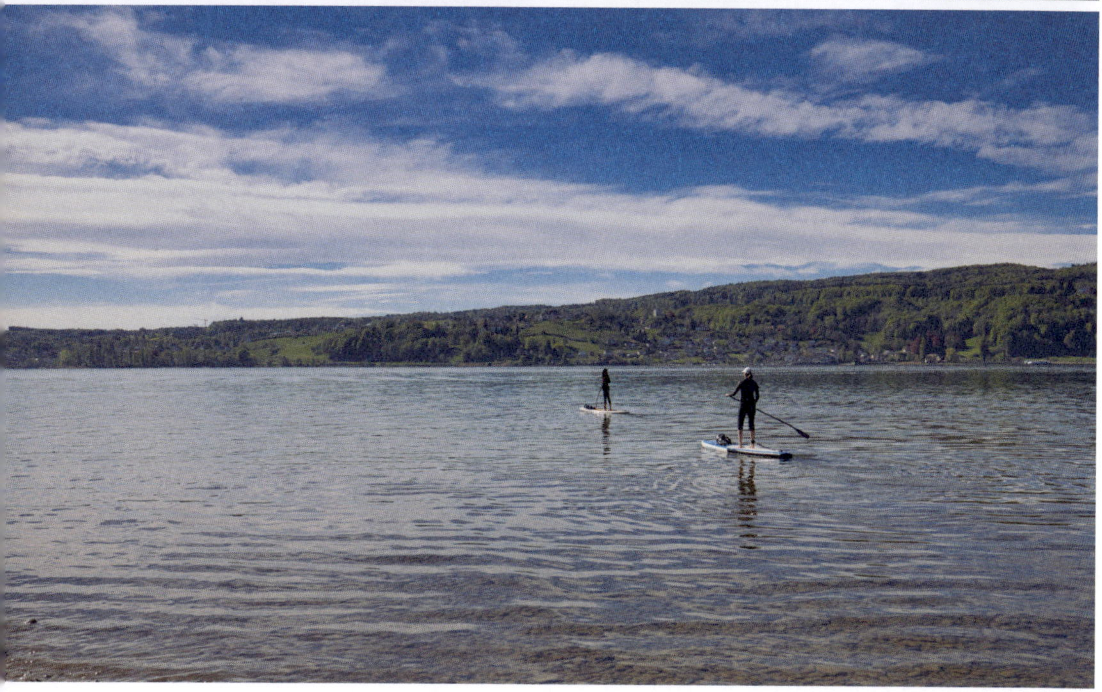

93

BADEN-WÜRTTEMBERG

Dachsberg / Alb

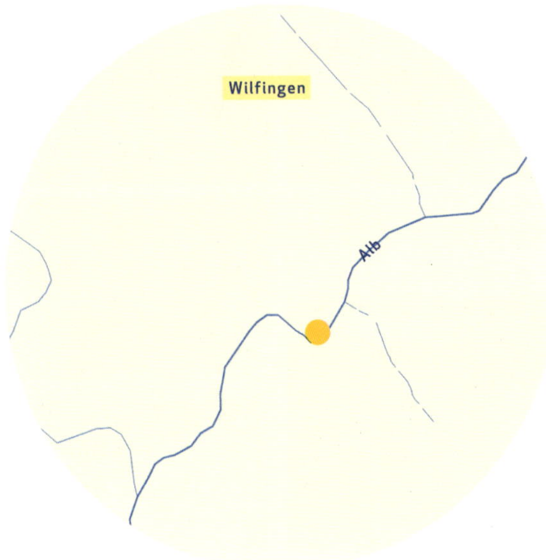

Ein mächtiger Felsbrocken mitten in der Albschlucht hat einen – besonders bei Hochwasser – markanten Strudel geschaffen, der von den Einheimischen »Teufelsküche« genannt wurde. Auch in den Sommermonaten ist das Wasser hier recht kalt und aufgrund des Zustiegs für Familien ungeeignet. Man erreicht diese bei Normalwasserstand recht schöne Naturbadestelle für Fortgeschrittene über einen steilen Trampelpfad, der vom durch die Albschlucht angelegten Wanderweg herunterführt. In Ermangelung einer Liegewiese muss man hier auf den nicht allzu bequemen Felsen lagern, weshalb sich der Spot eher für eine kurze Challenge denn für einen längeren Badeaufenthalt empfiehlt.

Anfahrt

- → Über die L 154 albaufwärts zur Hohen Brücke, kurz nach der Abzweigung Richtung Dachsberg ist am Straßenrand eine kleine markierte Parkbucht. Vorsicht beim steilen Abstieg!
- → GPS: 47.660254, 8.105223

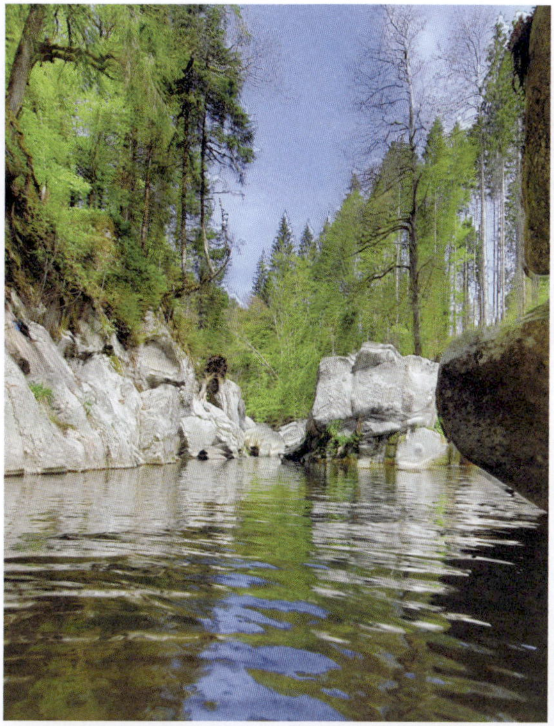
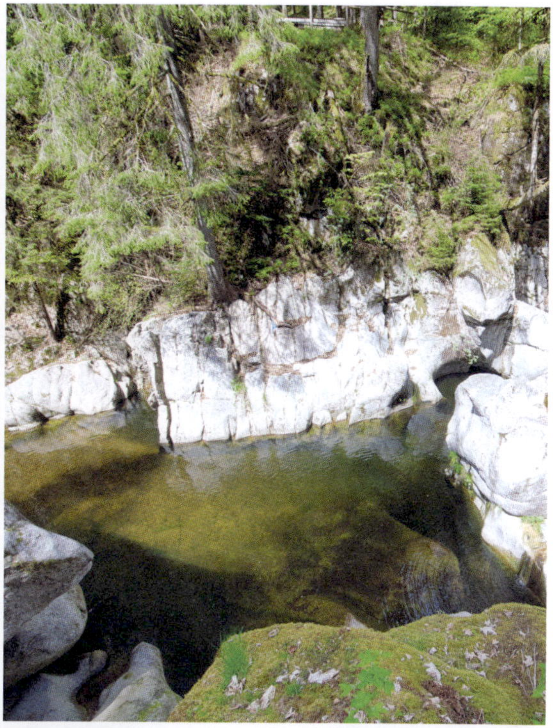
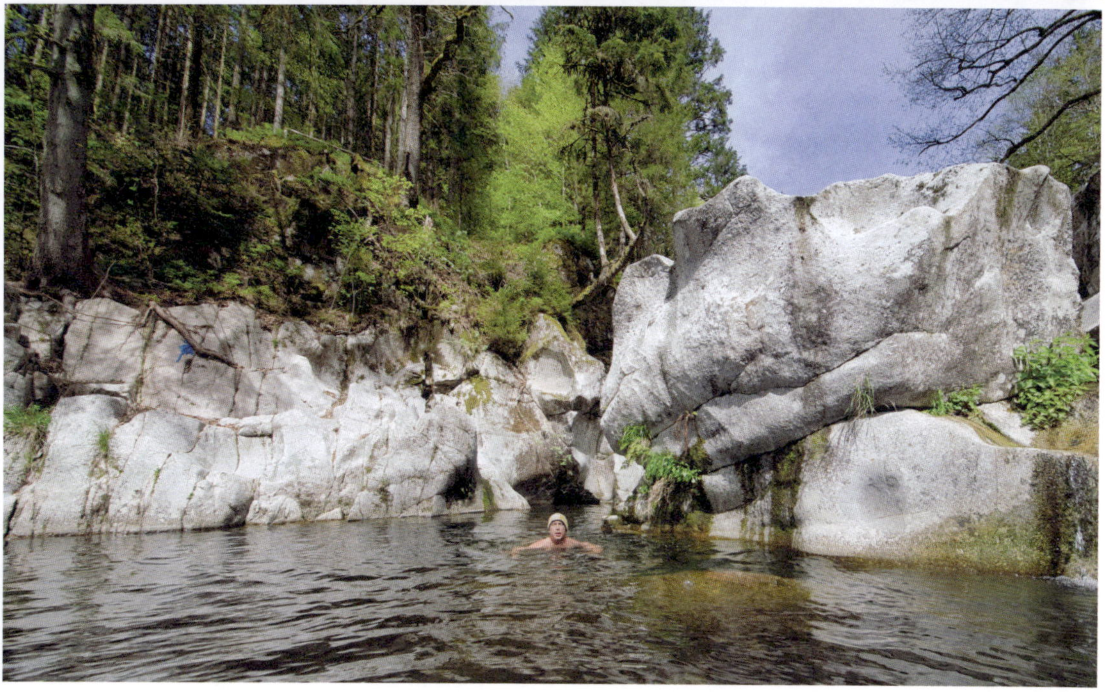

94 Marktschellenberg / Berchtesgadener Ache

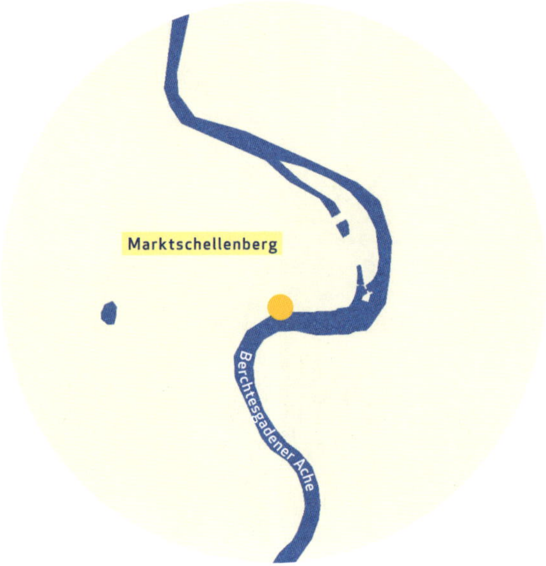

Direkt im Ortszentrum von Marktschellenberg geht die Straßenbrücke über die Ache. Man parkt an der Brücke, geht ein paar Hundert Meter flussaufwärts zu einem kleinen Sportplatz und findet dort Liegeplatz und Einstieg. Bis zur Brücke schöne Schwimmstrecke, unmittelbar danach folgt ein Wehr. Bei Normalwasserstand ist die Strömung harmlos und rechtsufrig der Ausstieg über eine kleine Steintreppe problemlos möglich. Linksufrig nettes Lokal mit Terrasse direkt am Fluss. Herausforderndes Wasserfall-Dipping ist in der nahe liegenden Almbachklamm möglich.

Anfahrt

- → Nach Marktschellenberg kommt man über die Autobahn München–Salzburg, Ausfahrt Salzburg Süd (Grödig), über die Deutsche Alpenstraße oder über Bad Reichenhall–Berchtesgaden.
- → GPS: 47.695736, 13.045566

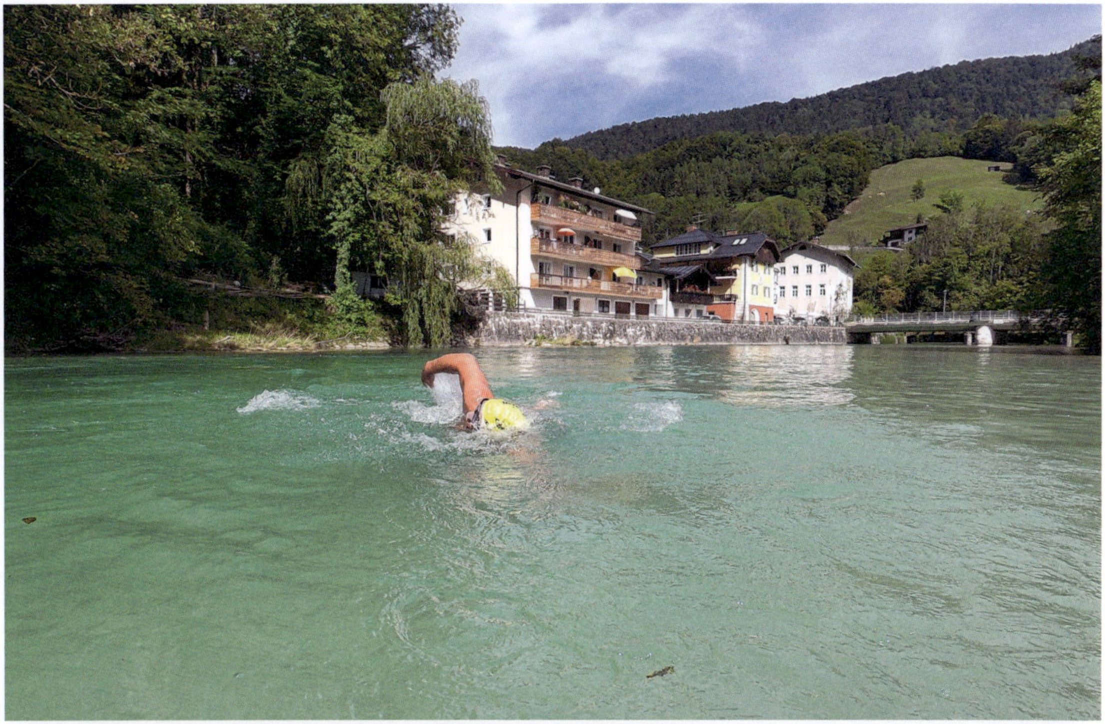

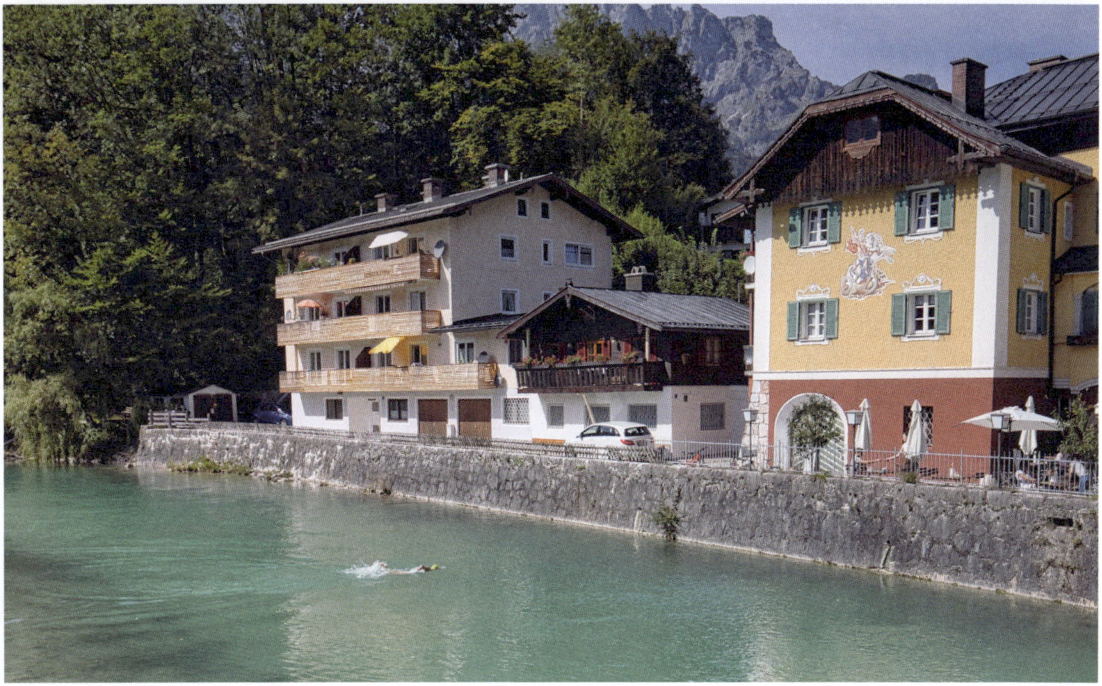

95

BAYERN

Schönau / Seeleinsee

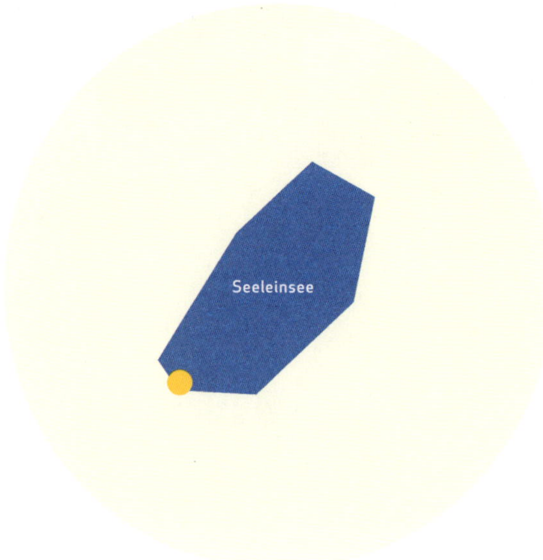

SÜDEN

Der oft bis in den Mai hinein zugefrorene Bergsee liegt auf einer Höhe von etwa 1800 m in einem Kessel unterhalb des Hochseeleinkopfs. Der abflusslose See weist Trinkwasserqualität auf und ist um die 110 m lang und rund 55 m breit. Die Rundtour dauert insgesamt um die 7 Std. und ist nur ausdauernden und erfahrenen Bergwanderern zu empfehlen. Nach der Seilbahnauffahrt bis zur Mittelstation geht es über den Steig 497 vorbei an Strubalm, Branntweinbrennhütte, Priesberger Moos, Priesbergalm, durch den Stiergraben zum Seeleinsee und zurück zu Branntweinbrennhütte und über Steig 493 via Königsbachalm zum.

Anfahrt

- A 8 Abfahrt Bad Reichenhall, weiter über die B 20 nach Schönau zum Parkplatz Jennerbahn/ Königsee.
- GPS: 47.537550, 13.029310

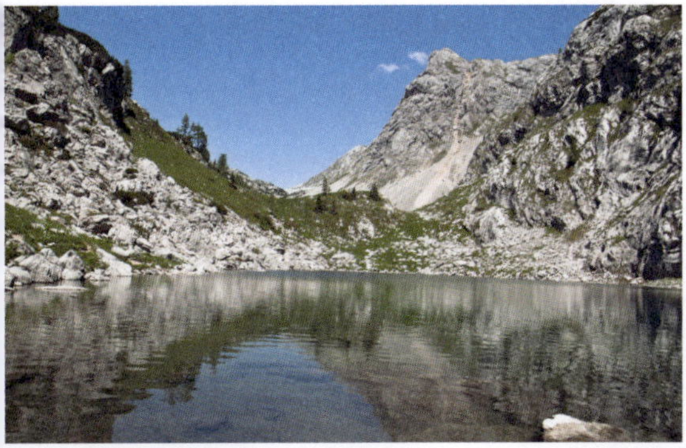

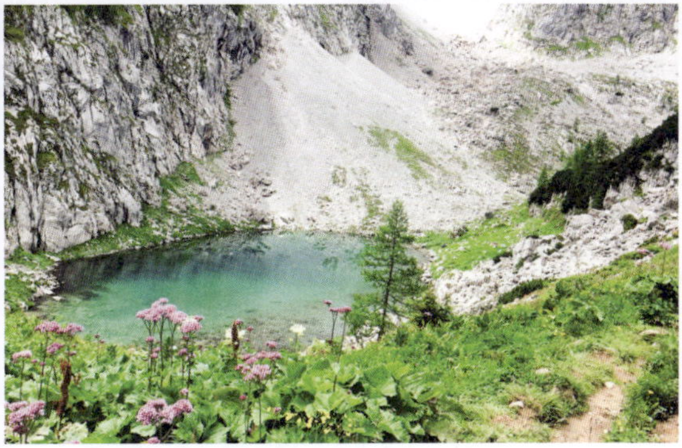

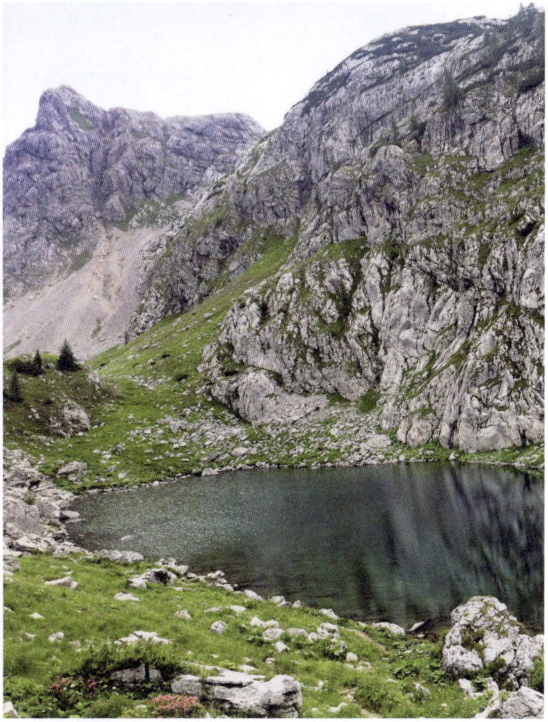

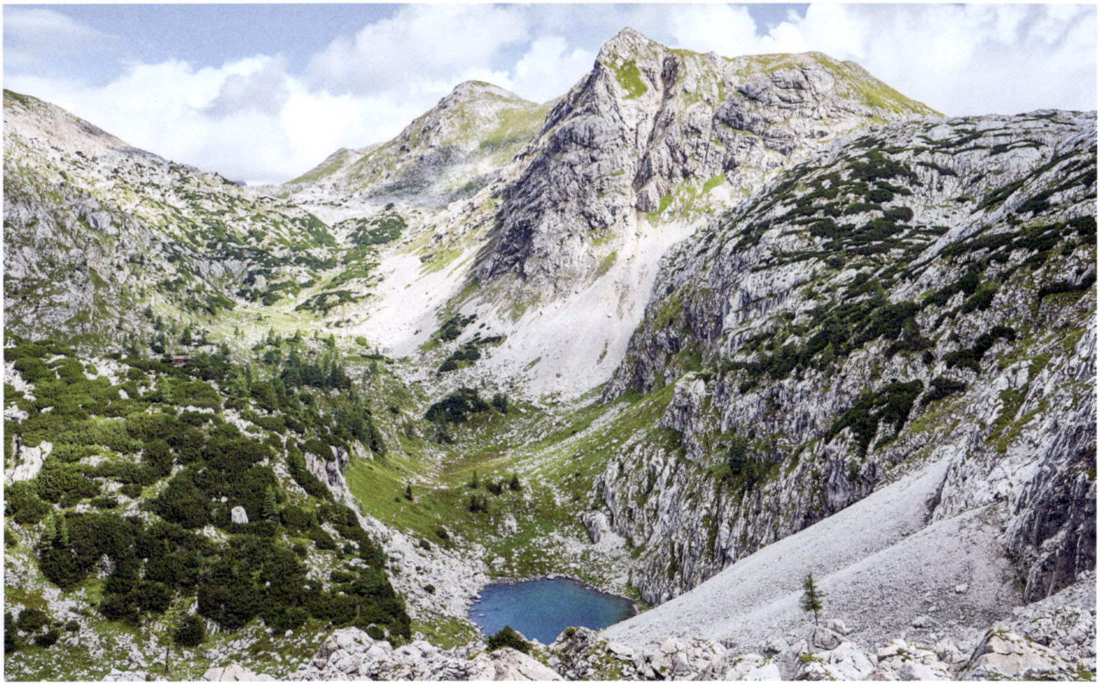

96

BAYERN

Schönau / Obersee

SÜDEN

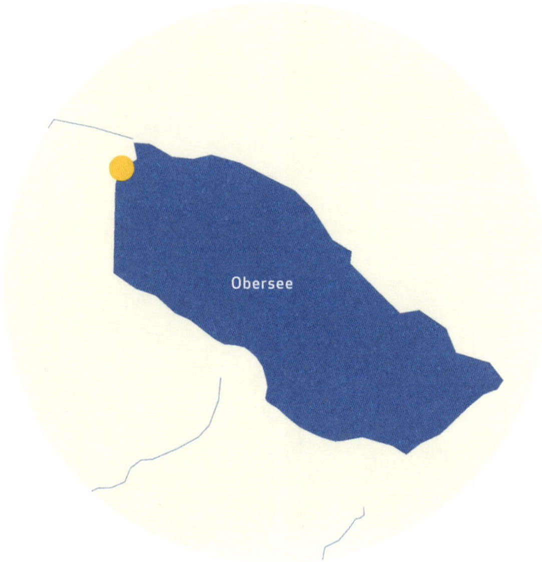

Man kann gleich im Malerwinkel am Königssee schwimmen, oder aber man nimmt in Schönau eines der Elektroboote, fährt an der Wallfahrtskirche St. Bartholomä vorbei nach Salet und wandert von dort weiter Richtung Fischunkelalm. Bereits nach etwa 10 Min. gelangt man zum Obersee, dem kleinen Bruder des Königssees. Nun kann man sich gleich hier in die Fluten stürzen oder dem ab hier nicht mehr kinderwagentauglichen Wanderweg zur bewirtschafteten Fischunkelalm und zum 470 m hohen Röthbachfall folgen. Die Szenerie im Talkessel mit dem glasklaren See und den steil aufragenden Berghängen ist fast schon als kitschig zu bezeichnen.

Anfahrt

- A 8 Abfahrt Bad Reichenhall, weiter über die B 20 nach Schönau zum Parkplatz Jennerbahn/Königssee.
- GPS: 47.519052, 12.981319

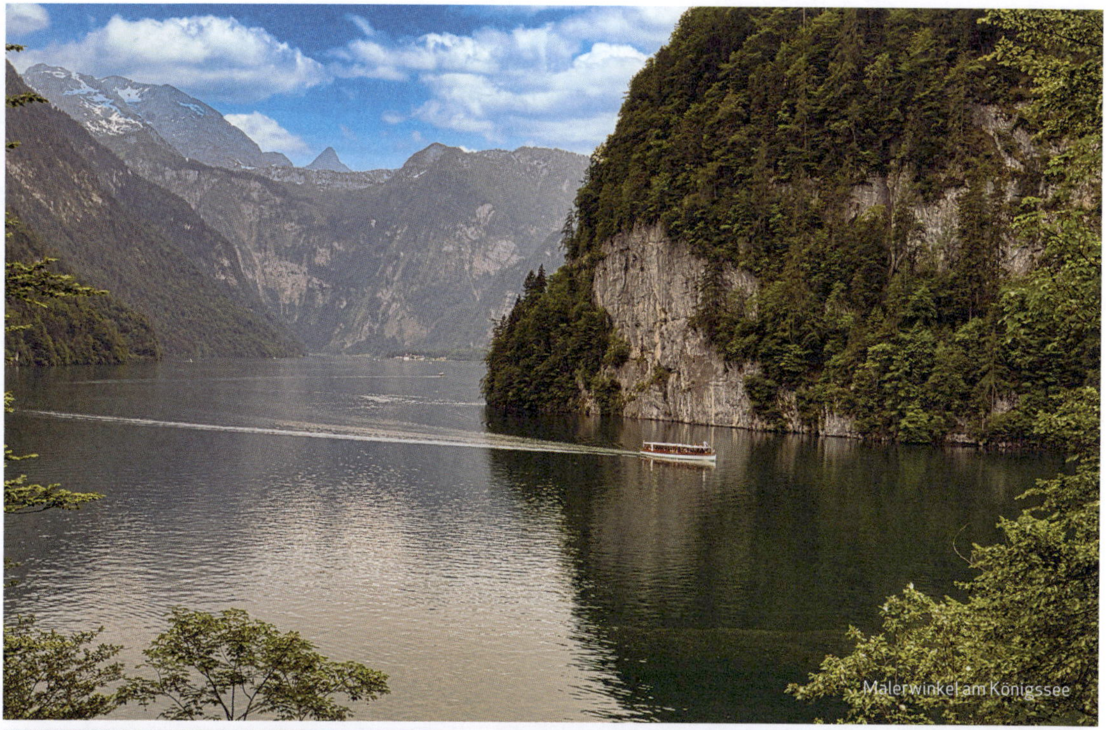
Malerwinkel am Königssee

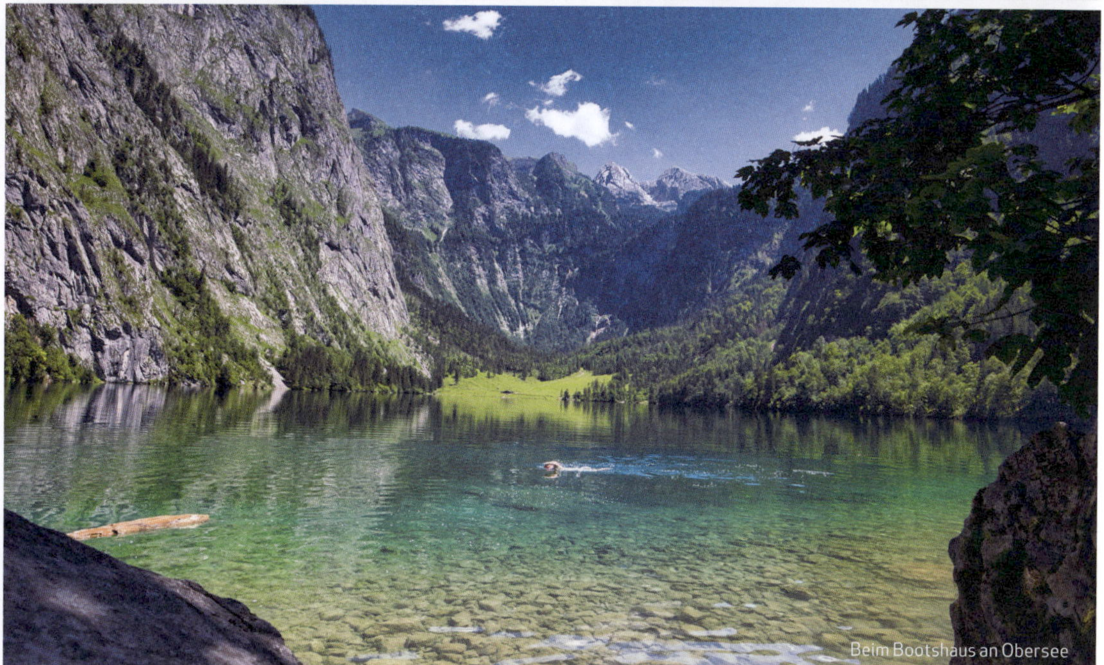
Beim Bootshaus an Obersee

BAYERN

97 Schneizlreuth / Mußbach-Wasserfall

SÜDEN

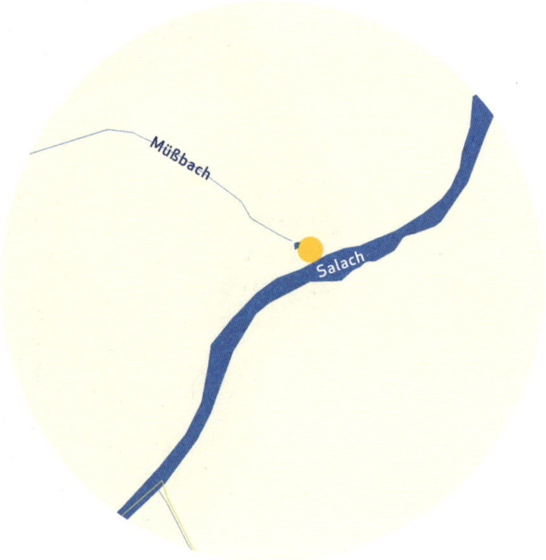

Im deutsch-österreichischen Grenzgebiet strebt der Mußbach vom Wendelberg kommend der Saalach zu. Dabei fällt er über einen harten Dolomitriegel etwa 10 m in einen schönen Gumpen, der mit rund 300 m² für einen erfrischenden Dip allemal groß genug ist. Am Ufer befinden sich eine Sitzbank und eine Info-Tafel. Der Spot ist als Naturdenkmal geschützt, relativ leicht erreichbar, aber auch ziemlich schattig und eignet sich weniger für einen längeren Aufenthalt, jedoch sehr gut für eine hochsommerliche Abkühlung.

Anfahrt

→ A 8 Abfahrt Bad Reichenhall, über B 20, 21 nach Schneizlreuth, nach Ortsdurchfahrt der Bundesstraße folgen, am Beginn der Steigung zweigt links ein Feldweg ab, hier parken und in 10 Min. zu Fuß zum Wasserfall.

→ GPS: 47.678951, 12.785661

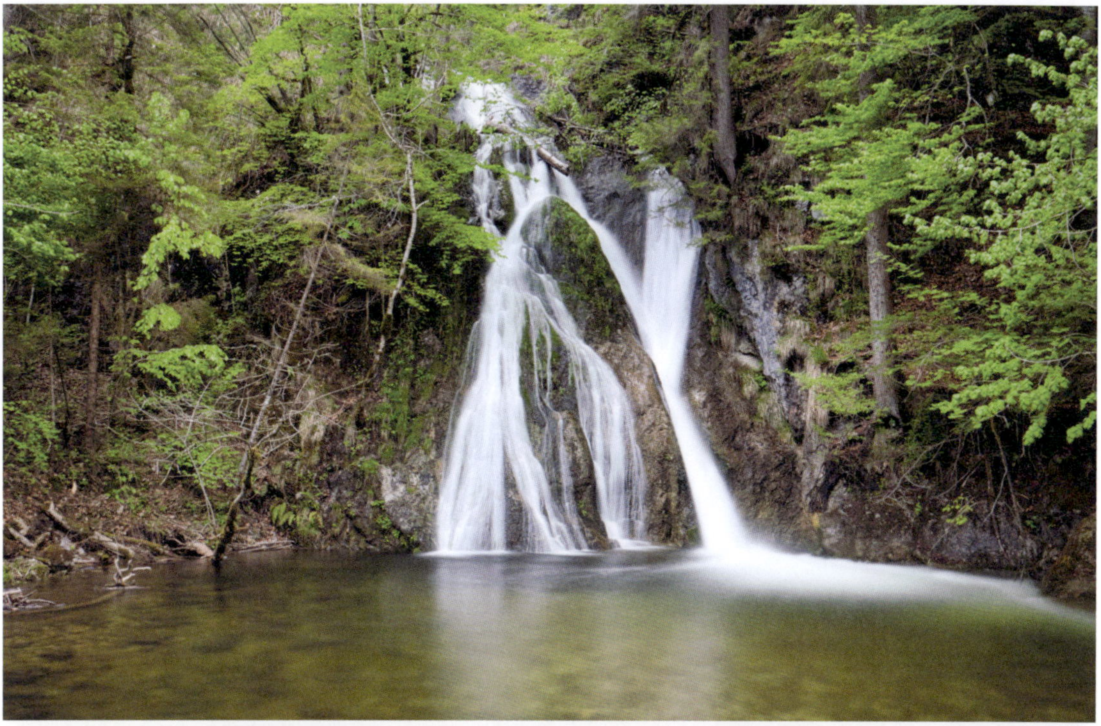

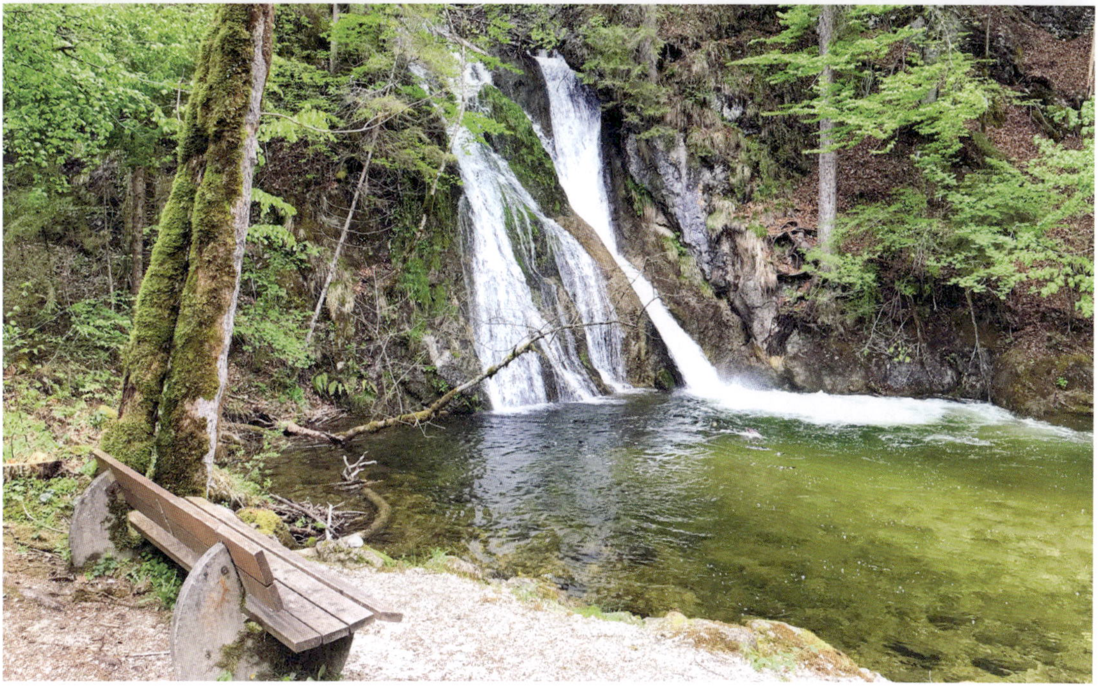

98

BAYERN

Ruhpolding / Mittersee

SÜDEN

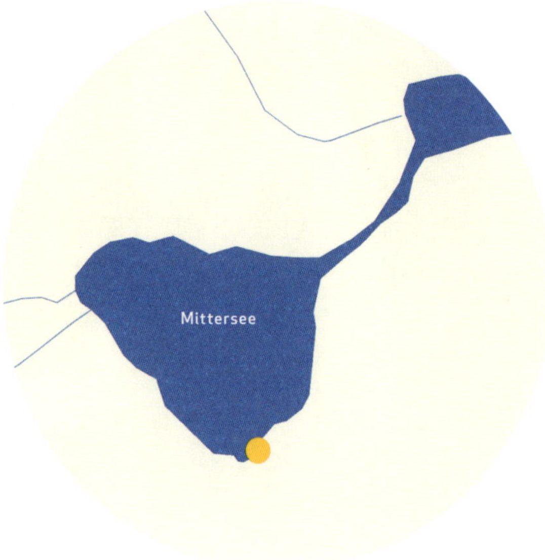

Als Klein-Kanada wird das Ruhpoldingertal von den Touristikern der Region gerne beworben. Begründet wird dieses Attribut mit der Vielzahl an Seen und Flüssen mit glasklarem Wasser, den einsamen Wäldern und der beeindruckenden alpinen Landschaft. Im Drei-Seen-Plateau, das sich zwischen Ruhpolding und Reit im Winkl erstreckt, liegt dieses etwa 14 ha große Gewässer, wie nicht schwer zu erraten, in der Mitte. Die leicht erreichbaren Badeplätze finden sich an seinem Südufer nahe der Deutschen Alpenstraße. Die einsameren am Nordufer sind nur zu Fuß oder per Fahrrad erreichbar.

Anfahrt

→ A8 Abfahrt Siegsdorf. Folgt man der B 306, 305 Richtung Reit im Winkl kommt man direkt zum See.

→ GPS: 47.688473, 12.588020

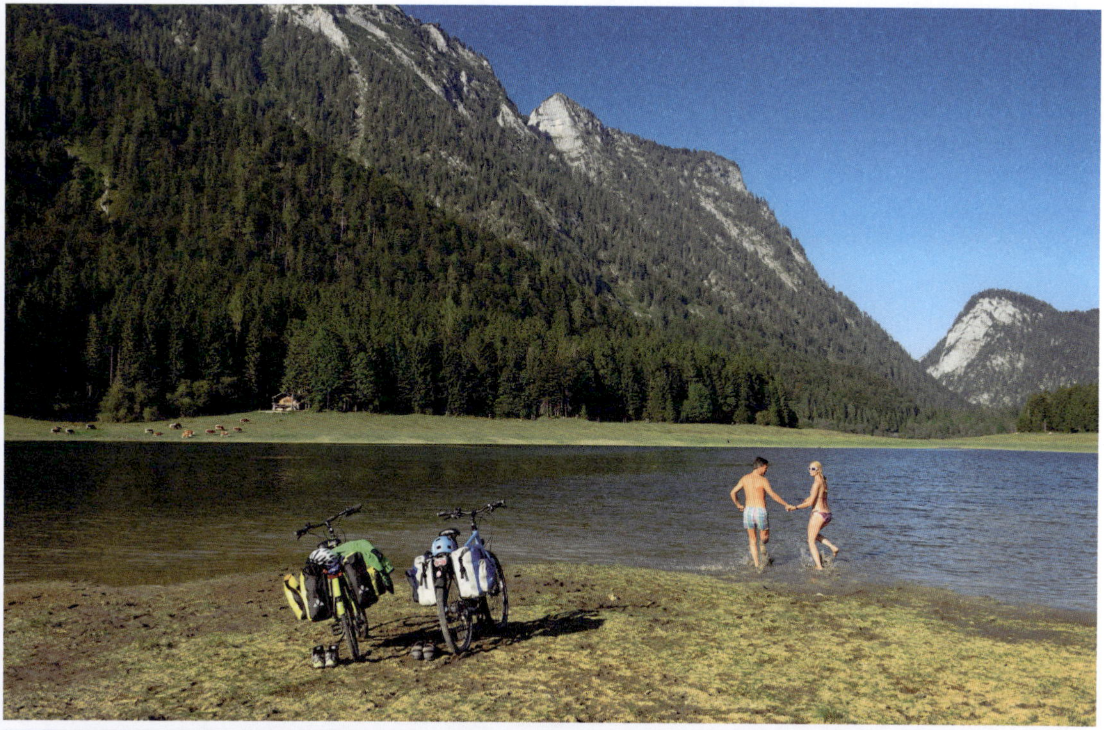

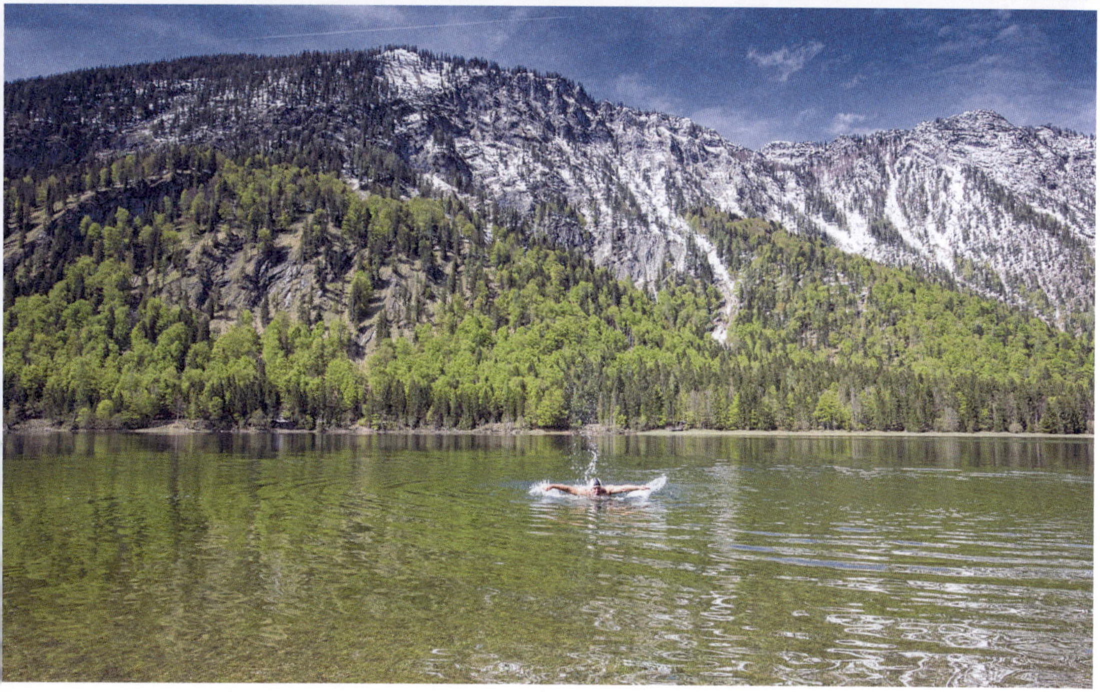

99

BAYERN

Kössen / Taubensee

SÜDEN

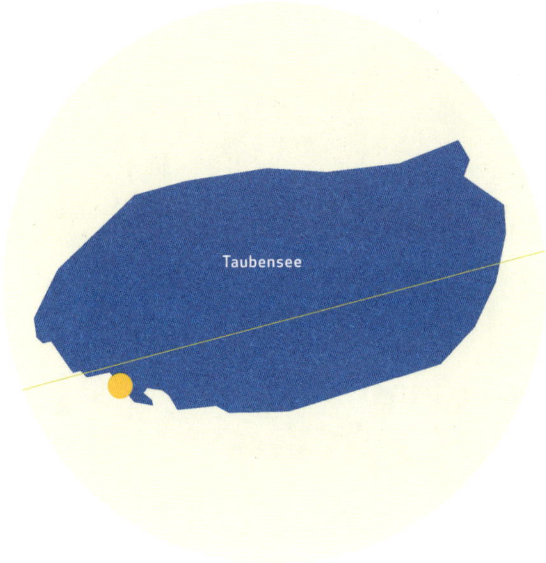

»Auge des Chiemgaus« haben diesen auf 1200 m gelegenen, im Sommer bis zu 24 Grad warmen Bergsee einige seiner Bewunderer benannt. Dabei ist der ein echter Grenzfall, nicht was seine Naturschönheit und Popularität betrifft, sondern weil die bayerische-tirolerische Grenze mitten durch ihn verläuft. Meistens wird er vom österreichischen Kössen aus bewandert und die beim Anstieg rechts besonders schön gelegene Taubenseehütte selten links liegen gelassen. Von der gemütlichen Terrasse genießt man einen herrlichen Talblick, und den Kaiserschmarren sollte man sich nicht entgehen lassen.

Anfahrt

- Mit dem Auto kann man zum Parkplatz Schafflerhof (kurz vor Jausenstation Mühlberg) fahren, von dort ca. 1 ½ Std. Gehzeit über einen gut markierten Wanderweg bis zur bewirtschafteten Taubenseehütte.
- Ausgangspunkt: Kössen, Parkplatz Schaffler am Mühlberg (820 m).
- GPS: 47.695480, 12.425705

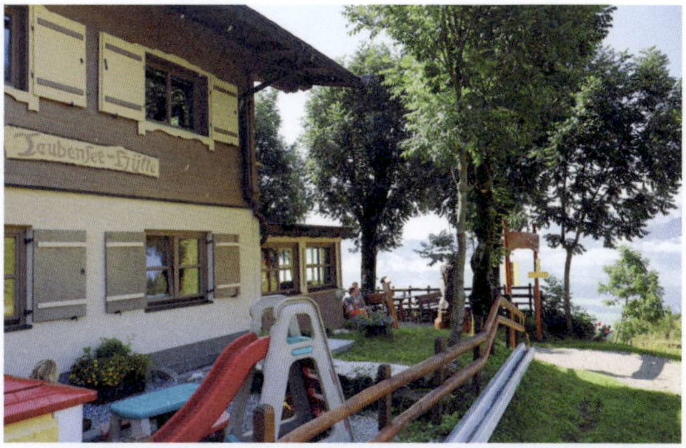

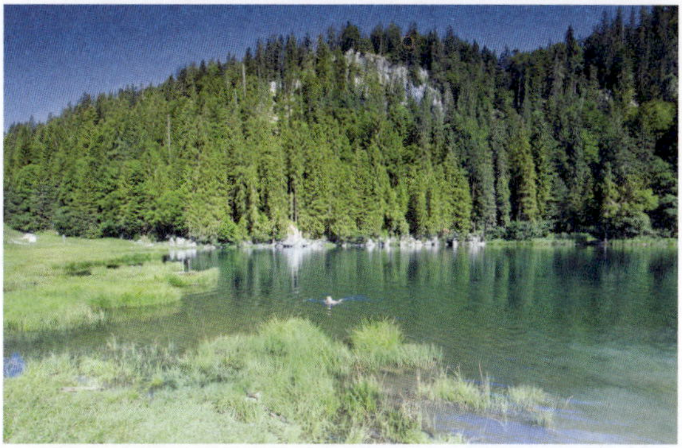

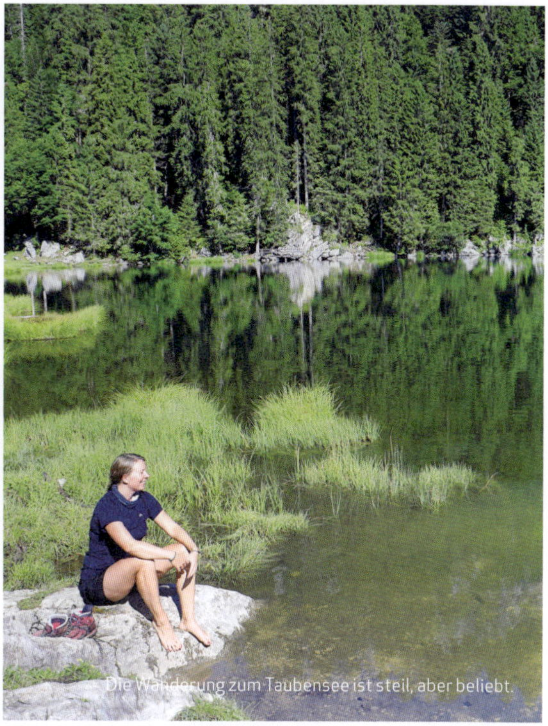

Die Wanderung zum Taubensee ist steil, aber beliebt.

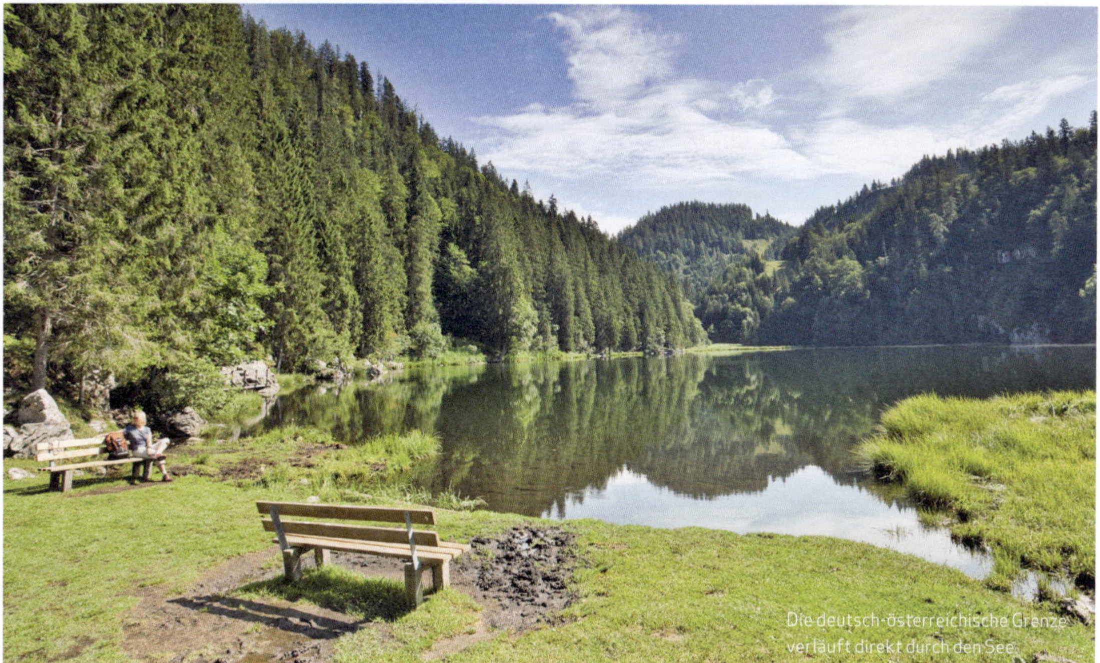

Die deutsch-österreichische Grenze verläuft direkt durch den See.

BAYERN

100 Aschau / Schoßrinn-Wasserfall

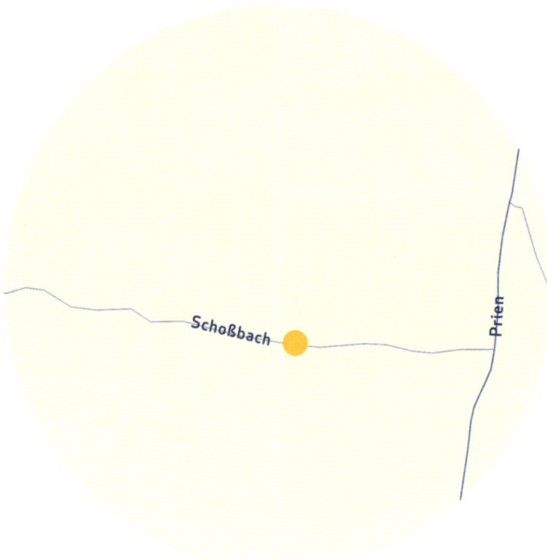

Etwa 15 Min. dauert die leicht bergan führende Wanderung zu diesem legendären Wasserfall. Beeindruckende 90 m stürzt das Wasser an der Schoßrinn frei in ein kreisrundes, nicht sehr tiefes Auffangbecken mitten im Wald. Selbst im Hochsommer weht hier ein erfrischender Wasserfallwind mit feinsten Wassertröpfchen. Der Platz gilt als Kraftort und Pilgerstätte für Frauen mit Kinderwunsch. Gutes Schuhwerk und Achtsamkeit auf den nassen Steinen sind empfehlenswert, ein hochsommerlicher Dip im eiskalten Wasser ebenfalls, selbst wenn man keinen Kinderwunsch hegt.

Anfahrt

→ Auf der Straße von Aschau nach Sachrang ist auf der rechten Seite der Parkplatz Schoßrinn ausgeschildert. Von dort aus sind es 15 Min. zu Fuß durch den Wald. Gutes Schuhwerk ist auf den meist feuchten Steinen sehr ratsam.

→ GPS: 47.739514, 12.297750

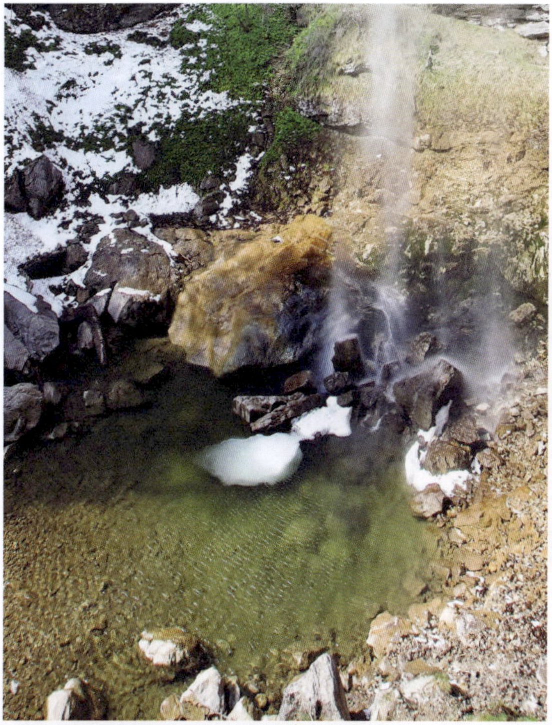

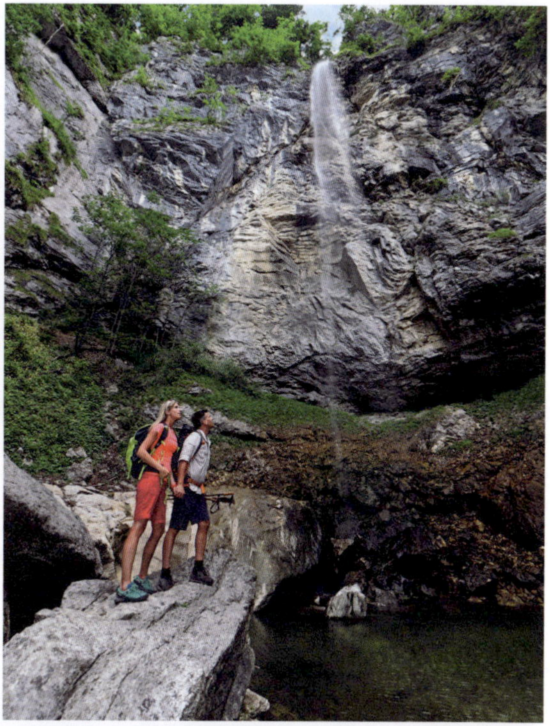

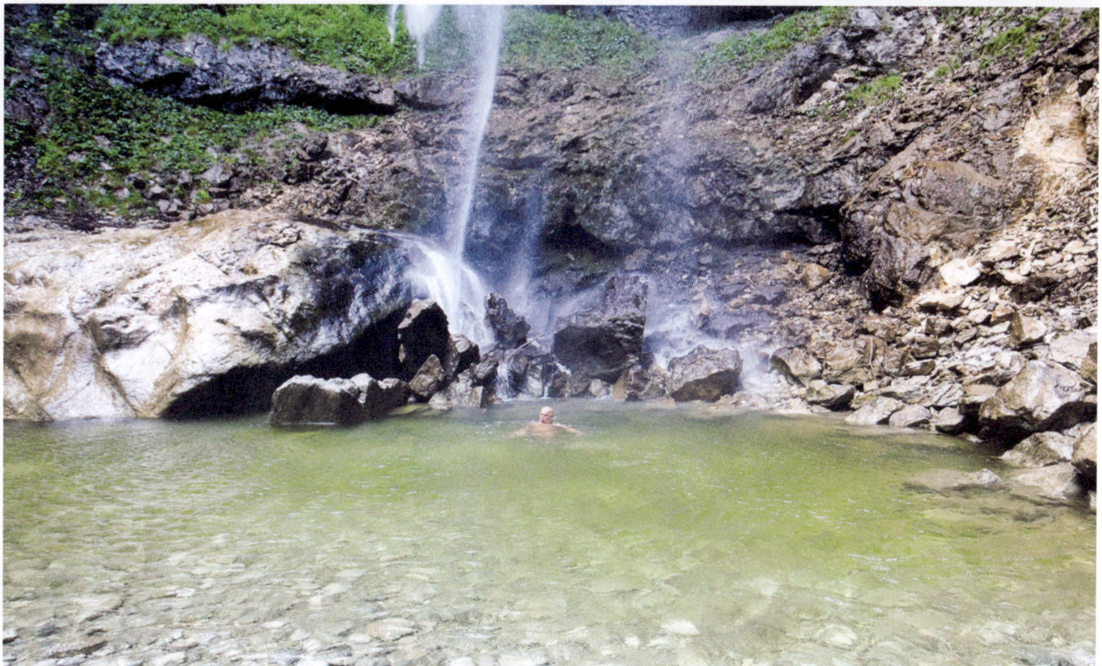

101

BAYERN

Oberaudorf / Bichlersee

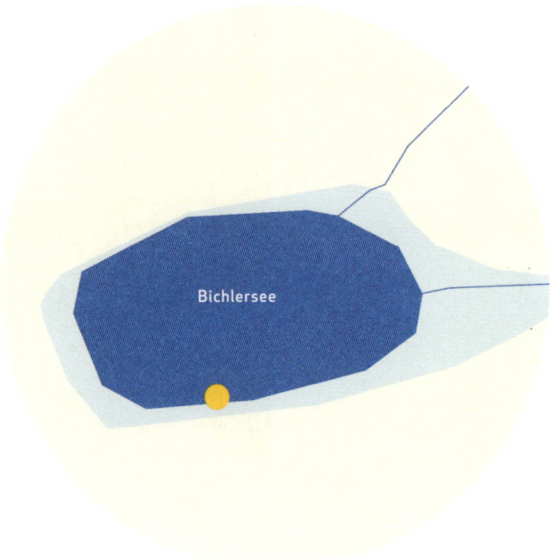

SÜDEN

In einem waldreichen Landschaftsschutzgebiet auf 995 m liegt dieser kleine Moorsee am Fuße des Wildbarrens. Vom aussichtsreichen Gasthof Bichlersee kommt man nach einem etwa 20-minütigen Spaziergang an den hölzernen Badesteg und die im ufernahen Bereich etwas feuchte Liegewiese. Weiter oben oder am anderen Seeufer ist es trockener. Wem der kurze Anstieg noch zu wenig abverlangt hat, der findet hier noch viele weitere, gut beschilderte Wanderrouten vor. Wegen der guten Erreichbarkeit und der angenehmen Wassertemperaturen ist der Bichlersee im Sommer, vor allem an den Wochenenden, ziemlich überlaufen. Im Zweifelsfalle also lieber etwas früher aufstehen – es lohnt sich!

Anfahrt

→ Von Oberaudorf der Tatzelwurmstraße Richtung Sudelfeld folgen, bis auf der rechten Seite die Wegweisung zum Bichlersee auftaucht.

→ GPS: 47.675813, 12.121944

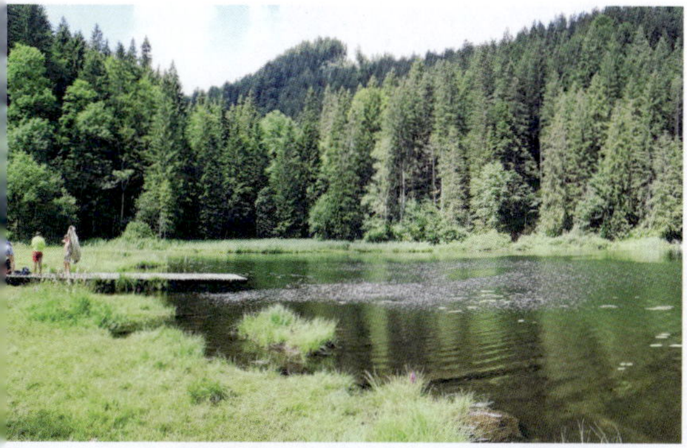
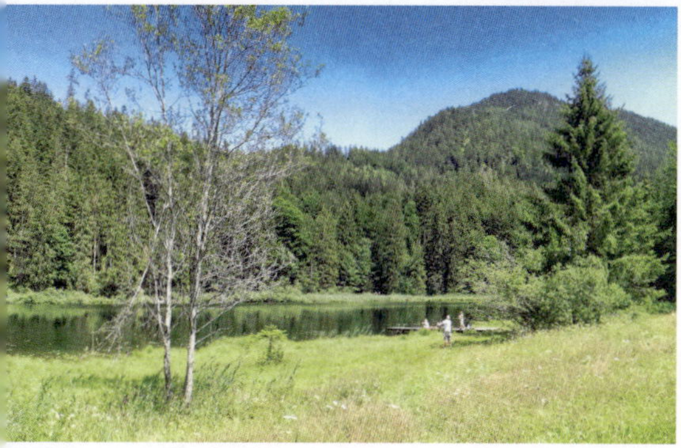
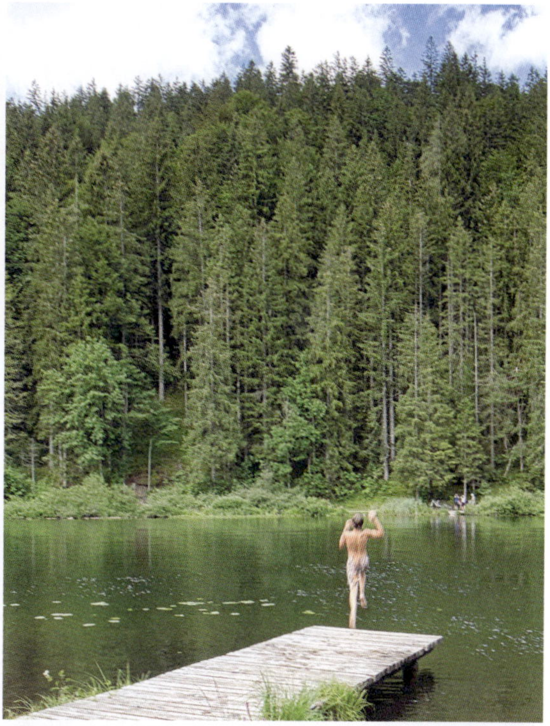
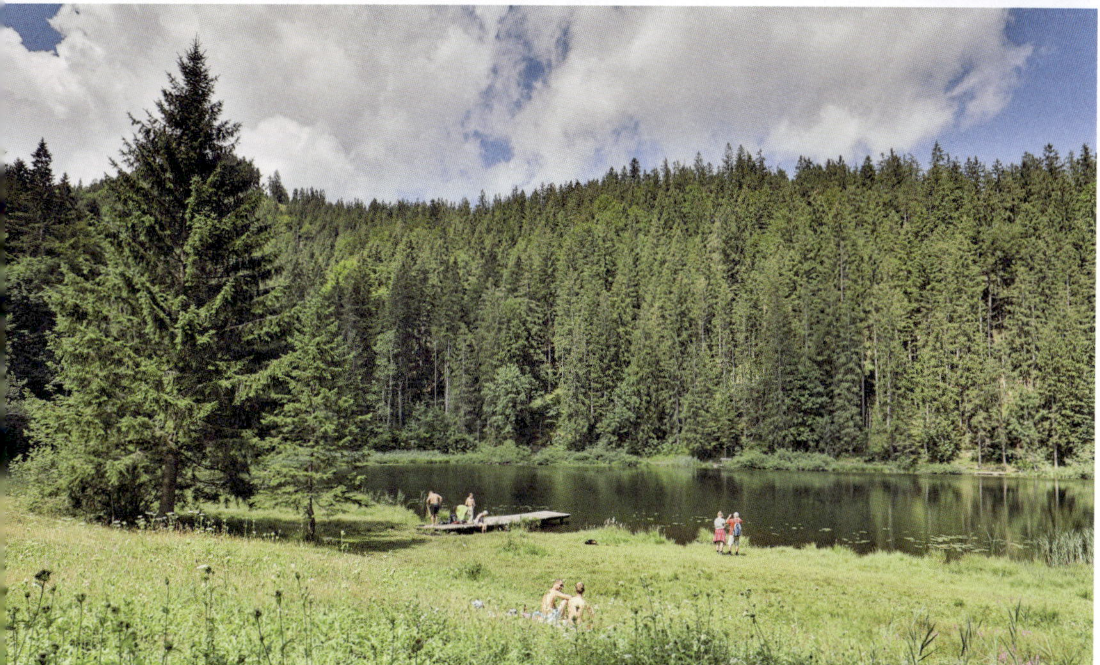

102 Oberaudorf / Tatzelwurm-Wasserfall

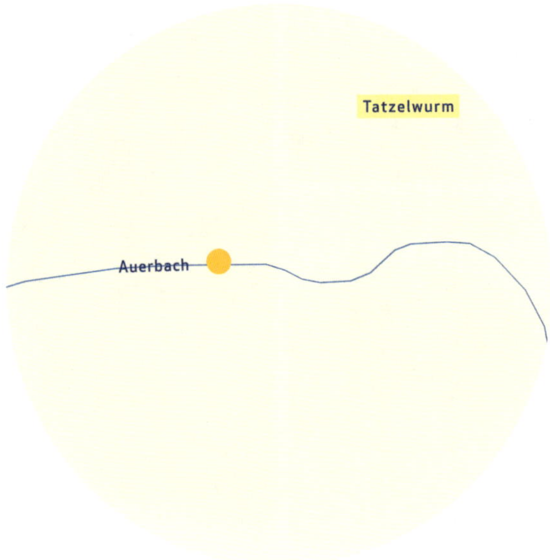

Im Wesentlichen besteht der Weiler Tatzelwurm aus dem Hotel »Zum Feurigen Tatzelwurm« samt Nebengebäuden und Parkplätzen. Gleich hinter dem Hotel führt die Steiganlage zu den Wasserfällen. Hält man sich rechts, kommt man zum oberen Steg, von dem aus man einen guten Blick in den Kolk werfen kann. Zu beschwimmen sind das Tosbecken der unteren Wasserfallstufe und einige darunterliegende Gumpen. Der einfachere Zustieg führt unterhalb der Hotelanalge am Ufer entlang. Der direkte Abstieg zum großen Gumpen unterhalb des Wasserfalls erfolgt weglos und abschüssig durch den lichten Laubwald.

Anfahrt

- Die sagenumwobenen Wasserfälle erreicht man über Oberaudorf und die mautpflichtige Tatzelwurmstraße oder aus Westen über die Sudelfeldstraße.
- GPS: 47.671168, 12.083070

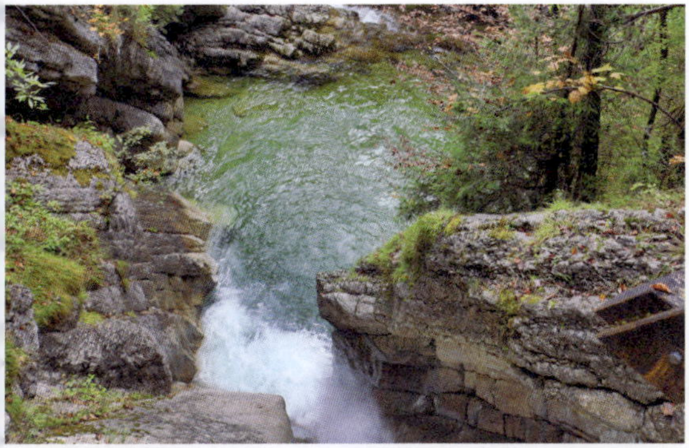
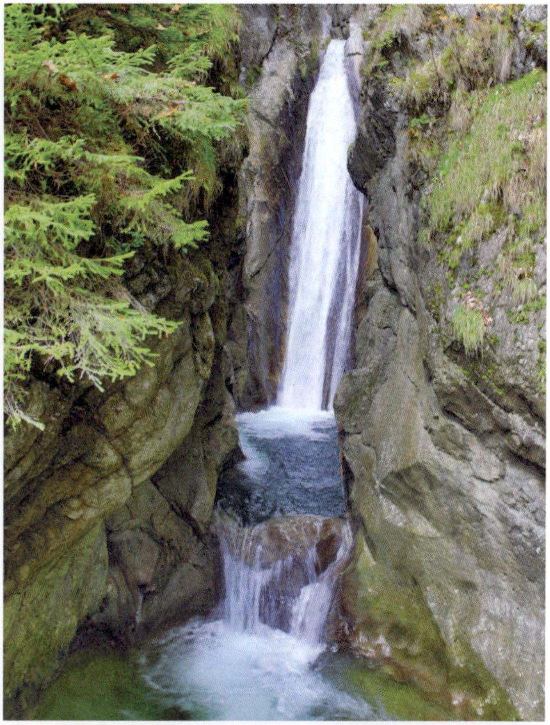
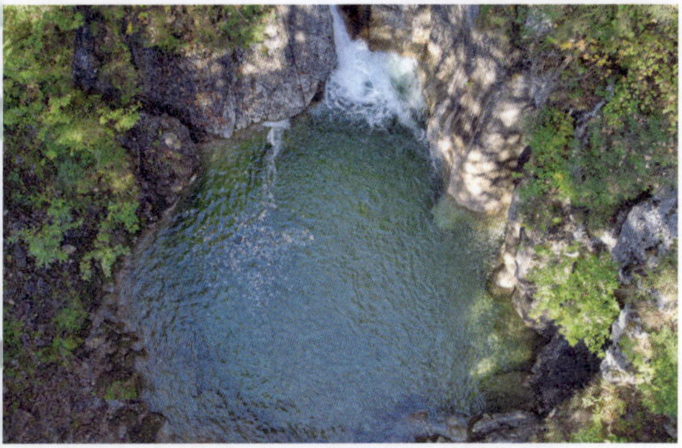
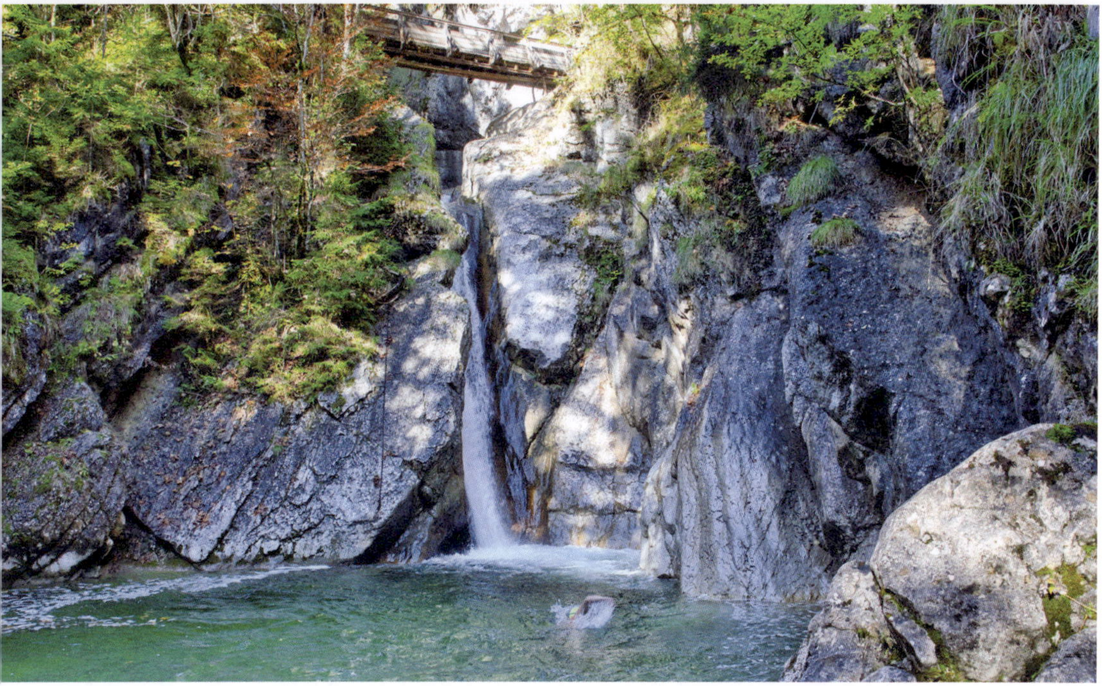

SÜDEN

103

BAYERN

Josefsthal / Hachelbach

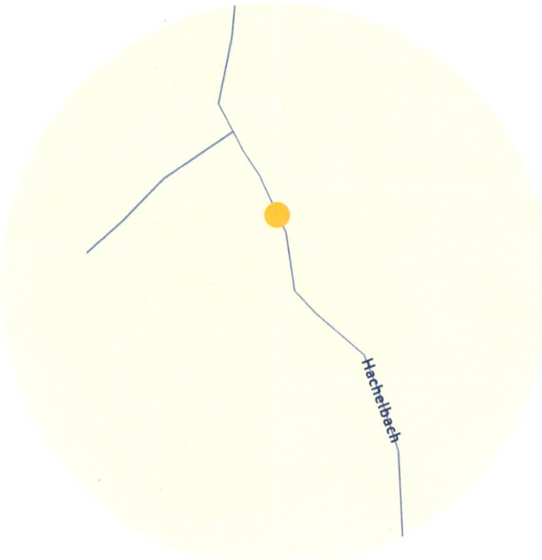

Man folgt der Zufahrtsstraße bergwärts zu einer beschilderten Weggabelung, bei der man sich rechts hält und der Wegweisung zum »Josefsthaler Wasserfall« folgt. Über eine Wiese geht es auf einfachem Weg in den Wald, wo man nach wenigen Minuten zum untersten, lohnenswertesten Wasserfall gelangt. Im Hochsommer eignet sich das kleine Tosbecken wunderbar für einen erfrischenden Dip, der unter Aufsicht selbst für Kinder gefahrlos machbar ist. Wer möchte, kann noch den schönen etwa 90 Min. dauernden kinder-, aber nicht kinderwagentauglichen Wasserfall-Rundwanderweg absolvieren.

Anfahrt

- A 8 Abfahrt Weyarn oder Irschenberg, Richtung Miesbach, über die B 307 vorbei am Schliersee Richtung Bayrischzell. Bei Neuhaus rechts abbiegen in die Josefsthalerstraße und dieser bis zum Ende folgen bzw. schon vorher entlang der Straße parken.
- GPS: 47.68645, 11.88363

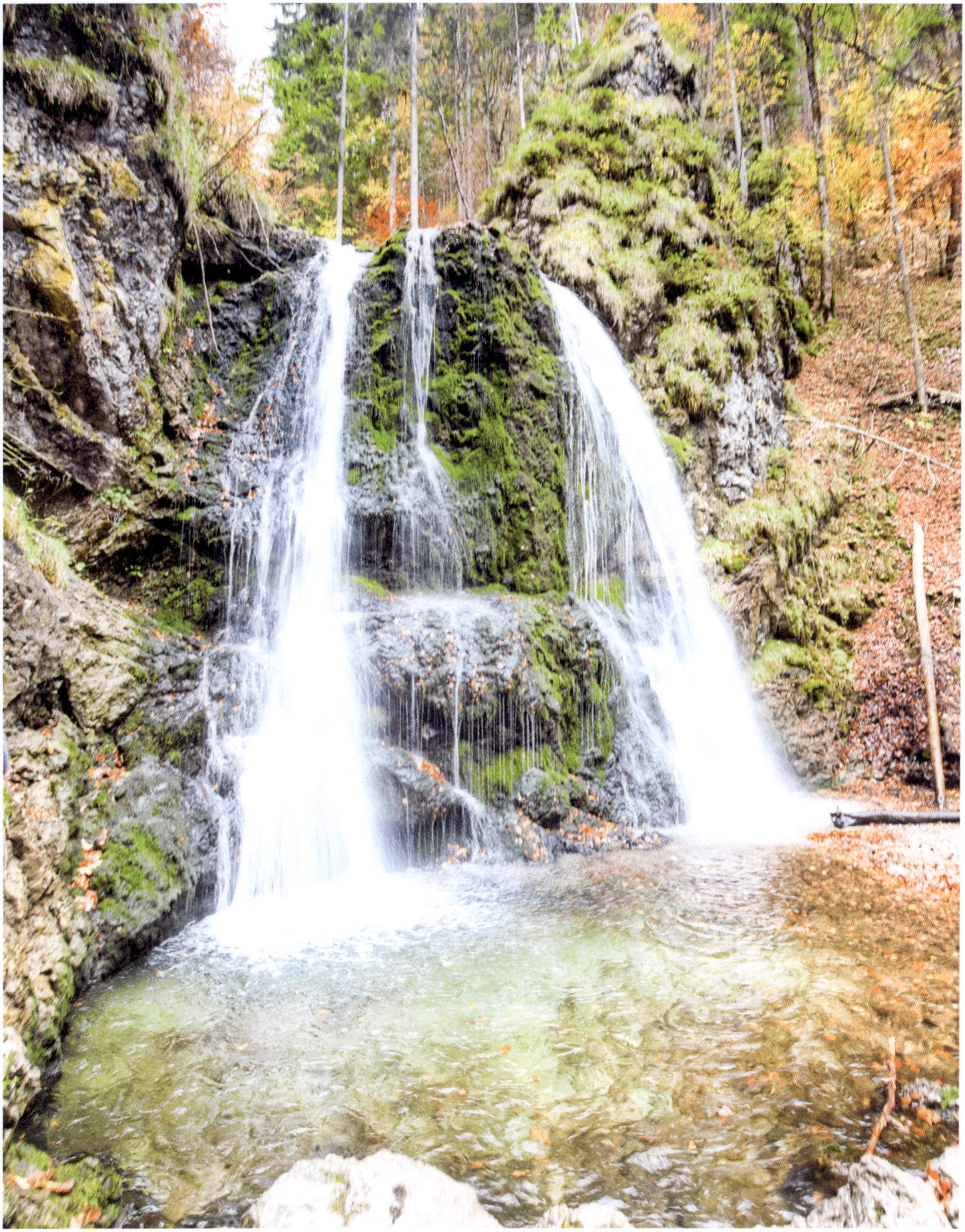

104

BAYERN

Schliersee / Spitzingsee

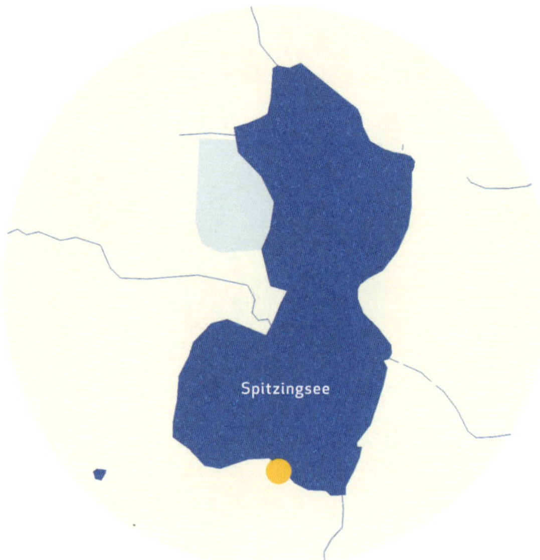

SÜDEN

An einem der größten Bergseen Bayerns findet man viele schöne Naturbadestellen. Es gibt im Wald versteckte kleine Buchten, aber auch offene Plätze mit weiten Liegewiesen und atemberaubenden Ausblicken in die ringsum liegende Bergwelt. Speziell an Schönwetter-Sommerwochenenden ist hier einiges los. Das Wasser des Spitzingsees ist kristallklar und auch in heißen Sommern recht erfrischend. Eine *seenswerte* Veranstaltung findet am Spitzingsee jedes Jahr am ersten Augustwochenende statt: das beliebte Bergseefest mit Lagerfeuern, Bootsfahrten und Seefeuerwerk.

Anfahrt

- A 8 München Salzburg, Abfahrt Irschenberg, über die B 472 nach Miesbach und die B 307 bis zur Abzweigung Josefsthal/Spitzingsee.
- GPS: 47.661762, 11.884164

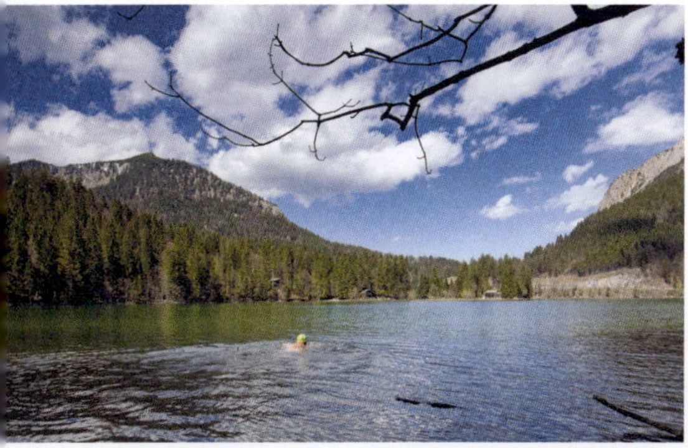
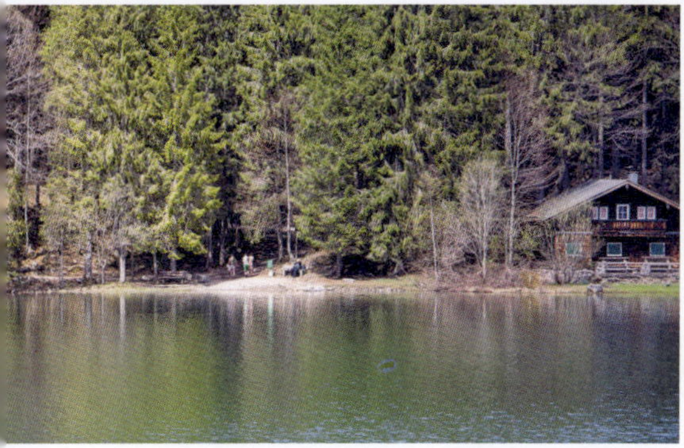
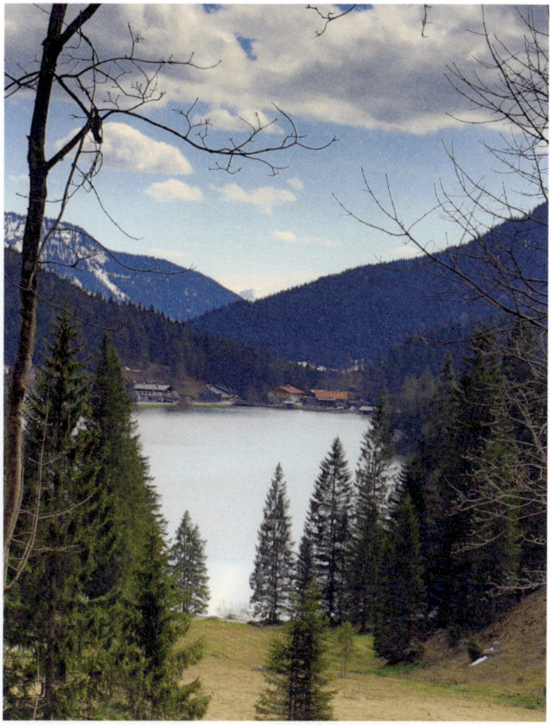
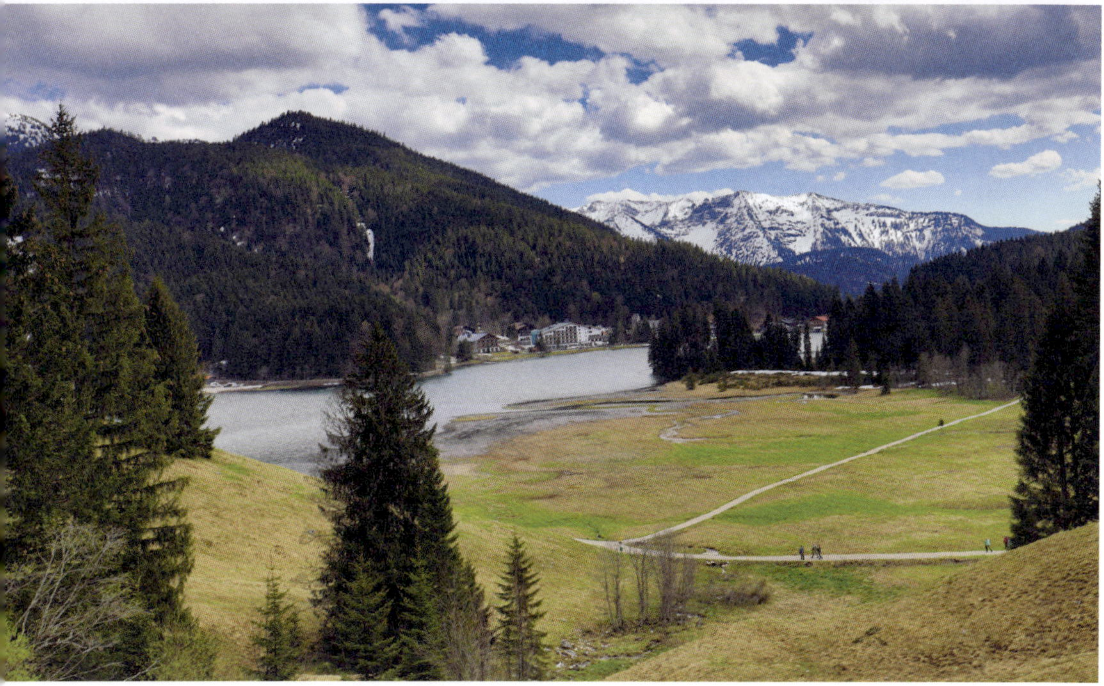

BAYERN

105 Bad Wiessee / Tegernsee

SÜDEN

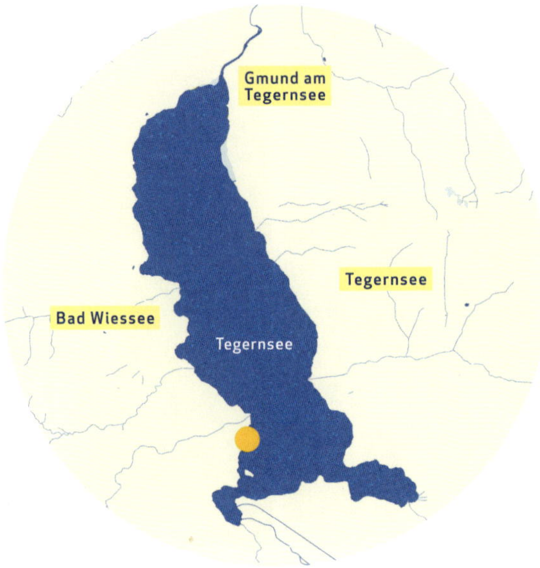

Der Tegernsee und seine Umgebung sind ein touristischer Hotspot. Entsprechend mühsam gestaltet sich im Hochsommer die Park- und Badeplatzsuche. Weite Uferbereiche sind verbaut oder befinden sich in privater Hand, abgelegene Badebuchten gibt es kaum, jedoch viele offizielle Seebäder. Ein kleiner, aber feiner Naturbadeplatz findet sich mit der Freibadestelle Seerosenweg im Ortsteil Abwinkl. Allerdings gibt es hier kaum Parkplätze – also am besten zu Fuß, mit Rad oder Öffis zum Badeplatz.

Anfahrt

- A 8 München–Salzburg, Abfahrt Holzkirchen, über die B 318 nach Bad Wiessee.
- GPS: 47.702915, 11.739564

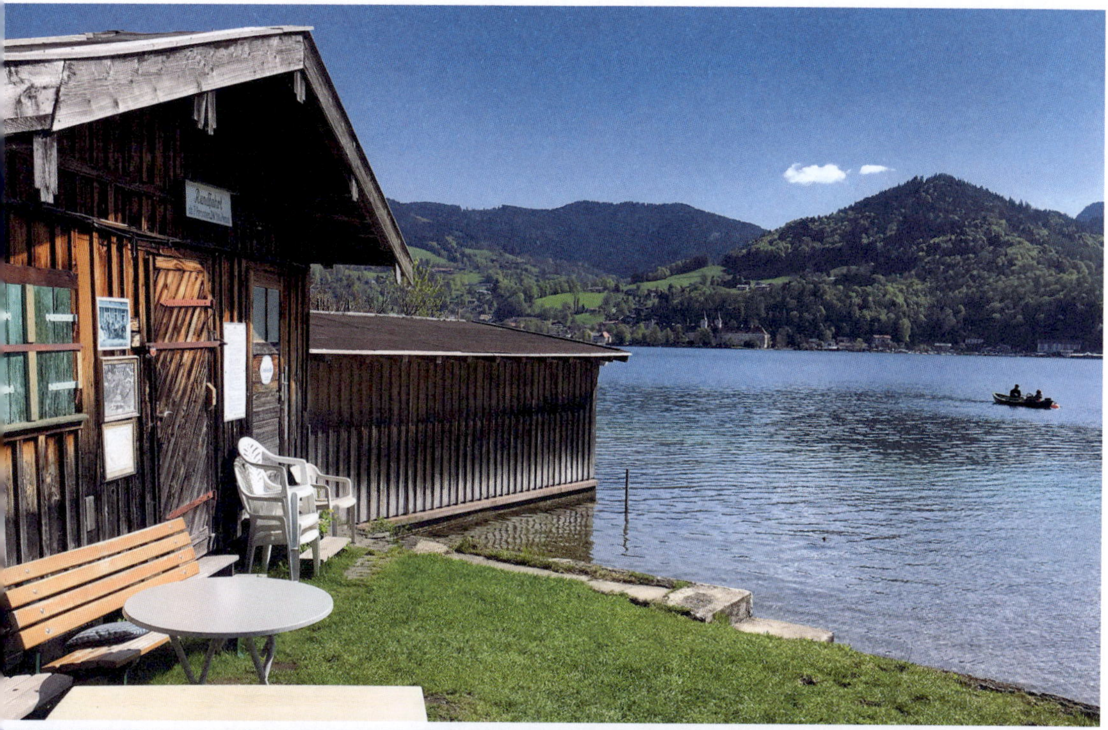

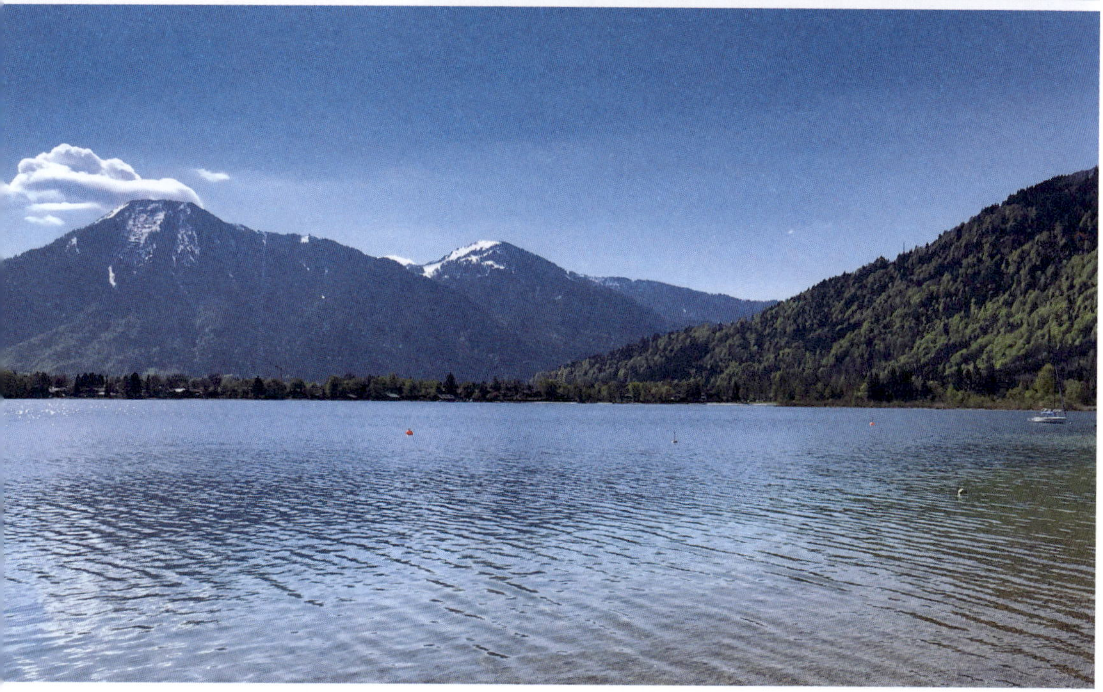

106

BAYERN

Kreuth / Glashütten-Gumpen

SÜDEN

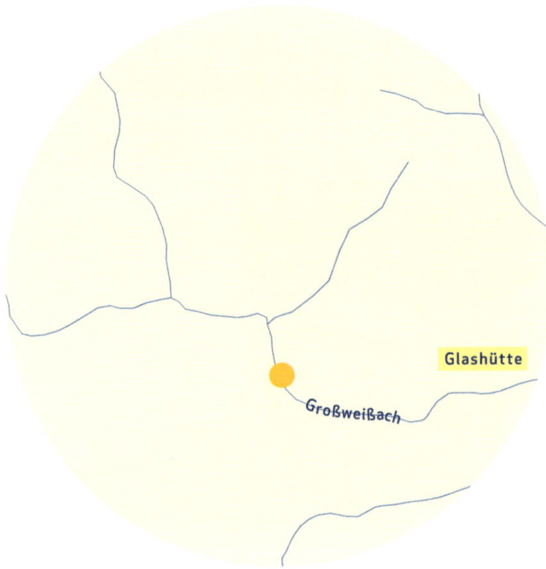

Wenn man vom Gasthof Glashütte dem Lauf des Großweißbachs flussaufwärts folgt, gelangt man nach etwa 20 Min. an eine spektakuläre Naturbadestelle unterhalb eines kleinen Wasserfalls. Man kann dem Wanderweg noch weiter bergwärts folgen und hat dann einen schönen Blick auf den Wasserfall und den oberhalb des Falls liegenden Wildbach. Je nach Wasserstand ist das Tosbecken unterhalb des Wasserfalls unterschiedlich groß und mehr oder weniger gut zu beschwimmen. Fotogen und für einen prickelnden Dip geeignet ist der Spot aber auf jeden Fall, auch wenn es hier keine großartigen Möglichkeiten zum Lagern gibt. Großartige Möglichkeiten zum Einkehren bietet aber jedenfalls das traditionsreiche Wirtshaus.

Anfahrt

- Der Weiler Glashütte liegt direkt an der B 307, die von Wildbad Kreuz zum Achenpass führt.
- GPS: 47.610177, 11.641419

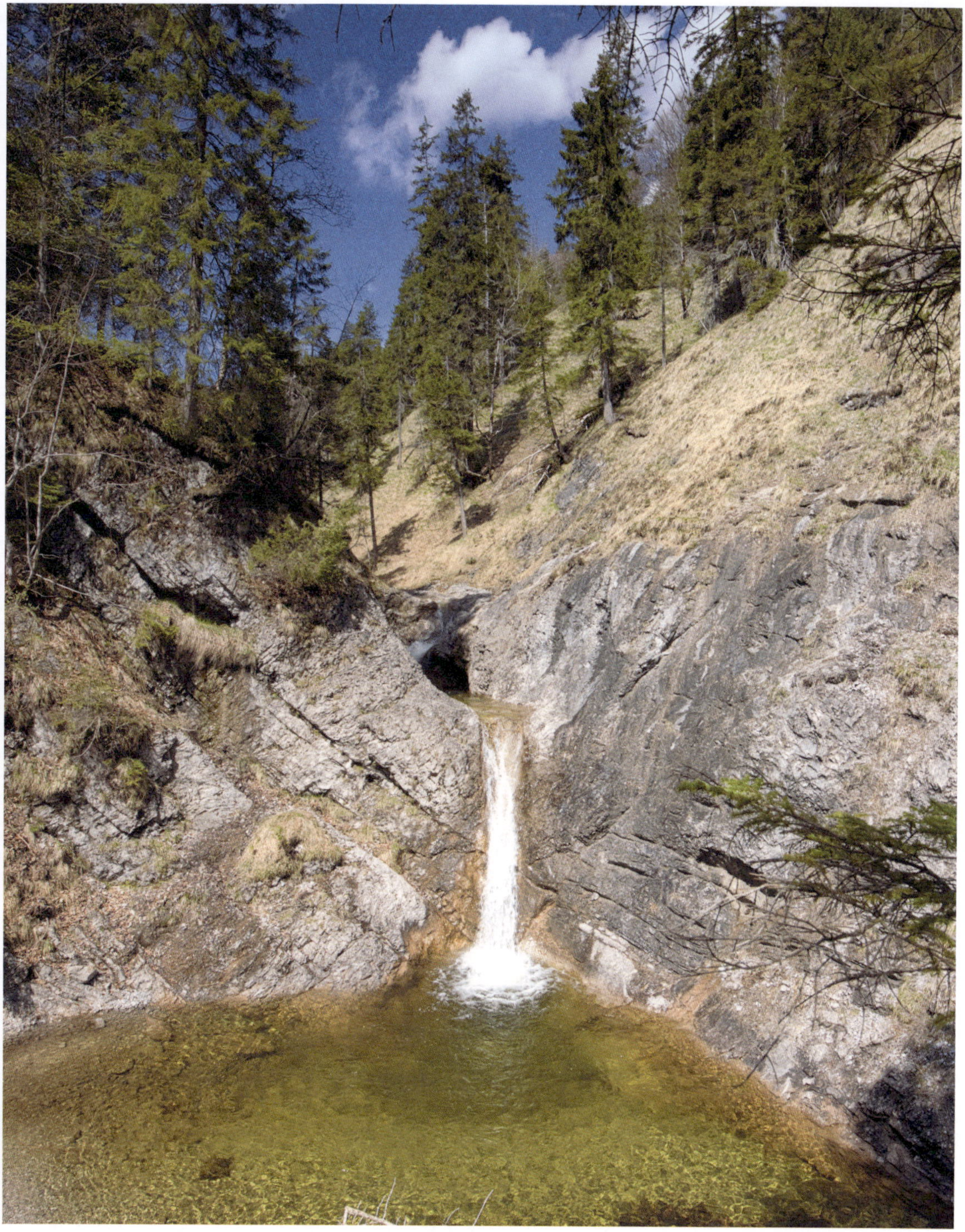

107

BAYERN

Lenggries / Sylvensteinsee

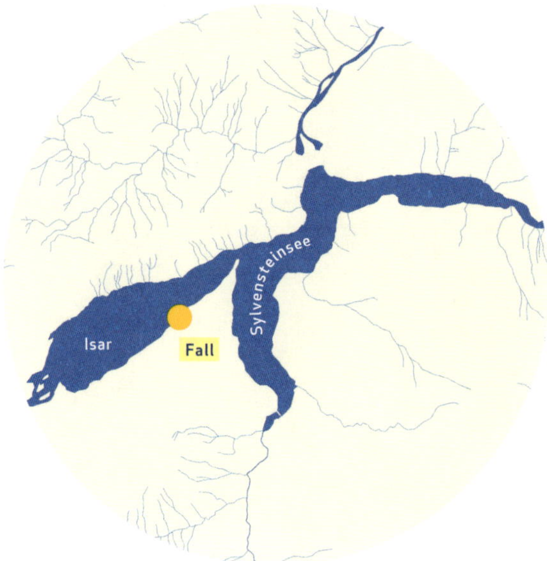

Die Isar bietet auf ihrer gesamten Länge unzählige wilde Badestellen von alpin (Karwendel) bis urban (München). Mittendrin wenn man so will, befinden sich jene der gezähmten Isar am Sylvensteinstausee. Die Ufer sind nicht immer gut zugänglich, Liegewiesen rar, Parkplätze auch. Relativ familienfreundlich ist dieser Spot mit Parkplatz, Liegewiese, Grillplatz. Im Sommer gibt's hier sogar eine Überwachung durch die DLRG, bei der man auch Getränke erstehen kann. Trotz alledem stellt sich, wenn man am Ufer sitzt, hier so etwas wie ein Kanada-Feeling ein. Einen schönen Badeplatz gibt's auch direkt unterhalb der Brücke.

Anfahrt

→ A 8 München–Salzburg, Abfahrt Wyarn oder Holzkirchen, über die B 13 nach Bad Tölz und weiter, zuletzt über die B 307 zum Sylvensteinspeicher. Nach der Fallerklammbrücke geht's links nach Fall, wenig später rechts ab zum Parkplatz.

→ GPS: 47.56903, 11.52616

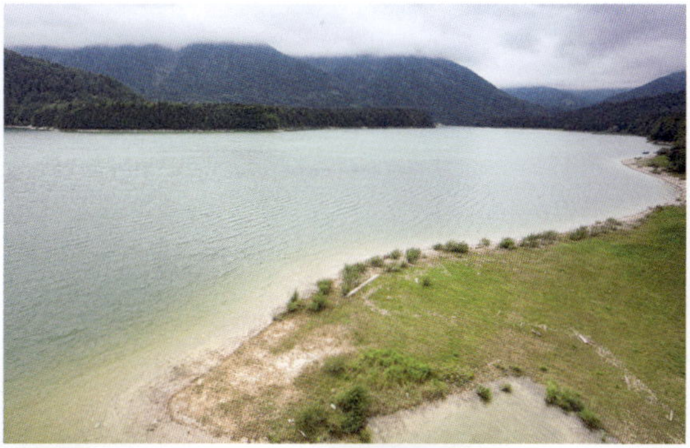

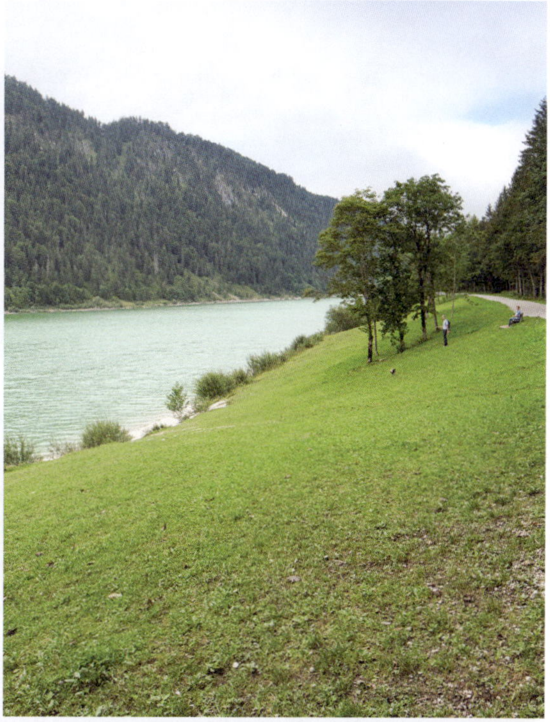

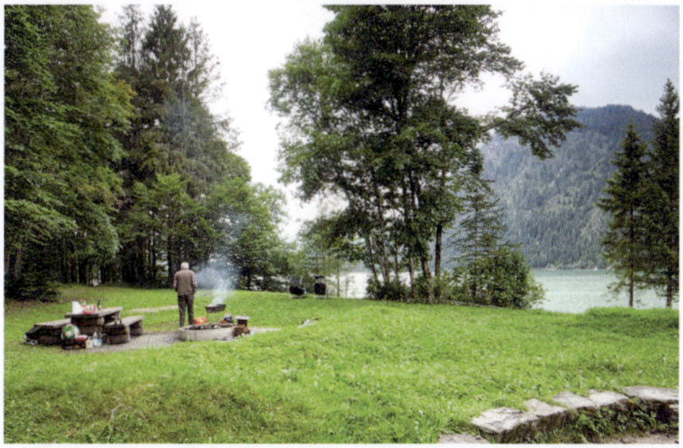

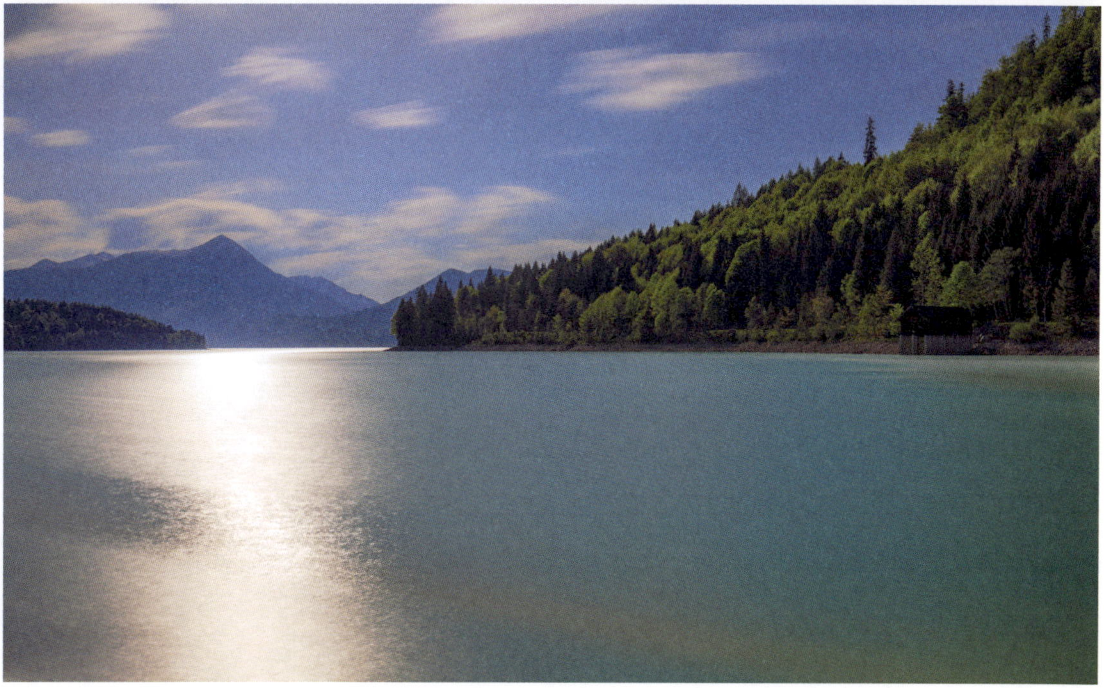

108

BAYERN

Barmsee / Barmsee

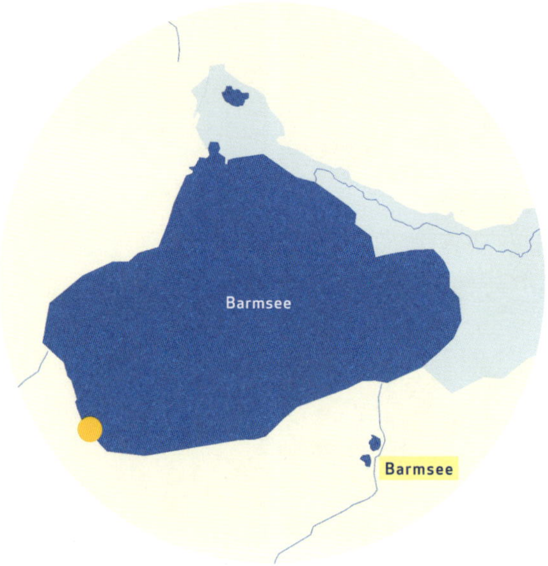

Mit 3,75 ha ist der Barmsee einer der größten Seen im Landkreis Garmisch-Partenkirchen und mit über 30 m auch einer der tiefsten. Trotzdem wird der idyllisch zwischen Karwendel, Ester- und Wettersteingebirge eingebettete See im Sommer bis zu 21 Grad warm und bietet hervorragende Wildswimming-Möglichkeiten, bei denen man auch durchaus Strecke machen kann. Die schönsten Badestellen liegen am West- bzw. Nordufer. Von der Ortschaft Barmsee sind die Badestellen nur zu Fuß über den Seerundweg, von Krün aus auch per Fahrrad erreichbar. Convenience-orientierte Badegäste werden sich im leichter erreichbaren Badeparadies Grubsee wohler fühlen.

Anfahrt

- Auf der B 2 von Garmisch-Partenkirchen nach Mittenwald bei Krün links zum Weiler Barmsee abbiegen. Vom kostenpflichtigen Parkplatz am Wanderweg am Grubsee vorbei zum West- oder Nordufer des Barmsees.
- GPS: 47.497159, 11.241355

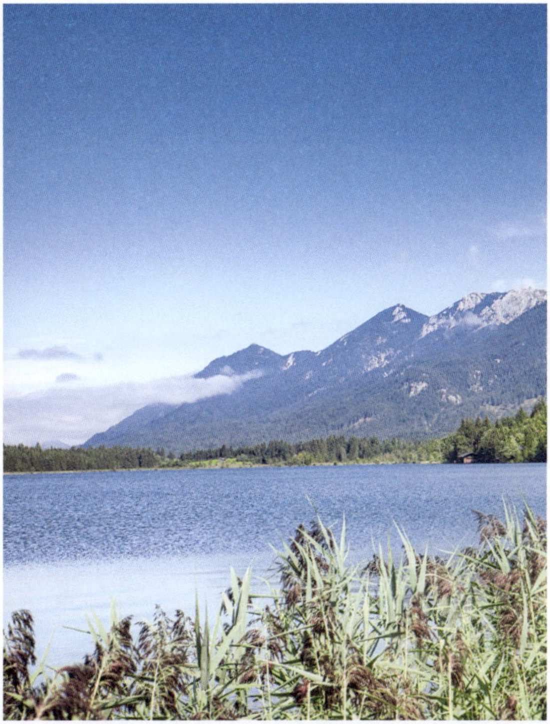
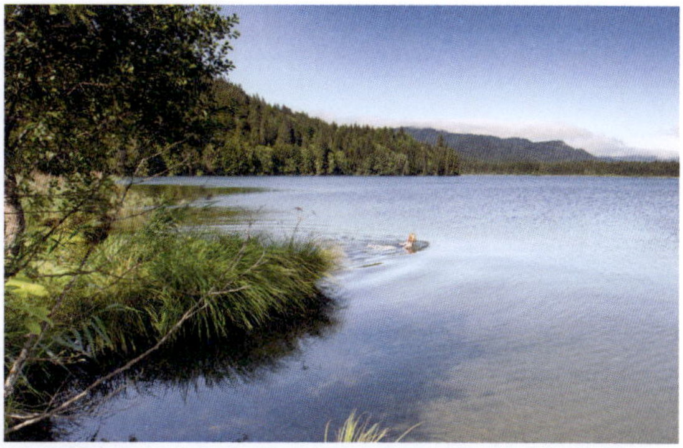
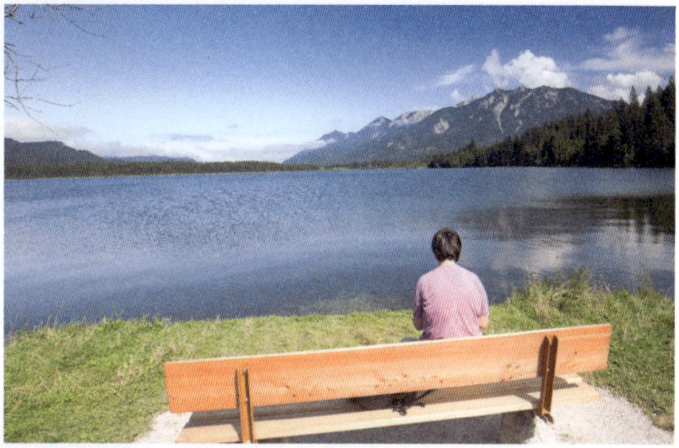
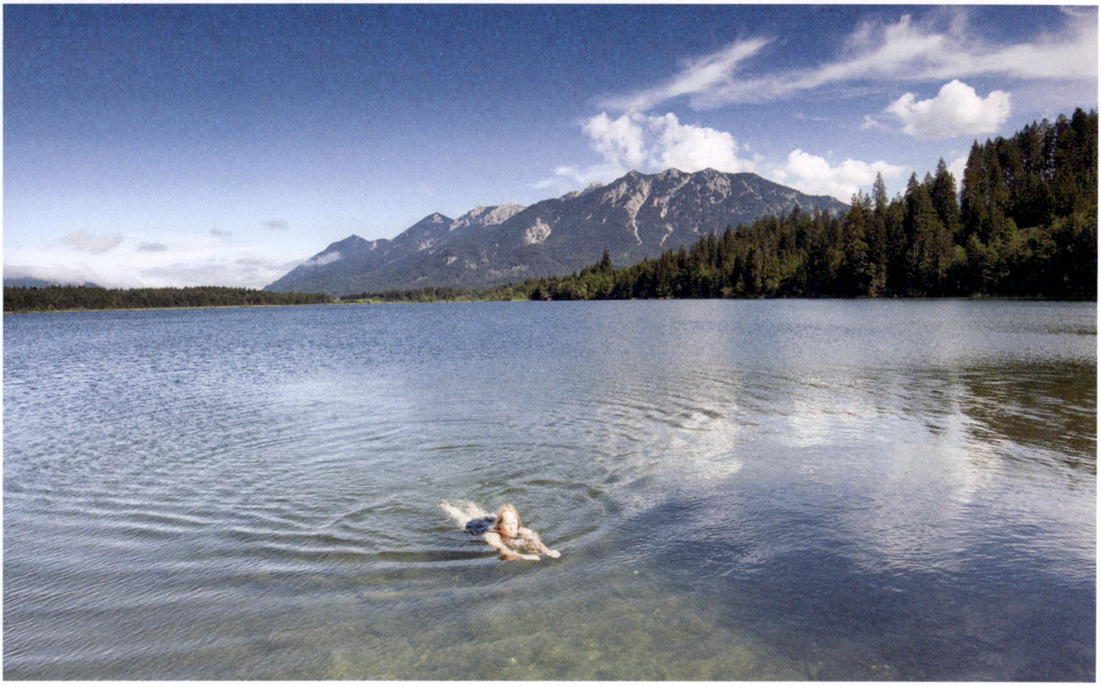

109

BAYERN

Mittenwald / Wildensee

SÜDEN

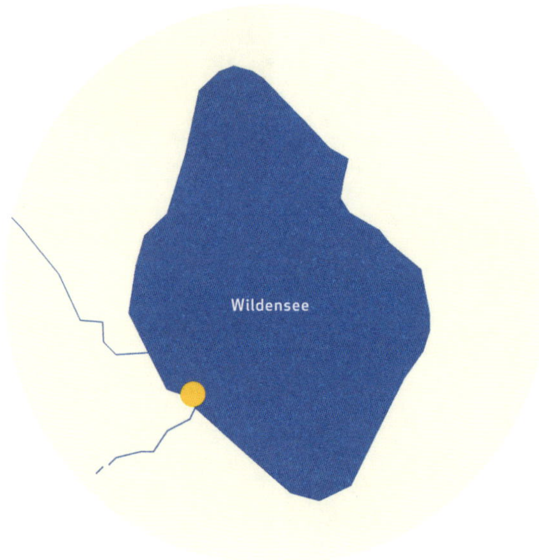

Vom gebührenpflichtigen Wanderparkplatz am Karenzberg geht's zu Fuß weiter zu einem der schönsten bayerischen Bergseen. Dazu wandert man entlang der Anfahrtsstraße 200 m zurück, quert an einer kleinen Holzhütte vorbei die Skiabfahrt und erreicht in etwa 45 Min. den Bilderbuch-See. Da maximal 2 m tief, erreicht er im Sommer mehr als badetaugliche 26 Grad. Die besten – auch für Kinder geeigneten – Zugänge befinden sich am Südwestufer. Die Wildenseehütte bietet einen schönen Gastgarten mit herrlichem Panoramablick und einigen Spielgeräten. Hier könnte man sogar nächtigen und darf dann bis hierher mit dem Auto fahren.

Anfahrt

→ Vom Zentrum Mittenwald über die B 2 Richtung Schmalensee hochfahren, auf der Anhöhe die Abzweigung links zum Karenzberg nehmen.

→ GPS: 47.456848, 11.237603

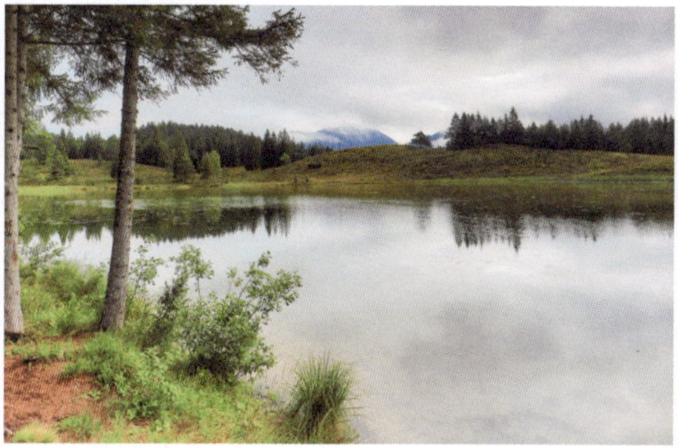
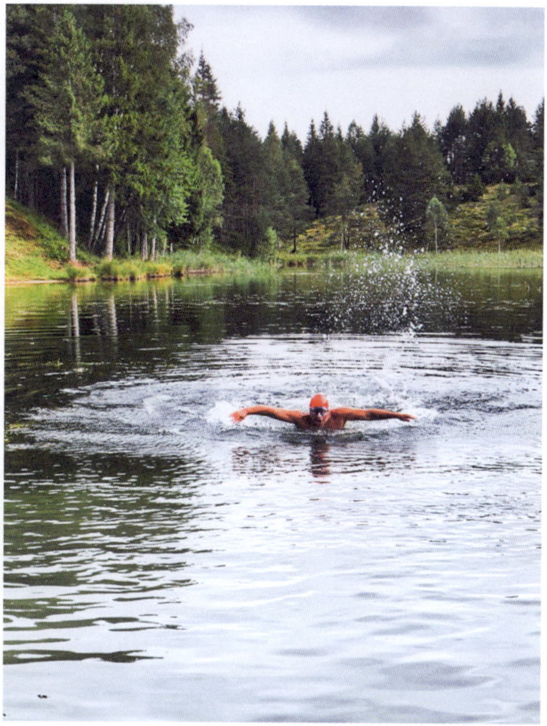
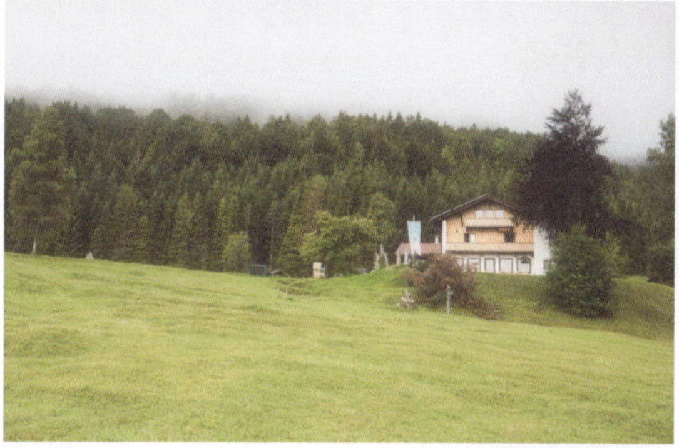
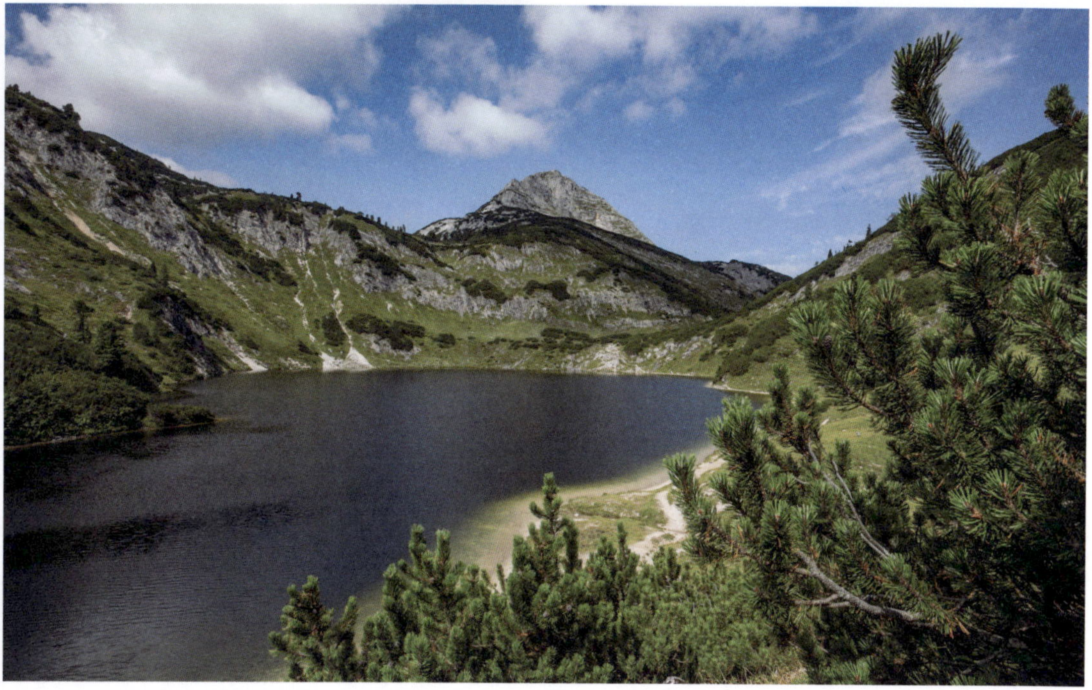

110

BAYERN

Mittenwald / Luttensee

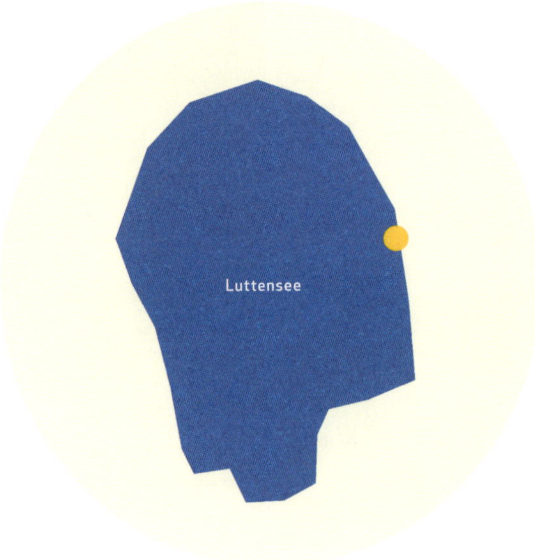

SÜDEN

Man kann den Luttensee recht gut in einer Zwei-Seen-Runde mit dem höher gelegenen Wildensee kombinieren. Will man nur zum Luttensee, dann ist das vom Wanderparkplatz ein recht kurzer Spaziergang, zuerst etwa 300 m der Straße entlang bergauf, dann linker Hand einem kleinen Trampelpfad durch den Wald folgen. Im Gegensatz zum Wildensee ist das Wasser des Luttensees auch im Sommer recht erfrischend, da es von unterirdischen Quellen gespeist wird. Die Seeufer sind relativ feucht, trockene Liegeplätze nicht ganz einfach zu finden. Sehr einfach zu finden ist hingegen der an der Straße gelegene Gasthof Luttensee. Von hier aus kann man einen schönen Tal- und Karwendelblick genießen.

Anfahrt

- → Vom Zentrum Mittenwald über die B 2 Richtung Schmalensee hochfahren, auf der Anhöhe die Abzweigung links zum Karenzberg nehmen.
- → GPS: 47.458535, 11.250701

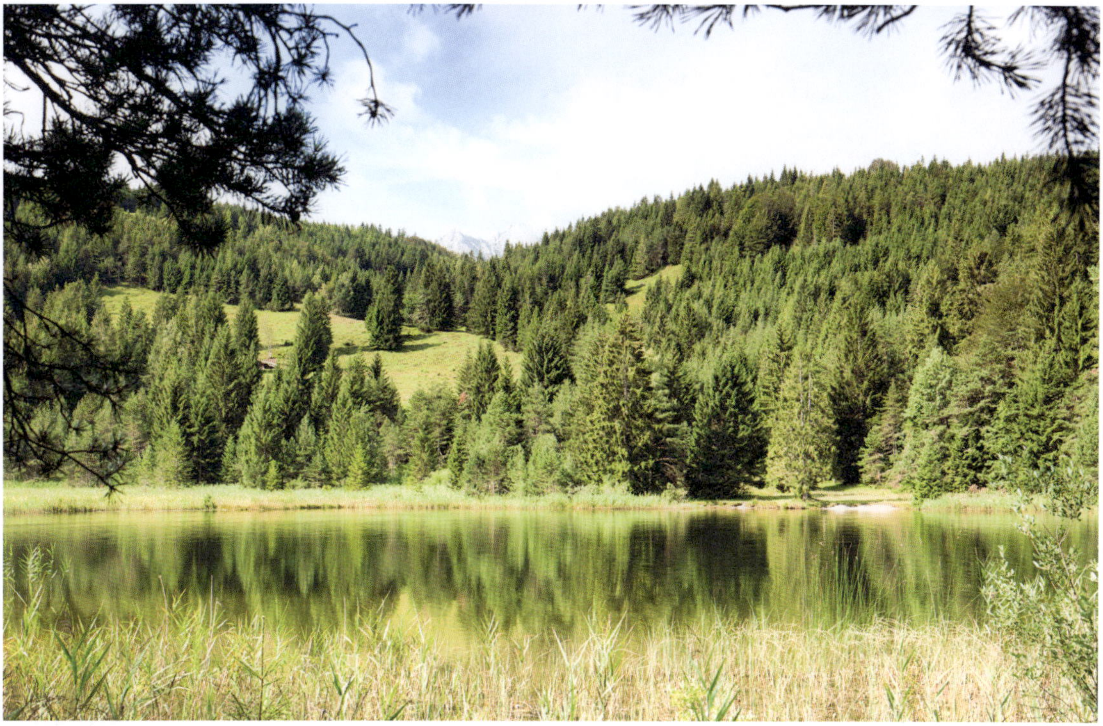

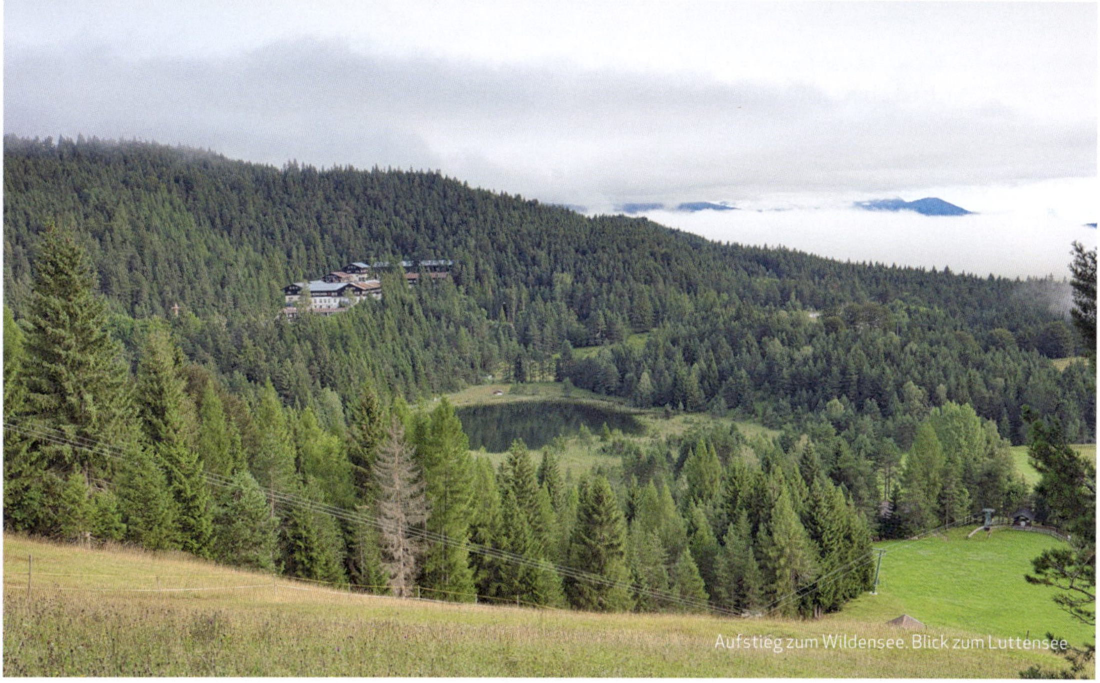

Aufstieg zum Wildensee. Blick zum Luttensee

111

BAYERN

Mittenwald / Ferchensee

SÜDEN

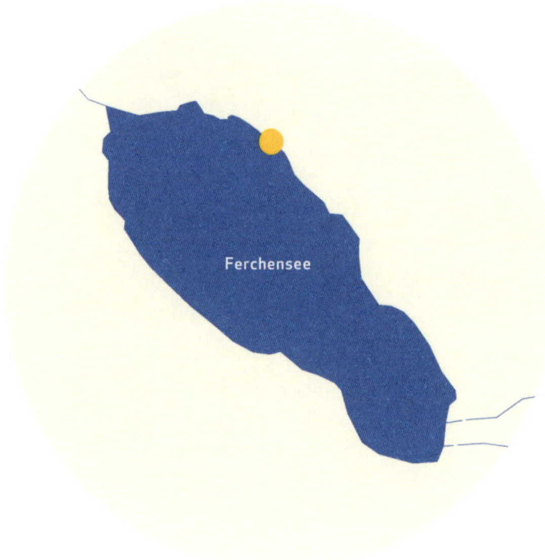

Von Bergbächen gespeist wird der nicht allzu tiefe Ferchensee im Sommer bis zu 20 Grad warm. Der glasklare See wird von der markanten Wettersteinspitze überragt und von saftigen, zum Teil sumpfigen Wiesen umgeben. Da es rund um den See einen Wanderweg gibt, verteilen sich die Badegäste recht gut, und jeder findet ein ruhiges Plätzchen. Aufgrund des Fischreichtums und des klaren Wassers lohnt es sich, mit Schwimm- oder gar Taucherbrille ins Wasser zu gehen. Direkt am See liegt der Gasthof Ferchensee mit guter Küche, herrlichem Gastgarten und der Bushaltestelle.

Anfahrt

→ In den Sommermonaten verkehrt ein Wanderbus vom Bahnhof Mittenwald zum Ferchensee.

→ GPS: 47.439817, 11.213522

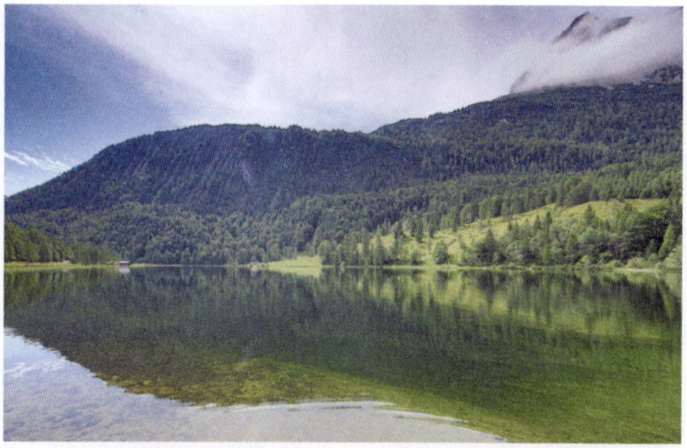
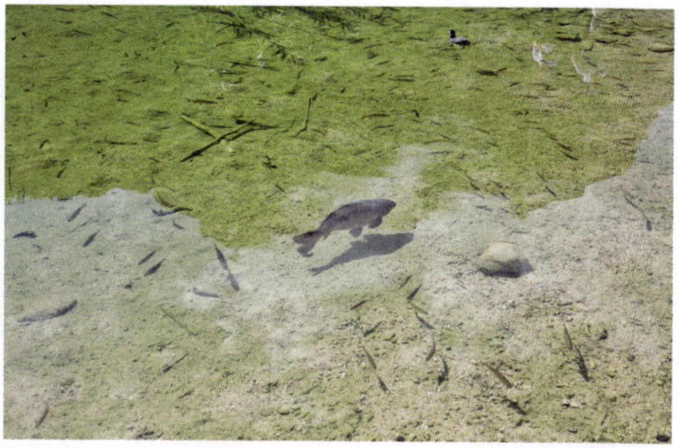
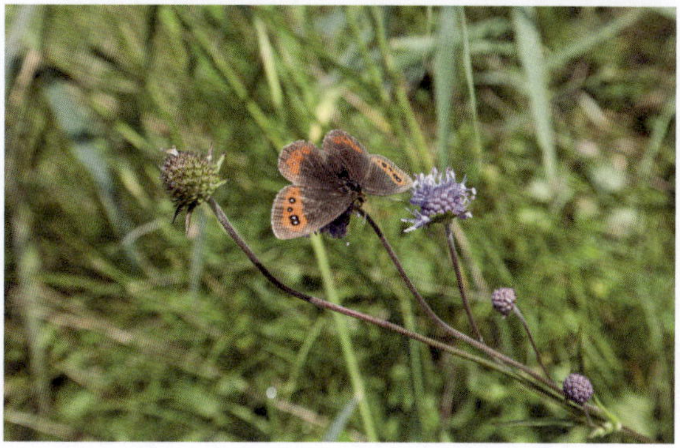
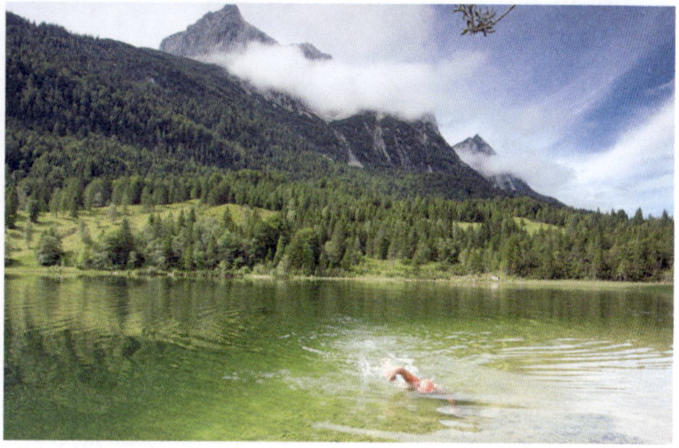
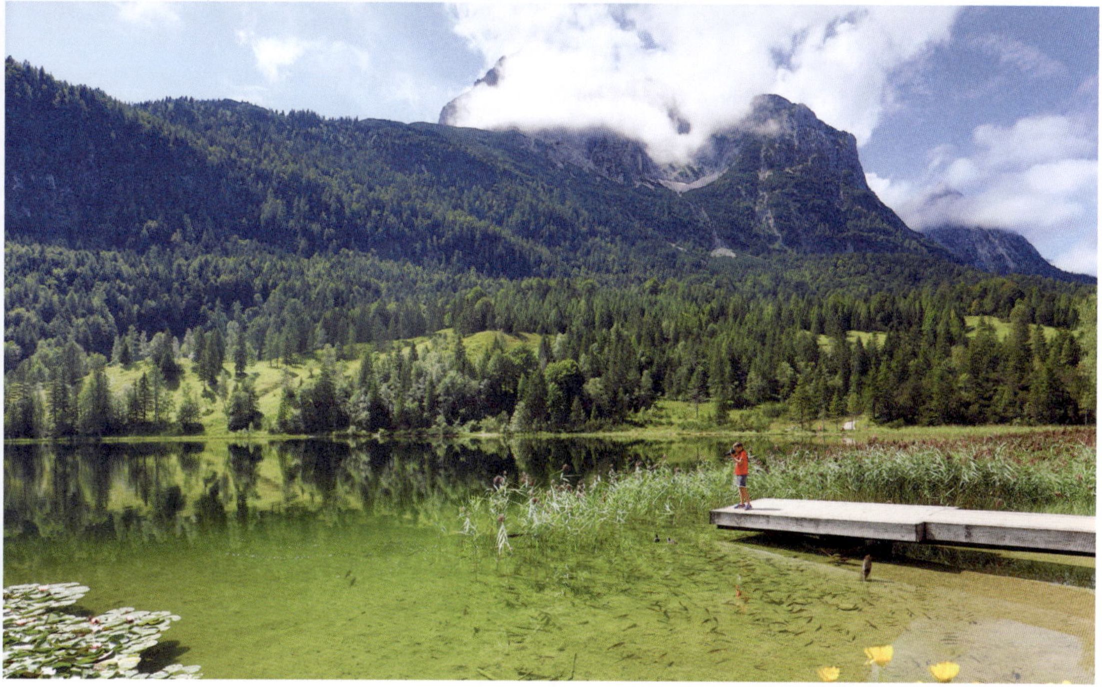

SÜDEN

112

BAYERN

Farchant / Kuhflucht-Wasserfall

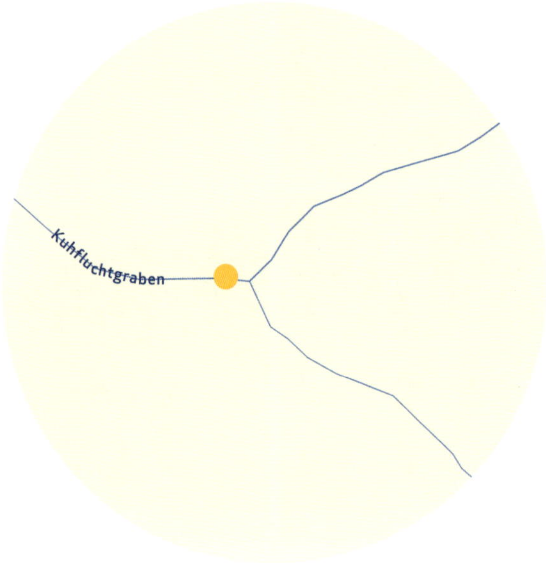

Mit ihren drei Stufen, die zusammen eine Fallhöhe von 270 m erreichen, gehören die Wasserfälle zu den höchsten in Deutschland. Die Kuhfluchtquelle, entspringt als Hauptquelle aus der 200 m hohen Abschlusswand des Kuhfluchtgrabens und ist schon bei der Anfahrt sichtbar. Bevor man sich in die Fluten stürzt, sollte man auf jeden Fall die Steiganlage bis ganz hinauf begehen. Erstens um sich einen Überblick zu verschaffen und die Verhältnisse zu checken, aber auch weil man sich das Naturschauspiel der oberen Kaskaden nicht entgehen lassen sollte. Die beschwimmbaren Gumpen befinden sich im unteren Teil der Fälle und sind sowohl was Wasserwucht als auch was Wassertemperatur betrifft nichts für Wild-swimming-Novizen.

Anfahrt

→ Von München über die A 95 und die B 2 nach Oberau und weiter nach Farchant. Im Ort nach der Tankstelle nach links in die Bahnhofstraße, Richtung Schwimmbad über die Loisach und die zweite Straße links bis zum Wanderparkplatz.

→ GPS: 47.525649, 11.131977

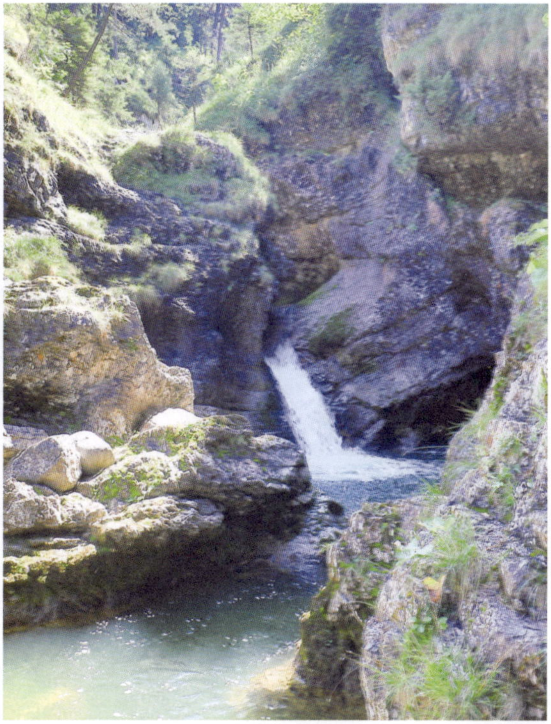

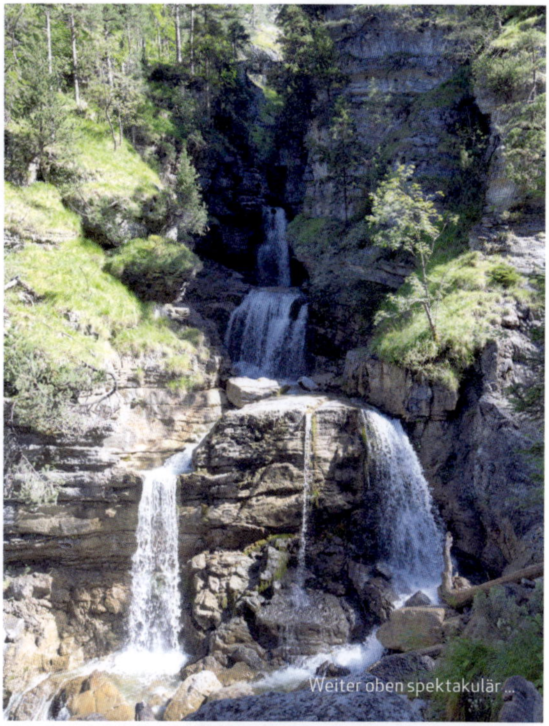

Weiter oben spektakulär ...

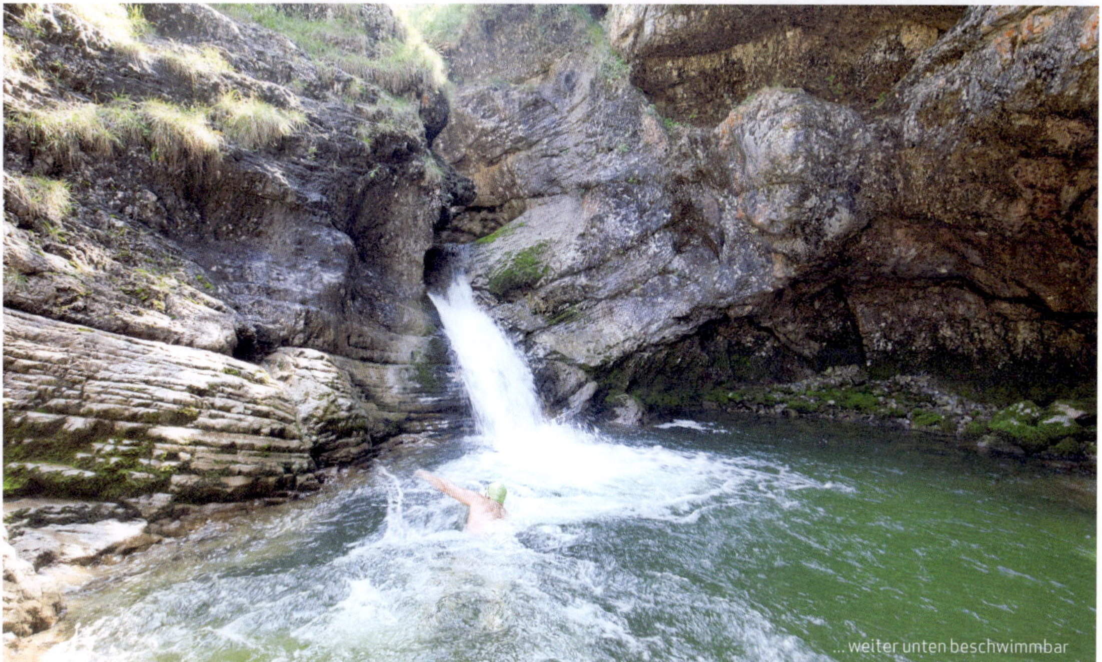

... weiter unten beschwimmbar

113

BAYERN

Eibsee

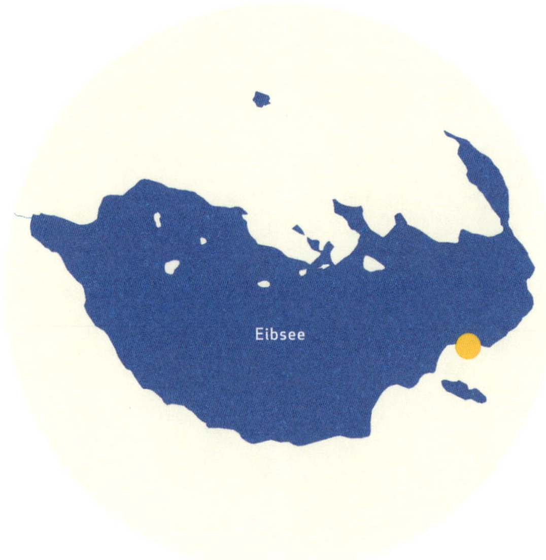

Auf etwa 1000 m Seehöhe, am Fuße der Zugspitze und etwa 13 km von Garmisch-Partenkirchen entfernt liegt dieser im Privatbesitz des Eibsee-Hotels befindliche, kristallklare Bergsee. Als Besonderheit weist der Eibsee mehrere Inseln auf. Island-Hopping mit Zugspitzblick wird also hier möglich, sei es schwimmend oder mittels des hier angebotenen Boots- und SUP-Verleihs.

Anfahrt

- Ein einmaliges Erlebnis ist von Garmisch-Partenkirchen aus die etwa halbstündige Anreise mit einer der letzten Zahnradbahnen Deutschlands, deren Trasse man auch mit dem Auto folgt.
- GPS: 47.456153, 10.985290

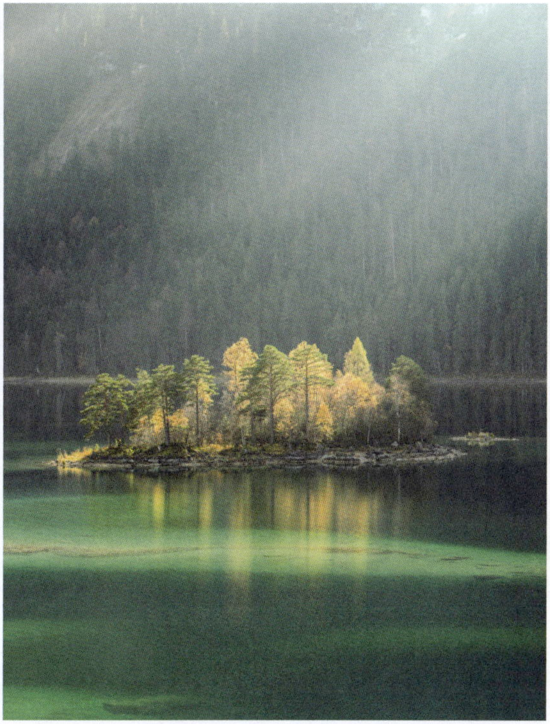

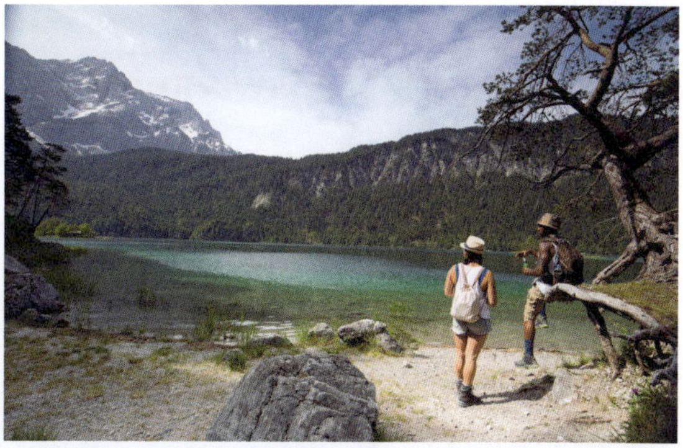

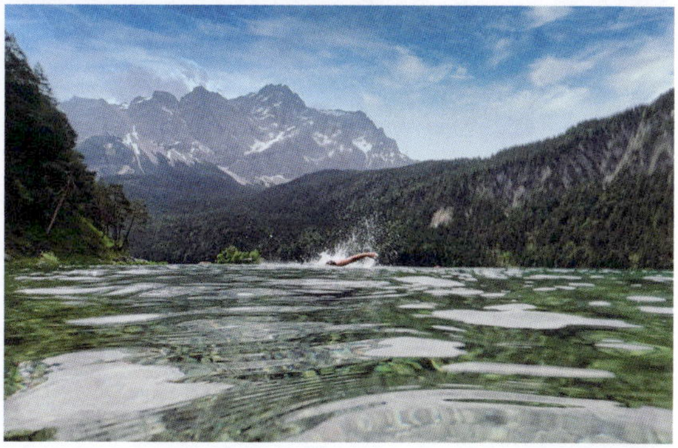

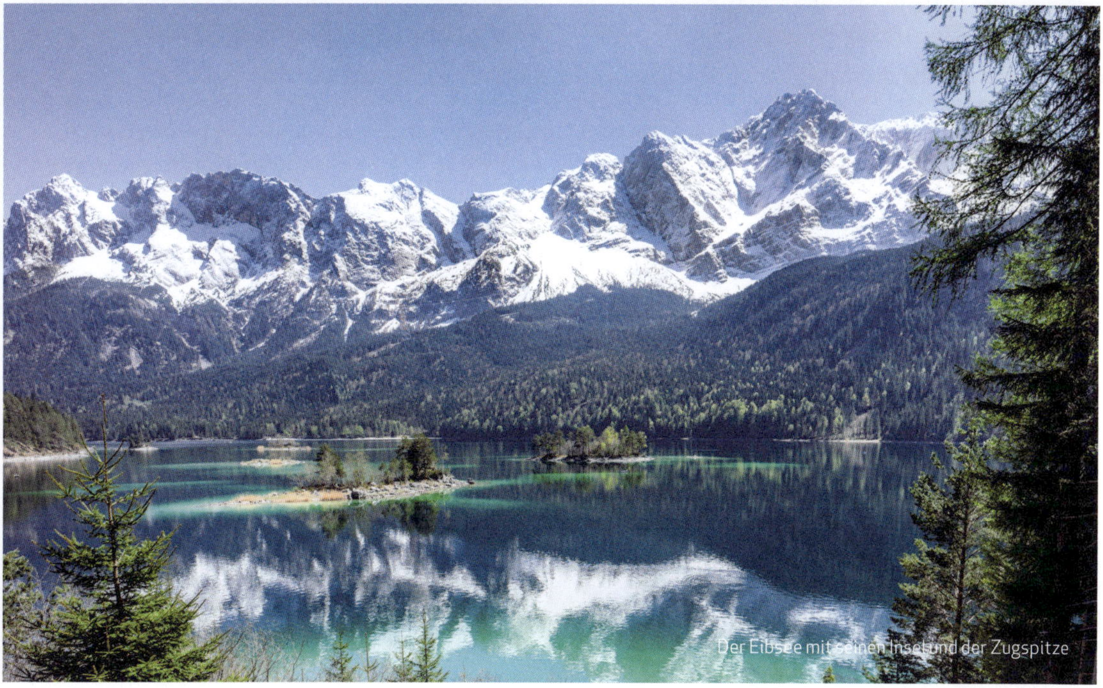

Der Eibsee mit seinen Insel und der Zugspitze

Packraft – die Boote fürs Wildswimming

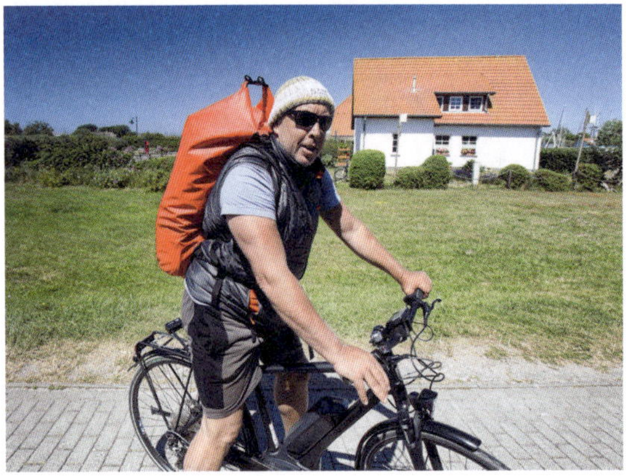

Pack – was ?

»Packraft« ist eine Wortschöpfung, die sich aus »Backpacking« und »Rafting« zusammensetzt. Hierzulande werden diese Wasserfahrzeuge zumeist als Rucksackboote bezeichnet. Wobei der Wortteil »Raft« oftmals zur Irritation führt, da man im Deutschen unter Raft eher für den Wuchtwasser-Einsatz konzipierte, große Schlauchboote mit mehrköpfiger Besatzung versteht.

Das Reiseboot für unterwegs

Packrafts sind luftbefüllte Reiseboote, die sich durch leichtes Gewicht und kompakte Transportmaße bei gleichzeitig hoher Widerstandsfähigkeit auszeichnen. Auch das Zubehör wie Paddel und »Luftspender« sind gewichts- und größenoptimiert. Die Paddel sind bis zu vierfach teilbar, oftmals aus Karbon, und statt herkömmlicher Luftpumpe oder Blasebalg kommt ein ganz leichter »Luftsack« zur Anwendung. Kleinere Boote lassen sich sogar nur mit dem Mund aufblasen. Dass sich diese Ausrüstung deshalb ideal zur Mitnahme bei Hike- oder Bike-Touren eignet, liegt auf der Hand. Sie bietet allerdings auch für den Wildswimming-Einsatz beste Voraussetzungen.

Allgemeine und spezielle Packraft-Vorteile

Packrafts sind leicht zu verstauen, sowohl zu Hause als auch im Auto, in öffentlichen Verkehrsmitteln oder im eigenen Wanderrucksack. In der kompaktesten Ausführung lässt sich die komplette Bootsausrüstung sogar in einer Schwimmboje oder aber in einem vom Autor mit- und weiterentwickelten SWACK, einer Kombination aus Wanderrucksack (Backpack) und Schwimmboje (Swinbuoy), transportieren.

Im Zusammenspiel dieser Ausrüstungsgegenstände lassen sich interessante Wander-/Paddel-/Schwimm-Kombinationen realisieren. Zum Beispiel: Anmarsch zum Oberlauf eines Flusses mit der Bootsausrüstung im SWACK. An der Einstiegsstelle wird die Bootsausrüstung dem Rucksack entnommen und mit dem Packraft der Wildfluss im seichteren Oberlauf befahren. Sobald der Bach/Fluss im Unterlauf zum Schwimmen geeignet ist, wandert die Bootsausrüstung in den jetzt als Schwimmboje einsetzbaren SWACK. Dieser wird aufgeblasen und mittels Hüftgurt vom Schwimmer hinter sich hergezogen, ohne dass dessen Schwimmstil dadurch beeinträchtigt würde. Trotz der Zuladung hat in diesem Fall die »Schwimmboje« immer noch genügend Auftrieb, um im Krisenfall als Auftriebskörper herzuhalten.

In Gruppen oder bei Paaren, bei denen sich etwa nur ein Teil das Crossing eines kalten Bergsees zutraut, bewährt sich die Kombination SWACK und Packraft: Nach dem Aufstieg zum Bergsee können die/der Schwimmer das Gewässer schwimmend durchqueren, während die nicht so kältefesten bzw. schwimmerprobten Mitreisenden dafür das/die Packraft(s) nehmen können. Auch als Sicherungsboot bei größeren Wildswimming-Gruppen, die in entlegenen Gebieten unterwegs sind, haben sich Packrafts schon vielfach bewährt. Der Bootsführer hat von seiner Warte aus einen viel besseren Überblick als von der Schwimmposition aus und kann im Bedarfsfall rasch zur Stelle sein, um Schwimmer zu unterstützen.

Heißt leicht auch leicht kaputt?

Bei dem leichten und dünnen Bootsmaterial scheint diese Frage auf den ersten Blick durchaus berechtigt. Bei genauerer Betrachtung zeigt sich jedoch, dass die Haut eines Packrafts keinerlei Ähnlichkeit mit den PVC-Billigschlauchbooten aus dem Supermarkt hat. Echte Packrafts bestehen aus Urethan beschichtetem Nylon. Dank spezieller Oberflächenbehandlung ist dieses Material äußerst widerstandsfähig, kältefest und UV-resistent.

Der Aufbau der Packrafts

Im Wesentlichen bestehen die kleinen Schlauchboote aus einer Bodenwanne und einem luftbefüllten Außenschlauch, ggf. einer Spritzdecke und weiterer Sonderausstattung (z. B. Finne, Schenkelgurte, Gepäckreißverschluss). Dazu kommt dann zumeist noch ein ebenfalls aufblasbarer, einhängbarer Sitz samt Rückenlehne.

Die Packraft-Modelle

Mixed Doppel

Die größten Modelle sind für zwei Personen konzipiert und sind, wenn man zu zweit paddeln gehen will, sowohl vom Preis-Leistungs- als auch vom Pro-Kopf-Gewichtsverhältnis deutlich günstiger als zwei Einser-Modelle. Wird dieser Bootstyp nur von einer Person benutzt, sind entsprechend hohe Zuladungen und auf Zahmgewässern sogar Fahrradtransporte möglich. Im Schnitt weist dieser Bootstyp ein Gewicht von etwa 3,5 Kilo auf.
Beim Autor im Einsatz: MRS Adventure X2

Ultralight

Kaum zu glauben, aber die leichteste Bootsvariante bringt zurzeit nur etwa 800 g auf die Waage (Anfibio Nano SL). Selbstverständlich ist diese Variante nicht für große Zuladungen, Langstrecken oder wilde Gewässer geeignet. Die Befahrung oder das Üerqueren von Flüssen, Seen, Buchten oder Fjorden ist damit aber gut machbar. Will man die Bootsausrüstung tatsächlich auch in SWACKS/Schwimmbojen transportieren, dann sind diese Boote die ideale Wahl.
Beim Autor im Einsatz: Anfibio Alpha XC

Performance

Je nach Modell und Ausstattungsvariante verfügen diese Bootstypen über eine stärkere Bootshaut sowie zusätzlich über Spritzdecken und Schenkelgurte. Das macht sie wildwasser-, hochsee- und für Könner sogar eskimorollentauglich. Das Gewicht dieser Boote liegt etwa bei drei Kilo.
Beim Autor im Einsatz: MRS Alligator 2S Pro

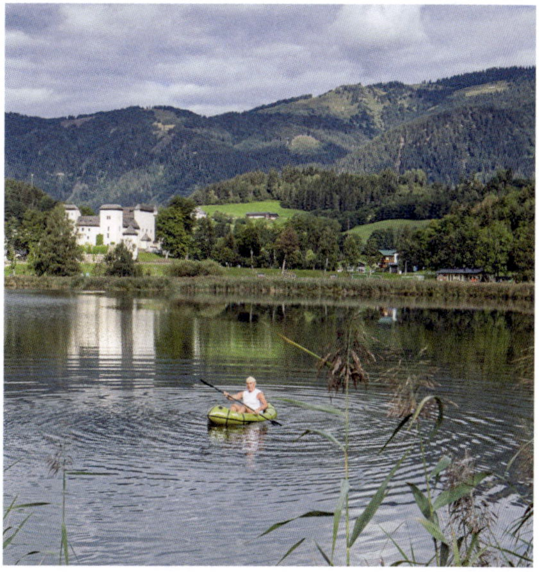

Sonderausstattungen

Einige Modelle gibt es in einer Sonderausstattung mit luft- und wasserdichten Reißverschlüssen (Internal Storage System/ISS oder TubeBags). So kann das Gepäck innerhalb des Luftwulstes untergebracht werden.

Auch die Paddel gibt es von ultralight und kompakt, bis zu wildwassertauglich. Je nach Vorliebe können die Boote mit Stech- oder Doppelpaddel gefahren werden.

Der verlässliche Partner, wenn's um Packrafting geht

Die Mannschaft des in Dresden, Leipzig und im Web beheimateten Anfibio Packrafting Stores ist kompetent, outdoorminded und servicestark. Hier werden nicht nur die besten Packrafts am Markt vertrieben, hier wird auch selbst entwickelt und repariert und natürlich in jeder freien Minute »gepackrafted«.

Kontakt:

Anfibio Packrafting Store
Leipzig I Dresden
Tel: 0049(0)341/39281264
info@packrafting-store.de
www.packrafting-store.de
www.packrafting.de (Blog)

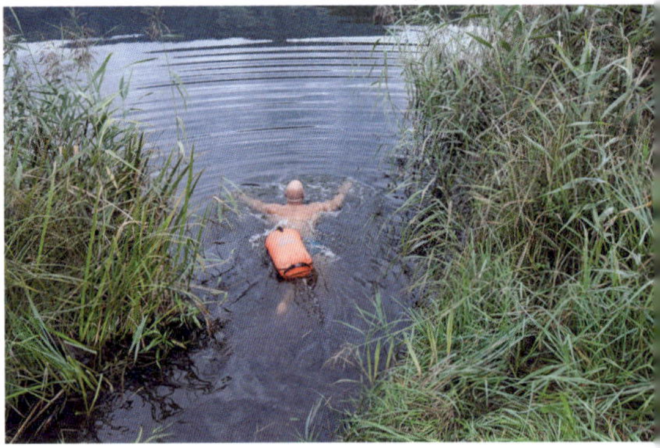

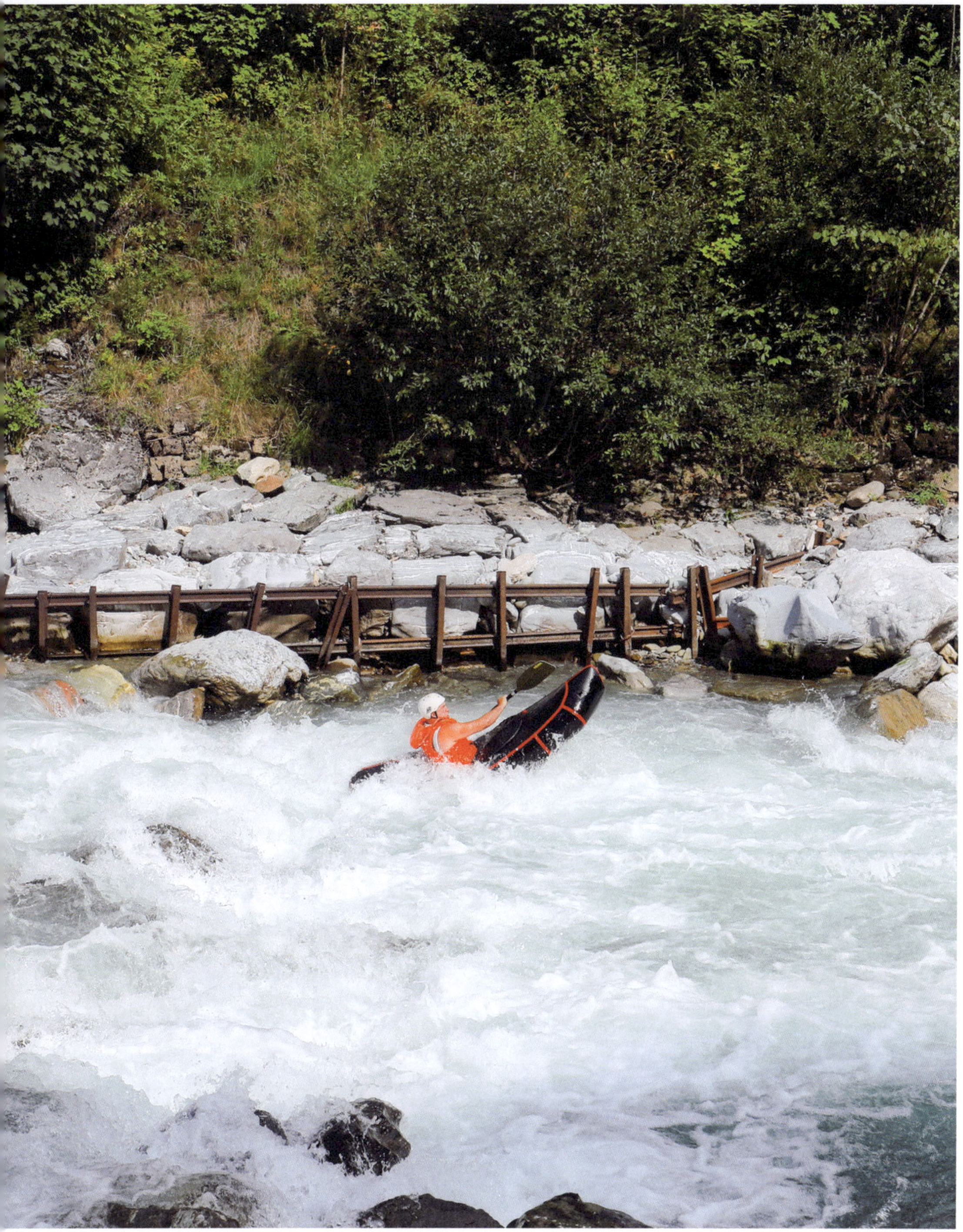

Hansjörg Ransmayr – der Autor

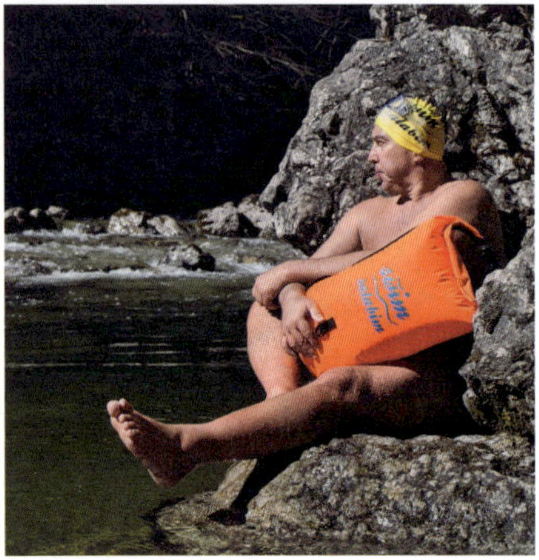

»Der Mann, der in Postkarten schwimmen kann«

Obiges Zitat stammt von einer Freundin aus der Facebook-Gruppe »Bergseen-Schwimmen«. In seinen jungen, wilden Jahren war Hansjörg Ransmayr begeistert vom alpinen Kajaksport. Schon dabei hat er manchmal frei-, aber auch öfter unfreiwillig kalte alpine Gewässer beschwommen. Von da war es denn auch nur ein kleiner Schritt zum Open-Water-, also Freiwasserschwimmen. Beim Freiwasserschwimmen verdiente sich der Salzburger seine ersten Sporen im Salzwasser: Als erster Österreicher durchschwamm er die Straße von Gibraltar, und von der Gefängnisinsel Alcatraz schlug er sich durch eiskaltes Wasser durch nach San Francisco. Als erster und einziger Österreicher nahm er 2010 im eisigen Wasser des Bleder Sees an der dortigen Winter-Swimming-WM in Bled teil. Als Kind der Berge und begeisterter Bergwanderer war es nur logisch, dass Ransmayr alsbald seine Liebe zu den heimischen Bergseen entdeckte. Er gründete die Facebook-Gruppe »Bergseen-Schwimmen« und den Info-Blog »alpine-swimming.com«. Dabei kommen ihm seine Fähigkeiten, die er sich während seiner jahrzehntelangen Tätigkeit als Creative Director einer Werbeagentur und Autor angeeignet hat, zugute. Momentan ist er als freier Konzeptionist, Texter und Autor tätig. Darüber hinaus ist er in diverse TV- und Buchprojekte zum Thema »Wildswimming und alpines Schwimmen« involviert. Unter »Swimsalabim« entwickelt er touristische Schwimmprojekte für heimische Anbieter und internationale Schwimmreise-Veranstalter. Im Rahmen von »Alpine-Swimming Tours & Holidays« sollen so Gäste bei begleiteten Touren ihre Liebe zu alpinem Wildswimming entdecken können. Als geprüfter Bergwanderführer und aktiver Wasserretter ist ihm das Thema »Sicherheit am und im Wasser« ein ganz besonderes Anliegen. Dies ist auch einer der Gründe, warum sich Ransmayr intensiv mit der Entwicklung innovativer Produkte für das Freiwasserschwimmen befasst. Darüber hinaus ist er in der nationalen und internationalen Freiwasser- und Eisschwimm-Community tief verwurzelt.

Wild Swimming Deutschland
Entdecke die aufregendsten Seen, Flüsse, Wasserfälle und Strände Deutschlands

Haffmans Tolkemitt
3. Auflage Juni 2020
ISBN 978-3-942048-51-4

Text
Hansjörg Ransmayr

Redaktion
Katharina Theml, Büro Z, Wiesbaden

Design und Satz
Linn Kleeberg, strokeandmarvel.de

Druck & Bindung
Eberl Print
Printed in Germany

www. haffmans-tolkemitt.de
www.wildund.cool

wildundcool
#wildundcool

Fotos
Alle Fotos © Hansjörg Ransmayr, außer: C. Shutterstock/sun ok, S. 5a 123rf/Jürgen, S. 13 Alamy/Panther Media GmbH, S. 18 shutterstock/J. Sturm, S. 19 iStock/T.L, S. 20 iStock/pixdeluxe, S. 21 iStock/4FR, S. 22/23 iStock/FatCamera, S. 35a, b, c, d, 193b, 223a D. Carstensen, S. 41a, 235b Alamy/Panther Media GmbH, S. 41b Alamy/3QuarksMedia, S. 49a Alamy/Alltravel, S. 49b, 67b, 87c, 89a, 231a, 235a, 253d Alamy/imageBROKER, S. 71b Alamy/A. Rullmann, S. 75a, b Alamy/S. Ettmer, 97a Alamy/A. Gilmour, S. 93b, d Regio-NordmbH/Archiv, S. 95a Alamy/L. Steiner, S. 107b, c, d, e A. Scharschmidt, S. 121 Shutterstock/ArTono, S. 127b, 135a, 139a, 159b, 161a, 163b, 181a, 185a, 211a, 217c, 235c, 257c, 259c E. Ransmayr, S. 147 Alamy/V. Preusser, S. 155c Stadt Neuburg A. Mahler, S. 163a adobeStock/Michael, S. 201a Alamy/Westend61 GmbH, S. 201b Alamy/Arco Images GmbH, S. 207a Alamy/Chromoorange, H. Eder, S. 215a Böhringer (https://commons.wikimedia.org/wiki/File:LindauInsel.jpg), Lindauinsel, https://creativecommons.org/licenses/by-sa/2.5/legalcode, S. 215d, S. 225a Alupus (https://commons.wikimedia. org/ wiki/File:Seelein_4.jpg), Seelein 4, https://creativecommons.org/licenses/by-sa/3.0/legalcode, S. 225b, c M. Röwer, S. 225d Günter Seggebäing, CC BY-SA 3.0 (https://commons.wikimedia.org/wiki/ File:20170820_Seeleinsee_vom_Pass_Hochgschirr,_Hagengebirge_(00714).jpg), 20170820 Seeleinsee vom Pass Hochgschirr, Hagengebirge (00714), https://creativecommons.org/licenses/by-sa/3.0/legalcode, S. 249d Shutterstock/T. Stark

Gesundheit, Sicherheit, Haftung: Naturschwimmen birgt wie jede Wasseraktivität in freier Natur Risiken und kann gefährlich sein. Darauf wird im Anhang ausführlicher hingewiesen. An den in diesem Buch beschriebenen Orten kann es Überschwemmungen und Dürren und andere Veränderungen geben. Autoren und Herausgeber haben sich zwar große Mühe gegeben, die Genauigkeit der Informationen zu gewährleisten, sie sind aber weder rechtlich noch finanziell haftbar für Unfälle, Verletzungen, Verluste oder Unannehmlichkeiten infolge der Informationen oder Ratschläge in diesem Buch. Schwimmen, Springen, Tauchen oder irgendeine andere Aktivität an diesen Orten ist ganz allein Ihr Risiko. Wenn Sie Zweifel an Informationen in diesem Buch hegen, suchen Sie sich bitte unabhängigen Rat.

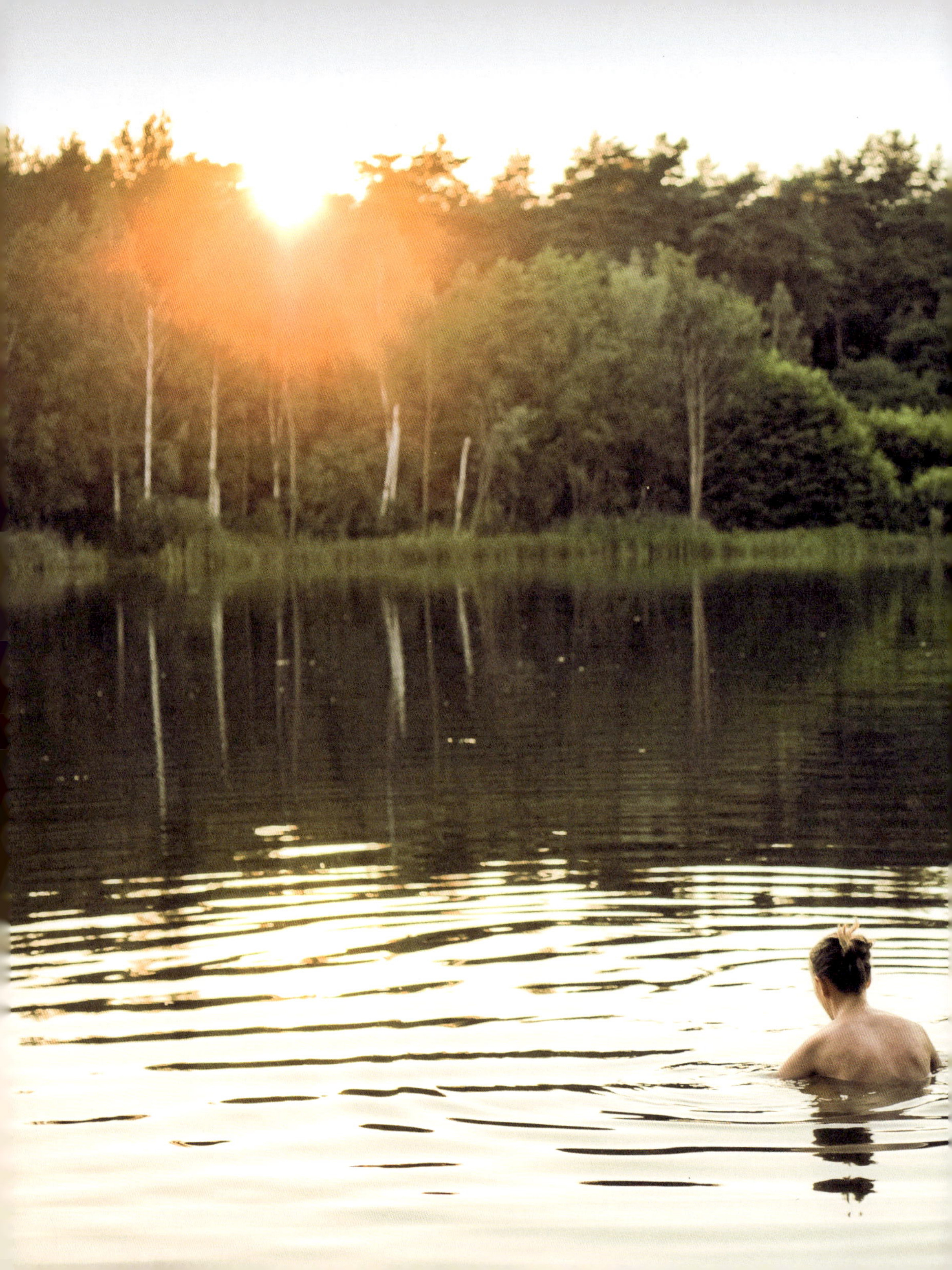